実用韓国語文法 中級

閔珍英・安辰明

実用韓国語文法・中級 by Darakwon, Inc.

編　　集　李淑姫・鄭恩暎
レイアウト　咸東春
イラスト　申銀均
声　　優　金基興・丁マリ

落丁本・乱丁本は、小社宛にお送りください。送料小社負担にてお取り替えいたします。

ISBN978-4-7946-0683-9

●無料音声一括ダウンロード●

本書の朗読音声（MP3形式）を下記URLとQRコードから無料でPCなどに一括ダウンロードすることができます。

https://www.ibcpub.co.jp/audio_dl/0683/

※ダウンロードしたファイルはZIP形式で圧縮されていますので、解凍ソフトが必要です。
※PCや端末、ソフトウェアの操作・再生方法については、編集部ではお答えできません。
　製造元にお問い合わせいただくか、インターネットで検索するなどして解決してください。

KOREAN GRAMMAR IN USE

中級

閔珍英・安辰明
吉本一・中島仁＝訳

IBCパブリッシング

序文

한국어 교육이 활기를 띠면서 최근 몇 년간 한국어 교육을 위한 다양한 책이 출판되었지만 대부분 초급 학생들을 대상으로 한 것이었습니다. 그 이유는 기존에 한국어를 배우던 학생들이 초급까지만 배우다 그만두는 경우가 많아서 대부분의 책들도 초급자를 겨냥해서 출판했기 때문인 것 같습니다. 그러나 최근 한국에 대한 관심이 높아지고 한국에서 대학이나 대학원에 진학하고자 하는 학생들이 늘면서 중급 이상의 한국어를 학습하고자 하는 사람들이 증가하고 있습니다. 이에 따라 중급 이상의 학습자들을 위한 한국어 교재가 필요한 실정입니다. 중급에서 다루는 문법들은 초급과 달리 활용이 복잡하고 의미가 다양하여 중급 수준의 한국어 학습자들로부터 한국어를 배우는 게 점점 더 어려워진다는 이야기를 많이 듣습니다. 또한 한국어에 대한 지식이 쌓여 가면서 기존에 배웠던 문법들과 새로 배우는 문법들이 헷갈린다는 말도 많이 합니다.

본 책은 실용 한국어 문법(Korean Grammar in Use)의 두 번째 시리즈로, 한국 대학의 한국어 교육기관에서 사용하고 있는 3~4급 교재에 많이 나오는 문법들을 정리하여 중급 수준의 한국어를 배우기 원하는 학생이나 이미 배운 한국어 문법을 정리하고자 하는 학생들을 위한 교재로 기획되었습니다. 중급 학습자를 대상으로 하는 책답게 문법과 예문은 중급 수준의 한국어를 사용했으며, 좀 더 명확한 의미 전달을 위해 일본어 번역도 함께 실었습니다. 또한 기존의 문법책에서는 다루지 않은 그동안 현장에서 가르치면서 학생들이 어려워하거나 많이 틀리는 부분들에 대해서도 언급하여 학습자나 교사에게 도움을 주고자 하였습니다. 그리고 일반적인 문법책이 가지고 있는 단점, 즉 문법의 의미는 알지만 사용되는 상황을 정확히 알기 힘들다는 점을 보완하기 위해 대체 연습식으로 대화를 만들어 보는 활동을 첨가했습니다. 그뿐만 아니라 최근 관심이 집중되고 있는 한국어능력시험(TOPIK)을 대비할 수 있도록 TOPIK 유형의 연습 문제도 실었습니다.

이 책을 통해 한국어를 배우는 많은 학생들이 좀 더 쉽게 한국어를 이해하고 다양하고 수준 높은 한국어를 구사할 수 있기를 바랍니다. 더불어 현장에서 한국어를 가르치는 교사들 역시 수업을 진행하고 이끌어나가는 데 도움을 받을 수 있었으면 합니다.

또한 이 책의 번역을 맡아 주신 요시모토 하지메 교수님, 나카지마 히토시 교수님과 즐겁고 기쁜 마음으로 교정을 봐 주고 여러 가지 조언을 해 준 선은희 선생님과 학생들, 그리고 친구들에게 고마움을 전합니다.

저자 일동

韓国語教育が活気を帯びつつ、最近数年間に韓国語教育のための多様な本が出版されましたが、その多くが初級学習者を対象にしたものでした。これまで韓国語を学んでいた学習者が初級までで学習をやめてしまう場合が多かったため、大部分の本も初級者をねらって出版されたのがその理由だと思われます。しかし、最近韓国に対する関心が高まり、韓国の大学や大学院に進学しようとする学習者が増えるのと同時に、中級以上の韓国語を学習しようとする学習者も増加しています。これに伴い、中級以上の学習者のための韓国語教材が必要とされている実情です。中級で扱う文法は初級とは異なり活用が複雑で意味が多様なため、中級レベルの韓国語学習者からは韓国語を学ぶのがだんだん難しくなるという話をよく聞きます。また、韓国語に対する知識が増えるにつれ、今まで学んだ文法と新しく学んだ文法がこんがらがるという話もよくします。

本書は実用韓国語文法（Korean Grammar in Use）のシリーズ第２冊目で、韓国の大学の韓国語教育機関で使用している３～４級の教材に多く出てくる文法を整理し、中級レベルの韓国語を学びたいと願っている学習者や、すでに学んだ韓国語文法を整理しようと考えている学習者のための教材として企画されました。中級の学習者を対象にした本であるため、文法と例文も中級レベルの韓国語を使用しており、より明確な意味伝達のため日本語の翻訳も掲載しました。また、今までの文法書では扱わなかった、現場で教えていて学習者が難しがったり、間違えたりしやすい文法に対しても言及し、学習者や教師の役に立てればと考えています。そして、一般的な文法書の短所、すなわち文法の意味はわかるが、使用される状況が正確にわかりにくいという点を補完するため、入れ替え練習式に対話を作る活動を加えました。それのみならず、最近関心が集中している韓国語能力試験（TOPIK）に備えることができるように、TOPIK 類型の練習問題も載せました。

本書を通して、韓国語を学んでいる多くの学習者がもう少し容易に韓国語を理解し、多様で水準の高い韓国語を駆使できるようになることを望んでいます。合わせて、現場で韓国語を教えている教師にとっても、やはり授業を進行し学習者の指導をしていくのに本書が役立てばと思っています。

また、この本の翻訳を引き受けてくださった吉本一先生、中島仁先生、快く校正をして様々な助言をしてくださった宣恩姫先生と学生たち、そして友人たちに感謝を伝えたいと思います。

著者一同

この本の構成および活用

목표 문법 제시

본 단원(Unit)에서 배워야 할 목표 문법을 제시하였습니다.

도입

본격적으로 목표 문법을 학습하기 전에 브레인스토밍(Brainstorming)을 하면서 그 문법에 대해 생각해 보도록 그림과 대화를 제시하였습니다. 대화는 목표 문법의 상황이 가장 잘 나타나는 것으로 선정하였고 상황이 잘 드러나는 그림도 함께 넣었습니다.

03 -(으)ㄹ 텐데

가 **바람이 많이 부네요.**
風が強く吹いていますね。

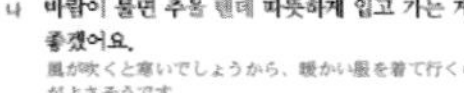

나 **바람이 불면 추울 텐데 따뜻하게 입고 가는 게 좋겠어요.**
風が吹くと寒いでしょうから、暖かい服を着て行くのがよさそうです。

006

가 **웨이밍 씨가 오늘 동창회에 온대요?**
ウェイミンさんが今日同窓会に来ると言っていますか。

나 **모르겠어요. 벌써 초대장을 받았을 텐데 연락이 없네요.**
わかりません。もう招待状を受け取ったはずなんですが、連絡がありません。

문법을 알아볼까요?

이 표현은 추측이나 의지를 나타내는 '-(으)ㄹ 터이다'에 상황이나 일의 배경을 나타내는 '-(으)ㄴ/는데'가 합쳐진 말입니다. 선행절에는 어떤 사실이나 상황에 대한 강한 추측이나 미래를 나타내는 말이 오고 후행절에는 선행절과 관련되거나 반대가 되는 말이 옵니다.

この表現は、推測や意志を表す-(으)ㄹ 터이다に、状況や背景を表す-(으)ㄴ/는데が合わさった表現です。先行節にはある事実や状況に対する強い推測や未来を表すことばが来て、後続節には先行節と関連することばや反対になることばが来ます。

-(으)ㄹ 텐데				
A/V	과거	-았/었을 텐데	작다 먹다	작았을 텐데 먹었을 텐데
	현재	-(으)ㄹ 텐데	작다 먹다	작을 텐데 먹을 텐데
N이다	과거	였을 텐데 이었을 텐데	부자이다 학생이다	부자였을 텐데 학생이었을 텐데
	현재	일 텐데	부자이다 학생이다	부자일 텐데 학생일 텐데

문법을 알아볼까요?

목표 문법에 대한 의미적인 설명을 하고 해당 문법을 품사와 시제별로 활용할 수 있도록 표와 예문을 제시하였습니다. 이때 A는 형용사, V는 동사, N은 명사를 나타냅니다.

더 알아볼까요?

이 표현은 '-(으)ㄹ 텐데요'의 형태로 문장 끝에 사용할 수 있는데 이때는 말하는 사람의 추측이나 가정 상황을 나타내기도 합니다.

この表現は-(으)ㄹ 텐데요の形で文末に使うことができますが、この場合は話し手の推測や仮定状況も表します。

가 제나 씨에게 같이 여행 가자고 할까요?
チェナさんに一緒に旅行に行こうと言いましょうか。

나 제나 씨는 요즘 바쁠 텐데요.
チェナさんは、最近忙しいはずですけど。

가 경수 씨가 요즘 시험 준비하느라 바쁘대요.
キョンスさんが、最近試験の準備のために忙しいそうです。

나 이번에는 꼭 합격해야 할 텐데요.
今回はきっと合格しなければならないはずですよ。

가 태풍이 와서 비행기가 모두 취소되었어요.
台風が来て、飛行機が全部欠航になりました。

나 태풍이 오지 않았더라면 비행기가 취소되지 않았을 텐데요.
台風が来ていなかったら、飛行機が欠航にならなかったでしょうに。

더 알아볼까요?

'문법을 알아볼까요?'에서 설명한 문법의 의미 외에 목표 문법의 다른 의미와 형태적인 제약, 사용 시 주의해야 할 점을 제시하였습니다.

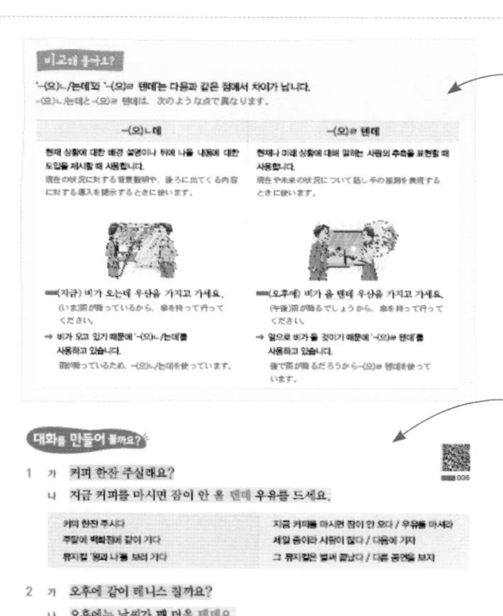

비교해 볼까요?

'-(으)ㄴ/는데'와 '-(으)ㄹ 텐데'는 다음과 같은 점에서 차이가 납니다.
-(으)ㄴ/는데と-(으)ㄹ 텐데は、次のような点で異なります。

-(으)ㄴ데	-(으)ㄹ 텐데
현재 상황에 대한 배경 설명이나 뒤에 나올 내용에 대한 도입을 제시할 때 사용합니다. 現在の状況に対する背景説明や、後ろに出てくる内容に対する導入を提示するときに使います。	현재나 미래 상황에 대해 말하는 사람의 추측을 표현할 때 사용합니다. 現在や未来の状況について話し手の推測を表現するときに使います。
(지금) 비가 오는데 우산을 가지고 가세요. (いま)雨が降っているから、傘を持って行ってください。 → 비가 오고 있기 때문에 '-(으)ㄴ/는데'를 사용하고 있습니다. 雨が降っているため、-(으)ㄴ/는데を使っています。	(오후에) 비가 올 텐데 우산을 가지고 가세요. (午後)雨が降るでしょうから、傘を持って行ってください。 → 앞으로 비가 올 것이기 때문에 '-(으)ㄹ 텐데'를 사용하고 있습니다. 後で雨が降るだろうから-(으)ㄹ 텐데を使っています。

대화를 만들어 볼까요?

1 가 커피 한잔 주실래요?
나 지금 커피를 마시면 잠이 안 올 텐데 우유를 드세요.

커피 한잔 주시다	지금 커피를 마시면 잠이 안 오다 / 우유를 마시다
주말에 백화점에 같이 가다	세일 중이라 사람이 많다 / 다음에 가지
뮤지컬 '왕과 나'를 보러 가다	그 뮤지컬은 벌써 끝났다 / 다른 공연을 보지

2 가 오후에 같이 테니스 칠까요?
나 오후에는 날씨가 꽤 더울 텐데요.

오후에 같이 테니스 치다	오후에는 날씨가 꽤 덥다
오늘은 커피숍에 가서 공부하다	커피숍은 시끄럽다
아키라 씨랑 같이 영화를 보다	아키라 씨는 고향에 돌아갔다

비교해 볼까요?

목표 문법과 형태나 의미가 비슷한 문법을 비교해서 제시하여 학습자들이 해당 문법을 좀 더 잘 이해할 수 있도록 하였습니다.

대화를 만들어 볼까요?

목표 문법이 실제 생활에서는 어떻게 사용되는지 알 수 있게 학습자들이 직접 대화문을 만들면서 연습할 수 있게 한 활동입니다. 목표 문법은 모범 대화문에서 빨간색으로 표시하였고, 모범 대화문은 아래 부분에 제시된 상자 안의 색깔과 동일한 부분을 대체하여 연습할 수 있도록 하였습니다.

연습해 볼까요?

배운 목표 문법을 활용하여 연습해 보도록 제시하였습니다. 다양한 상황에서 연습할 수 있도록 대화 및 여러 형식의 문제를 넣었습니다. 각 문제의 (1)번은 〈보기〉에 해당하는 것으로 (1)번과 같이 활용하여 연습할 수 있도록 하였습니다.

연습해 볼까요?

1 '-(으)ㄹ 텐데'를 사용해서 다음을 한 문장으로 만드세요.

(1) 방학하면 심심할 거예요. + 우리 집에 놀러 오세요.
→ 방학하면 심심할 텐데 우리 집에 놀러 오세요.

(2) 배가 고플 거예요. + 이것 좀 드세요.
→

(3) 손님이 많이 올 거예요. + 음식을 얼마나 준비해야 하지요?
→

(4) 사토 씨가 보너스를 받았을 거예요. + 한턱내라고 해야겠어요.
→

(5) 인선 씨가 서울에 도착했을 거예요. + 이따가 연락해 볼까요?
→

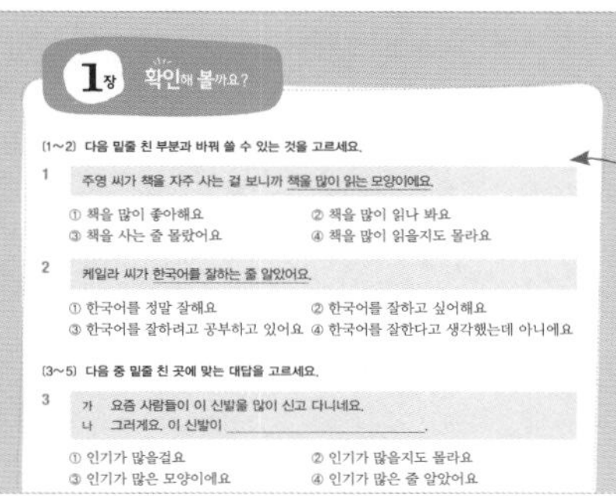

1장 확인해 볼까요?

[1~2] 다음 밑줄 친 부분과 바꿔 쓸 수 있는 것을 고르세요.

1 주영 씨가 책을 자주 사는 걸 보니까 책을 많이 읽는 모양이에요.
① 책을 많이 좋아해요 ② 책을 많이 읽나 봐요
③ 책을 사는 줄 몰랐어요 ④ 책을 많이 읽을지도 몰라요

2 케일라 씨가 한국어를 잘하는 줄 알았어요.
① 한국어를 정말 잘해요 ② 한국어를 잘하고 싶어해요
③ 한국어를 잘하려고 공부하고 있어요 ④ 한국어를 잘한다고 생각했는데 아니에요

[3~5] 다음 중 밑줄 친 곳에 맞는 대답을 고르세요.

3 가 요즘 사람들이 이 신발을 많이 신고 다니네요.
나 그러게요. 이 신발이 ______________.
① 인기가 많을걸요 ② 인기가 많을지도 몰라요
③ 인기가 많은 모양이에요 ④ 인기가 많은 줄 알았어요

확인해 볼까요?

각 장(Chapter)에서 배운 의미가 비슷한 문법에 대한 문제를 풀어 보면서 한 장(Chapter) 전체를 복습하도록 구성하였습니다. 한국어능력시험(TOPIK) 문제 형식으로 제시하여 시험에 대비할 수 있도록 하였습니다.

この本の構成および活用

目標文法提示
その単元(Unit)で学ぶべき目標文法を提示しました。

導入
本格的に目標文法を学習する前に、ブレインストーミング(Brainstorming)をしつつ、その文法に対して考えられるように絵と対話を提示しました。対話は目標文法の状況が最もよく現れるものを選定し、状況をよく表した絵も同時に入れました。

03 -(으)ㄹ 텐데

가　바람이 많이 부네요.
風が強く吹いていますね。

나　바람이 불면 추울 텐데 따뜻하게 입고 가는 게 좋겠어요.
風が吹くと寒いでしょうから、暖かい服を着て行くのがよさそうです。

가　웨이밍 씨가 오늘 동창회에 온대요?
ウェイミンさんが今日同窓会に来ると言っていますか。

나　모르겠어요. 벌써 초대장을 받았을 텐데 연락이 없네요.
わかりません。もう招待状を受け取ったはずなんですが、連絡がありません。

文法を知ろう
目標文法に対する意味的な説明をし、該当する文法を品詞と時制別に活用できるよう、表と例文を提示しました。ここで、Aは形容詞、Vは動詞、Nは名詞を表します。

문법을 알아볼까요?

이 표현은 추측이나 의지를 나타내는 '-(으)ㄹ 터이다'에 상황이나 일의 배경을 나타내는 '-(으)ㄴ/는데'가 합쳐진 말입니다. 선행절에는 어떤 사실이나 상황에 대한 강한 추측이나 미래를 나타내는 말이 오고 후행절에는 선행절과 관련되거나 반대가 되는 말이 옵니다.

この表現は、推測や意志を表す-(으)ㄹ 터이다に、状況や背景を表す-(으)ㄴ/는데が合わさった表現です。先行節にはある事実や状況に対する強い推測や未来を表すことばが来て、後続節には先行節と関連することばや反対になることばが来ます。

-(으)ㄹ 텐데				
A/V	과거	-았/었을 텐데	작다 먹다	작았을 텐데 먹었을 텐데
	현재	-(으)ㄹ 텐데	작다 먹다	작을 텐데 먹을 텐데
N이다	과거	였을 텐데 이었을 텐데	부자이다 학생이다	부자였을 텐데 학생이었을 텐데
	현재	일 텐데	부자이다 학생이다	부자일 텐데 학생일 텐데

더 알아볼까요?

이 표현은 '-(으)ㄹ 텐데요'의 형태로 문장 끝에 사용할 수 있는데 이때는 말하는 사람의 추측이나 가정 상황을 나타내기도 합니다.
この表現は-(으)ㄹ 텐데요の形で文末に使うことができますが、この場合は話し手の推測や仮定状況も表します。

가　제나 씨에게 같이 여행 가자고 할까요?
チェナさんに一緒に旅行に行こうと言いましょうか。
나　제나 씨는 요즘 바쁠 텐데요.
チェナさんは、最近忙しいはずですけど。

가　경수 씨가 요즘 시험 준비하느라 바쁘대요.
キョンスさんが、最近試験の準備のために忙しいそうです。
나　이번에는 꼭 합격해야 할 텐데요.
今回はきっと合格しなければならないはずですよ。

가　태풍이 와서 비행기가 모두 취소되었어요.
台風が来て、飛行機が全部欠航になりました。
나　태풍이 오지 않았더라면 비행기가 취소되지 않았을 텐데요.
台風が来ていなかったら、飛行機が欠航にならなかったでしょうに。

もっと知ろう
「文法を知ろう」で説明した文法の意味以外に、目標文法の異なる意味と形態的制約、使用時に注意すべき点を提示しました。

비교해 볼까요?

'-(으)ㄴ/는데'와 '-(으)ㄹ 텐데'는 다음과 같은 점에서 차이가 납니다.
-(으)ㄴ/는데と-(으)ㄹ 텐데は、次のような点で異なります。

-(으)ㄴ데	-(으)ㄹ 텐데
현재 상황에 대한 배경 설명이나 뒤에 나올 내용에 대한 도입을 제시할 때 사용합니다. 現在の状況に対する背景説明や、後ろに出てくる内容に対する導入を提示するときに使います。	현재나 미래 상황에 대해 말하는 사람의 추측을 표현할 때 사용합니다. 現在や未来の状況について話し手の推測を表現するときに使います。

(지금) 비가 오는데 우산을 가지고 가세요. (いま)雨が降っているから、傘を持って行ってください。 → 비가 오고 있기 때문에 '-(으)ㄴ/는데'를 사용하고 있습니다. 雨が降っているため、-(으)ㄴ/는데を使っています。	(오후에) 비가 올 텐데 우산을 가지고 가세요. (午後)雨が降るでしょうから、傘を持って行ってください。 → 앞으로 비가 올 것이기 때문에 '-(으)ㄹ 텐데'를 사용하고 있습니다. 後で雨が降るだろうから-(으)ㄹ 텐데を使っています。

比較してみよう

目標文法と形態や意味が似ている文法を比較して提示し、学習者が当該文法をより正確に理解できるようにしました。

대화를 만들어 볼까요?

1 가 커피 한잔 주실래요?
나 지금 커피를 마시면 잠이 안 올 텐데 우유를 드세요.

커피 한잔 주시다	지금 커피를 마시면 잠이 안 오다 / 우유를 마시다
주말에 백화점에 같이 가다	세일 중이라 사람이 많다 / 다음에 가지
뮤지컬 '왕과 나'를 보러 가다	그 뮤지컬은 벌써 끝났다 / 다른 공연을 보지

2 가 오후에 같이 테니스 칠까요?
나 오후에는 날씨가 꽤 더울 텐데요.

오후에 같이 테니스 치다	오후에는 날씨가 꽤 덥다
오늘은 카페에 가서 공부하다	카페는 시끄럽다
아키라 씨랑 같이 영화를 보다	아키라 씨는 고향에 돌아갔다

006

対話を作ってみよう

目標文法が実際の生活でどのように使用されているかわかるように、学習者が直接対話文を作りながら練習することができるようにした活動です。目標文法は模範対話文で赤で表示されており、模範対話文は下の部分に提示されたボックス内の色と同じ部分を入れ替えて練習できるようにしました。

練習してみよう

学んだ目標文法を活用し、練習できるように提示しました。多様な状況で練習できるように、対話および様々な形式の問題を入れました。各問題の(1)番は<例>に該当するもので、(1)番を見本に活用の練習ができるようにしました。

연습해 볼까요?

1 '-(으)ㄹ 텐데'를 사용해서 다음을 한 문장으로 만드세요.

(1) 방학하면 심심할 거예요. + 우리 집에 놀러 오세요.
→ 방학하면 심심할 텐데 우리 집에 놀러 오세요.

(2) 배가 고플 거예요. + 이것 좀 드세요.
→

(3) 손님이 많이 올 거예요. + 음식을 얼마나 준비해야 하지요?
→

(4) 사토 씨가 보너스를 받았을 거예요. + 한턱내라고 해야겠어요.
→

(5) 인선 씨가 서울에 도착했을 거예요. + 이따가 연락해 볼까요?
→

1장 확인해 볼까요?

[1~2] 다음 밑줄 친 부분과 바꿔 쓸 수 있는 것을 고르세요.

1 주영 씨가 책을 자주 사는 걸 보니까 책을 많이 읽는 모양이에요.

① 책을 많이 좋아해요 ② 책을 많이 읽나 봐요
③ 책을 사는 줄 몰랐어요 ④ 책을 많이 읽을지도 몰라요

2 케일라 씨가 한국어를 잘하는 줄 알았어요.

① 한국어를 정말 잘해요 ② 한국어를 잘하고 싶어해요
③ 한국어를 잘하려고 공부하고 있어요 ④ 한국어를 잘한다고 생각했는데 아니에요

[3~5] 다음 중 밑줄 친 곳에 맞는 대답을 고르세요.

3 가 요즘 사람들이 이 신발을 많이 신고 다니네요.
나 그러게요. 이 신발이 ____________.

① 인기가 많을걸요 ② 인기가 많을지도 몰라요
③ 인기가 많은 모양이에요 ④ 인기가 많은 줄 알았어요

確認しよう

各章(Chapter)で学んだ類義の文法に対する問題を解きつつ、ひとつの章(Chapter)全体を復習できるように構成しました。韓国語能力試験(TOPIK)の問題形式で提示し、試験に備えられるようにしました。

目次

序文 4

この本の構成および活用 6

1장 추측과 예상을 나타낼 때
推測と予想の表現

01 –아/어 보이다 14
02 –(으)ㄴ/는 모양이다 17
03 –(으)ㄹ 텐데 21
04 –(으)ㄹ 테니까 25
05 –(으)ㄹ걸요 29
06 –(으)ㄴ/는/(으)ㄹ 줄 몰랐다(알았다) 34
07 –(으)ㄹ지도 모르다 37

2장 대조를 나타낼 때
対照の表現

01 –기는 하지만, –기는 –지만 42
02 –(으)ㄴ/는 반면에 46
03 –(으)ㄴ/는데도 49

3장 서술체와 반말체
敍述体とパンマル体

01 서술체 54
02 반말체 58

4장 이유를 나타낼 때
理由の表現

01 –거든요 66
02 –잖아요 70
03 –느라고 73
04 –는 바람에 77
05 –(으)ㄴ/는 탓에 81
06 –고 해서 85
07 –(으)ㄹ까 봐 88

5장 다른 사람의 말이나 글을 인용할 때
引用の表現

01 –다고요? 94
02 –다고 하던데 98
03 –다면서요? 103
04 –다니요? 107

6장 결심과 의도를 나타낼 때
決心と意図の表現

01 –(으)ㄹ까 하다 114
02 –고자 117
03 –(으)려던 참이다 120
04 –(으)ㄹ 겸 –(으)ㄹ 겸 124
05 –아/어야지요 127

7장 추천과 조언을 나타낼 때
推薦と助言の表現

01 –(으)ㄹ 만하다 132
02 –도록 하다 136
03 –지 그래요? 139

8장 회상을 나타낼 때
回想の表現

01 –던 144
02 –더라고요 148
03 –던데요 152

9장 피동을 나타낼 때
受身の表現

01 단어 피동 (–이/히/리/기–) 158
02 –아/어지다 162
03 –게 되다 165

10장 사동을 나타낼 때
使役の表現

01 단어 사동 (–이/히/리/기/우/추–) 170
02 –게 하다 175

11장 조건을 나타낼 때
条件の表現
01 –아/어야 182
02 –거든 186

12장 추가를 나타낼 때
追加の表現
01 –(으)ㄹ 뿐만 아니라 192
02 –(으)ㄴ/는 데다가 196
03 조차 200
04 만 해도 203

13장 도중을 나타낼 때
途中の表現
01 –는 길에 208
02 –다가 211

14장 정도를 나타낼 때
程度の表現
01 –(으)ㄹ 정도로 216
02 만 하다 218
03 –(으)ㄴ/는/(으)ㄹ 만큼 221

15장 선택을 나타낼 때
選択の表現
01 아무+(이)나 / 아무+도 226
02 (이)나 229
03 (이)라도 232
04 –든지 –든지 236
05 –(으)ㄴ/는 대신에 239

16장 시간이나 순차적 행동을 나타낼 때
時間や順次的行動の表現
01 만에 244
02 –아/어 가지고 247
03 –아/어다가 250
04 –고서 253

17장 발견과 결과를 나타낼 때
発見と結果の表現
01 –고 보니 258
02 –다 보니 261
03 –다 보면 265
04 –더니 268
05 –았/었더니 273
06 –다가는 278
07 –(으)ㄴ/는 셈이다 283

18장 상태를 나타낼 때
状態の表現
01 –아/어 놓다 288
02 –아/어 두다 291
03 –(으)ㄴ 채로 294
04 –(으)ㄴ/는 대로 298

19장 성질과 속성을 나타낼 때
性質と属性の表現
01 –(으)ㄴ/는 편이다 304
02 스럽다 308
03 답다 311

20장 강조를 나타낼 때
強調の表現
01 얼마나 –(으)ㄴ/는지 모르다 316
02 –(으)ㄹ 수밖에 없다 320
03 –(으)ㄹ 뿐이다 322
04 (이)야말로 325

21장 목적을 나타낼 때
目的の表現
01 –게 330
02 –도록 333

目次

22장 완료를 나타낼 때
完了の表現

01 –았/었다가 338
02 –았/었던 342
03 –아/어 버리다 347
04 –고 말다 350

23장 소용없음을 나타낼 때
無駄なことの表現

01 –(으)나 마나 356
02 –아/어 봤자 360

24장 가정 상황을 나타낼 때
仮定状況の表現

01 –(느)ㄴ다면 366
02 –았/었더라면 370
03 –(으)ㄹ 뻔하다 373

25장 후회를 나타낼 때
後悔の表現

01 –(으)ㄹ 걸 그랬다 378
02 –았/었어야 했는데 382

26장 습관과 태도를 나타낼 때
習慣と態度の表現

01 –곤 하다 388
02 –기는요 392
03 –(으)ㄴ/는 척하다 395

■ 付録

• 正解 400
• 대화를 만들어 볼까요? スクリプト 412
• 文法索引 431

1장

추측과 예상을 나타낼 때
推測と予想の表現

본 장에서는 추측과 예상을 나타내는 표현을 배웁니다. 초급 단계에서는 추측 · 예상 표현과 관련해서 '-겠-', '-(으)ㄹ 거예요', '-(으)ㄹ까요?', '-(으)ㄴ/는/(으)ㄹ 것 같다'를 배웠습니다. 여기에서는 더 많은 추측이나 예상과 관계된 표현을 배우는데 의미가 조금씩 다르기 때문에 예문과 설명을 통해 정확한 의미를 배워 나가시기 바랍니다.

この章では推測と予想を表す表現を学びます。初級段階では推測・予想表現と関連して-겠-、-(으)ㄹ 거예요、-(으)ㄹ까요?、-(으)ㄴ/는/(으)ㄹ 것 같다を学びました。ここではより多くの推測や予想と関係した表現を学びますが、意味が少しずつ異なるため、例文と説明を通じて正確な意味を学んでください。

01 -아/어 보이다
02 -(으)ㄴ/는 모양이다
03 -(으)ㄹ 텐데
04 -(으)ㄹ 테니까
05 -(으)ㄹ걸요
06 -(으)ㄴ/는/(으)ㄹ 줄 몰랐다〔알았다〕
07 -(으)ㄹ지도 모르다

01 –아/어 보이다

Track 001

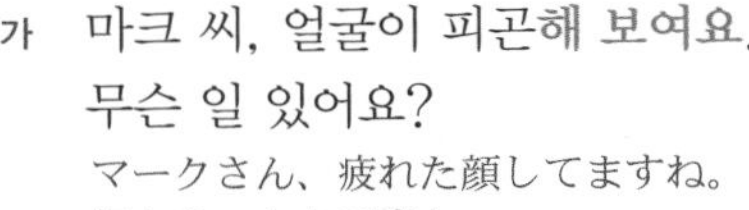

가 마크 씨, 얼굴이 피곤해 보여요.
무슨 일 있어요?
マークさん、疲れた顔してますね。
何かあったんですか。

나 어제 숙제하느라고 잠을 못 잤거든요.
昨日、宿題していて、寝られなかったんです。

가 아키라 씨, 제가 머리 모양을 바꿨는데 어때요?
明さん、私ヘアースタイルを変えたんですが、
どうですか。

나 머리 모양을 바꾸니까 훨씬 어려 보이네요.
ヘアースタイルを変えたら、ずっと幼く見えますね。

문법을 알아볼까요?

이 표현은 겉으로 볼 때 어떤 사람의 감정이나 상태 혹은 물건이나 일의 상태에 대해 느껴지거나 추측되는 것을 표현할 때 사용합니다.

この表現は、外見から、ある人の感情や状態、または事物の状態について感じたり推測したりしたことを表現するときに使います。

–아/어 보이다				
A	과거	–아/어 보였다	작다 넓다	작아 보였다 넓어 보였다
	현재	–아/어 보이다	작다 넓다	작아 보이다 넓어 보이다
	추측	–아/어 보일 것이다	작다 넓다	작아 보일 것이다 넓어 보일 것이다

가 할아버지, 청바지 입으셨네요. おじいさん、ジーパンはいてらっしゃるんですね。

나 청바지를 입으니까 더 젊어 보이지? ジーパンをはいたら、若く見えるだろ。

가 이 음식은 많이 매워 보이는데 괜찮겠어요? この料理はかなり辛そうですけど、大丈夫ですか。

나 이제 매운 음식에 익숙해져서 괜찮아요. もう辛い料理に慣れたから大丈夫ですよ。

가 영진 씨한테 무슨 일 있어요? ヨンジンさんに何かあったんですか。

나 왜요? どうしてですか。

가 도서관 앞에서 봤는데 많이 우울해 보였어요.
図書館の前で見かけたんですけど、かなり憂鬱そうでした。

더 알아볼까요?

1 이 표현은 형용사하고만 쓰입니다. 따라서 동사가 앞에 오면 틀린 문장이 됩니다.
この表現は、形容詞とのみ使われます。したがって、動詞が前に来ると間違った文になります。

- 아키라 씨가 한국말을 잘해 보여요. (×)
  → 아키라 씨가 한국말을 잘하는 것 같아요. (○)
  : '잘하다'가 동사이므로 '–아/어 보이다'를 쓰면 틀립니다.
  잘하다が動詞なので、–아/어 보이다を使うと間違いです。

2 '–게 보이다'로 사용되기도 합니다.
–게 보이다の形でも使用されます。

- 그 옷을 입으니까 날씬해 보여요.
  = 그 옷을 입으니까 날씬하게 보여요.

대화를 만들어 볼까요?

Track 002

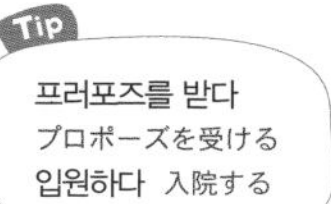

1 가 수진 씨가 요즘 행복해 보이는데 무슨 일 있어요?
나 며칠 전에 남자 친구한테서 프러포즈를 받았대요.

요즘 행복하다	며칠 전에 남자 친구한테서 프러포즈를 받다
요즘 힘들다	어머니가 병원에 입원하시다
오늘 기분이 안 좋다	동생이 말도 없이 수진 씨 옷을 입고 나가다

2 가 가방이 무거워 보이는데 들어 드릴까요?
나 보기보다 가벼우니까 괜찮아요.

가방이 무겁다 / 들어 드리다	가벼우니까 괜찮다
지도에서는 가깝다 / 걸어가다	머니까 버스를 타는 게 좋겠다
일이 많다 / 좀 도와 드리다	많지 않으니까 도와주지 않아도 되다

연습해 볼까요?

다음 그림을 보고 '-아/어 보이다'를 사용해서 대화를 완성하세요.

(1)

가 어느 남방이 더 시원할까요?

나 하늘색 남방이 빨간색 남방보다 더 <u>시원해 보여요</u>.
하늘색 남방을 사세요.

(2)

가 웨이밍 씨의 방이 마크 씨 방보다 큰가요?

나 아니에요, 웨이밍 씨의 방이 깨끗해서 마크 씨의 방보다 더 ________________.

(3)

가 어느 옷이 더 나아요?

나 까만색 원피스를 입으니까 더 ________________.
까만색 원피스를 입으세요.

(4)

가 아키라 씨의 자동차가 정말 좋네요.

나 아키라 씨는 돈이 ________________.

(5)

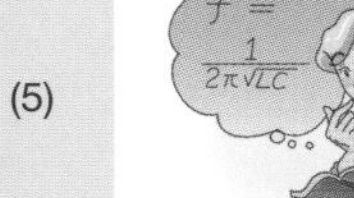

가 이 책은 정말 ________________.

나 네, 카일리 씨한테는 어려울 것 같네요.

(6)

가 은혜 씨가 기분이 ________________.
좋은 일이 있나 봐요.

나 네, 장학금을 받았대요.

02 –(으)ㄴ/는 모양이다

Track 003

가 웨이밍 씨가 오늘 학교에 안 왔네요.
ウェイミンさんが今日学校に来ませんでしたね。

나 어제 몸이 안 좋다고 했는데 많이 아픈 모양이에요.
昨日、体調がよくないと言っていましたが、すごく調子がよくないようですね。

가 저기 아키라 씨가 가네요!
あそこに明さんがいますね!

나 등산복을 입은 걸 보니까 산에 가는 모양이에요.
登山服を着ているところを見ると、山に行くようですね。

문법을 알아볼까요?

'모양'은 생김새나 모습을 뜻하는 말로 이 표현에서는 상태 · 형편을 의미한다고 할 수 있습니다. 따라서 이 표현은 현재의 어떤 상황이나 주변 상황, 분위기를 보거나 듣고 나서 어떤 일이 일어나고 있거나 어떤 상태일 것이라고 짐작 · 추측할 때 사용합니다. 어떤 것을 보고 추측하는 것이므로 '–(으)ㄴ/는 모양이다' 앞에 추측의 근거가 되는 표현인 '–(으)ㄴ/는 걸 보니까'를 사용하는 경우가 많습니다.

모양は見た目や姿を意味することばで、この表現では状態・状況を意味すると言うことができます。したがって、 この表現は、現在のある状況や周辺の状況・雰囲気を見たり聞いたりして、何かが起こっているだろう、このような状態だろうと推量・推測するときに使います。何かを見て推測することなので、–(으)ㄴ/는 모양이다の前に推測の根拠になる表現である–(으)ㄴ/는 걸 보니까が多く使われます。

–(으)ㄴ/는 모양이다					
A	과거	–았/었던	좋다 피곤하다	좋았던 피곤했던	+ 모양이다
	현재	–(으)ㄴ	좋다 피곤하다	좋은 피곤한	
	미래	–(으)ㄹ	좋다 따뜻하다	좋을 따뜻할	

V	과거	-(으)ㄴ	가다 먹다	간 먹은	+ 모양이다
	현재	-는	가다 먹다	가는 먹는	
	미래	-(으)ㄹ	가다 먹다	갈 먹을	
N이다	과거	였던 이었던	의사이다 학생이다	의사였던 학생이었던	
	현재	인	의사이다 학생이다	의사인 학생인	

가 소영 씨가 회사를 그만두었다면서요?
ソヨンさんが会社をやめたそうですね。

나 네, 회사 일이 정말 힘들었던 **모양이에요**.
ええ、会社の仕事が本当に大変だったようです。

가 제나 씨가 아직 안 일어났어요?
チェナさんはまだ起きていないんですか。

나 방에 영화 DVD가 있는 걸 보니까 밤늦게까지 영화를 본 **모양이에요**.
部屋に映画のDVDがあるのをみると、夜遅くまで映画を見ていたようです。

가 주영 씨가 방학에 뭐 하는지 아세요?
チュヨンさんが休みに何をするかご存知ですか。

나 비행기 표를 예매한 걸 보니까 고향에 갈 **모양이에요**.
飛行機のチケットを前もって買ったところをみると、故郷に帰るようです。

더 알아볼까요?

1 이 표현은 추측의 근거가 되는 상황을 보거나 듣거나 한 것을 바탕으로 해서 사용하기 때문에, 말하는 사람이 직접 경험한 일에 대해서는 사용하지 않습니다.
この表現は、推測の根拠になる状況を見たり聞いたりしたことをもとにして使うため、話し手が直接経験したことには使いません。

- 새로 생긴 식당에서 먹어 봤는데 음식이 괜찮은 모양이에요. (×)
  → 새로 생긴 식당에서 먹어 봤는데 음식이 괜찮은 것 같아요. (○)

2 추측의 근거가 객관적이지 않을 때, 즉 막연하게 그렇게 생각하거나 주관적인 추측일 때도 사용할 수 없습니다.

推測の根拠が客観的ではないとき、すなわち、漠然とそのように考えた場合や主観的な推測の場合も使えません。

- 내 생각에 저기 앉아 있는 여자는 공부를 잘하는 모양이에요. (×)
  → 내 생각에 저기 앉아 있는 여자는 공부를 잘할 것 같아요. (○)

: 막연한 느낌의 주관적인 추측이므로 '-(으)ㄴ/는 모양이다'를 사용하지 않고 막연하면서 주관적인 추측을 나타내는 '-(으)ㄹ 것 같다'를 사용합니다.

漠然とした感じの主観的な推測なので-(으)ㄴ/는 모양이다を使わず、漠然とした主観的な推測を表す-(으)ㄹ 것 같다を使います。

대화를 만들어 볼까요?

Track 004

1 가 이 헬스클럽에는 사람이 많네요.

나 사람이 많은 걸 보니 시설이 좋은 모양이에요.

Tip
시설 施設
부동산 중개소 不動産屋
내내 常に、ずっと

이 헬스클럽에 사람이 많다	시설이 좋다
소영 씨가 부동산 중개소에 전화를 하고 있다	이사하겠다
은혜 씨가 회의 시간 내내 시계를 보다	약속이 있다

2 가 정우 씨가 기다리지 말고 먼저 먹으래요.

나 기다리지 말고 먼저 먹으라는 걸 보니까 늦게 올 모양이네요.

기다리지 말고 먼저 먹으라고 하다	늦게 오겠다
다음 주에 만나자고 하다	이번 주에 일이 많다
오늘 하루 종일 잘 거라고 하다	출장에서 많이 피곤했다

연습해 볼까요?

1 '-(으)ㄴ/는 모양이다'를 사용해서 다음 대화를 완성하세요.

(1) 가 아키라 씨는 김밥을 자주 먹어요. (김밥을 좋아하다)

나 김밥을 자주 먹는 걸 보니 김밥을 좋아하는 모양이에요.

(2) 가 은혜 씨의 집 밖에 신문이 쌓여 있네요. (며칠 여행을 갔다)

나 ______________________________

(3) 가 하늘에 구름이 많이 끼어 있네요. (눈이 오겠다)

나 ______________________________

(4) 가 극장에 사람이 많네요. (영화가 재미있다)

나 ______________________________

(5) 가 태준 씨의 얼굴 표정이 안 좋네요. (이번에도 승진을 못 했다)

나 ______________________________

2 다음 그림을 보고 [보기]에서 알맞은 단어를 찾아 '-(으)ㄴ/는 모양이다'를 사용해서 쓰세요.

보기	유행이다	구입하다	편하다	고민이다	모으다

요즘 지하철에서 보니까 사람들이 태블릿 PC(tablet PC)를 많이 가지고 다녀요. 요즘 태블릿 PC가 (1)유행인 모양이에요. 아무 데서나 TV, 인터넷이 되고 전자책도 읽을 수 있어서 아주 (2)______________. 제 친구 마크 씨도 태블릿 PC를 하나 (3)______________. 요즘 계속 태블릿 PC에 대해 알아보고 있거든요. 몇 달 전부터 아르바이트를 해서 돈도 꽤 (4)______________. 그런데 어느 제품을 사야 할지 (5)______________. 제품마다 장점과 단점이 다 다르거든요. 저도 하나 구입하고 싶지만 아직은 꽤 비싸요. 그래서 가격이 내려갈 때까지 좀 더 기다려야 겠어요.

03 –(으)ㄹ 텐데

Track 005

가 바람이 많이 부네요.
風が強く吹いていますね。

나 바람이 불면 추울 텐데 따뜻하게 입고 가는 게 좋겠어요.
風が吹くと寒いでしょうから、暖かい服を着て行くのがよさそうです。

가 웨이밍 씨가 오늘 동창회에 온대요?
ウェイミンさんが今日同窓会に来ると言っていますか。

나 모르겠어요. 벌써 초대장을 받았을 텐데 연락이 없네요.
わかりません。もう招待状を受け取ったはずなんですが、連絡がありません。

문법을 알아볼까요?

이 표현은 추측이나 의지를 나타내는 '–(으)ㄹ 터이다'에 상황이나 일의 배경을 나타내는 '–(으)ㄴ/는데'가 합쳐진 말입니다. 선행절에는 어떤 사실이나 상황에 대한 강한 추측이나 미래를 나타내는 말이 오고 후행절에는 선행절과 관련되거나 반대가 되는 말이 옵니다.

この表現は、推測や意志を表す–(으)ㄹ 터이다に、状況や背景を表す–(으)ㄴ/는데が合わさった表現です。先行節にはある事実や状況に対する強い推測や未来を表すことばが来て、後続節には先行節と関連することばや反対になることばが来ます。

–(으)ㄹ 텐데				
A/V	과거	–았/었을 텐데	작다 먹다	작았을 텐데 먹었을 텐데
	현재	–(으)ㄹ 텐데	작다 먹다	작을 텐데 먹을 텐데
N이다	과거	였을 텐데 이었을 텐데	부자이다 학생이다	부자였을 텐데 학생이었을 텐데
	현재	일 텐데	부자이다 학생이다	부자일 텐데 학생일 텐데

가 시험공부를 안 해서 큰일이에요.
試験勉強をしなかったので大変です。

나 저도요. 시험을 못 보면 진급을 못할 **텐데** 걱정이에요.
私もです。試験の結果が悪かったら進級できないでしょうから、心配です。

가 저녁에 택배가 하나 오는데 좀 받아 주세요.
夕方、宅配が一つ来るんですが、ちょっと受け取ってください。

나 저도 저녁에는 집에 없**을 텐데** 어떡하지요?
私も夕方は家にいないと思いますが、どうしましょうか。

가 어제 야근하느라고 많이 피곤**했을 텐데** 오늘은 일찍 들어가세요.
昨日、夜勤でとても疲れているでしょうから、今日は早く帰ってください。

나 괜찮습니다. 오늘도 야근할 수 있습니다.
大丈夫です。今日も夜勤できます。

더 알아볼까요?

이 표현은 '-(으)ㄹ 텐데요'의 형태로 문장 끝에 사용할 수 있는데 이때는 말하는 사람의 추측이나 가정 상황을 나타내기도 합니다.
この表現は-(으)ㄹ 텐데요の形で文末に使うことができますが、この場合は話し手の推測や仮定状況も表します。

가 제나 씨에게 같이 여행 가자고 할까요?
チェナさんに一緒に旅行に行こうと言いましょうか。

나 제나 씨는 요즘 바쁠 텐데요.
チェナさんは、最近忙しいはずですけど。

가 경수 씨가 요즘 시험 준비하느라 바쁘대요.
キョンスさんが、最近試験の準備のために忙しいそうです。

나 이번에는 꼭 합격해야 할 텐데요.
今回はきっと合格しなければならないはずですよ。

가 태풍이 와서 비행기가 모두 취소되었어요.
台風が来て、飛行機が全部欠航になりました。

나 태풍이 오지 않았더라면 비행기가 취소되지 않았을 텐데요.
台風が来ていなかったら、飛行機が欠航にならなかったでしょうに。

비교해 볼까요?

'-(으)ㄴ/는데'와 '-(으)ㄹ 텐데'는 다음과 같은 점에서 차이가 납니다.
-(으)ㄴ/는데と-(으)ㄹ 텐데は、次のような点で異なります。

-(으)ㄴ데	-(으)ㄹ 텐데
현재 상황에 대한 배경 설명이나 뒤에 나올 내용에 대한 도입을 제시할 때 사용합니다. 現在の状況に対する背景説明や、後ろに出てくる内容に対する導入を提示するときに使います。	현재나 미래 상황에 대해 말하는 사람의 추측을 표현할 때 사용합니다. 現在や未来の状況について話し手の推測を表現するときに使います。

• (지금) 비가 <u>오는데</u> 우산을 가지고 가세요. (いま)雨が降っているから、傘を持って行ってください。	• (오후에) 비가 <u>올 텐데</u> 우산을 가지고 가세요. (午後)雨が降るでしょうから、傘を持って行ってください。
→ 비가 오고 있기 때문에 '-(으)ㄴ/는데'를 사용하고 있습니다. 雨が降っているため、-(으)ㄴ/는데を使っています。	→ 앞으로 비가 올 것이기 때문에 '-(으)ㄹ 텐데'를 사용하고 있습니다. 後で雨が降るだろうから-(으)ㄹ 텐데を使っています。

대화를 만들어 볼까요?

Track 006

1 가 커피 한잔 주실래요?

나 지금 커피를 마시면 잠이 안 올 텐데 우유를 드세요.

커피 한잔 주시다	지금 커피를 마시면 잠이 안 오다 / 우유를 마셔라
주말에 백화점에 같이 가다	세일 중이라 사람이 많다 / 다음에 가자
뮤지컬 '왕과 나'를 보러 가다	그 뮤지컬은 벌써 끝났다 / 다른 공연을 보자

2 가 오후에 같이 테니스 칠까요?

나 오후에는 날씨가 꽤 더울 텐데요.

오후에 같이 테니스 치다	오후에는 날씨가 꽤 덥다
오늘은 커피숍에 가서 공부하다	커피숍은 시끄럽다
아키라 씨랑 같이 영화를 보다	아키라 씨는 고향에 돌아갔다

연습해 볼까요?

1 '-(으)ㄹ 텐데'를 사용해서 다음을 한 문장으로 만드세요.

(1) 방학하면 심심할 거예요. + 우리 집에 놀러 오세요.

→ 방학하면 심심할 텐데 우리 집에 놀러 오세요.

(2) 배가 고플 거예요. + 이것 좀 드세요.

→ ______

(3) 손님이 많이 올 거예요. + 음식을 얼마나 준비해야 하지요?

→ ______

(4) 사토 씨가 보너스를 받았을 거예요. + 한턱내라고 해야겠어요.

→ ______

(5) 인선 씨가 서울에 도착했을 거예요. + 이따가 연락해 볼까요?

→ ______

2 '-(으)ㄹ 텐데'를 사용해서 다음 대화를 완성하세요.

(1) 가 이 책을 마크 씨한테 주려고 하는데 어때요? (외국인한테 어렵다)

나 이 책은 외국인한테 어려울 텐데 다른 책을 사는 게 어때요?

(2) 가 혹시 주위에 영어를 잘하는 사람이 있나요? 통역할 일이 있어서요. (영어를 잘하다)

나 은혜 씨가 미국에서 살아서 ______ 은혜 씨에게 부탁해 보세요.

(3) 가 저 옷을 한번 입어 볼까요? (저 옷은 작다)

나 ______ 다른 옷을 입어 보세요.

(4) 가 슈퍼마켓에 갔다 올게요. (문을 닫았다)

나 지금쯤 슈퍼마켓이 ______ 내일 가는 게 좋겠어요.

(5) 가 양강 씨가 장학금을 탔대요. (쉽지 않았다)

나 회사 일 하면서 공부하기가 ______ 정말 대단하군요.

04 –(으)ㄹ 테니까

Track 007

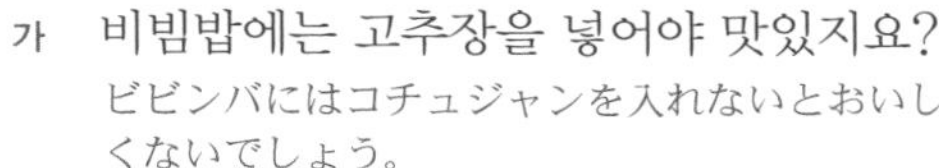

가 비빔밥에는 고추장을 넣어야 맛있지요?
ビビンバにはコチュジャンを入れないとおいしくないでしょう。

나 네, 하지만 고추장을 많이 넣으면 매울 테니까 조금만 넣으세요.
ええ、でもコチュジャンをたくさん入れると辛いでしょうから、少しだけ入れてください。

가 마크 씨가 면접을 잘 봤는지 모르겠어요.
マークさんの面接はうまくいったでしょうか。

나 잘 봤을 테니까 걱정하지 마세요.
うまくいったでしょうから、心配しないでください。

문법을 알아볼까요?

이 표현은 말하는 사람의 추측을 나타내는 말로 '추측이나 의지'를 나타내는 '–(으)ㄹ 터이다'에 이유를 나타내는 '–(으)니까'가 붙은 말입니다. 후행절에는 주로 말하는 사람이 제안하거나 조언하는 말이 오며 선행절에는 그렇게 제안하거나 조언하는 이유를 추측하면서 말합니다.

この表現は話し手の推測を表すことばで、推測や意志を表す–(으)ㄹ 터이다に理由を表す–(으)니까が付いた表現です。後続節には主に話し手が提案したり助言したりすることばが来て、先行節ではそのように提案したり助言したりする理由を推測しつつ述べます。

–(으)ㄹ 테니까				
A/V	과거	–았/었을 테니까	가다	갔을 테니까
			넓다	넓었을 테니까
	현재 / 미래	–(으)ㄹ 테니까	가다	갈 테니까
			넓다	넓을 테니까
N이다	과거	였을/이었을 테니까	아이이다	아이였을 테니까
			학생이다	학생이었을 테니까
	현재 / 미래	일 테니까	아이이다	아이일 테니까
			학생이다	학생일 테니까

가 마리 씨가 과일을 좋아하니까 사과를 좀 사 갈까요?
マリさんは果物が好きだから、リンゴをちょっと買って行きましょうか。

나 요즘 딸기 철이라 딸기가 싸고 맛있을 **테니까** 딸기를 사 가요.
最近はイチゴの時期で、イチゴが安くておいしいでしょうから、イチゴを買って行きましょう。

가 선생님을 만나고 싶은데 어디에 계시는지 아세요?
先生に会いたいんですが、どこにいらっしゃるかご存知ですか。

나 사무실에 계실 **테니까** 거기로 가 보세요.
事務室にいらっしゃるはずですから、そこへ行ってみてください。

가 아침 회의 때 음료수만 준비하면 될까요?
朝の会議のとき、飲み物だけ準備すればいいでしょうか。

나 대부분 아침을 안 먹었을 **테니까** 샌드위치도 같이 준비하는 게 좋겠어요.
ほとんどの人は朝ごはんを食べていないでしょうから、サンドウィッチも一緒に準備するのがよさそうです。

더 알아볼까요?

1 이 표현은 '-(으)ㄹ 테니까요'의 형태로 문장 뒤에 사용하기도 합니다.
この表現は-(으)ㄹ 테니까요の形で文末に使われることもあります。

- 일찍 출발하세요. 월요일이라 길이 막힐 테니까요.
  早く出発してください。月曜日で道が混むでしょうから。

2 '-(으)ㄹ 테니까'의 후행절에는 '걱정이다', '고맙다', '미안하다'의 말이 올 수 없습니다.
-(으)ㄹ 테니까の後続節には걱정이다、고맙다、미안하다等のことばが来ることができません。

- 바쁘실 테니까 참석해 주셔서 감사합니다. (×)
  → 바쁘실 텐데 참석해 주셔서 감사합니다. (○)
- 피곤할 테니까 일찍 나오라고 해서 미안해요. (×)
  → 피곤할 텐데 일찍 나오라고 해서 미안해요. (○)

3 이 표현은 말하는 사람이 어떤 일을 하겠다는 의지나 의도를 나타내기도 하는데 이때는 주어가 1인칭만 올 수 있습니다. 후행절에는 주로 듣는 사람에게 어떻게 하자거나 어떻게 하라는 내용이 옵니다. 이 표현은 '-(으)ㄹ 터이다'가 의지를 나타내고 뒤에 '-(으)니까'가 붙은 말입니다. 이 경우 '-(으)ㄹ 테니까' 앞에는 동사만 올 수 있으며 과거형은 쓸 수 없습니다.
この表現は話し手が何かをするという意志や意図を表しもしますが、この場合は主語に1人称のみ来ることができます。後続節には主に聞き手にどのようにしようとか、どのようにしなさいという内容が来ます。この表現は、-(으)ㄹ 터이다が意志を表し、後ろに-(으)니까が付いた表現です。この場合、-(으)ㄹ 테니까の前には動詞のみ来ることができ、過去形は使うことができません。

가 재영 씨, 앞으로 어떻게 연락하면 될까요?
チェヨンさん、今後どうやって連絡すればいいでしょうか。

나 제 이메일 주소를 가르쳐 드릴 테니까 여기로 연락 주세요.
私のEメールアドレスをお教えしますから、ここにご連絡ください。

가 손님이 오시니까 빨리 집을 정리해야겠어요.
お客様がいらっしゃるから、はやく家を片付けなくてはいけません。

나 제가 거실을 정리할 테니까 당신은 방 청소 좀 해 줄래요?
私がリビングを片付けますから、あなたは部屋の掃除をちょっとしてくれますか。

비교해 볼까요?

'-(으)ㄹ 텐데'와 '-(으)ㄹ 테니까'는 둘 다 추측할 때 하는 말이지만 다음과 같은 점에서 차이가 납니다.
-(으)ㄹ 텐데と-(으)ㄹ 테니까はどちらも推測するときに使う表現ですが、次のような点で異なります。

-(으)ㄹ 텐데	-(으)ㄹ 테니까
추측의 상황을 의미합니다. 推測の状況を意味します。 • 배가 고플 텐데 어서 드세요. おなかがすいたでしょうに、早く召し上がってください。	추측의 이유를 의미합니다. 推測の理由を意味します。 • 배가 고플 테니까 어서 드세요. おなかがすいたでしょうから、早く召し上がってください。

대화를 만들어 볼까요?

Track 008

1 가 혹시 제나 씨 연락처 아세요?
나 도영 씨가 알 테니까 도영 씨한테 물어보세요.

제나 씨 연락처 알다	도영 씨가 알다 / 도영 씨한테 물어보다
민 부장님께서 언제 들어오시는지 알다	금방 들어오시다 / 잠깐만 기다리다
사토 씨가 어디 있는지 알다	식당에 있다 / 거기로 가 보다

2 가 저녁에 친구랑 야구 보러 가기로 했어요.
나 그럼, 카디건을 가지고 가는 게 좋겠어요. 저녁엔 쌀쌀할 테니까요.

저녁에 친구랑 야구 보러 가다	카디건을 가지고 가다 / 저녁엔 쌀쌀하다
내일 아침 8시에 출발하다	지하철을 타다 / 출근 시간이라 길이 많이 막히다
주말에 파티를 하다	음식을 충분히 준비하다 / 주말이라 사람들이 많이 오다

연습해 볼까요?

1 관계있는 것을 연결하고 '-(으)ㄹ 테니까'를 사용해서 문장을 만드세요.

(1) 수영 씨가 자고 있겠다. ·	· ⓐ 편한 신발을 신는 게 좋겠어요.
(2) 내일은 많이 걷겠다. ·	· ⓑ 이따가 전화합시다.
(3) 그 길은 복잡하겠다. ·	· ⓒ 오늘은 푹 쉬세요.
(4) 시험공부하느라 힘들었겠다. ·	· ⓓ 다른 길로 가는 게 어때요?

(1) ⓑ - 수영 씨가 자고 있을 테니까 이따가 전화합시다.

(2) ______________________________

(3) ______________________________

(4) ______________________________

2 '-(으)ㄹ 테니까'를 사용해서 다음 대화를 완성하세요.

(1) 가 약을 먹었는데 계속 아프네요. (좋아지다)
나 조금 있으면 좋아질 테니까 좀 누워서 쉬세요.

(2) 가 책상을 저쪽으로 옮기는 게 좋겠어요. (무겁다)
나 혼자 옮기기에는 ______________ 제가 도와 드릴게요.

(3) 가 이번 휴가에 동해로 갈까요, 서해로 갈까요? (사람이 많다)
나 동해는 ______________ 서해로 가는 게 어때요?

(4) 가 와, 케이크가 맛있겠어요. (조금 이따가 점심을 먹다)
나 ______________ 조금만 드세요.

(5) 가 경수 씨가 오늘 늦게 오면 어떻게 하지요? (일찍 출발했다)
나 오늘은 ______________ 늦지 않을 거예요.

(6) 가 어제 회의 내용 좀 알 수 있을까요? (참석을 했다)
나 저도 참석을 안 해서 몰라요. 게이코 씨가 ______________
게이코 씨한테 물어보세요.

05 -(으)ㄹ걸요

Track 009

가 혹시 마크 씨 못 보셨어요?
ひょっとして、マークさん見ませんでしたか。

나 아마 커피숍에 있을걸요. 아까 커피숍에 간다고 했거든요.
たぶんコーヒーショップにいると思いますよ。さっきコーヒーショップに行くと言っていましたから。

가 어제 양강 씨도 테니스 치러 갔을까요?
昨日、ヤンガンさんもテニスをしに行ったでしょうか。

나 아마 안 갔을걸요. 예전에 테니스를 못 친다고 했던 것 같아요.
たぶん行かなかったと思いますよ。以前、テニスはできないと言っていた気がします。

문법을 알아볼까요?

이 표현은 아직 일어나지 않은 일이나 잘 모르는 일에 대해 말하는 사람이 불확실한 추측을 이야기할 때 씁니다. 글말에서는 사용하지 않고 입말에서만 사용하며 친근한 사이에 사용합니다.

この表現は、まだ起こっていないことやよく知らないことについて、話し手が不確実な推測を話すときに使います。文語では使わず、口語でのみ使い、親しい間で使います。

-(으)ㄹ걸요				
A/V	과거	-았/었을걸요	먹다 높다	먹었을걸요 높았을걸요
	현재	-(으)ㄹ걸요	가다 높다	갈걸요 높을걸요
N이다	과거	였을걸요 이었을걸요	변호사이다 학생이다	변호사였을걸요 학생이었을걸요
	현재	일걸요	변호사이다 학생이다	변호사일걸요 학생일걸요

가 백화점에 가려고 하는데 사람이 많을까요?
デパートに行こうと思うんですが、人が多いでしょうか。

나 추석 전이니까 **많을걸요**.
秋夕の前だから、多いと思いますよ。

가 집 앞에 있는 마트가 몇 시에 여는지 아세요?
家の前にあるマートが何時に開くかご存知ですか。

나 아마 10시쯤 **열걸요**. 다른 마트들이 대부분 10시에 열거든요.
たぶん10時ごろに開くと思います。ほかのマートがだいたい10時に開きますから。

가 약속 시간을 좀 늦추고 싶은데 자야 씨가 출발했을까요?
約束時間をちょっと遅らせたいんですが、ジャヤさんは出発したでしょうか。

나 벌써 **출발했을걸요**. 자야 씨 집이 멀잖아요.
もう出発したと思いますよ。ジャヤさんの家は遠いじゃないですか。

'-(으)ㄹ 걸 그랬다'에서 '그랬다'가 생략된 '-(으)ㄹ걸'은 과거에 한 일에 대해 후회를 할 때도 사용합니다. 따라서 반말일 때는 추측을 나타낼 때와 후회를 나타낼 때의 형태가 같아지므로 헷갈리지 않도록 조심하세요. (25장 '후회를 나타낼 때'의 01 '-(으)ㄹ 걸 그랬다' 참조)
-(으)ㄹ 걸 그랬다から그랬다が省略された-(으)ㄹ걸は過去にしたことについて後悔をするときにも使います。したがって、パンマルのときは推測の表現と後悔の表現の形が同じになるため、混同しないよう気をつけてください。(25章 後悔の表現 01-(으)ㄹ 걸 그랬다参照)

더 알아볼까요?

1 이 표현은 상대방의 의견에 약하게 반대할 때도 사용합니다. 이때 상대방이 알고 있는 사실 혹은 상대방의 기대가 틀리거나 말하는 사람과 다르다는 것을 나타냅니다.
この表現は、相手の意見に弱く反対するときにも使います。相手の知識や期待が間違っている、または話し手と異なるということを表します。

가 아침 8시에 출발할까요?
朝8時に出発しましょうか。

나 그 시간에는 길이 많이 막힐걸요.
その時間には道がすごく混むと思いますよ。

가 아키라 씨에게 경복궁을 구경시켜 줄까 해요.
明さんに景福宮を見学させてあげようかと思います。

나 아키라 씨는 경복궁에는 벌써 가 봤을걸요. 외국인들이 한국에 오면 제일 먼저 가는 곳이잖아요.
明さんは景福宮にはもう行ったことがあると思いますよ。外国人が韓国に来ると、いちばん最初に行くところじゃないですか。

2 이 표현은 말하는 사람만 그렇게 추측하는 근거를 가지고 있습니다. 따라서 말하는 사람과 두 사람이 추측하는 근거를 공유할 때는 사용할 수 없습니다.

この表現は、話し手だけがそのように推測する根拠を持っています。したがって、話し手と聞き手が推測する根拠を共有するときは使えません。

가 주말까지 벌써 매진되었네요.
週末までもう売り切れですね。

나 그러게요. 영화가 재미있을걸요. (×)
→ 그러게요. 영화가 재미있나 봐요. (○)
そうですね。映画がおもしろいみたいですね。

: 추측의 근거가 되는 사실(영화 표가 주말까지 매진되었다)을 두 사람 다 알고 있기 때문에 '-(으)ㄹ걸요'를 사용할 수 없습니다.
推測の根拠になる事実(映画のチケットが週末まで売り切れたこと)を2人とも知っているため、-(으)ㄹ걸요が使えません。

가 이 영화가 재미있을까요?
この映画はおもしろいでしょうか。

나 요즘 흥행 1위라고 하니까 재미있을걸요.
最近興行1位だそうですから、おもしろいと思いますよ。

: 이 영화가 흥행 1위라고 하는 정보를 '나'만 가지고 있기 때문에 '-(으)ㄹ걸요'를 사용할 수 있습니다.
この映画が興行1位だという情報を「私」だけが持っているため、-(으)ㄹ걸요を使うことができます。

3 이 표현을 사용할 때는 문장 끝의 억양을 약간 올립니다.

この表現を使うときは、文末のイントネーションが少し上がります。

가 강원도는 날씨가 어떤지 아세요?
江原道の気候がどうか知っていますか。

나 북쪽이라 서울보다 추울걸요.↗
北のほうですから、ソウルより寒いと思いますよ。

4 '-(으)ㄹ걸요'는 '-(으)ㄹ 거예요'보다는 추측에 대한 확신이 약합니다.

-(으)ㄹ걸요は-(으)ㄹ 거예요より推測に対する確信が弱いです。

(1) 가 수영 씨가 점심을 먹었을까요?
スヨンさんはお昼ごはんを食べたでしょうか。

나 먹었을걸요. 지금 3시잖아요.
食べたと思いますよ。いま3時じゃないですか。

(2) 가 수영 씨가 점심을 먹었을까요?
스ヨンさんはお昼ごはんを食べたでしょうか。

나 먹었을 거예요. 아까 식당에 밥 먹으러 간다고 하더라고요.
食べたと思いますよ。さっき、食堂にごはんを食べに行くと言っていました。

: (1)은 보통 대부분의 사람들이 3시쯤에는 점심을 먹은 상태니까 수영 씨도 먹었을 거라고 추측하고 있어서 '-(으)ㄹ걸요'로 말했으며 (2)는 '수영 씨가 밥 먹으러 간다고 했다'라는 좀 더 구체적인 추측의 근거를 대고 있으므로 '-(으)ㄹ 거예요'로 말했습니다.
(1)は普通ほとんどの人が3時くらいにはお昼ごはんを食べた状態だからスヨンさんも食べただろうと推測しているため-(으)ㄹ걸요を使い、(2)は「スヨンさんがごはんを食べに行くと言った」という具体的な推測の根拠を出しているため-(으)ㄹ 거예요を使っています。

대화를 만들어 볼까요?

Track 010

1 가 윤호 씨가 지금 집에 있을까요?
나 이 시간에는 보통 운동을 하니까 집에 없을걸요.

윤호 씨가 지금 집에 있다	이 시간에는 보통 운동을 하니까 집에 없다
저 그림이 비싸다	복제품이니까 비싸지 않다
소포가 고향에 도착했다	고향까지 일주일 정도 걸리니까 벌써 도착했다

2 가 우리 내일 사진전 갈 때 영수 씨도 부를까요?
나 영수 씨는 시간이 없을걸요. 방학 내내 아르바이트 한다고 했거든요.

시간이 없다 / 방학 내내 아르바이트 한다고 하다
아마 안 가다 / 예전에 사진이나 그림에는 관심이 없다고 하다
고향에 돌아갔다 / 지난주에 고향에 간다고 하다

연습해 볼까요?

다음 그림을 보고 [보기]에서 알맞은 단어를 찾아 '-(으)ㄹ걸요'를 사용해서 대화를 완성하세요.

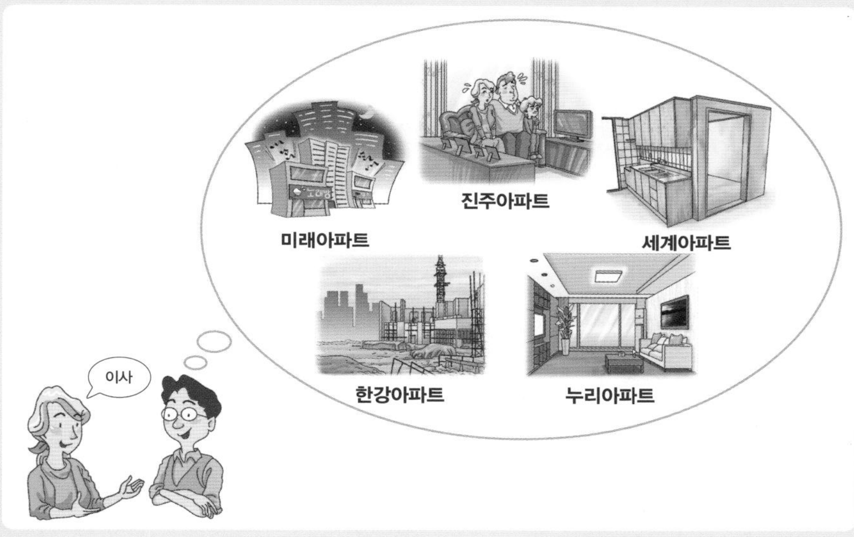

보기 시끄럽다 깨끗하지 않다 좁다 마음에 들다 공사가 아직 안 끝났다

카일리 호영 씨, 이 근처에서 오래 사셨지요?
제가 이 근처 아파트로 이사를 오려고 하는데 미래아파트는 어때요?

호영 미래아파트는 주위에 술집이 많아서 저녁에는 (1)시끄러울걸요.

카일리 그래요? 그럼 진주아파트는 어때요?

호영 진주아파트는 세 사람이 살기에는 집이 (2)____________.

카일리 그렇군요. 그럼 세계아파트는 어때요?

호영 세계아파트는 지은 지 오래돼서 (3)________________.

카일리 세계아파트도 별로군요. 그럼 한강아파트는 어떨까요?

호영 거기는 작년부터 짓기 시작했기 때문에 (4)____________________.

카일리 다 지으려면 시간이 꽤 걸리겠네요.

호영 누리아파트에 한번 가 보세요. 거기는 지은 지 얼마 안 돼서 깨끗하고 집도 넓거든요. 그 집은 (5)________________.

06 -(으)ㄴ/는/(으)ㄹ 줄 몰랐다〔알았다〕

Track 01

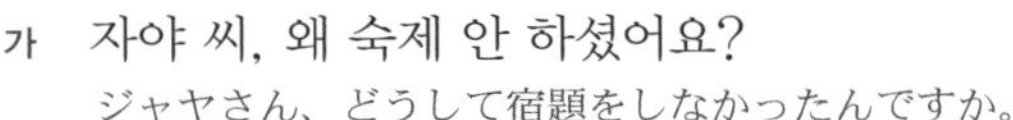

가 자야 씨, 왜 숙제 안 하셨어요?
ジャヤさん、どうして宿題をしなかったんですか。

나 오늘 숙제가 있었어요? 저는 숙제가 있는 줄 몰랐어요. 숙제가 없는 줄 알았어요.
今日、宿題があったんですか。私は宿題があるとは知りませんでした。宿題がないと思いました。

가 은혜 씨 남편 보셨어요? 정말 멋있던데요.
ウネさんのご主人見ましたか。本当にかっこよかったですよ。

나 은혜 씨가 결혼을 했어요? 저는 은혜 씨가 결혼한 줄 몰랐어요. 결혼 안 한 줄 알았어요.
ウネさんは結婚してるんですか。私はウネさんが結婚しているとは知りませんでした。結婚していないと思っていました。

문법을 알아볼까요?

'-(으)ㄴ/는/(으)ㄹ 줄 몰랐다'는 말하는 사람이 선행절의 이야기에 대해 몰랐거나 예상 또는 기대를 하지 못했을 때 사용합니다. 그리고 '-(으)ㄴ/는/(으)ㄹ 줄 알았다'는 선행절의 내용이 맞다고 생각했는데 그것이 사실이 아님을 알게 되었을 때 사용합니다.

-(으)ㄴ/는/(으)ㄹ 줄 몰랐다は、話し手が先行節の内容について知らなかったとき、予想や期待ができなかったときに使います。そして、-(으)ㄴ/는/(으)ㄹ 줄 알았다は、先行節の内容が正しいと思ったが、それが事実ではなかったことを知ったときに使います。

-(으)ㄴ/는/(으)ㄹ 줄 몰랐다〔알았다〕					
A	현재	-(으)ㄴ	예쁘다 작다	예쁜 작은	+ 줄 몰랐다 알았다
	추측	-(으)ㄹ	예쁘다 작다	예쁠 작을	
V	과거	-(으)ㄴ	가다 먹다	간 먹은	
	현재	-는	가다 먹다	가는 먹는	
	미래 / 추측	-(으)ㄹ	가다 먹다	갈 먹을	

N이다	과거	이었는 였는	학생 의사	학생이었는 의사였는	+ 줄 몰랐다 알았다
	현재	인	학생 의사	학생인 의사인	
	추측	일	학생 의사	학생일 의사일	

- 앤디 씨가 오늘 학교에 온 줄 알았어요. 학교에 오지 않은 줄 몰랐어요.
  アンディさんが今日学校に来たと思いました。学校に来なかったとは思いませんでした。
- 바람이 많이 불어서 날씨가 추운 줄 알았어요. 그런데 밖에 나오니까 춥지 않아요.
  風が強く吹いて寒いと思いました。でも、外に出てみたら寒くありません。
- 저는 주영 씨가 중국 사람인 줄 몰랐어요. 한국 사람인 줄 알았어요.
  私はチュヨンさんが中国人だとは思いませんでした。韓国人だと思っていました。

대화를 만들어 볼까요?

Track 012

1 가 진수 씨, 음악 소리 좀 줄여 주세요. 아기가 자고 있어요.
나 아, 죄송해요. 아기가 자는 줄 몰랐어요.
소리를 줄일게요.

Tip
음악 소리를 줄이다
音楽のボリュームを小さくする

음악 소리 좀 줄이다 / 아기가 자고 있다	아기가 자다 / 소리를 줄이다
텔레비전을 끄다 / 시험공부 하고 있다	시험공부 하다 / 텔레비전을 끄다
조용히 하다 / 친구와 통화 중이다	친구와 통화 중이다 / 조용히 하다

2 가 미영 씨, 날씨가 맑은데 왜 우산을 가지고 왔어요?
나 아침에 날씨가 흐려서 비가 올 줄 알았어요.

날씨가 맑은데 왜 우산을 가지고 오다	아침에 날씨가 흐려서 비가 오겠다
일요일에는 학교 식당이 문을 닫는데 왜 가다	일요일에도 도서관이 열어서 식당도 문을 열다
진수 씨의 생일 파티는 내일인데 왜 케이크를 사 오다	아까 라라 씨가 진수 씨에게 선물을 줘서 생일 파티가 오늘이다

연습해 볼까요?

1 '-(으)ㄴ/는/(으)ㄹ 줄 몰랐다(알았다)'를 사용해서 다음을 같은 뜻이 되도록 바꾸세요.

(1) 부산이 따뜻해요. 그런데 저는 부산도 서울처럼 춥다고 생각했어요.

→ 부산이 따뜻한 줄 몰랐어요. 부산도 서울처럼 추운 줄 알았어요.

(2) 수진 씨가 학생이에요. 그런데 저는 수진 씨가 학생이 아니라고 생각했어요.

→ ______________________________

(3) 두 사람이 헤어졌어요. 그런데 저는 두 사람이 계속 사귄다고 생각했어요.

→ ______________________________

(4) 란란 씨가 미국에 갔어요. 그런데 저는 란란 씨가 한국에 있다고 생각했어요.

→ ______________________________

2 '-(으)ㄴ/는/(으)ㄹ 줄 몰랐다(알았다)'를 사용해서 다음 대화를 완성하세요.

(1) 가 어제 피터 씨가 파티에 안 왔지요?

나 네, 저는 피터 씨가 파티 장소를 물어봐서 파티에 올 줄 알았어요.

(2) 가 마크 씨가 점심을 안 먹어서 배가 고프대요. 먹을 거 있으세요?

나 아니요, 아까 마크 씨를 식당에서 봐서 마크 씨가 점심을

______________________________.

(3) 가 민희 씨와 민지 씨가 자매래요.

나 그래요? 두 사람이 ______________________________.

항상 같이 다녀서 친구인 줄 알았어요.

(4) 가 왜 이렇게 일찍 오셨어요?

나 토요일이라 길이 ____________________ 일찍 출발했거든요.

그런데 길이 하나도 안 막혀서 일찍 도착했어요.

07 –(으)ㄹ지도 모르다

Track 013

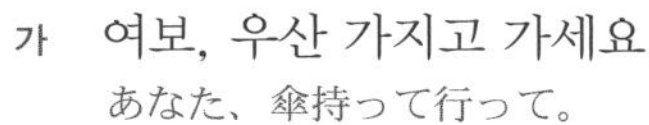

가 여보, 우산 가지고 가세요.
あなた、傘持って行って。

나 날씨가 맑은데요. 晴れてるけど。

가 장마철이잖아요. 장마철에는 갑자기 비가 올지도 몰라요.
梅雨の時期じゃない。梅雨時には急に雨が降るかもしれないわよ。

가 마크 씨가 얼마 전에 산 책을 다 읽었겠지요? 제가 좀 빌려서 읽으려고요.
マークさんは少し前に買った本を読み終わってるでしょうね。ちょっと借りて読もうと思うんです。

나 요즘 일이 많아서 다 못 읽었을지도 몰라요.
最近、仕事が多いので、読み終わっていないかもしれませんよ。

문법을 알아볼까요?

이 표현은 어떤 일이 생길 가능성은 적지만 그 일이 일어날 수도 있음을 추측할 때 사용합니다. '–(으)ㄹ지 모르다'로도 말할 수 있습니다.

この表現は、あることが生じる可能性は少ないが、そのことが起こり得ることを推測するときに使います。–(으)ㄹ지 모르다とも言うことができます。

–(으)ㄹ지도 모르다					
A/V	과거	–았/었을지도	가다 높다	갔을지도 높았을지도	+ 모르다
	현재 / 미래	–(으)ㄹ지도	가다 높다	갈지도 높을지도	
N이다	과거	였을지도 이었을지도	친구이다 농담이다	친구였을지도 농담이었을지도	
	현재	일지도	친구이다 농담이다	친구일지도 농담일지도	

가 사토 씨가 어디 있는지 혹시 아세요?
佐藤さんがどこにいるか、ひょっとしてご存知ですか。

나 사토 씨는 보통 집에 일찍 가지만 내일 시험이 있으니까 도서관에 있**을지도 몰라요**.
佐藤さんは普段は家に早く帰るんですが、明日試験があるから図書館にいるかもしれません。

가 휴지랑 비누를 다 썼네요. 내일 마트에 갔다 와야겠어요.
ちり紙とせっけんがなくなりましたね。明日、マートに行って来ないといけませんね。

나 내일부터 추석 연휴라서 문을 안 열**지도 몰라요**. 오늘 갔다 오는 게 좋을 것 같아요.
明日から秋夕の連休だから、お店が開いていないかもしれません。今日、行って来たほうがよさそうです。

가 제가 수진 씨를 불렀는데 대답을 안 하더라고요. 저한테 화가 났을까요?
私がスジンさんを呼んだのに返事をしなかったんです。私に対して怒っているんでしょうか。

나 친구들이랑 이야기하느라고 못 들**었을지 몰라요**. 너무 신경 쓰지 마세요.
友だちと話していて聞こえなかったのかもしれません。あまり気にしないでください。

더 알아볼까요?

1 이 표현은 가능성은 거의 없지만 그 일이 일어날 수도 있다는 뜻이므로 어떤 중요한 일을 앞두고 걱정하고 있는 사람에게 사용하면 실례가 될 수 있습니다.
この表現は、可能性はほとんどないが、そのことが起こり得るという意味なので、ある重要なことを前にして心配している人に使うと、失礼になることがあります。

가 이번 시험에 꼭 합격해야 할 텐데요.
今度の試験に必ず合格しなければならないんですが。

나 열심히 공부했으니까 합격할지도 몰라요.
一生懸命勉強したから合格するかもしれません。

가 뭐라고요? 제가 떨어질 가능성이 더 많다는 얘기예요?
何ですって。私が落ちる可能性のほうが多いということですか。

: '합격할지도 몰라요'라고 말을 하면 합격할 가능성이 아주 적지만 혹시 모르니까 기대를 해 보라는 뜻이 돼서 듣는 사람의 기분이 나쁠 수 있습니다. 이때는 그럴 가능성이 아주 높다는 '합격할 거예요'라고 말을 하는 것이 더 좋습니다.
합격할지도 몰라요と言うと、合格する可能性は非常に低いが、どうなるかわからないから期待をしてみなさいという意味になり、聞き手の気分を害することがあります。この場合は、そのような可能性が非常に高いという합격할 거예요と言うほうがいいです。

2 이 표현의 과거형은 '–았/었을지도 몰라요'입니다. '몰라요'를 '몰랐어요'라고 말하면 틀립니다.
この表現の過去形は–았/었을지도 몰라요です。몰라요を몰랐어요と言うのは間違いです。

• 게이코 씨가 파티에 간다고 했지만 안 갔을지도 몰랐어요. (×)
→ 게이코 씨가 파티에 간다고 했지만 안 갔을지도 몰라요. (○)

대화를 만들어 볼까요?

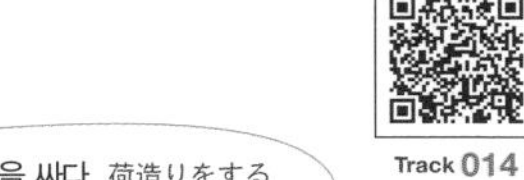

Track 014

1 가 드디어 여행 가방을 다 쌌어요.

나 비상약도 넣었어요?

갑자기 아플지도 모르니까 약도 꼭 챙기세요.

Tip
가방을 싸다 荷造りをする
비상약 非常薬
챙기다 取りそろえる

비상약도 넣다	갑자기 아프다 / 약도 꼭 챙기다
두꺼운 옷도 넣다	밤에는 춥다 / 두꺼운 옷도 꼭 챙기다
지도도 넣다	혹시 길을 잃어버리다 / 지도도 꼭 챙기다

2 가 케빈 씨가 결석을 하는 사람이 아닌데 오늘 왜 학교에 안 왔을까요?

나 비자를 연장해야 한다고 했으니까 출입국관리사무소에 갔을지도 몰라요.

결석하는 사람이 아닌데 오늘 왜 학교에 안 오다	비자를 연장해야 한다고 했으니까 출입국관리사무소에 가다
약속을 잊어버리는 사람이 아닌데 어제 왜 약속을 잊어버리다	요즘 이사하느라고 정신이 없어서 약속을 잊어버리다
돈을 많이 쓰는 사람이 아닌데 왜 벌써 용돈이 다 떨어지다	이번 달에 병원에서 치료를 받느라고 돈을 다 쓰다

연습해 볼까요?

'-(으)ㄹ지도 모르다'를 사용해서 다음 대화를 완성하세요.

(1) 가 어제 문자 보냈는데 왜 답장 안 하셨어요? (자다)

나 어젯밤 늦게 문자를 봤거든요. 그 시간에 혜주 씨가 잘지도 몰라서 안 했어요.

(2) 가 내일 연극 공연에 다섯 명 자리를 예약하면 되겠지요? (못 오다)

나 제나 씨는 아르바이트 때문에 ________________ 다시 한번 확인해 보세요.

(3) 가 이 음식을 오늘 했으니까 밖에 두어도 괜찮겠지요? (상하다)

나 여름이라 음식이 ________________. 냉장고에 넣는 게 좋겠어요.

(4) 가 내일 학교에 가면 윤 선생님을 만날 수 있겠지요? (안 나오시다)

나 방학 때는 ________________ 미리 전화 드려 보세요.

(5) 가 누가 이 전자사전을 놓고 갔네요. (놓고 갔다)

나 마크 씨가 ________________. 마크 씨가 물건을 잘 놓고 다니잖아요.

1장 확인해 볼까요?

〔1～2〕 **다음 밑줄 친 부분과 바꿔 쓸 수 있는 것을 고르세요.**

1 주영 씨가 책을 자주 사는 걸 보니까 책을 많이 읽는 모양이에요.

① 책을 많이 좋아해요　② 책을 많이 읽나 봐요
③ 책을 사는 줄 몰랐어요　④ 책을 많이 읽을지도 몰라요

2 케일라 씨가 한국어를 잘하는 줄 알았어요.

① 한국어를 정말 잘해요　② 한국어를 잘하고 싶어해요
③ 한국어를 잘하려고 공부하고 있어요　④ 한국어를 잘한다고 생각했는데 아니에요

〔3～5〕 **다음 중 밑줄 친 곳에 맞는 대답을 고르세요.**

3
가　요즘 사람들이 이 신발을 많이 신고 다니네요.
나　그러게요. 이 신발이 ＿＿＿＿＿＿＿＿＿＿＿＿.

① 인기가 많을걸요　② 인기가 많을지도 몰라요
③ 인기가 많은 모양이에요　④ 인기가 많은 줄 알았어요

4
가　내일 경복궁에 가려고 해요.
나　그래요? 주말에는 문을 여는데 주 중에는 하루 쉬는 날이 있어요.
　　내일 ＿＿＿＿＿＿＿＿＿＿＿＿ 미리 확인해 보세요.

① 문을 안 열 텐데　② 문을 안 열 테니까
③ 문을 안 열지도 모르니까　④ 문을 안 여는지 몰랐으니까

5
가　내일 발표할 때 실수할까 봐 걱정이에요.
나　걱정하지 마세요. 열심히 준비했으니까 ＿＿＿＿＿＿＿＿＿＿＿＿.

① 잘할 거예요　② 잘해 보여요
③ 잘할 모양이에요　④ 잘할지도 몰라요

6 다음 밑줄 친 것 중 맞는 것을 찾으세요.

① 미현 씨가 어제 시험을 볼지도 몰랐어요.
② 아침에 날씨가 흐려서 오후에는 눈이 온 줄 알았어요.
③ 많이 바쁘실 텐데 세미나에 참석해 주셔서 감사합니다.
④ 극장 앞에 사람이 많은 걸 보니까 영화가 재미있을 모양이에요.

대조를 나타낼 때

対照の表現

본 장에서는 대조를 표현할 때 사용하는 다양한 문법 표현을 배웁니다. 초급 단계에서는 대조를 표현하는 문법으로 '-지만', '-(으)ㄴ데/는데'를 배웠습니다. 대조를 나타내는 문법들은 그 의미가 모두 비슷하기 때문에 형태상의 차이를 잘 알아야 합니다.

この章では、対照を表現するときに使う多様な文法表現を学びます。初級段階では対照を表現する文法として–지만、–(으)ㄴ데/는데を学びました。対照を表す文法は、その意味がみんな似ているため、形態上の違いをよく知らなければなりません。

01 –기는 하지만, –기는 –지만

02 –(으)ㄴ/는 반면에

03 –(으)ㄴ/는데도

01 −기는 하지만, −기는 −지만

Track 015

가 넘어져서 다친 곳은 괜찮아요?
転んでけがしたところは大丈夫ですか。

나 아프기는 하지만 참을 수 있어요.
痛いのは痛いですが、我慢できます。

가 어제 선생님이 읽으라고 하신 책을 다 읽었어요?
昨日、先生が読むようにおっしゃった本、全部読みましたか。

나 읽기는 읽었지만 내용은 잘 모르겠어요.
読むことは読んだんですが、内容はよくわかりません。

문법을 알아볼까요?

이 표현은 대조의 뜻을 나타낼 때 사용합니다. '−기는 하지만'으로 사용하거나 '−기는 −지만'처럼 같은 동사나 형용사를 두 번 사용하기도 합니다. 이때는 선행절의 내용을 인정하지만 다른 의견이 있음을 나타내는 경우에 사용합니다.

この表現は対照の意味を表すときに使います。−기는 하지만の形で使うこともありますし、−기는 −지만のように同じ動詞や形容詞を2回使うこともあります。この場合は、先行節の内容は認めるが、ほかの意見があることを表します。

−기는 하지만, −기는 −지만				
A/V	과거	−기는 했지만	크다 먹다	크기는 했지만 먹기는 했지만
		−기는 −았/었지만	크다 먹다	크기는 컸지만 먹기는 먹었지만
	현재	−기는 하지만	크다 먹다	크기는 하지만 먹기는 하지만
		−기는 −지만	크다 먹다	크기는 크지만 먹기는 먹지만

A/V	미래 / 추측	–기는 하겠지만	크다 먹다	크기는 하겠지만 먹기는 하겠지만
		–기는 –겠지만	크다 먹다	크기는 크겠지만 먹기는 먹겠지만

- 그 신발이 좋기는 좋지만 너무 비싸서 못 사겠어요.
  その靴がいいことはいいんですが、高すぎて買えません。
- 친구를 만나기는 했지만 오래 이야기하지는 않았습니다.
  友だちに会いはしましたが、長くは話しませんでした。
- 이 음식을 먹기는 하겠지만 많이 먹지는 않을 거예요.
  この料理を食べはしますが、たくさんは食べません。

더 알아볼까요?

1 이 표현을 말할 때는 '–기는 하지만', '–기는 –지만'을 줄여서 '–긴 하지만', '–긴 –지만'으로 많이 사용합니다.
この表現は–기는 하지만や–기는 –지만を縮約して–긴 하지만や–긴 –지만の形で多く使われます。

- 춤을 추기는 하지만 잘 추지는 못해요. = 춤을 추긴 하지만 잘 추지는 못해요.
- 춤을 추기는 추지만 잘 추지는 못해요. = 춤을 추긴 추지만 잘 추지는 못해요.
  踊ることは踊りますが、うまくは踊れません。

2 과거를 말할 때는 '–기는 했지만'으로 사용하고, '–았/었기는 했지만'으로 사용하지 않습니다.
過去のことを述べるときは、–기는 했지만の形で使い、–았/었기는 했지만の形では使いません。

- 어제 축구를 했기는 했지만 오래 하지는 않았습니다. (×)
  → 어제 축구를 하기는 했지만 오래 하지는 않았습니다. (○)

비교해 볼까요?

'–지만'과 '–기는 하지만'은 다음과 같은 차이가 있습니다.
–지만と–기는 하지만には、次のような違いがあります。

–지만	–기는 하지만
(1) 선행절과 후행절의 주어가 달라도 됩니다. 先行節と後続節の主語が異なってもかまいません。 • 언니는 키가 크지만 동생은 키가 작아요.	(1) 선행절과 후행절의 주어가 같아야 됩니다. 先行節と後続節の主語が同じでなければなりません。 • 언니는 키가 크기는 크지만 동생은 키가 작아요. (×) → 언니는 키가 크지만 동생은 키가 작아요. (○)
(2) 단순한 대조와 반대를 나타냅니다. 単純な対照と反対を表します。 • 원룸이 편하지만 좀 시끄러워요. → 대조의 의미가 있는 단순한 사실만을 이야기하고 있습니다. 対照の意味のある単純な事実のみを話しています。	(2) 선행절의 내용을 알고 인정은 하지만 후행절의 대조 상황을 더욱 강조해서 말할 때 사용합니다. 先行節の内容を理解し認めはするが、後続節の対照状況をさらに強調して言うときに使います。 • 원룸이 편하기는 하지만 좀 시끄러워요. → 앞의 내용을 알고 인정하면서 자신의 생각을 덧붙여서 강조하고 있습니다. 前の内容を理解し認めつつも自分の考えを付け足し強調しています。

대화를 만들어 볼까요?

Track 016

1 가 어제 본 영화가 어땠어요?
나 재미있기는 했지만 모두 이해하지는 못했어요.

어제 본 영화가 어땠다	재미있었다 / 모두 이해하지는 못했다
저 구두를 사는 게 어떻다	마음에 들다 / 너무 크다
오늘 날씨가 어떻다	춥다 / 어제보다는 덜 춥다

2 가 친구가 떠나서 슬프지요?

나 슬프기는 슬프지만 다시 만날 수 있으니까 괜찮아요.

친구가 떠나서 슬프다	슬프다 / 다시 만날 수 있다
이번 여름에도 휴가 갈 시간이 없다	시간이 없다 / 주말에 짧게 다녀오면 되다
요즘 정말 덥다	덥다 / 에어컨이 있다

연습해 볼까요?

1 '-기는 하지만'을 사용해서 다음 대화를 완성하세요.

(1) 가 지금도 그 회사에 다녀요?

나 네, 다니기는 하지만 힘들어요.

(2) 가 수지 씨에게 연락해 봤어요?

나 ________________ 전화를 안 받아요.

(3) 가 부모님이 보고 싶지요?

나 ________________ 인터넷으로 채팅을 자주 하니까 괜찮아요.

(4) 가 저 사람을 알겠어요?

나 ________________ 어디에서 만났는지 기억이 안 나요.

2 '-기는 -지만'을 사용해서 다음 대화를 완성하세요.

(1) 가 이번 겨울은 정말 춥지요?

나 춥기는 춥지만 괜찮아요. 제 고향은 더 춥거든요.

(2) 가 부를 수 있는 한국 노래가 있어요?

나 ________________ 잘 못 불러요.

(3) 가 한국에서 텔레비전 드라마를 자주 보세요?

나 ________________ 이해할 수 없어요.

(4) 가 고향에서도 한국어를 공부했지요?

나 ________________ 한국어를 잘 못해요.

02 –(으)ㄴ/는 반면에

Track 017

가 지금 다니고 있는 회사가 어때요?
いま勤めている会社はどうですか。

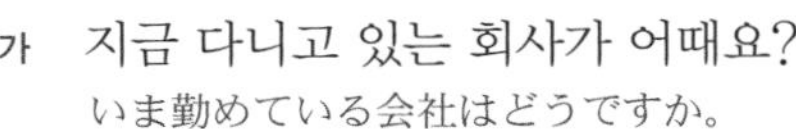

나 일은 많은 **반면에** 월급은 적어서 회사를 옮길까 해요.
仕事は多い反面、月給は少ないので、会社を移ろうかと思っています。

가 양강 씨는 정말 운동을 잘하네요!
ヤンガンさんは本当にスポーツが上手ですね!

나 하하! 저는 운동은 잘하는 **반면에** 공부는 못해요.
ハハ! 私はスポーツができる反面、勉強はできないですよ。

문법을 알아볼까요?

이 표현은 선행절과 후행절의 내용이 서로 반대되는 사실임을 나타낼 때 사용합니다. 또한 어떤 것에 대해서 좋은 점을 말하면서 나쁜 점도 같이 말하고 싶을 때도 사용할 수 있습니다. 조사 '에'를 사용하지 않고 '–(으)ㄴ/는 반면'의 형태로 사용하기도 합니다.

この表現は、先行節と後続節の内容が反対であることを表すときに使います。また、何かについて良い点を述べつつ、悪い点も同時に述べたいときにも使うことができます。助詞에を使わず–(으)ㄴ/는 반면の形で使うこともあります。

–(으)ㄴ/는 반면에				
A	–(으)ㄴ 반면에		크다 작다	큰 반면에 작은 반면에
V	과거	–(으)ㄴ 반면에	가다 입다	간 반면에 입은 반면에
	현재	–는 반면에	가다 입다	가는 반면에 입는 반면에

- 지하철은 빠른 반면에 출퇴근 시간에는 사람이 많습니다.
  地下鉄は速い反面、出退勤の時間には人が多いです。

- 카일리 씨는 읽기는 잘하는 반면에 말하기는 잘 못해요.
  カイリさんは読むのは上手な反面、話すのは下手です。

- 저 연기자는 연기를 잘한다고 호평을 받은 반면 악평도 많이 들었어요.
  あの俳優は演技が上手だという好評も得た反面、悪評も多かったです。

더 알아볼까요?

선행절과 후행절이 반대되는 것을 나타낼 때 '-(으)ㄴ/는 데 반해'를 사용할 수도 있습니다.
先行節と後続節が反対のことを表すとき、-(으)ㄴ/는 데 반해を使うこともできます。

- 그 집은 비싼 데 반해 주변 환경은 별로 안 좋은 것 같습니다.
  あの家は高いのに反して、周辺の環境はあまりよくないようです。
- 요즘 수입은 증가하는 데 반해 수출은 감소하고 있습니다.
  最近、輸入は増加しているのに反して、輸出は減少しています。

대화를 만들어 볼까요?

Track 018

1 가 영희 씨가 부탁을 많이 하는 것 같아요.
나 부탁을 많이 하는 반면에 도움도 많이 줘요.

영희 씨가 부탁을 많이 하다	부탁을 많이 하다 / 도움도 많이 주다
가르치는 일이 많이 힘들겠다	힘들다 / 보람도 많다
노인 인구가 점점 많아지다	노인 인구가 점점 많아지다 / 젊은 사람은 점점 줄고 있다

2 가 그 책을 다 읽었어요?
나 아니요, 이 책은 얇은 반면에 내용이 어려워서 생각보다 오래 걸려요.

그 책을 다 읽었다	이 책은 얇다 / 내용이 어려워서 생각보다 오래 걸리다
그 식당에 자주 가다	음식이 맛있다 / 서비스가 안 좋아서 안 가다
케이크를 자주 먹다	케이크는 맛있다 / 열량이 높아서 자주 안 먹다

연습해 볼까요?

1 '-(으)ㄴ/는 반면에'를 사용해서 다음 대화를 완성하세요.

(1) 가 이 옷이 어때요? (예쁘다)

나 예쁜 반면에 좀 작은 것 같아요.

(2) 가 그 휴대 전화가 어때요? (기능이 많다)

나 ________________ 너무 비싸요.

(3) 가 그 가수가 어때요? (노래는 잘하다)

나 ________________ 춤은 잘 못 춰요.

(4) 가 서울이 어때요? (물가가 비싸다)

나 ________________ 살기는 재미있어요

(5) 가 남대문시장이 어때요? (물건이 많다)

나 ________________ 사람이 많아서 복잡해요.

2 '-(으)ㄴ/는 반면에'를 사용해서 다음 대화를 완성하세요.

(1) 가 영희 씨가 시험을 잘 봤어요? (읽기는 잘 봤다)

나 읽기는 잘 본 반면에 쓰기는 잘 못 봤어요.

(2) 가 아들이 고기를 좋아해요? (채소는 잘 안 먹다)

나 네, ________________ 고기는 잘 먹어요.

(3) 가 철수 씨가 축구를 잘해요? (농구는 못하다)

나 네, ________________ 축구는 잘해요.

(4) 가 언니가 정리를 잘해요? (나는 잘 못하다)

나 네, ________________ 언니는 정리를 잘해요.

(5) 가 한국의 물가가 많이 올랐지요? (품질은 더 안 좋아지다)

나 네, ________________ 물가는 많이 오른 것 같아요.

03 -(으)ㄴ/는데도

Track 019

가 여보, 입을 옷이 하나도 없어서 몇 벌 사야겠어요.
ねえ、着る服が一つもないから、何着か買わなくちゃ。

나 옷장에 옷이 이렇게 많은데도 또 옷을 산다고?
洋服ダンスに服がこんなにたくさんあるのに、また服を買うって?

가 얼굴이 피곤해 보이네요. 어제 잠을 못 잤어요?
疲れた顔をしてますね。昨日、眠れなかったんですか。

나 어제 푹 잤는데도 오늘 많이 피곤하네요.
昨日ぐっすり寝たのに、今日はかなり疲れてます。

문법을 알아볼까요?

이 표현은 상황 설명을 하는 '-(으)ㄴ/는데'에 양보 혹은 대조의 뜻을 지닌 '-아/어도'가 결합한 말입니다. 따라서 이 표현은 후행절에 선행절의 행동이나 상황에서 기대할 수 있는 것과 다르거나 반대의 사실이 올 때 사용합니다.

この表現は、状況説明をする-(으)ㄴ/는데に、譲歩あるいは対照の意味を持つ-아/어도が結合した表現です。したがって、この表現は、後続節に先行節の行動や状況から期待できることと異なる事実や反対の事実が来るときに使います。

-(으)ㄴ/는데도				
A	과거	-았/었는데도	비싸다 적다	비쌌는데도 적었는데도
	현재	-(으)ㄴ데도	비싸다 적다	비싼데도 적은데도
V	과거	-았/었는데도	가다 먹다	갔는데도 먹었는데도
	현재	-는데도	가다 먹다	가는데도 먹는데도

N이다	과거	였는데도 이었는데도	오후이다 오전이다	오후였는데도 오전이었는데도
	현재	인데도	오후이다 오전이다	오후인데도 오전인데도

- 제 친구는 월급이 많은데도 회사를 그만두고 싶어해요.
  私の友だちは、月給が多いのに、会社をやめたがっています。
- 아침에 청소를 했는데도 집에 먼지가 많아요.
  朝、掃除をしたのに、家にほこりが多いです。
- 주말인데도 백화점이 한가하네요.
  週末なのに、デパートが混んでいませんね。

더 알아볼까요?

'-(으)ㄴ/는데도'를 강조해서 표현하고자 할 때 뒤에 '불구하고'를 붙여 '-(으)ㄴ/는데도 불구하고'를 씁니다.
-(으)ㄴ/는데도を強調して表現しようとするとき、後ろに불구하고を付けて-(으)ㄴ/는데도 불구하고を使います。

- 사랑하는데도 불구하고 헤어져야 했어요.
  愛しているにもかかわらず別れなければなりませんでした。
- 바쁘신데도 불구하고 와 주셔서 감사합니다.
  お忙しいのにもかかわらず来てくださって、ありがとうございます。

대화를 만들어 볼까요?

Track 020

1 가 송이 씨, 남편과 무슨 일로 싸웠어요?
나 제가 힘들게 집안일을 하고 있는데도 남편은 텔레비전만 보잖아요.

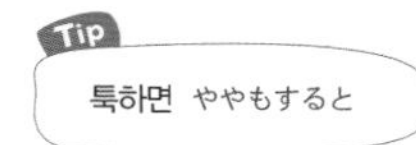

제가 힘들게 집안일을 하고 있다 / 남편은 텔레비전만 보다
생활비가 부족하다 / 친구들에게 술을 자꾸 사 주다
밤이 늦었다 / 툭하면 친구들을 집에 데리고 오다

2 가 직장 생활을 한 지 꽤 되었으니까 돈을 많이 모으셨겠어요.
나 아니에요, 직장 생활을 한 지 꽤 되었는데도 돈을 많이 못 모았어요.

직장 생활을 한 지 꽤 되었으니까 돈을 많이 모으다	직장 생활을 한 지 꽤 되다 / 돈을 많이 못 모으다
공연을 많이 해 봤으니까 이제 별로 떨리지 않다	공연을 많이 해 보다 / 무대에 설 때마다 많이 떨리다
한국어를 6급까지 공부했으니까 이젠 한국 사람처럼 말하다	한국어를 6급까지 공부하다 / 틀릴 때가 많다

연습해 볼까요?

1 관계있는 것을 연결하고 '-(으)ㄴ/는데도'를 사용해서 문장을 만드세요.

(1) 한국에 오래 살았어요.	ⓐ 극장에 사람이 많아요.
(2) 친구가 잘못한 일이에요.	ⓑ 한국 친구가 많지 않아요.
(3) 평일이에요.	ⓒ 사과를 안 해요.
(4) 공부를 하지 않았어요.	ⓓ 취직하기가 어려워요.
(5) 자격증이 많아요.	ⓔ 성적이 좋아요.

(1) ⓑ - 한국에 오래 살았는데도 한국 친구가 많지 않아요.

(2) ____________________

(3) ____________________

(4) ____________________

(5) ____________________

2 '-(으)ㄴ/는데도'를 사용해서 다음 대화를 완성하세요.

(1) 가 그 드라마에는 유명한 배우들이 많이 나오지요? (유명한 배우들이 많이 나오다)
나 네, 하지만 유명한 배우들이 많이 나오는데도 인기는 많지 않아요.

(2) 가 졸려요? 그럼 커피를 좀 마시지 그래요? (커피를 마셨다)
나 조금 전에 ____________ 졸려요.

(3) 가 동수 씨는 오늘도 일찍 퇴근했어요? (야근을 하다)
나 네, 다른 사람들은 다 ____________ 동수 씨는 항상 일찍 가네요.

(4) 가 리사 씨가 정말 추워 보여요. (춥다)
나 그러게요. 날씨가 이렇게 ____________ 짧은 치마를 입고 왔네요.

(5) 가 이 전공이 적성에 맞지 않아요? (맞지 않다)
나 네, 제 적성에 ____________ 부모님 때문에 어쩔 수 없이 공부하고 있어요.

2장 확인해 볼까요?

〔1～2〕 다음 밑줄 친 부분과 바꿔 쓸 수 있는 것을 고르세요.

1 저 두 사람은 나이는 같은 반면에 생각은 아주 다른 것 같아요.

① 나이가 같아 가지고　　② 나이가 같을 테니까
③ 나이가 같은데도 불구하고　　④ 나이가 같을 줄 알았는데

2 기숙사는 다른 시설은 좋은 데 반해 요리를 할 수 있는 장소가 없어서 불편해요.

① 다른 시설은 없지만　　② 다른 시설은 좋을 텐데
③ 다른 시설은 좋기는 하지만　　④ 다른 시설은 좋은 모양인데

〔3～4〕 다음 중 밑줄 친 곳에 맞는 대답을 고르세요.

3
가　이 식당 음식이 맛있어요?
나　＿＿＿＿＿＿＿＿＿＿＿＿＿＿＿＿.

① 맛있는데도 가격이 올랐어요　　② 맛있기는 하지만 가격이 비싸요
③ 맛없는 반면에 가격이 내렸어요　　④ 맛있기는 맛있지만 가격이 싸요

4
가　뮤지컬을 좋아해요?
나　네, 그렇지만 ＿＿＿＿＿＿＿＿＿＿＿＿＿＿＿＿.

① 좋아하니까 시간이 없어서 자주 못 봐요
② 좋아할 텐데 시간이 없어서 자주 못 봐요
③ 좋아 보이니까 시간이 없어서 자주 못 봐요
④ 좋아하는데도 불구하고 시간이 없어서 자주 못 봐요

〔5～6〕 다음 밑줄 친 것 중 맞는 것을 찾으세요.

5
① 밥을 먹기는 하겠지만 많이 먹지는 않을 거예요.
② 그 영화가 슬펐기는 슬프지만 그래도 감동적이었어요.
③ 친구를 만났기는 했지만 이야기는 많이 하지 않았어요.
④ 오늘 날씨가 추웠기는 하지만 어제보다는 덜 추웠어요.

6
① 이 책이 두꺼운기는 하지만 내용은 쉬워요.
② 커피를 많이 마셨는데도 불구하고 계속 졸려요.
③ 저는 고기를 안 좋아할 반면에 채소는 좋아해요.
④ 언니는 예쁘는 반면에 동생은 별로 안 예쁜 것 같아요.

3장

서술체와 반말체

叙述体とパンマル体

본 장에서는 신문이나 잡지를 읽을 때 꼭 알아야 하는 서술체와 친구나 친한 사람 사이에 말을 할 때 사용하는 반말체에 대해서 배웁니다. 서술체는 말을 할 때는 사용하지 않지만 일기를 쓰거나 보고서를 쓸 때 꼭 필요합니다. 그리고 반말체는 나보다 나이가 어리거나 친한 사람들과 말을 할 때 사용하는데 반말체를 사용하면 서로에게 친한 느낌을 줄 수 있으므로 꼭 익힐 필요가 있습니다.

この章では、新聞や雑誌を読むとき、必ず知っていなければならない叙述体と、友だちや親しい人と話すときに使うパンマル体について学びます。叙述体は話すときには使いませんが、日記や報告書を書くときに必要です。そして、パンマル体は自分より年下や親しい人たちと話すときに使い、パンマル体を使用すればお互いに親しい感じを与えることができるため、必ず身につける必要があります。

01 서술체

02 반말체

01 서술체

Track 021

(웨이밍의 일기)

10월 1일　날씨: 맑음

　오늘은 친구들과 함께 인사동에 갔다. 그곳에서 고향에 가지고 갈 선물을 사고 전통차를 마셨다. 그리고 인사동의 명물인 호떡도 사서 먹었다. 인사동은 볼거리가 많았지만 외국 사람이 많아서 복잡했다. 이번 주말에는 남대문시장에 가 볼 것이다. 한국에 온 지 1년이 다 되었지만 아직도 남대문시장에 못 가 봤기 때문에 아주 기대가 된다.

(ウェイミンの日記)

10月1日　天気：晴れ

今日は友だちと一緒に仁寺洞に行った。そこで、田舎へ持って行くおみやげを買って、伝統茶を飲んだ。そして、仁寺洞名物のホットクも買って食べた。仁寺洞は見るところが多かったが、外国人が多くて混んでいた。今度の週末には、南大門市場に行ってみるつもりだ。韓国に来てほぼ1年になるが、まだ南大門市場に行ったことがないので、とても楽しみだ。

문법을 알아볼까요?

이 표현은 신문이나 보고서 같은 글에서 글을 쓰는 사람이 사건의 내용을 객관적으로 나타낼 때 사용합니다. 또한, 일기를 쓸 때도 서술체를 사용합니다.

この表現は、新聞や報告書のような文章を書く人が、出来事の内容を客観的に表すときに使います。また、日記を書くときにも使います。

A	과거	–았/었다	크다 작다	컸다 작았다
	현재	–다	크다 작다	크다 작다
V	과거	–았/었다	가다 먹다	갔다 먹었다
	현재	–(느)ㄴ다	가다 먹다	간다 먹는다
	미래	–(으)ㄹ 것이다	가다 먹다	갈 것이다 먹을 것이다

N이다	과거	였다 이었다	친구이다 선생님이다	친구였다 선생님이었다
	현재	(이)다	친구이다 선생님이다	친구다 선생님이다

- 토요일이라서 길이 많이 복잡하다.
  土曜日なので、道がかなり混んでいる。

- 내 동생은 조용한 노래보다 신나는 노래를 많이 듣는다.
  私の弟/妹は、静かな歌より元気な歌をよく聞く。

- 나는 한국어를 공부하는 학생이다.
  私は韓国語を勉強する学生だ。

더 알아볼까요?

1 '않다'는 동사 뒤에 붙으면 동사와 같은 활용을 하고 형용사 뒤에 붙으면 형용사와 같은 활용을 합니다.
않다は動詞の後ろに付くと動詞と同じ活用をし、形容詞の後ろに付くと形容詞と同じ活用をします。

- 나는 드라마를 좋아하지 않는다.
- 저 드라마는 슬프지 않다.

2 '싶다'와 '좋다'는 형용사이기 때문에 '–다'로 끝납니다.
싶다と좋다は形容詞なので、–다で終わります。

- 저 가수를 만나고 싶다.
- 나는 저 가수가 좋다.

3 서술체를 사용할 때는 '저/저희'라고 표현하지 않고 '나/우리'라고 표현합니다. 그리고 '저'는 '나', '저는'은 '나는', '제가'는 '내가', '저희가'는 '우리가'로 사용합니다.
叙述体を使うときは저/저희と表現せず、나/우리と表現します。そして、저は나、저는は나는、제가は내가、저희가は우리가を使います。

- 저는 한국 회사에서 일을 한다. (×) → 나는 한국 회사에서 일을 한다. (○)

4 서술체에서는 질문 형태는 거의 사용하지 않습니다. 그러나 질문 형식으로 글을 쓰고 싶을 때는 초급 단계에서 배운 '–(으)ㄴ가?' 형태를 많이 사용합니다.
叙述体では、質問の形はほとんど使いません。しかし、質問の形で文章を書きたいときは初級で学んだ–(으)ㄴ가?の形を多く使います。

- 현대인들은 왜 고독한 사람들이 많은가?
  現代人はなぜ孤独な人が多いのか。
- 우리는 왜 환경문제를 고민해야만 하는가?
  私たちはなぜ環境問題について考えなければならないのか。
- 나는 왜 이 주제에 대해서 심각하게 생각하고 있는가?
  私はなぜこのテーマについて深刻に考えているのか。

연습해 볼까요?

1 다음을 서술체로 바꾸세요.

(1) 저는 아르바이트비를 일주일에 한 번씩 받습니다.

→ 나는 아르바이트비를 일주일에 한 번씩 받는다.

(2) 올여름에는 짧은 치마가 유행이었습니다.

→

(3) 한국 드라마를 보기 위해 한국어를 열심히 공부했습니다.

→

(4) 저 가수의 노래는 인기가 많을 것입니다.

→

(5) 오늘은 휴일이기 때문에 학교에 가지 않습니다.

→

2 다음은 서술체가 쓰이는 글들입니다. 서술체로 바꾸세요.

(1) 일기

오늘 학교에서 좋아하는 드라마에 대해서 발표를 ①했습니다(→ 했다). ②제가(→) 좋아하는 한국 드라마는 '꽃보다 남자'라는 ③드라마입니다(→). 이 드라마는 일본과 대만에서도 ④만들어졌습니다(→). 그렇지만 ⑤제(→) 생각에 주인공들 중에 한국의 남자 주인공들이 제일 멋있는 것 ⑥같습니다(→). 그리고 여자 주인공의 연기도 정말 ⑦대단했습니다(→). 중간에 남자 주인공과 여자 주인공이 헤어질 위기를 맞이했을 때는 아주 ⑧슬펐습니다(→). 그렇지만 마지막에 해피 엔딩으로 끝나서 정말 ⑨다행이었습니다(→). 다음 주에는 내가 좋아하는 한국 노래에 대해서 발표를 하는데 이 발표도 잘 ⑩준비해야겠습니다(→).

(2) 설명문

한국에서 음력 1월 1일은 ①설날입니다. 이때 한국 사람들은 별일이 없으면 친척들이
→ 설날이다
모두 한 자리에 ②모입니다. 설날 아침에는 웃어른들께 세배를 하는데 세배를 받은
→
어른들은 아랫사람들에게 세뱃돈을 ③주십니다. 세배가 끝나면 같이 떡국을 먹고
→
그동안 하지 못한 이야기나 윷놀이를 하면서 재미있게 ④지냅니다.
→

(3) 신문 기사

세계의 각 도시에는 그 지역을 상징하는 광장들이 ①있습니다. 이 광장들은 그 도시에
→ 있다
사는 시민들의 발길을 모으는 역할을 ②합니다. 서울에도 기존에 서울광장이 있었고
→
광화문광장이 새롭게 단장을 ③끝냈습니다. 시민들에게 선을 보이자 시민들은 좋은
→
반응을 ④보였습니다. 왜냐하면 예전에는 차들의 통행만 가능하고 가까이 가기 어려웠기
→
⑤때문입니다. 그런데 이곳에 꽃밭과 분수 등을 조성하여 시민들이 쉼터로 이용할 수 있게
→
⑥되었습니다.
→

(4) 조리법

불고기를 만들려면 먼저 소고기를 적당한 크기로 얇게 ①썹니다. 그리고 간장, 설탕, 파,
→ 썰다
마늘, 후춧가루, 참기름을 섞어서 양념장을 ②만듭니다. 이 양념장에 소고기를 넣고
→
30분 정도 ③재워 둡니다. 이렇게 양념에 재워진 고기를 프라이팬에 ④굽습니다. 구울
→ →
때는 센 불에서 빨리 구워야 ⑤맛있습니다. 불고기를 먹을 때는 상추에 마늘이나 고추와
→
함께 싸서 먹으면 더욱 맛있게 먹을 수 ⑥있습니다.
→

02 반말체

Track 022

가 은혜야, 잘 지냈니?
ウネ、元気だった?

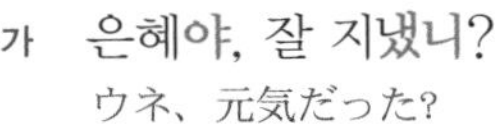

나 응, 잘 지냈어. 너는?
うん、元気だった。あなたは?

가 동현아, 벌써 점심시간이야. 점심 먹으러 갈까?
トンヒョン、もう昼休みだよ。昼ごはん食べに行こうか。

나 지금 가면 사람이 많을 거야. 조금 이따가 가자.
いま行ったら人が多いよ。少ししてから行こう。

가 그래. 그러자.
そうだな。そうしよう。

문법을 알아볼까요?

반말은 친한 친구나 선후배 사이, 가족 사이에서 주로 사용됩니다. '–아/어요'보다 덜 정중하기 때문에 상대방이 어리더라도 친하지 않은 경우에 쓰면 실례가 됩니다. 대부분 '–아/어요'에서 '요'를 탈락시켜서 사용하지만 문장 형태에 따라 달라지기도 합니다.

パンマルは、親しい友だちや先輩と後輩の間柄、家族間で主に使われます。–아/어요より丁寧でないため、相手が年下でも親しくない場合に使うと失礼になります。ほとんどは–아/어요から요を取って使いますが、文の種類により異なったりします。

1 평서문과 의문문: 평서문과 의문문은 현재형과 과거형 모두 각각 '–아/어요', '–았/었어요'의 형태에서 '요'를 탈락시킨 형태가 되며 미래형은 어간에 '–(으)ㄹ 거야'를 붙입니다.

平叙文と疑問文：平叙文と疑問文は現在形と過去形のどちらも–아/어요や–았/었어요の形から요を取った形になり、未来形は語幹に–(으)ㄹ 거야を付けます。

평서문	A/V	과거	–았/었어	싸다 먹다	쌌어 먹었어
		현재	–아/어	싸다 먹다	싸 먹어
		미래 / 추측	–(으)ㄹ 거야	싸다 먹다	쌀 거야 먹을 거야
	N이다	과거	였어 이었어	의사이다 학생이다	의사였어 학생이었어
		현재	(이)야	의사이다 학생이다	의사야 학생이야

의문문	A/V	과거	–았/었어?, –았/었니?	싸다 먹다	쌌어?, 쌌니? 먹었어?, 먹었니?
		현재	–아/어?, –니?	싸다 먹다	싸?, 싸니? 먹어?, 먹니?
		미래 / 추측	–(으)ㄹ 거야?, –(으)ㄹ 거니?	가다 먹다	갈 거야?, 갈 거니? 먹을 거야?, 먹을 거니?
	N이다	과거	였어?, 였니? 이었어?, 이었니?	의사이다 학생이다	의사였어?, 의사였니? 학생이었어?, 학생이었니?
		현재	(이)야?, (이)니?	의사이다 학생이다	의사야?, 의사니? 학생이야?, 학생이니?

(1) '아니다'의 경우 현재는 '아니야', 과거는 '아니었어'가 됩니다. 또한 대답할 때 '네'는 '응'이나 '어', '아니요'는 '아니'가 됩니다.

아니다の場合、現在は**아니야**、過去は**아니었어**になります。また、答えるとき、**네**は**응**や**어**、**아니요**は**아니**になります。

가 주말에 영화 볼까?
週末に映画見ようか。

나 응, 그래.
うん、そうしよう。

가 아까 그 사람 누구야?
さっきのあの人、誰?

나 내 동생이야.
僕の弟/妹だよ。

가 내일 도서관에 갈 거니?
明日、図書館に行くの?

나 아니, 안 갈 거야.
いや、行かないよ。

가 카일리 씨는 미국 사람이야?
カイリさんはアメリカ人なの?

나 아니, 미국 사람이 아니야. 뉴질랜드 사람이야.
いや、アメリカ人じゃないよ。ニュージーランド人だよ。

(2) '–아/어?'는 친한 윗사람에게도 사용할 수 있으나, '–니?'는 윗사람에게는 사용할 수 없고 친한 친구나 아랫사람에게만 사용할 수 있습니다.

–아/어?は親しい目上の人にも使うことができますが、–니?は目上の人に使うことができず、親しい友だちや目下の人にのみ使うことができます。

(친구 사이)

세준 범수야, 지금 책 읽니? / 읽어?
セジュン：ポムス、いま本読んでる?

범수 응, 책 읽어.
ポムス：うん、本読んでる。

(동생과 누나 사이)

동생 누나, 지금 뭐 해? (○) / 지금 뭐 하니? (×)
弟： 姉ちゃん、いま何してる?

누나 책 읽어.
姉： 本読んでる。

2 명령문: 어간에 '–아/어'를 붙이거나 '–아/어라'를 붙입니다. 부정 명령문은 '–지 마' 또는 '–지 마라'가 됩니다.

命令文：語幹に–아/어や–아/어라を付けます。否定命令文は–지 마または–지 마라になります。

명령문	V	긍정	–아/어, –아/어라	가다 먹다	가, 가라 먹어, 먹어라
		부정	–지 마, –지 마라	가다 먹다	가지 마, 가지 마라 먹지 마, 먹지 마라

가 비가 오니까 우산 가지고 가. / 가라.
雨が降ってるから、傘持って行きなさい。

나 알았어, 가지고 갈게.
わかった。持って行くよ。

가 내일은 늦지 마. / 늦지 마라.
明日は遅れないで。

나 그래, 안 늦을게.
うん、遅れないよ。

그런데 '–아/어'는 가까운 윗사람에게도 사용할 수 있으나 '–아/어라'는 그럴 수 없습니다. 즉, '–아/어라'를 대상으로 하는 상대방의 나이나 사회적 위치는 '–아/어'보다 더 아래입니다.

–아/어は親しい目上の人にも使うことができますが、–아/어라は使うことができません。すなわち、–아/어라を使う相手の年や社会的位置は–아/어よりも下です。

(동생과 오빠 사이)

동생 오빠, 이것 좀 가르쳐 줘. (○) / 가르쳐 줘라. (×)
妹：お兄ちゃん、これ、ちょっと教えて。

오빠 그래, 가르쳐 줄게.
兄：うん、教えてやるよ。

3 청유문: 어간에 '–아/어'나 '–자'를 붙입니다. 부정문은 '–지 말자'를 붙입니다.
勧誘文：語幹に**–아/어**や**–자**を付けます。否定文は**–지 말자**を付けます。

청유문	V	긍정	–아/어, –자	가다 먹다	가, 가자 먹어, 먹자
		부정	–지 말자	가다 먹다	가지 말자 먹지 말자

가 이번 여름에는 바다에 가자.
今度の夏には海に行こう。

나 그래, 그러자.
うん、そうしよう。

가 오늘은 운동하러 가지 말자.
今日は運動しに行くのやめよう。

나 그럼, 뭐 할까?
じゃあ、何しようか。

4 단어의 변화 単語の変化
'저/제'는 '나/내'가 되고, 2인칭을 나타내는 말은 '너/네'가 됩니다.
저/제は나/내になり、2人称を表すことばは너/네になります。

1인칭		
저는	→	나는
제가	→	내가
저를	→	나를
제 (저의)	→	내 (나의)

2인칭
너는
네가
너를
네 (너의)

가 나는 된장찌개 먹을 건데 너는 뭐 먹을 거야?
私は味噌チゲ食べるけど、あなたは何食べる?

나 나도 된장찌개 먹을래. 私も味噌チゲ食べるよ。

가 이거 네 휴대 전화 아니야? これ、あなたの携帯電話じゃない?

나 맞아, 내 휴대 전화야. 여기 있었구나. そう。私の携帯電話。ここにあったんだ。

5 다른 사람의 이름을 부를 때 ほかの人の名前を呼ぶとき
다른 사람의 이름을 부를 때 조사 '아/야'를 이름 뒤에 붙입니다. 이름이 모음으로 끝나면 '야'를, 자음으로 끝나면 '아'를 붙입니다. 그러나 한국 이름이 아닌 외국 이름인 경우에 '아/야'를 붙이면 어색하게 들립니다.
ほかの人の名前を呼ぶとき、助詞아/야を名前の後ろに付けます。名前が母音で終われば야を、子音で終われば아を付けます。しかし、韓国の名前ではない外国の名前の場合は아/야を付けると不自然に聞こえます。

- 영주야, 오후에 만날까?
- 하현아, 같이 저녁 먹자.
- <u>크리스틴아</u>, 어제 그 드라마 봤어? (×) → <u>크리스틴</u>, 어제 그 드라마 봤어? (○)

: 외국 사람 이름에는 '아/야'를 붙이지 않습니다.
外国人の名前には아/야を付けません。

6 사람의 이름 人の名前

어떤 사람의 이름을 말할 때 그 사람이 친한 사이나 나이가 어린 경우 자음으로 끝나는 이름 뒤에 '이'를 붙여 말합니다. 그러나 외국 사람 이름에는 '이'를 붙이지 않습니다.

ある人の名前を言うとき、その人が親しい間柄や年下の場合、子音で終わる名前の後ろに이を付けて言います。しかし、外国人の名前には이を付けません。

- 호영은 (×) → 호영이는 (○)　　크리스틴이는 (×) → 크리스틴은 (○)
- 호영을 (×) → 호영이를 (○)　　크리스틴이를 (×) → 크리스틴을 (○)

하지만 중국 사람 이름을 한국 한자 이름으로 바꿔 부를 때는 '이'를 붙입니다. 예를 들어, '샤오펀(小芬)'의 경우 중국어 발음으로 부르지 않고 한국 한자음으로 발음하면 '소분'이 되는데 '샤오펀' 뒤에는 '이'가 붙지 않고 '소분' 다음에는 '이'를 붙입니다. 그리고 이름을 부를 때도 한국 한자음으로 부르게 되면 '아/야'를 붙입니다.

しかし、中国人の名前を韓国の漢字の名前に変えて呼ぶときは이を付けます。例えば、샤오펀(小芬)の場合、中国語の発音で呼ばず、韓国の漢字音で発音すると소분になりますが、샤오펀の後ろには이が付かず、소분の後ろには이を付けます。そして、名前を呼ぶときも韓国の漢字音で呼べば아/야を付けます。

중국어 발음	한국어 발음
샤오펀은 (○) 샤오펀이는 (×) 샤오펀아 (×)	소분이는 (○) 소분은 (×) 소분아 (○)

대화를 만들어 볼까요?

Track 023

1 가 태민아, 오늘 인사동에 가니?
나 응, 동운이 너도 시간 있으면 같이 가자.

태민 / 오늘 인사동에 가다	시간 있으면 같이 가다
민호 / 피자 시켰다	점심 안 먹었으면 같이 먹다
현문 / 주말에 재훈이 만날 거다	바쁘지 않으면 같이 만나다

2 가 수정아, 지난번에 산 빨간 색 치마 좀 빌려줘.
나 언니, 그건 내가 아끼는 거야. 다른 치마 빌려줄게.

수정 / 지난번에 산 빨간색 치마 좀 빌려주다	언니, 그건 내가 아끼는 거다 / 다른 치마 빌려주다
윤호 / 지금 슈퍼에 가서 라면 좀 사 오다	누나, 지금 나 통화 중이다 / 조금 이따가 사 오다
유진 / 오후에 택배가 오면 네가 좀 받아 주다	오빠, 오후에는 나도 집에 없다 / 언니에게 부탁해 놓다

연습해 볼까요?

1 다음 대화를 반말로 바꾸세요.

(1) 가 윤지 씨, 내일 같이 쇼핑하러 갈까요? → 가 윤지야, 내일 같이 쇼핑하러 갈까?
나 그래요, 같이 가요. → 나 그래, 같이 가자.

(2) 가 현중 씨, 서영 씨 파티에 올 거예요? → 가 ____________
나 아니요, 못 갈 것 같아요. → 나 ____________

(3) 가 유리 씨, 이 우산 유리 씨 거예요? → 가 ____________
나 아니요, 제 거 아니에요. → 나 ____________

(4) 가 오늘은 높은 구두를 신지 마세요. → 가 ____________
나 왜요? 오늘 많이 걸어야 돼요? → 나 ____________

(5) 가 오늘 점심에는 냉면을 먹읍시다. → 가 ____________
나 날씨가 추우니까 냉면을 먹지 맙시다. → 나 ____________

(6) 가 선희 씨, 어제 민영 씨 만났어요? → 가 ____________
나 네, 만났어요. 그런데 왜요? → 나 ____________

2 다음은 태영 씨가 누나 은혜 씨에게 보낸 문자 메시지 내용입니다. 다음을 반말로 바꾸세요.

누나, (1) 오늘 아르바이트해서 월급 받았어요. (2) 오늘 저녁에 집에 일찍 올 거예요?
→ 받았어 →
(3) 오늘 제가 한턱낼게요. (4) 뭐 먹고 싶어요? (5) 피자 먹으러 갈까요? (6) 아, 참 요즘
→ → →
누나는 다이어트 중이지요? (7) 그럼, 피자는 먹지 맙시다. (8) 한식을 먹읍시다.
→ → →
(9) 퇴근이 6시인가요? (10) 그럼 7시까지 집 근처 지하철역으로 오세요. (11) 이따 거기
→ →
에서 만나요.
→

3장 확인해 볼까요?

〔1～2〕 다음 중 밑줄 친 곳에 적당하지 않은 대답을 고르세요.

1

가　누나, ______________________?
나　응, 그런데 왜?

① 내일 시간 있어　　② 내일 시간 있니
③ 내일 친구 만날 거야　　④ 내일 친구 만날 거예요

2

가　오빠, ______________________.
나　그래 알았어.

① 청소하는 것 좀 도와줘　　② 청소하는 것 좀 도와주세요
③ 청소하는 것 좀 도와줘라　　④ 청소하는 것 좀 도와줄 수 있어?

〔3～4〕 다음 글을 읽고 문법에 맞는 문장을 찾으세요.

3

① 셜리 씨는 한국에 온 지 1년이 되었는다. ② 1년 동안 한국에 살았지만 아직도 한국 생활은 쉽지 않는다. ③ 그것은 한국말이 아직 서투르거든다. ④ 한국말을 더 열심히 공부해서 한국 사람처럼 말하고 싶다.

4

① 요즘 많은 부모들이 아이들을 외국으로 유학 보내다. ② 어릴 때 유학을 가면 외국어를 더 잘 배울 수 있다고 생각해서다. ③ 그래서 저도 어릴 때 미국으로 유학을 갔다. ④ 하지만 조기 유학은 장점도 많지만 단점도 많은다.

5　다음 중 맞는 문장을 찾으세요.

① 언니, 너는 오늘 바빠?
② 오빠, 오늘은 집에 일찍 가자.
③ 태민야, 이따가 몇 시에 끝나?
④ 영호야, 혹시 제 지갑 못 봤어?

4장

이유를 나타낼 때
理由の表現

본 장에서는 이유를 나타낼 때 사용하는 다양한 표현들을 배웁니다. 초급 단계에서는 이유를 표현하는 문법으로 '–아/어서', '–(으)니까', '–기 때문에'를 배웠습니다. 본 장에서 배우는 이유를 나타내는 표현들은 의미적으로, 그리고 사용되는 상황적으로 조금씩 다르기 때문에 사용할 때 주의를 해야 할 것입니다.

この章では、理由を表すときに使う多様な表現を学びます。初級段階では理由を表現する文法として、–아/어서、–(으)니까、–기 때문에を学びました。この章で学ぶ理由を表す表現は、意味や使用される状況によって少しずつ異なるため、使うときに注意をしなければならないでしょう。

01 –거든요

02 –잖아요

03 –느라고

04 –는 바람에

05 –(으)ㄴ/는 탓에

06 –고 해서

07 –(으)ㄹ까 봐

01 –거든요

Track 024

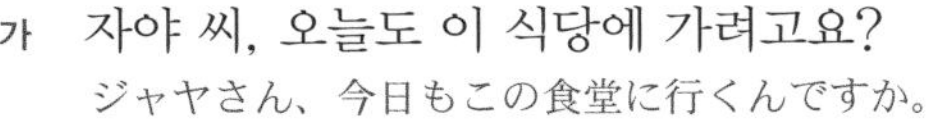

가 자야 씨, 오늘도 이 식당에 가려고요?
ジャヤさん、今日もこの食堂に行くんですか。

나 네, 여기가 정말 맛있**거든요**. 마크 씨도 같이 갈래요?
はい。ここ、本当においしいんです。マークさんも一緒に行きますか。

가 오늘 왜 그렇게 피곤해 보여요?
今日、どうしてそんなに疲れてるんですか。

나 어제 영화를 보느라고 잠을 못 잤**거든요**.
昨日、映画を見ていて眠れなかったんです。

문법을 알아볼까요?

이 표현은 상대방이 한 질문이나 자신이 말한 내용에 대해 이유나 본인의 생각을 말할 때 사용합니다. 이때의 이유나 사실은 상대방이 모르는 것입니다. '–거든요'는 입말에서만 사용하며 글말에서는 사용하지 않습니다. 또한 발표와 같은 격식적인 자리에서는 사용하지 않고 보통 친한 사이에서만 사용합니다.

この表現は、相手がした質問や、自分が言った内容について、理由や本人の考えを述べるときに使います。この場合の理由や事実は相手が知らないことです。–거든요は口語でのみ使い、文語では使いません。また、発表のようなフォーマルな席では使わず、普通親しい間柄でのみ使います。

–거든요				
A/V	과거	–았/었거든요	가다 힘들다	갔거든요 힘들었거든요
	현재	–거든요	가다 힘들다	가거든요 힘들거든요
	미래 / 추측	–(으)ㄹ 거거든요	가다 힘들다	갈 거거든요 힘들 거거든요

N이다	과거	였거든요 이었거든요	친구이다 애인이다	친구였거든요 애인이었거든요
	현재	(이)거든요	친구이다 애인이다	친구거든요 애인이거든요

가 제주도에 갔을 때 한라산에 올라가셨어요?
済州道に行ったとき、漢拏山に登られましたか。

나 아니요, 못 갔어요. 날씨가 안 좋았거든요.
いいえ。行けませんでした。天気がよくなかったんです。

가 피곤하실 텐데 오늘도 요가를 하러 가시는 거예요?
お疲れでしょうに、今日もヨガをしに行かれるんですか。

나 네, 요가를 하고 나면 몸이 가벼워지거든요. 그래서 피곤해도 요가를 하러 가요.
はい。ヨガをすると、体が軽くなるんです。だから、疲れていても、ヨガをしに行くんです。

가 요즘 비가 정말 자주 오네요.
最近、本当に雨がよく降りますね。

나 요즘 장마철이거든요. 한 달 동안은 계속 올 거예요.
梅雨ですから。1ヶ月間は続くでしょう。

더 알아볼까요?

1 '이유'의 의미로 사용할 때 '-거든요'가 있는 문장은 대화에서 제일 앞에 올 수 없고, 말하는 사람이 말한 문장 다음이나 상대방의 질문에 대한 대답으로만 사용할 수 있습니다.
理由の意味で使うとき、-거든요がある文は対話でいちばん始めに来ることができず、話し手が言った文の次や、相手の質問に対する答えにのみ使うことができます。

가 좋아하는 가수 있어요?
好きな歌手、いますか。

나 네, 노래를 잘하거든요. 가수 '비'를 좋아해요. (×)
→ 노래를 잘해서 가수 '비'를 좋아해요. (○)
歌が上手なので、歌手「ピ」が好きです。

가 그 가수를 왜 좋아해요?
どうしてその歌手が好きなんですか。

나 정말 노래를 잘하거든요. (○)
本当に歌が上手なんです。

2 이 표현은 말하는 사람이 듣는 사람에게 전달할 말이 있거나 이야기하고 싶은 것이 있을 때, 그 말을 하기 전에 도입으로 사용하기도 합니다. 따라서 뒤에 계속되는 이야기가 있다는 것을 암시하고 있습니다.
この表現は、話し手が聞き手に伝えることや話したいことがあるとき、そのことばを言う前に導入として使うこともあります。したがって、後ろに続く話があるということを暗示しています。

가 죄송한데요, 이 근처에 은행이 어디에 있어요?
すみませんが、このあたりでどこに銀行がありますか。

나 이 길로 쭉 가시면 편의점이 나오거든요. 편의점 건너편에 은행이 있어요.
この道をまっすぐ行くと、コンビニがあります。コンビニの向かい側に銀行があります。

가 윤호 씨, 제가 오늘 주영 씨를 만나기로 했거든요. 윤호 씨도 같이 가실래요?
ユノさん、私、今日、チュヨンさんに会うことにしたんです。ユノさんも一緒に行かれますか。

나 저도 주영 씨가 보고 싶었는데 잘 됐네요. 같이 가요.
私もチュヨンさんに会いたかったから、ちょうどよかったです。一緒に行きましょう。

대화를 만들어 볼까요?

Track 025

1 가 공항에 무슨 일로 가세요?

나 오늘 부모님이 한국에 오시거든요.

공항에 무슨 일로 가다	오늘 부모님이 한국에 오시다
왜 이렇게 음식을 많이 준비하다	집에 친구들이 많이 오다
커피를 왜 안 마시다	커피를 마시면 잠을 못 자다

2 가 주말에 그 드라마를 보셨어요?

나 아니요, 못 봤어요. 친구랑 약속이 있었거든요.

Tip
자리가 없다 席がない
장을 보다 買い物をする

주말에 그 드라마를 보다	못 보다 / 친구랑 약속이 있다
어제 도서관에서 공부하다	못 하다 / 시험 때라 자리가 없다
어제도 남편과 같이 장을 보다	어제는 혼자 장을 보다 / 남편이 출장을 가다

연습해 볼까요?

다음 그림을 보고 [보기]에서 알맞은 단어를 찾아 '-거든요'를 사용해서 대화를 완성하세요.

보기	가다	좋아하다	싸다	많다	가 보라고 하다	못 가 보다

웨이밍 주말에 뭐 하셨어요?

아키라 명동에 어머니 선물을 사러 갔어요. 다음 주에 고향에 (1)가거든요.

웨이밍 주말에 고향에 가시는군요. 그런데 무슨 선물을 사셨어요?

아키라 김치를 샀어요. 어머니께서 한국 김치를 (2)________________.

웨이밍 그런데 쇼핑할 때 한국말을 잘 못하니까 힘들지 않으셨어요?

아키라 네, 힘들지 않았어요. 요즘 명동 가게에는 일본어를 잘하는 사람들이 (3)________________.

웨이밍 아, 그렇군요. 그런데 김치만 사셨어요?

아키라 아니에요, 친구들 주려고 티셔츠도 몇 벌 샀어요. 한국이 일본보다 옷값이 많이 (4)________________. 웨이밍 씨는 방학 때 부산에 간다고 했지요?

웨이밍 네, 아직 부산에 한 번도 (5)________________.

아키라 그렇군요. 부산에 가시면 해운대에 꼭 가 보세요. 정말 아름다워요.

웨이밍 네, 저도 해운대에 가려고 생각하고 있어요. 친구들이 해운대에 꼭 (6)________________.

02 –잖아요

가 저 가수를 왜 좋아해요?
あの歌手がどうして好きなんですか。

나 노래도 잘하고 멋있잖아요.
歌も上手だし、かっこいいじゃないですか。

가 카일리 씨가 일본어를 정말 잘하네요!
カイリさんは日本語が本当に上手ですね!

나 카일리 씨는 일본에서 공부했잖아요. 지난번에 카일리 씨가 말했는데 생각 안 나요?
カイリさんは日本で勉強したじゃないですか。このあいだカイリさんが言っていたのに、覚えてないんですか。

문법을 알아볼까요?

1 이 표현은 듣는 사람이 이미 알고 있는 이유를 말할 때 또는 상대방이 어떤 사실을 잊어버려서 그것을 다시 기억나게 하려고 할 때 사용합니다. 입말에서만 사용하며 글말에서는 사용하지 않습니다. 또한 격식적인 자리에서는 사용하지 않습니다.

この表現は、聞き手がすでに知っている理由を言うとき、または相手がある事実を忘れてしまい、それを再び思い出させようとするときに使います。口語でのみ使い、文語では使いません。また、フォーマルな席では使いません。

–잖아요				
A/V	과거	–았/었잖아요	가다 힘들다	갔잖아요 힘들었잖아요
	현재	–잖아요	가다 힘들다	가잖아요 힘들잖아요
	미래 / 추측	–(으)ㄹ 거잖아요	가다 힘들다	갈 거잖아요 힘들 거잖아요
N이다	과거	였잖아요 이었잖아요	친구이다 애인이다	친구였잖아요 애인이었잖아요
	현재	(이)잖아요	친구이다 애인이다	친구잖아요 애인이잖아요

가 이번에도 양강 씨가 1등을 했네요!
今回もヤンガンさんが1位でしたね!

나 양강 씨는 항상 열심히 공부하**잖아요**.
ヤンガンさんはいつも一生懸命勉強してるじゃないですか。

가 네, 맞아요. 양강 씨는 언제나 열심히 공부하지요.
そうですね。ヤンガンさんはいつも一生懸命勉強してますね。

가 수진 씨가 언제 고향으로 돌아가지요?
スジンさんはいつ田舎に帰るんですか。

나 지난주 토요일에 돌아**갔잖아요**.
先週土曜日に帰ったじゃないですか。

가 아, 맞아요. 수진 씨 배웅하러 공항에도 같이 갔었지요?
あ、そうでした。スジンさんの見送りに、空港にも一緒に行きましたね。

가 세영 씨가 집에 온다고 해서 복숭아를 좀 샀어요.
セヨンさんがうちに来るって言うから、桃を買ったの。

나 여보, 그 친구는 복숭아 알레르기가 있**잖아**.
セヨンさんは桃アレルギーがあるじゃん。

가 아, 그랬죠? 깜빡했네요.
あ、そうだったわね。うっかりしてたわ。

2 이 표현은 상대방에게 충고나 경고를 했는데도 상대방이 듣지 않아 좋지 않은 일이 생긴 경우에 상대방에게 핀잔을 주듯이 말할 때도 사용합니다. 이런 경우 보통 인용문과 함께 사용을 합니다.
この表現は、相手に忠告や警告をしたのに相手が聞かず、よくないことが起こった場合、相手を責めるように言うときにも使います。このような場合、普通引用文と一緒に使います。

가 엄마, 어떻게 해요? 학교에 늦겠어요.
お母さん、どうしよう。学校に遅れそう。

나 그래서 어제 일찍 자라고 **했잖아**.
だから、昨日、早く寝なさいって言ったじゃない。

가 그 남자가 알고 보니 정말 나쁜 사람이었어요.
あの男が本当に悪い人だったんです。

나 그거 봐요, 내가 뭐라고 했어요. 그 사람 나쁜 사람 같**다고 했잖아요**.
ほら見なさい。私が言ったでしょ。その人、悪い人みたいって言ったじゃない。

대화를 만들어 볼까요?

1 가 게이코 씨가 요즘 우울해해요.

나 그럼 게이코 씨랑 같이 오페라를 보러 가세요.

게이코 씨가 오페라를 좋아하잖아요.

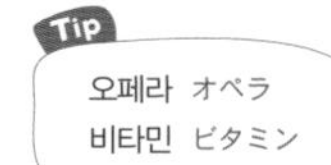

게이코 씨가 요즘 우울해하다	게이코 씨랑 같이 오페라를 보러 가다 / 게이코 씨가 오페라를 좋아하다
감기에 걸려서 힘들다	오렌지 주스를 많이 마시다 / 비타민 C가 감기에 좋다
비자 신청하는 게 너무 복잡하다	여행사에 맡기다 / 여행사에서 대신 해 주다

2 가 시험에 떨어졌어요.

나 그래서 제가 뭐라고 했어요?

평소에 열심히 공부하라고 했잖아요.

Tip
시험에 떨어지다 試験に落ちる
평소에 普段

시험에 떨어지다	평소에 열심히 공부하라
배탈이 나다	너무 많이 먹는 것 같다
생활비를 다 써 버리다	돈을 좀 아껴 쓰라

연습해 볼까요?

'-잖아요'를 사용해서 다음 대화를 완성하세요.

(1) 가 주말에 정동진에 갔다 올래요? (멀다)

나 정동진은 너무 멀잖아요. 가까운 데로 가면 좋겠어요.

(2) 가 점심에 같이 닭갈비를 먹을까요? (못 먹다)

나 자야 씨는 매운 음식을 ______________. 맵지 않은 음식을 먹는 게 좋겠어요.

(3) 가 방학하면 친구들과 같이 남이섬에 갈래요? (갔다 오다)

나 지난 방학에도 남이섬에 ______________. 같은 장소 말고 다른 곳에 가면 좋겠어요.

(4) 가 아키라 씨 생일인데 어떤 선물을 사면 좋을까요? (음악을 좋아하다)

나 아키라 씨가 ______________. 음악 CD를 사 주면 어떨까요?

03 -느라고

Track 028

가 자야 씨, 왜 숙제를 안 했어요?
ジャヤさん、どうして宿題をしなかったんですか。

나 어젯밤에 축구를 보느라고 숙제를 못 했어요.
タベサッカーを見ていて、宿題ができませんでした。

가 주말에 뭐 하셨어요?
週末に何をなさいましたか。

나 김장했어요. 김장을 하느라고 정말 힘들었어요.
キムジャンをしました。キムジャンをするのは本当に大変でした。

문법을 알아볼까요?

이 표현은 선행절에 오는 말이 후행절에 오는 말의 이유나 원인이 됨을 나타냅니다. 후행절에는 주로 부정적인 이야기들이 옵니다. '-느라'라고 사용해도 됩니다.

この表現は、先行節に来る内容が後続節に来る内容の理由や原因になることを表します。後続節には主に否定的な内容が来ます。-느라の形で使ってもかまいません。

-느라고			
V	-느라고	가다 먹다	가느라고 먹느라고

가 요즘 카일리 씨는 어떻게 지내요? 最近、カイリさんはどのように過ごしていますか。

나 결혼 준비를 하느라고 정신이 없는 것 같아요.
結婚の準備でバタバタしているようです。

가 시험 때문에 많이 바쁘지요? 試験のせいでかなり忙しいでしょう。

나 네, 요즘 시험공부를 하느라고 친구들을 통 못 만났어요.
はい。最近、試験勉強で、友だちにまったく会えませんでした。

가 왜 늦었어요? どうして遅れたんですか。

나 죄송해요. 컴퓨터를 고치러 갔다 오느라 늦었어요.
すみません。コンピューターを修理しに行って来て遅れました。

더 알아볼까요?

1 '–느라고'는 앞의 행동이 계속되다가 뒤의 행동이나 상태와 부분적으로 혹은 전체적으로 겹쳐 일어나, 두 행동이 결과적으로 동시에 진행되고 있음을 나타냅니다.
–느라고は、前の行動が続いている途中で後ろの行動が部分的または全体的に重なって起こり、結果的に二つの行動が同時に進行していることを表します。

• 출입국관리사무소에 가느라고 학교에 못 갔어요.
出入国管理事務所に行っていて、学校に行けませんでした。

←――――――――――→ (출입국관리사무소에 갔다 오는 시간)
←――――→ 수업 시간

: 수업 시간 동안 출입국관리사무소에 있었고 그래서 수업 시간에 올 수 없었습니다.
授業時間に出入国管理事務所にいて、それで、授業時間に来られませんでした。

2 '–느라고'는 사용할 때 많은 제약이 있습니다. 다음과 같은 것을 주의해야 합니다.
–느라고は使うときに多くの制約があります。次のような点に注意しなければなりません。

(1) '–느라고' 다음에는 부정적인 이야기(바쁘다, 힘들다, 피곤하다, 못하다, 안 하다 등)들이 오기 때문에 후행절에 긍정적인 이야기가 오면 어색합니다.
–느라고の次には否定的な内容(바쁘다, 힘들다, 피곤하다, 못하다, 안 하다等)が来るため、後続節に肯定的な内容が来ると不自然になります。

• 데이트를 하느라고 기분이 좋아요. (×)
→ 데이트를 해서 기분이 좋아요. (○)
→ 데이트를 하느라고 요즘 시간이 없어요. (○)

또한, '고생하다', '수고하다'와 같은 동사 앞에는 관용적으로 '–느라고'가 쓰입니다.
また、고생하다や수고하다のような動詞の前には慣用的に–느라고が使われます。

• 야근하느라고 수고하셨어요. 夜勤お疲れさまでした。
• 그동안 우리를 가르치시느라고 고생 많으셨어요. 今まで私たちを教えるのにお疲れさまでした。

(2) '–느라고' 앞에는 시간, 힘, 주어의 의지가 필요한 동사가 옵니다.
–느라고の前には、時間、力、主語の意志が必要な動詞が来ます。

• 교통사고가 나느라고 회사에 지각했어요. (×)
• 비가 많이 오느라고 등산을 못했어요. (×)
• 바쁘느라고 여행을 못 갔어요. (×)

: '교통사고가 나다', '비가 오다'는 시간이나 힘, 주어의 의지가 필요한 동사가 아니며, '바쁘다'는 동사가 아니기 때문에 올 수 없습니다.
교통사고가 나다や비가 오다は時間、力、主語の意志が必要な動詞ではなく、바쁘다は動詞ではないため、来ることができません。

(3) 이 표현은 앞 문장과 뒤 문장의 주어가 같아야 합니다.
この表現は、先行節と後続節の主語が同じでなければなりません。

• 자야 씨는 잠을 자느라고 (자야 씨는) 전화를 못 받았습니다. (○)
• 자야 씨는 잠을 자느라고 마크 씨는 전화를 못 받았습니다. (×)

(4) '–느라고' 다음에는 청유형과 명령형이 올 수 없습니다.
–느라고の次には勧誘形と命令形が来ることができません。

• 춤을 추느라고 나이트클럽에 갑시다 / 가십시오. (×)
→ 춤을 추러 나이트클럽에 갑시다. (○)
• 쇼핑을 하느라고 돈을 씁시다 / 쓰십시오. (×)
→ 쇼핑을 하느라고 돈을 다 썼어요. (○)

(5) 과거 시제 '–았/었–'을 쓸 수 없습니다.
過去の–았/었–を使うことができません。

• 어제 숙제를 했느라고 잠을 못 잤어요. (×)
→ 어제 숙제를 하느라고 잠을 못 잤어요. (○)

대화를 만들어 볼까요?

Track 029

1 가 요즘 왜 이렇게 바빠요?
나 아르바이트하느라고 바빠요.

Tip
입학 서류 入学書類
정신이 없다 忙しい
보고서 報告書

바쁘다	아르바이트하다 / 바쁘다
정신이 없다	입학 서류를 준비하다 / 정신이 없다
시간이 없다	보고서를 쓰다 / 시간이 없다

2 가 아까 전화했는데 왜 안 받았어요?
나 운전하느라고 못 받았어요.

전화를 꺼 놓다
電話を切っておく

운전하다 / 못 받다
공부하다 / 전화를 꺼 놓다
청소하다 / 전화 소리를 못 듣다

연습해 볼까요?

1 '-느라고'를 사용해서 다음 대화를 완성하세요.

(1) 가 어제 왜 파티에 안 왔어요? (병원에 갔다 오다)
나 **병원에 갔다 오느라고** 파티에 못 갔어요.

(2) 가 제나 씨가 요즘 많이 바쁜가 봐요? (컴퓨터 학원에 다니다)
나 네, 제나 씨는 요즘 ______________ 바빠요.

(3) 가 요즘 외출을 안 하시는 것 같아요. (아기를 보다)
나 네, ______________ 외출을 거의 못 해요.

(4) 가 어제 왜 야근했어요? (보고서를 마무리하다)
나 ______________ 야근했어요.

(5) 가 밤을 또 새우셨어요? (남자 친구랑 통화하다)
나 네, ______________ 밤을 새웠어요.

2 다음 글을 읽고 '-느라고'를 사용해서 문장을 완성하세요.

어젯밤에 마크 씨 집에서 파티가 있었습니다. 마크 씨는 파티 준비 때문에 점심도 못 먹었습니다. 파티 때 쓸 물건과 음식을 많이 사서 용돈도 다 썼습니다. 전날 밤에는 파티에 대해 생각하다 보니 잠도 2시간밖에 못 잤습니다. 마크 씨는 좋아하는 유진 씨가 오기 때문에 멋진 파티를 열고 싶었습니다.

그런데 파티가 시작되자마자 마크 씨는 너무 피곤해서 잠이 들고 말았습니다. 그래서 유진 씨는 파티 내내 아키라 씨랑 이야기를 했습니다. 마크 씨가 일어났을 때는 오늘 아침이었고 친구들은 다 돌아가고 없었습니다. 마크 씨는 파티 때문에 지저분해진 집을 치워야 해서 학교에도 늦었습니다. 학교에 가니까 친구들이 유진 씨랑 아키라 씨가 사귀기 시작했다는 얘기를 해 주었습니다.

(1) 마크 씨는 어제 **파티 준비를 하느라고** 점심을 못 먹었습니다.
(2) 파티 때 쓸 물건과 음식을 많이 ______________ 용돈을 다 썼습니다.
(3) 그저께 밤에는 파티에 대해 ______________ 2시간밖에 못 잤습니다.
(4) 마크 씨는 ______________ 유진 씨랑 이야기를 못 했습니다.
(5) 오늘 마크 씨는 집을 ______________ 학교에도 늦었습니다.

04 -는 바람에

Track 030

가 마크 씨가 병원에 입원했다면서요?
マークさんが病院に入院したそうですね。

나 네, 교통사고가 나는 **바람에** 다쳐서 병원에 입원했대요.
はい。交通事故でけがをして病院に入院したそうです。

가 그 선수가 금메달을 딸 줄 알았는데 왜 못 땄지요?
あの選手が金メダルを取ると思っていたのに、どうして取れなかったんですか。

나 경기를 하다가 넘어지는 **바람에** 금메달을 못 땄어요.
試合中に転んだせいで金メダルを取れなかったんです。

문법을 알아볼까요?

이 표현은 선행절이 뒤에 오는 일의 원인이나 이유가 될 때 사용합니다. 보통 선행절의 상황이 뒤의 행동에 안 좋은 영향을 주거나 원래 의도했던 것과는 다른 결과가 생겼을 때 혹은 원하지 않는 결과가 생겼을 때 사용합니다.

この表現は、先行節が後続節の原因や理由になるときに使います。普通、先行節の状況が後続節の行動によくない影響を与えたとき、もともと意図していたこととは違う結果になったとき、あるいは望まない結果になったときに使います。

-는 바람에			
V	-는 바람에	가다 먹다	가는 바람에 먹는 바람에

- 휴대 전화가 갑자기 고장 나는 **바람에** 연락을 못했어요.
  携帯電話が急に故障して連絡できませんでした。
- 태풍이 오는 **바람에** 비행기가 취소됐어요.
  台風が来たせいで飛行機が欠航になりました。
- 급하게 먹는 **바람에** 체했어요.
  急いで食べたせいで、おなかにもたれます。

더 알아볼까요?

1 '–는 바람에' 앞에는 동사만 올 수 있습니다.
–는 바람에の前には、動詞のみ来ることができます。

• 날씨가 갑자기 추운 바람에 감기에 걸렸어요. (×)
→ 날씨가 갑자기 추워진 바람에 감기에 걸렸어요. (○)

: '춥다'는 형용사라서 올 수 없으므로 동사형 '추워지다'로 바꾸어야 합니다.
춥다は形容詞なので来ることができないため、動詞形추워지다に変えなければなりません。

2 이 표현은 이미 일어난 결과에 대한 이유를 설명하기 때문에 '–는 바람에' 다음에는 항상 과거형이 옵니다.
この表現は、すでに起こった結果に対する理由を説明するため、–는 바람에の次には常に過去形が来ます。

• 비가 많이 오는 바람에 홍수가 날 것 같아요. (×)
→ 비가 많이 오는 바람에 홍수가 났어요. (○)

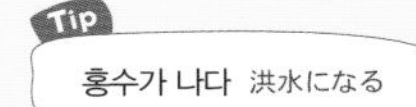

3 '–는 바람에' 뒤에는 항상 과거 시제만 오기 때문에 명령문이나 청유문이 올 수 없습니다.
–는 바람에の後ろには、常に過去時制のみが来るため命令文や勧誘文が来ることができません。

• 신용 카드를 잃어버리는 바람에 은행에 가십시오. / 갈까요? (×)
→ 신용 카드를 잃어버리는 바람에 은행에 갔습니다. (○)

4 이 표현은 대부분 부정적인 상황에서만 사용합니다. 그래서 긍정적인 상황에서 사용하면 어색합니다.
この表現は、ほとんどの場合、否定的な状況で使います。そのため、肯定的な状況で使うと不自然です。

• 남자 친구가 선물을 사 주는 바람에 기분이 좋아졌습니다. (×)
→ 남자 친구가 선물을 사 주어서 기분이 좋아졌습니다. (○)

그러나 가끔 긍정적인 상황에서 쓰기도 하는데, 이때는 전혀 기대하지 못했거나 예상 밖의 결과가 생겼을 때 사용할 수 있습니다.
しかし、ときどき肯定的な状況で使われることもあります。例えば、全く期待できなかったり、予想外の結果が起こったりしたときに使うことができます。

가 윤주 씨, 기분이 좋아 보이네요.
ユンジュさん、気分がよさそうですね。

나 언니가 갑자기 부산으로 이사를 가는 바람에 방을 혼자 쓰게 되었거든요.
姉が急に釜山に引っ越して、部屋を一人で使うことになったんです。

비교해 볼까요?

'–아/어서'와 '–는 바람에'는 둘 다 이유를 말하지만 다음과 같은 의미상의 차이가 있습니다.
–아/어서と–는 바람에はどちらも理由を述べますが、次のような意味上の違いがあります。

–아/어서	–는 바람에
단순히 후행절이 생기게 된 이유만 말합니다. 単純に後続節が起こることになった理由のみを述べます。 • 약속이 취소돼서 집에 있었어요. 約束がキャンセルになって、家にいました。 → 집에 있었던 이유만 말합니다. 家にいた理由のみを述べます。	후행절이 생기게 된 이유와 함께 후행절을 할 의도가 아니었음도 의미합니다. 後続節が起こることになった理由とともに、後続節をする意図がなかったことを意味します。 • 약속이 취소되는 바람에 집에 있었어요. 約束がキャンセルになったせいで、家にいました。 → 집에 있었던 이유와 함께 원래는 집에 있으려던 것이 아니었음도 의미하고 있습니다. 家にいた理由とともに、本来は家にいようとしていたのではないことも意味します。

대화를 만들어 볼까요?

Track 031

Tip
알람 시계가 안 울리다 アラーム時計が鳴らない
수리 센터 修理センター

1 가 오늘 왜 회사에 지각했어요?
　 나 길이 막히는 바람에 늦었어요.

길이 막히다 / 늦다
알람 시계가 안 울리다 / 늦게 일어나다
차가 고장 나다 / 수리 센터에 갔다 와야 하다

2 가 어제 모임에 왜 안 나오셨어요?
　 나 친구가 갑자기 찾아오는 바람에 못 갔어요.

어제 모임에 왜 안 나오다	친구가 갑자기 찾아오다 / 못 가다
아침에 운동하러 왜 안 오다	아이가 다치다 / 병원에 가야 하다
지난번 세미나에 왜 참석하지 않다	급한 일이 생기다 / 갈 수 없다

연습해 볼까요?

'-는 바람에'를 사용해서 다음 대화를 완성하세요.

(1) 가 어떻게 하다가 용돈을 다 썼어요? (친구랑 밤늦게까지 술을 마시다)

나 친구랑 밤늦게까지 술을 마시는 바람에 돈을 다 썼어요.

(2) 가 가방을 어떻게 하다가 잃어버렸어요? (지하철에서 졸다)

나 ________________ 가방을 놓고 내렸어요.

(3) 가 아버지께 방학 때 여행 간다는 말씀을 드렸어요? (이번 시험에서 F를 받다)

나 ________________ 얘기를 꺼내지도 못했어요.

(4) 가 면접시험 잘 봤어요? (면접 때 긴장하다)

나 아니요, ________________ 한마디도 못 했어요.

(5) 가 옷이 왜 이렇게 더러워졌어요? (길에서 넘어지다)

나 ________________ 옷이 이렇게 됐어요.

(6) 가 윤주 씨가 학교를 그만두나요? (아버지 사업이 망하다)

나 네, ________________ 학교를 그만두게 되었대요.

(7) 가 숙제를 왜 못 했어요? (숙제하다가 잠이 들다)

나 ________________ 숙제를 못 했어요.

(8) 가 왜 공연 중간에 나가셨어요? (갑자기 배탈이 나다)

나 ________________ 공연을 보다가 나갔어요.

05 –(으)ㄴ/는 탓에

Track 032

가 양강 씨가 오늘도 서류 하나를 빠뜨리고 왔다면서요?
ヤンガンさんが今日も書類を一つ忘れて来たそうですね。

나 네, 성격이 급한 **탓에** 실수가 잦은 것 같아요.
はい。せっかちなせいでミスが多いようです。

가 비가 정말 많이 오네요.
本当に雨がたくさん降りますね。

나 비가 많이 오는 **탓에** 한강 다리 몇 개가 통제되었대요.
雨がたくさん降ったせいで、漢江の橋がいくつか統制されたそうです。

문법을 알아볼까요?

'탓'은 나쁜 일이 생기게 된 이유나 원인을 뜻합니다. 그래서 '–(으)는 탓에'는 선행절이 후행절의 부정적인 사건이나 일이 생기게 된 원인 혹은 이유를 나타냅니다. 즉 선행절 때문에 후행절이 일어났다는 것을 의미합니다.

탓は悪いことが起こることになった理由や原因を意味します。そのため、–(으)는 탓에は、先行節が後続節の否定的な事柄が起こることになった原因あるいは理由を表します。すなわち、先行節のせいで後続節が起こったということを意味します。

–(으)ㄴ/는 탓에				
A	과거	–았/었던 탓에	비싸다 높다	비쌌던 탓에 높았던 탓에
	현재	–(으)ㄴ 탓에	비싸다 높다	비싼 탓에 높은 탓에
V	과거	–(으)ㄴ 탓에	가다 먹다	간 탓에 먹은 탓에
	현재	–는 탓에	가다 먹다	가는 탓에 먹는 탓에
N이다	과거	였던 탓에 이었던 탓에	중고이다 학생이다	중고였던 탓에 학생이었던 탓에
	현재	인 탓에	중고이다 학생이다	중고인 탓에 학생인 탓에

• 동호 씨는 컴퓨터 게임을 늦게까지 하는 **탓에** 지각을 하는 경우가 많다.
トンホさんはコンピューターゲームを遅くまでするせいで遅刻することが多い。

• 어제 술을 많이 마신 **탓에** 오늘 아침에 머리가 아팠어요.
昨日お酒をたくさん飲んだせいで、今朝は頭が痛かったです。

• 장마철인 **탓에** 비가 자주 온다.
梅雨のせいで、雨がよく降る。

더 알아볼까요?

1 이 표현은 'N 탓에', 'A/V-(으)ㄴ/는 탓이다'의 형태로도 사용할 수 있습니다.
この表現は、N 탓에やA/V-(으)ㄴ/는 탓이다の形でも使うことができます。

• 날씨가 더운 탓에 밤에 잠을 못 자는 사람들이 많아요.
= 더운 날씨 탓에 밤에 잠을 못 자는 사람들이 많아요.
暑いせいで夜眠れない人たちが多いです。

• 그 배우가 폐암에 걸린 것은 담배를 많이 피운 탓입니다.
= 그 배우는 담배를 많이 피운 탓에 폐암에 걸렸습니다.
その俳優はタバコをたくさん吸ったせいで肺ガンにかかりました。

2 '-(으)ㄴ/는 탓에'는 결과가 나쁜 경우에만 사용할 수 있기 때문에 결과가 좋은 경우에 사용하면 어색합니다.
-(으)ㄴ/는 탓에は、結果が悪い場合にのみ使うことができるため、結果がよい場合に使うと不自然です。

• 친구들이 도와준 탓에 한국 생활을 잘할 수 있었어요. (×)
→ 친구들이 도와준 덕분에 한국 생활을 잘할 수 있었어요. (○)
→ 친구들이 도와줬기 때문에 한국 생활을 잘할 수 있었어요. (○)
友だちが助けてくれたので、韓国生活をうまく送れました。

비교해 볼까요?

이유를 나타나는 표현들은 많이 있지만 다음과 같은 차이점들이 있습니다.
理由を表す表現は多くありますが、次のような違いがあります。

	-기 때문에	-는 바람에	-(으)ㄴ/는 탓에	-(으)ㄴ/는 덕분에
결과의 원인 結果の原因	좋은 결과와 나쁜 결과의 원인 よい結果と悪い結果の原因	나쁜 결과의 원인 悪い結果の原因	나쁜 결과의 원인 悪い結果の原因	좋은 결과의 원인 よい結果の原因
원인의 종류 原因の種類	상관없음. 関係なし	외부적, 예상하지 못한 원인 外部的、予想できなかった原因	상관없음. 関係なし	상관없음. 関係なし
후행절 시제 後続節の時制 (과거 · 현재 · 미래)	모든 시제 가능 全時制可能	과거 過去	모든 시제 가능 全時制可能	모든 시제 가능 全時制可能
품사 品詞 (명사 · 동사 · 형용사)	모두 가능 すべて可能	동사만 가능 動詞のみ可能	모두 가능 すべて可能	모두 가능 すべて可能

Track 033

대화를 만들어 볼까요?

1 가 스트레스를 많이 받는 탓에 건강이 안 좋아졌어요.
나 스트레스를 풀 수 있도록 취미 생활을 해 보세요.

Tip
스트레스를 풀다 ストレスを解消する
편식하다 偏食する
골고루 まんべんなく

스트레스를 많이 받다 / 건강이 안 좋아졌다	스트레스를 풀 수 있도록 취미 생활을 해 보다
어제 눈이 많이 왔다 / 길이 미끄럽다	사고가 나지 않도록 조심해서 운전을 하다
아이가 편식을 하다 / 키가 작다	키가 클 수 있도록 음식을 골고루 먹이다

2 가 요즘 취직하기가 어려운 것 같아요.
나 그건 경제가 안 좋은 탓이겠죠.

Tip
물가가 오르다 物価が上がる
몇 달째 何ヵ月も続けて
가뭄 日照り

요즘 취직하기가 어렵다	경제가 안 좋다
작년보다 올해 생활비가 더 많이 들다	작년보다 물가가 20%나 올랐다
야채값이 많이 비싸졌다	몇 달째 가뭄이 계속되었다

연습해 볼까요?

1 아래는 마크 씨의 방학 생활 이야기입니다. 다음 그림을 보고 '-(으)ㄴ/는 탓에'를 사용해서 쓰세요.

마크 씨는 요즘 방학이에요. 그래서 밤늦게까지 컴퓨터 게임을 해요. 마크 씨는 컴퓨터 게임을 많이 (1)하는 탓에 늦게 자요. 늦게 (2)____________ 아침에 늦게 일어나요. 늦게 (3)____________ 아르바이트에 자주 늦어요. 아르바이트에 자주 (4)____________ 돈을 많이 벌지 못해요. 돈을 많이 (5)____________ 데이트를 할 수 없어요.

2 아래는 은혜 씨의 휴가 이야기입니다. 다음 그림을 보고 '-(으)ㄴ/는 탓에'를 사용해서 쓰세요.

은혜 씨는 이번 휴가 때 부산으로 여행을 가려고 했어요. 그런데 태풍이 (1)온 탓에 부산 지역에 홍수가 났어요. 부산 지역에 홍수가 (2)____________ 여행을 취소했어요. 여행을 (3)____________ 할 일이 없어서 심심했어요. (4)____________ 슬픈 영화 DVD를 빌려서 봤어요. 영화가 많이 (5)____________ 밤새 울었어요. 밤새 (6)____________ 아침에 일어나니까 눈이 퉁퉁 부어 있었어요.

06 -고 해서

Track 034

가 피곤한데 택시 안 타요?
疲れているのに、タクシーに乗らないんですか。

나 네, 길도 복잡하고 해서 지하철을 타는 게 좋겠어요.
はい。道も混んでいるので、地下鉄に乗ったほうがいいです。

가 저녁 같이 드실래요?
夕食、一緒に召し上がりますか。

나 점심도 늦게 먹고 해서 저녁은 안 먹으려고요.
昼ごはんも遅く食べたので、夕食は食べないつもりです。

문법을 알아볼까요?

이 표현은 선행절의 내용이 후행절의 행동을 하는 여러 가지 이유 중의 하나임을 나타냅니다. 말하는 사람이 후행절의 행동을 하는 다른 이유도 있지만 선행절 때문에 우선적으로 그 일을 한다는 것을 의미하고 있습니다. 기타의 다른 이유가 있다는 것은 암시만 할 뿐 이야기는 하지 않습니다.

この表現は、先行節の内容が後続節の行動をするさまざまな理由の中の一つであることを表します。話し手が後続節の行動をする他の理由もあるが、先行節のために優先的にそのことをするということを意味しています。その他の理由があるということは暗示するのみで、述べてはいません。

-고 해서			
A/V	-고 해서	피곤하다 만나다	피곤하고 해서 만나고 해서
N이다	이고 해서	친구이다 학생이다	친구이고 해서 학생이고 해서

- 피곤하고 해서 약속을 취소했습니다.
  疲れていたので、約束をキャンセルしました。
- 돈도 없고 해서 오늘은 집에 있으려고 합니다.
  お金もないので、今日は家にいようと思います。
- 월급도 타고 해서 친구들에게 한턱냈어요.
  月給ももらったので、友人たちにおごりました。

더 알아볼까요?

1 **이 표현은 'N도 V–고 해서, A/V–기도 하고 해서'로도 쓸 수 있습니다.**
この表現は、N도 V–고 해서やA/V–기도 하고 해서の形でも使うことができます。

- 밥을 먹고 해서 산책을 했어요. = 밥도 먹고 해서 산책을 했어요.
  = 밥을 먹기도 하고 해서 산책을 했어요.
- 날씨가 춥고 해서 집에 일찍 돌아갔어요. = 날씨도 춥고 해서 집에 일찍 돌아갔어요.
  = 날씨가 춥기도 하고 해서 집에 일찍 돌아갔어요.

2 **'N도 A/V–고 N도 A/V–고 해서' 혹은 'A/V–기도 하고 A/V–기도 해서'처럼 사용하면 선행절이 후행절의 행동을 하는 데 많은 이유가 있지만 그중 두 가지 이유를 대표적으로 말하고 있다는 것을 나타냅니다.**
N도 A/V–고 N도 A/V–고 해서あるいはA/V–기도 하고 A/V–기도 해서のように使うと、後続節の行動をするのに多くの理由があるが、先行節ではそのうち二つの理由を代表的に述べていることを表します。

- 머리도 아프고 잠깐 쉬고 싶기도 해서 공부하다가 텔레비전을 봤어요.
- 머리가 아프기도 하고 잠깐 쉬고 싶기도 해서 공부하다가 텔레비전을 봤어요.

: 텔레비전을 본 이유가 여러 가지가 있는데 그 이유들 중 위의 두 가지만 대표적으로 말하고 있습니다.
テレビを見た理由がいくつかあるが、その理由の中で上の二つのみ代表として述べています。

대화를 만들어 볼까요?

Track 035

Tip
마트 マート
장을 보다 買い物をする
기름값 ガソリン代
담배를 끊다 タバコをやめる

1 가 마트에 가시나 봐요.
나 네, 손님이 오고 해서 장을 보러 가요.

마트에 가다	손님이 오다 / 장을 보러 가다
요즘은 운전을 안 하다	기름값이 오르다 / 요즘 운전을 안 하다
담배를 끊었다	몸에 안 좋다 / 담배를 끊었다

Tip
동아리 サークル
MT 合宿
시골 田舎

2 가 이번 동아리 MT에 못 간다면서요?
나 아르바이트도 하고 공부도 해야 하고 해서 못 가요.

이번 동아리 MT에 못 가다	아르바이트도 하다 / 공부도 해야 하다 / 못 가다
시골로 이사를 가다	조용하다 / 공기도 좋다 / 이사를 가다
요즘 헬스클럽에 다니다	건강도 안 좋다 / 살도 찌다 / 다니다

연습해 볼까요?

다음 사람들이 그것을 하는 이유들 중 한 개나 두 개를 골라 대화를 완성하세요.

(1)

가 카일리 씨는 차를 자주 드시는 것 같아요

나 네, 향이 좋고 해서 자주 마셔요.

몸에도 좋고 기분도 좋아지고 해서 자주 마셔요.

(2)

가 자야 씨는 어디에서 쇼핑을 하세요?

나 저는 ______________________

동대문시장에 자주 가요.

(3)

가 양강 씨는 점심에 무엇을 드셨어요?

나 ______________________

김밥을 먹었어요.

(4)

가 아키라 씨, 주말에 왜 동창회에 안 오셨어요?

나 ______________________

동창회에 안 갔어요.

(5)

가 은혜 씨, 왜 이사를 하려고 하세요?

나 ______________________

이사를 하려고 해요.

(6)

가 웨이밍 씨, 지난번에 만난 남자와 사귀려고 하세요?

나 네, 그 남자가 ______________________

사귀려고 해요.

07 –(으)ㄹ까 봐

Track 036

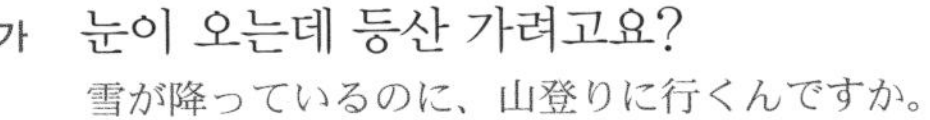

가 눈이 오는데 등산 가려고요?
雪が降っているのに、山登りに行くんですか。

나 아니요, 눈 때문에 길이 미끄러울까 봐 등산화를 신고 나가려고요.
いいえ。雪のせいで道がすべるかもしれないので、登山靴を履いて出かけるんです。

가 마크 씨, 시험 잘 봤어요?
マークさん、試験、調子よかったですか。

나 아니요, 너무 못 봤어요. 시험에 떨어질까 봐 걱정이에요.
いいえ。全然ダメでした。試験に落ちるんじゃないかと心配です。

문법을 알아볼까요?

이 표현은 선행절의 상황, 행동이나 일이 혹시 일어났거나 일어날 수도 있다는 두려움 혹은 걱정 때문에 후행절의 행동을 했거나 하고 있다는 것을 나타냅니다. '–(으)ㄹ까 봐'의 '보다'는 '예측하다, 생각하다'를 의미합니다. '–(으)ㄹ까 봐서'로도 사용할 수 있습니다.

この表現は、先行節の状況・行動などが起こる、または起こり得るという怖れや心配のために、後続節の行動をした、またはしているということを表します。–(으)ㄹ까 봐の보다は예측하다や생각하다を意味します。–(으)ㄹ까 봐서の形でも使うことができます。

–(으)ㄹ까 봐				
A/V	과거	–았/었을까 봐	부족하다 사다	부족했을까 봐 샀을까 봐
	현재	–(으)ㄹ까 봐	작다 가다	작을까 봐 갈까 봐
N이다	과거	였을까 봐 이었을까 봐	친구이다 애인이다	친구였을까 봐 애인이었을까 봐
	현재	일까 봐	친구이다 애인이다	친구일까 봐 애인일까 봐

가 어제 주영 씨가 준 옷을 입어 봤는데 아주 잘 맞아요.
昨日チュヨンさんがくれた服を着てみたんですが、ぴったりです。

나 옷이 좀 작을까 봐 걱정했는데 잘 맞는다니 다행이네요.
服がちょっと小さいんじゃないかと心配したんですが、ぴったりでよかったです。

가 커피를 많이 드시네요.
コーヒーをたくさん召し上がるんですね。

나 네, 이따 회의 시간에 졸까 봐 마시는 거예요. 졸면 안 되잖아요.
はい。あとで会議の時間に居眠りするんじゃないかと思って、飲んでるんです。居眠りしたらいけないじゃないですか。

가 여보세요? 엄마, 대구에 가는 기차를 잘 탔어요.
もしもし。お母さん、大邱行きの汽車に乗ったよ。

나 그래? 다행이다. 길이 막혀서 네가 기차를 놓쳤을까 봐서 걱정했거든.
そう? よかった。道が混んでるから、あなたが汽車に乗り遅れるんじゃないかと心配してたの。

더 알아볼까요?

'-(으)ㄹ까 봐'는 선행절에 대한 걱정 때문에 어떤 일을 했거나 어떤 일을 하고 있다는 말을 써야 합니다. 미래에 대한 계획을 쓰면 맞지 않습니다.
-(으)ㄹ까 봐は、先行節に対する心配のために、あることをした、またはしているということを言わなければなりません。未来に対する計画に使うと不自然になります。

- 시험이 어려울까 봐 열심히 공부할 거예요. (×)
  → 시험이 어려울까 봐 열심히 공부했어요. (○)
  → 시험이 어려울까 봐 열심히 공부하고 있어요. (○)

대화를 만들어 볼까요?

Track 037

1 가 주말에 여행 가신다면서요?

나 네, 그런데 주말에 날씨가 나쁠까 봐 걱정이에요.

표가 다 팔리다
チケットが売り切れる

주말에 여행 가다	주말에 날씨가 나쁘다
레베카 씨가 한국 회사에 취직했다	한국 회사에 적응을 못 하다
콘서트 표를 살 거다	표가 다 팔렸다

2 가 수첩에 항상 메모하시네요.

나 네, 중요한 일을 잊어버릴까 봐 수첩에 항상 메모해요.

Tip

수첩에 메모하다 手帳にメモする
표를 구하다 チケットを求める
기름지다 油っこい

수첩에 항상 메모하다	중요한 일을 잊어버리다
비행기 표를 일찍 예매했다	휴가철이라 표를 못 구하다
기름진 음식을 안 먹다	살이 찌다

연습해 볼까요?

1 관계있는 것을 연결하고 '-(으)ㄹ까 봐'를 사용해서 문장을 만드세요.

(1) 아기가 깰 수 있어요.	ⓐ 공포 영화를 안 봐요.
(2) 길이 막힐 수 있어요.	ⓑ 작은 목소리로 말해요.
(3) 밤에 잠을 못 잘 수 있어요.	ⓒ 지하철을 탔어요.
(4) 다리가 아플 수 있어요.	ⓓ 휴대 전화를 꺼 놓았어요.
(5) 수업에 방해가 될 수 있어요.	ⓔ 운동화를 신었어요.

(1) ⓑ - 아기가 깰까 봐 작은 목소리로 말해요.

(2) ______________________________

(3) ______________________________

(4) ______________________________

(5) ______________________________

2 '-(으)ㄹ까 봐'를 사용해서 다음 대화를 완성하세요.

(1) 가 무슨 걱정 있으세요? (말하다)
나 제가 소영 씨한테 비밀을 하나 말했거든요. 소영 씨가 다른 사람에게 말할까 봐 걱정이 돼서요.

(2) 가 여보세요? 진수 씨, 무슨 일로 전화하셨어요? (약속을 잊어버렸다)
나 내일 약속 기억하시죠? ______________ 전화했어요.

(3) 가 날씨가 좋은데 우산을 가지고 왔네요? (갑자기 비가 오다)
나 요즘 장마철이잖아요. ______________ 우산을 가지고 왔어요.

(4) 가 아이가 잘 안 먹네요. (몸이 약해지다)
나 그래서 ______________ 걱정이에요.

(5) 가 알람 시계가 3개나 있네요. (알람 소리를 못 듣다)
나 잠을 깊이 자는 편이라 ______________ 알람 시계를 여러 개 맞춰 놓고 자요.

4장 확인해 볼까요?

〔1~2〕 다음 밑줄 친 부분과 바꿔 쓸 수 있는 것을 고르세요.

1 태풍 탓에 비행기가 연착되었다.

① 태풍 때문에 ② 태풍이 올 텐데
③ 태풍이 오고 해서 ④ 태풍이 오기는 하지만

2 가 도서관에 가세요?
나 네, 다음 주에 시험이 있거든요.

① 시험이 있어서요 ② 시험이 있을 텐데요
③ 시험이 있을까 봐서요 ④ 시험이 있을지도 몰라서

〔3~4〕 다음 중 밑줄 친 곳에 맞는 대답을 고르세요.

3 가 아이들 옷을 많이 사셨네요.
나 ______________________ 많이 샀어요.

① 백화점이 쌀까 봐서 ② 백화점이 세일하고 해서
③ 백화점이 세일하는 반면에 ④ 백화점이 세일할지도 몰라서

4 가 점심을 좀 전에 먹었는데 왜 빵을 사려고 해요?
나 이따가 회의가 있잖아요. 회의가 길어지면 ______________ 사려고요.

① 배가 고플까 봐 ② 배가 고프느라고
③ 배가 고프고 해서 ④ 배가 고파 가지고

〔5~6〕 다음 중 맞는 문장을 찾으세요.

5 ① 영화를 보느라고 늦게 만납시다.
② 휴대 전화가 중고인 탓에 통화가 자주 끊겨요.
③ 그 배우가 왜 인기가 많냐고요? 잘생겼잖아요.
④ 배탈이 나는 바람에 밥을 못 먹었을 것 같아요.

6 ① 늦게 일어나느라고 학교에 지각했어요.
② 열심히 공부한 탓에 장학금을 받았어요.
③ 날씨가 추울까 봐 따뜻한 옷을 입는 게 어때요?
④ 자동차가 갑자기 고장 나는 바람에 모임에 못 갔어요.

5장

다른 사람의 말이나 글을 인용할 때

引用の表現

본 장에서는 다른 사람의 말이나 글을 인용할 때 사용하는 표현을 배웁니다. 초급 단계에서는 직접 인용문과 간접 인용문을 배웠는데 중급에서는 간접 인용문을 활용한 다양한 표현들을 배우게 됩니다. 이러한 인용 표현은 한국말에서 아주 많이 사용되는 것들이기 때문에 꼭 기억해 두었다가 사용하기 바랍니다.

この章では、ほかの人のことばや文を引用するときに使う表現を学びます。初級段階では直接引用文と間接引用文を学びましたが、中級では間接引用文を活用した多様な表現を学びます。このような引用表現は韓国語で非常に多く使われるものなので、必ず覚えて使ってください。

01 -다고요?

02 -다고 하던데

03 -다면서요?

04 -다니요?

01 −다고요?

Track 038

가　어, 밖에 비가 오네요.
　　お、外は雨ですね。

나　비가 온다고요? 스키 타러 가려고 했는데 못 가겠네요.
　　雨ですって? スキーしに行こうと思っていたのに、行けそうにないですね。

가　수업 끝나고 샤이닝에서 만나요.
　　授業終わってからシャイニングで会いましょう。

나　어디에서 만나자고요?
　　どこで会いましょうって?

가　'샤이닝'이요. 학교 앞에 있는 커피숍이에요.
　　「シャイニング」です。学校の前にあるコーヒーショップです。

문법을 알아볼까요?

이 표현은 상대방이 한 말을 다시 물어볼 때 사용합니다. 상대방이 방금 한 말을 잘 못 들었거나 들은 내용이 믿기 힘들어 확인하려고 할 때 사용하는 것으로, 상대방의 말을 다시 말하면서 물어보는 것입니다. 따라서 이 표현은 상대방이 한 말의 문장 종류에 따라 달라지며 형태는 간접 인용문에 '요'를 붙이면 됩니다.

この表現は、相手が言ったことばを問い返すときに使います。相手がいま言ったことばを聞き間違えたり、聞いた内容が信じがたくて確認しようとしたりするときに使うもので、相手のことばを再び繰り返しつつ尋ねるものです。したがって、この表現は、相手が言ったことばの文の種類によって異なり、形は間接引用文に요を付けます。

(1) 상대방이 평서문으로 말했을 때　相手が平叙文で話したとき

A/V	과거	−았/었다고요?	싸다 먹다	쌌다고요? 먹었다고요?
	미래 / 추측	−(으)ㄹ 거라고요?	싸다 먹다	쌀 거라고요? 먹을 거라고요?
A	현재	−다고요?	싸다 작다	싸다고요? 작다고요?
V	현재	−(느)ㄴ다고요?	가다 먹다	간다고요? 먹는다고요?

N이다	과거	였다고요? 이었다고요?	의사이다 학생이다	의사였다고요? 학생이었다고요?
	현재	라고요? 이라고요?	의사이다 학생이다	의사라고요? 학생이라고요?
	추측	일 거라고요?	의사이다 학생이다	의사일 거라고요? 학생일 거라고요?

(2) 상대방이 의문문으로 말했을 때 相手が疑問文で話したとき

A/V	과거	–았/었냐고요?	춥다 먹다	추웠냐고요? 먹었냐고요?
	미래 / 추측	–(으)ㄹ 거냐고요?	춥다 먹다	추울 거냐고요? 먹을 거냐고요?
A	현재	–냐고요?, –으냐고요?	춥다 작다	춥냐고요?, 추우냐고요? 작냐고요?, 작으냐고요?
V	현재	–냐고요?, –느냐고요?	가다 먹다	가냐고요?, 가느냐고요? 먹냐고요?, 먹느냐고요?
N이다	과거	였냐고요? 이었냐고요?	의사이다 학생이다	의사였냐고요? 학생이었냐고요?
	현재	냐고요? 이냐고요?	의사이다 학생이다	의사냐고요? 학생이냐고요?

★ 형용사 현재형의 경우 '–냐고요?'와 '–으냐고요?' 모두가 가능하며, 동사의 현재형은 '–냐고요?'와 '–느냐고요?' 모두가 가능합니다.
形容詞の現在形の場合–**냐고요?**と–**으냐고요?**のどちらも可能であり、動詞の現在形の場合–**냐고요**と–**느냐고요?**のどちらも可能です。

(3) 상대방이 청유문으로 말했을 때 相手が勧誘文で話したとき

V	긍정	–자고요?	가다	가자고요? 먹자고요?
	부정	–지 말자고요?	먹다	가지 말자고요? 먹지 말자고요?

(4) 상대방이 명령문으로 말했을 때 相手が命令文で話したとき

V	긍정	–(으)라고요?	가다 먹다	가라고요? 먹으라고요?
	부정	–지 말라고요?	가다 먹다	가지 말라고요? 먹지 말라고요?

가 알리 씨, 하루카 씨가 왔어요. アリさん、春香さんが来ました。
나 누가 **왔다고요?** 誰が来たですって?
가 하루카 씨요. 春香さんです。

가 오늘까지 보고서를 완성하도록 하세요. 今日までに報告書を完成するようにしてください。

나 오늘까지 완성하라고요? 어제는 수요일까지 하라고 하셨잖아요?
今日までに完成しろですって? 昨日は、水曜日までっておっしゃったじゃないですか。

가 왜 수영 씨를 사랑해요? どうしてスヨンさんを愛してるんですか。

나 왜 사랑하냐고요? 글쎄요, 설명하기 힘든데요.
どうして愛してるかですって? さあ、説明するのは難しいです。

더 알아볼까요?

1 제안할 때 사용하는 '-(으)ㄹ까요?'의 경우는 청유문과 같은 형태로 사용하면 됩니다.
提案するときに使う-(으)ㄹ까요?の場合は、勧誘文と同じ形で使います。

가 우리 오늘 인사동에 갈까요? 今日、仁寺洞に行きましょうか。
나 인사동에 가자고요? 仁寺洞に行こうですって?

2 이 표현은 말하는 사람이 이미 말한 것을 확인시키거나 강조할 때 사용하기도 합니다. 이때는 질문 형태가 아니라 평서문 형태로 말합니다.
この表現は、話し手がすでに言ったことを確認したり強調したりするときに使うこともあります。この場合は、質問の形ではなく平叙文の形で言います。

가 회사를 그만두었어요. 会社を辞めました。
나 뭐라고요? 何ですって?
가 회사를 그만두었다고요. 会社を辞めたんです。

대화를 만들어 볼까요?

Track 039

1 가 회의가 있으니까 3시까지 세미나실로 오세요.
나 어디로 오라고요?
가 세미나실이요.

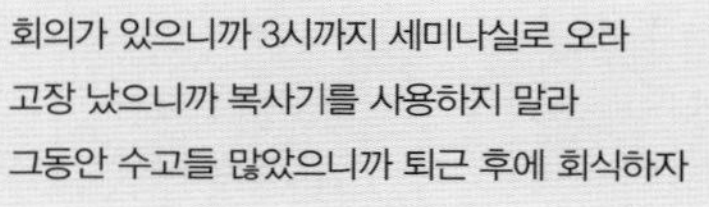

회의가 있으니까 3시까지 세미나실로 오라	어디 / 오라
고장 났으니까 복사기를 사용하지 말라	무엇 / 사용하지 말라
그동안 수고들 많았으니까 퇴근 후에 회식하자	언제 / 회식하자

2 가 매일 아침 5시에 일어나서 운동을 해요.
나 매일 아침 5시에 일어나서 운동을 한다고요? 정말 부지런하시네요.

매일 아침 5시에 일어나서 운동을 하다	정말 부지런하시다
아랍어를 배운 지 3년이 되었다	아랍어를 잘하시겠다
내년에 대학원에서 박사 공부를 할 거다	내년에는 바쁘시겠다

연습해 볼까요?

'-다고요?'를 사용해서 다음 대화를 완성하세요.

(1) 가 빌려 준 책을 다 읽었어요.

나 책을 벌써 다 읽었다고요? 책을 정말 빨리 읽는군요.

(2) 가 세주 씨 졸업식이 이번 주 금요일이에요.

나 졸업식이 ______________________? 몰랐어요.

(3) 가 이제 저한테 더 이상 연락하지 마세요.

나 더 이상 ______________________? 갑자기 왜 그러세요?

(4) 가 날씨가 추우니까 따뜻한 음식이 먹고 싶어요.

나 따뜻한 음식이 ______________________? 그럼 칼국수를 먹을까요?

(5) 가 요즘 볼만한 영화 좀 추천해 주세요.

나 영화를 ______________________? 글쎄요. 저도 요즘 영화를 안 봐서요.

(6) 가 여보, 아이들 결혼하면 시골에서 살까요?

나 아이들 결혼하면 시골에서 ______________________? 도시가 싫어졌어요?

(7) 가 태연 씨가 안 올 것 같은데 우리 그냥 가요.

나 그냥 ______________________? 10분만 더 기다려 보면 어때요?

(8) 가 상품 발표회가 몇 시에 시작하지요?

나 상품 발표회가 몇 시에 ______________________? 오늘이 아니라 다음 주 화요일이잖아요.

(9) 가 무슨 일 있어요? 피곤해 보여요.

나 ______________________? 어제 잠을 못 자서 그런가 봐요.

(10) 가 민재 씨, 윤주 씨랑 친구지요? 윤주 씨를 저한테 소개해 주세요.

나 윤주 씨를 ______________________? 윤주 씨한테 관심 있어요?

02 –다고 하던데

Track 040

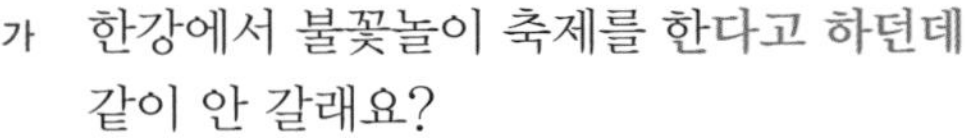

가 한강에서 불꽃놀이 축제를 한다고 하던데 같이 안 갈래요?
漢江で花火祭りをするそうですけど、一緒に行きませんか。

나 네, 좋아요. 정말 멋지겠네요. 같이 가요.
ええ、いいですよ。本当に素敵でしょうね。一緒に行きましょう。

가 전자사전을 사려고 하는데 어디에 가면 좋을까요?
電子辞書を買おうと思ってるんですけど、どこに行ったらいいでしょうか。

나 친구들이 전자 제품을 싸게 사려면 용산에 가라고 **하던데** 거기에 가 보세요.
電化製品を安く買いたかったら龍山に行くようにって、みんなが言ってましたので、そこに行ってみてください。

문법을 알아볼까요?

이 표현은 인용문의 '–는다고 하다'에 회상을 나타내는 '–던데'가 붙은 말로, 다른 사람에게서 이전에 들은 이야기나 정보를 회상하며 확인할 때 사용합니다. 따라서 이 표현 역시 이전에 들은 문장의 종류에 따라 형태가 달라집니다. 후행절에는 말하는 사람의 의견이나 질문, 조언, 권유하는 말 등이 옵니다.

この表現は、引用文の–는다고 하다に、回想を表す–던데が付いた表現で、ほかの人から以前に聞いた話や情報を回想し、確認するときに使います。したがって、この表現も、以前に聞いた文の種類によって形が変わります。後続節には話し手の意見や質問、助言、勧誘することば等が来ます。

(1) 이전에 들은 문장이 평서문일 때
以前に聞いた文が平叙文のとき

A/V	과거	–았/었다고 하던데	싸다 먹다	쌌다고 하던데 먹었다고 하던데
	미래 / 추측	–(으)ㄹ 거라고 하던데	싸다 먹다	쌀 거라고 하던데 먹을 거라고 하던데

A	현재	–다고 하던데	싸다 작다	싸다고 하던데 작다고 하던데
V	현재	–(느)ㄴ다고 하던데	가다 먹다	간다고 하던데 먹는다고 하던데
N이다	과거	였다고 하던데 이었다고 하던데	의사이다 학생이다	의사였다고 하던데 학생이었다고 하던데
	현재	라고 하던데 이라고 하던데	의사이다 학생이다	의사라고 하던데 학생이라고 하던데
	추측	일 거라고 하던데	의사이다 학생이다	의사일 거라고 하던데 학생일 거라고 하던데

(2) 이전에 들은 문장이 의문문일 때

以前に聞いた文が疑問文のとき

A/V	과거	–았/었냐고 하던데	춥다 먹다	추웠냐고 하던데 먹었냐고 하던데
	미래 / 추측	–(으)ㄹ 거냐고 하던데	춥다 먹다	추울 거냐고 하던데 먹을 거냐고 하던데
A	현재	–냐고 하던데, –으냐고 하던데	춥다 작다	춥냐고 하던데, 추우냐고 하던데 작냐고 하던데, 작으냐고 하던데
V	현재	–냐고 하던데, –느냐고 하던데	가다 먹다	가냐고 하던데, 가느냐고 하던데 먹냐고 하던데, 먹느냐고 하던데
N이다	과거	였냐고 하던데 이었냐고 하던데	의사이다 학생이다	의사였냐고 하던데 학생이었냐고 하던데
	현재	냐고 하던데 이냐고 하던데	의사이다 학생이다	의사냐고 하던데 학생이냐고 하던데

★ 형용사 현재형의 경우 '–냐고 하던데'와 '–으냐고 하던데' 모두 가능하며, 동사의 현재형은 '–냐고 하던데'와 '–느냐고 하던데' 모두 가능합니다.
形容詞の現在形の場合–냐고 하던데と–으냐고 하던데のどちらも可能であり、動詞の現在形の場合–냐고 하던데と–느냐고 하던데のどちらも可能です。

(3) 이전에 들은 문장이 청유문일 때

以前に聞いた文が勧誘文のとき

V	긍정	–자고 하던데	가다 먹다	가자고 하던데 먹자고 하던데
	부정	–지 말자고 하던데	가다 먹다	가지 말자고 하던데 먹지 말자고 하던데

(4) 이전에 들은 문장이 명령문일 때

以前に聞いた文が命令文のとき

V	긍정	−(으)라고 하던데	가다 먹다	가라고 하던데 먹으라고 하던데
	부정	−지 말라고 하던데	가다 먹다	가지 말라고 하던데 먹지 말라고 하던데

가 요즘 머리가 빠져서 걱정이에요.
最近、髪の毛が抜けて心配です。

나 검은콩이 탈모에 **좋다고 하던데** 검은콩을 좀 먹어 보세요.
黒豆が脱毛にいいそうなので、黒豆を食べてみてください。

가 오늘 점심은 어디에서 먹을까요?
今日、昼ごはんはどこで食べましょうか。

나 회사 앞에 인도 식당이 새로 **생겼다고 하던데** 거기에 한번 가 봅시다.
会社の前にインド食堂が新しくできたそうなので、そこに一度行ってみましょう。

가 제니 씨가 자기 생일 파티에 **오라고 하던데** 갈 거예요?
ジェニーさんが自分の誕生日パーティーに来るようにって言ってましたけど、行くんですか。

나 제니 씨 생일인데 당연히 가야지요.
ジェニーさんの誕生日ですから当然行きますよ。

더 알아볼까요?

1 이 표현은 '−고 하−'를 줄여서 말을 할 수도 있습니다.
この表現は、−고 하−を縮約して言うこともできます。

- 내일 추워진다고 하던데 아이들이 감기에 걸릴까 봐 걱정이에요.
  = 내일부터 추워진다던데 아이들이 감기에 걸릴까 봐 걱정이에요.
  明日から寒くなるって言ってたけど、子どもたちが風邪をひかないか心配です。

- 친구가 홍대 앞에 가자고 하던데 동희 씨는 가 본 적이 있어요?
  = 친구가 홍대 앞에 가자던데 동희 씨는 가 본 적이 있어요?
  友だちが弘大前に行こうって言ってたんですが、トンヒさんは行ったことがありますか。

2 이 표현은 문장 뒤에도 올 수 있습니다. 이때는 상대방의 의견에 반대되는 것을 말하거나 듣는 사람의 반응을 기대하면서 이전에 들은 내용을 회상해서 말하는 것입니다.
この表現は、文末にも来ることがあります。この場合、相手の意見と反対のことを言ったり、聞き手の反応を期待しつつ以前に聞いた内容を回想して言ったりするものです。

가 수정 씨한테도 같이 연극 보자고 할까요?
スジョンさんにも一緒に演劇を見ようって言いましょうか。
나 수정 씨는 요즘 바쁘다고 하던데요.
スジョンさんは最近、忙しいそうですよ。

가 마크 씨가 지금 어디에 있는지 아세요?
マークさんがいまどこにいるか、ご存知ですか。
나 아까 헬스클럽에 간다고 하던데요.
さっき、ジムに行くって言ってましたよ。

대화를 만들어 볼까요?

Track 041

1 가 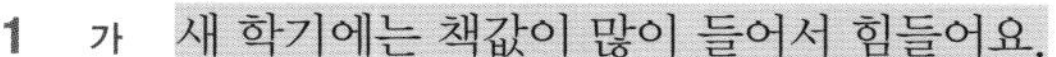
새 학기에는 책값이 많이 들어서 힘들어요.

나 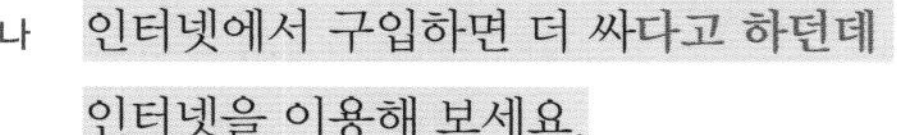
인터넷에서 구입하면 더 싸다고 하던데
인터넷을 이용해 보세요.

Tip
나이가 들어 보이다
老けて見える

새 학기에는 책값이 많이 들어서 힘들다	인터넷에서 구입하면 더 싸다 / 인터넷을 이용하다
요즘 잠을 깊이 못 자서 피곤하다	잠을 잘 자려면 자기 전에 우유를 마셔라 / 우유를 한번 마셔 보다
요즘 나이가 들어 보인다는 말을 많이 들어서 속상하다	머리 모양만 바꿔도 어려 보이다 / 머리 모양을 한번 바꾸다

2 가 여보, 주말에 아이들과 어디 놀러 갈까?
나 주말에 형님네가 우리 집에 온다고 하던데요.

주말에 아이들과 어디 놀러 가다	주말에 형님네가 우리 집에 온다
오늘 저녁에 어디에서 외식하다	아이들이 며칠 전부터 불고기 먹으러 가자
우리 오랜만에 외출했으니까 좀 더 있다가 집에 들어가다	아이들이 전화해서 언제 집에 들어오냐

연습해 볼까요?

다음 그림을 보고 '-다고 하던데'를 사용해서 대화를 완성하세요.

	며칠 전	오늘
(1)	한국어능력시험이 언제예요? 마크	수진 마크 씨가 <u>한국어능력시험이 언제냐고 하던데</u> 혹시 알아요? 동하 다음 달 15일이에요.
(2)	베트남의 하롱베이가 아주 아름다워요. 웨이밍	유코 리나 씨, 우리 방학에 어디로 여행 갈까요? 리나 웨이밍 씨가 ______________________ ______________________ 거기에 갈까요?
(3)	동아리 신청하려면 학생회관 3층으로 오세요. 자야	제시 자야 씨가 동아리 신청하려면 ______________ ______________ 학생회관이 어디에 있어요? 태야 도서관 건물 맞은편에 있어요.
(4)	경주에 같이 놀러 갑시다. 양강	조셉 양강 씨가 ______________________ 지에 씨도 같이 갈래요? 지에 저는 요즘 일이 많아서 못 갈 것 같아요.
(5)	놀이공원에 가고 싶어요. 준수 수아	아내 여보, 준수랑 수아가 ______________ ______________ 주말에 시간 있어요? 남편 네, 있어요. 주말에 아이들이랑 놀이공원에 같이 갑시다.
(6)	덕수궁은 월요일에 쉬어요. 호영	선희 데니 씨, 내일 덕수궁에 같이 갈까요? 데니 내일이 월요일이잖아요? 호영 씨가 덕수궁은 ______________________ 화요일에 가죠.
(7)	제 이상형이 은혜 씨예요. 아키라	희연 은혜 씨, 아키라 씨가 ______________ ______________ 혹시 만나 볼 마음 있어요? 은혜 아키라 씨가 진짜 그랬어요? 저도 사실은 옛날부터 아키라 씨한테 관심이 있었어요.

–다면서요?

Track 042

가 자야 씨, 남자 친구랑 헤어**졌다면서요?**
ジャヤさん、ボーイフレンドと別れたそうですね。

나 네, 그런데 어떻게 알았어요?
はい。でも、どうしてわかったんですか。

가 마크 씨한테서 들었어요.
マークさんから聞きました。

가 지난 주말에 설악산에 갔다 왔어요.
先週末に雪嶽山に行って来ました。

나 요즘 설악산이 정말 아름답**다면서요?**
最近、雪嶽山が本当にきれいだそうですね。

가 네, 정말 아름답더라고요.
はい。本当にきれいでしたよ。

문법을 알아볼까요?

이 표현은 말하는 사람이 제3자에게서 이전에 듣거나 이미 알고 있는 내용을 상대방에게 확인할 때 사용합니다. 친한 사람에게는 '다며?'로도 말할 수 있습니다.

この表現は、話し手が第三者から以前に聞いた内容や、すでに知っている内容を、相手に確認するときに使います。親しい人には다며?と言うこともできます。

–다면서요?				
A/V	과거	–았/었다면서요?	춥다 먹다	추웠다면서요? 먹었다면서요?
	미래 / 추측	–(으)ㄹ 거라면서요?	춥다 먹다	추울 거라면서요? 먹을 거라면서요?
A	현재	–다면서요?	춥다 많다	춥다면서요? 많다면서요?
V		–(느)ㄴ다면서요?	가다 먹다	간다면서요? 먹는다면서요?

N이다	과거	였다면서요? 이었다면서요?	파티이다 생일이다	파티였다면서요? 생일이었다면서요?
	현재	(이)라면서요?	파티이다 생일이다	파티라면서요? 생일이라면서요?

가 혜선 씨, 남자 친구가 키가 **크다면서요?** ヘソンさん、ボーイフレンドが背が高いそうですね。
나 네, 그런데 어떻게 아셨어요? はい。でも、どうしてご存知なんですか。
가 토미 씨한테 들었어요. トミーさんに聞きました。

가 태영 씨가 보너스 **받았다며?** テヨンさんがボーナスもらったらしいね。
나 응, 그렇대. 회사에서 일을 열심히 했나 봐.
うん、そうらしいよ。会社で仕事を一生懸命したんだろうね。

가 수지 씨가 **변호사라면서요?** スジさんは弁護士だそうですね。
나 그래요? 저는 수지 씨가 주부인 줄 알았어요.
そうなんですか。私はスジさんが主婦だと思っていました。

더 알아볼까요?

이 표현은 말하는 사람이 직접 보거나 경험한 것에 대해서는 사용하지 않으며, 상대방이 한 말을 반복할 때도 사용하지 않습니다.
この表現は、話し手が直接見たり経験したりしたことについては使わず、相手が言ったことを繰り返すときも使いません。

은혜 아키라 씨가 기타를 잘 쳐요. (○)
아키라 씨가 기타를 잘 친다면서요? (×)

: 은혜는 아키라가 기타를 치고 있는 것을 봤기 때문에 '–(으)ㄴ/는다면서요?'를 사용할 수 없습니다.
ウネは明がギターを弾いているのを見たので–(으)ㄴ/는다면서요?を使うことができません。

마크 저 합격했어요.
카일리 마크 씨, 합격했다고요? (○)
마크 씨, 합격했다면서요? (×)

: 마크한테 직접 들은 이야기를 마크한테 다시 물어볼 때는 '–다고요?'를 사용합니다.
マークに直接聞いた話をマークに問い返すときには–다고요?を使います。

대화를 만들어 볼까요?

Track 043

1 가 수현 씨가 결혼한다는 소식 들었어요?
나 네, 들었어요. 신혼여행은 인도네시아 발리로 간다면서요?
가 네, 그렇대요.

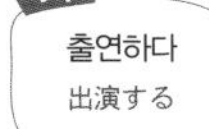
Tip
출연하다
出演する

결혼하다	신혼여행은 인도네시아 발리로 가다
유학 가다	4년 장학금을 받게 되었다
미국 드라마에 출연할 거다	그 드라마가 인기가 아주 많다

2 가 어제 동현 씨 집들이에 다녀왔어요.
나 리사 씨가 그러는데 동현 씨 집이 그렇게 좋다면서요?
가 네, 그렇더라고요.

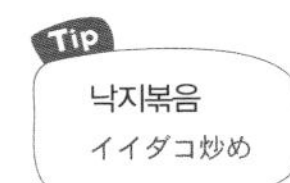
Tip
낙지볶음
イイダコ炒め

동현 씨 집들이에 다녀오다	동현 씨 집이 그렇게 좋다
'과속 스캔들'이라는 영화를 보다	그 영화가 그렇게 웃기다
광화문에서 낙지볶음을 먹다	낙지볶음이 그렇게 맵다

연습해 볼까요?

1 '-다면서요?'를 사용해서 다음 대화를 완성하세요.

(1) 가 한국에서는 여름에 비가 많이 온다면서요?
나 네, 장마가 있어서 비가 많이 와요.

(2) 가 지난주에 ____________________?
나 네, 다음에 강원도에 또 가고 싶어요.

(3) 가 한국 남자들은 모두 ____________________?
나 네, 우리 오빠도 군대에 갔다 왔어요.

(4) 가 진호 씨, 전화번호가 ____________________?
나 네, 바뀌었어요. 바뀐 번호를 가르쳐 드릴까요?

2 다음 그림을 보고 '-다면서요?'를 사용해서 대화를 완성하세요.

(1) 지난 1월 4일 서울 지방에 많은 눈이 <u>내렸습니다</u>. (2) 내린 눈의 양은 <u>41cm로 41년 만에 가장 많이 내린 것입니다</u>. (3) 갑작스럽게 내린 폭설로 출근길 시민들이 <u>큰 불편을 겪고 있습니다</u>. 추운 날씨로 내린 눈이 얼어서 교통사고가 많이 발생해 길도 많이 막히고 있습니다. (4) 한 시민은 <u>40분이면 충분히 갈 수 있는 길을 3시간이 넘게 걸렸다면서</u> 출근길의 고통을 전했습니다. (5) 기상청은 앞으로 10~20mm의 <u>눈이 더 내릴 것으로 예상하고 있습니다</u>.

양강 은혜 씨, 어제 서울에 눈이 많이 (1) <u>내렸다면서요</u>?

은혜 네, 정말 많이 오더라고요. 눈이 41cm나 내렸어요.

양강 41년 만에 (2)____________________?

은혜 네, 그렇대요.

양강 눈이 많이 와서 출근하는 사람들이 (3)____________________?

은혜 길도 미끄러워서 교통사고가 많이 났거든요.

양강 뉴스를 보니까 40분이면 갈 수 있는 거리를 3시간이 넘게 (4)____________________?

은혜 네, 저도 길이 많이 막혀서 힘들었어요.

양강 그런데 앞으로 눈이 (5)____________________?

은혜 네, 그래서 걱정이에요.

04 -다니요?

Track 044

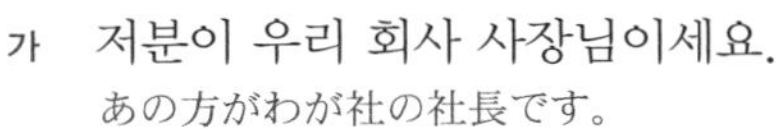

가 저분이 우리 회사 사장님이세요.
あの方がわが社の社長です。

나 저분이 사장님이시라니요?
택배 아저씨 아니었어요?
あの方が社長ですって? 宅配のおじさんじゃなかったんですか。

가 아키라 씨, 늦었는데 이제 가요.
明さん、もう遅いから、行きましょう。

나 벌써 가자니요? 이제 11시밖에 안 되었는데요.
もう行こうですって? まだ11時ですよ。

문법을 알아볼까요?

이 표현은 다른 사람의 말을 듣고 말하는 사람이 뜻밖의 일이라서 놀라거나 믿을 수 없을 때 혹은 감탄할 때 사용합니다. 상대방의 말을 다시 한번 말하면서 말하는 사람의 감정이나 느낌을 나타내는 것입니다. 따라서 상대방이 한 말의 문장 종류에 따라 형태가 달라집니다. 간접 인용문의 형태 뒤에 '-니요?'를 붙입니다.

この表現は、ほかの人のことばを聞いて話し手が意外さに驚いたとき、信じられないとき、あるいは感嘆するときに使います。相手のことばをもう繰り返しつつ、話し手の感情や感じたことを表します。したがって、相手が言ったことばの文の種類によって形が異なります。間接引用文の形の後ろに-니요?を付けます。

(1) 상대방이 평서문으로 말했을 때
相手が平叙文で話したとき

A/V	과거	-았/었다니요?	춥다 먹다	추웠다니요? 먹었다니요?
	미래 / 추측	-(으)ㄹ 거라니요?	춥다 먹다	추울 거라니요? 먹을 거라니요?
A	현재	-다니요?	춥다 많다	춥다니요? 많다니요?

V	현재	-(느)ㄴ다니요?	가다 먹다	간다니요? 먹는다니요?
N이다	과거	였다니요? 이었다니요?	파티이다 생일이다	파티였다니요? 생일이었다니요?
	현재	(이)라니요?	파티이다 생일이다	파티라니요? 생일이라니요?
	추측	일 거라니요?	의사이다 학생이다	의사일 거라니요? 학생일 거라니요?

(2) 상대방이 의문문으로 말했을 때

相手が疑問文で話したとき

A/V	과거	-았/었냐니요?	춥다 먹다	추웠냐니요? 먹었냐니요?
	미래 / 추측	-(으)ㄹ 거냐니요?	춥다 먹다	추울 거냐니요? 먹을 거냐니요?
A	현재	-냐니요?, -으냐니요?	싸다 춥다	싸냐니요? 춥냐니요?, 추우냐니요?
V	현재	-냐니요?, -느냐니요?	가다 먹다	가냐니요?, 가느냐니요? 먹냐니요?, 먹느냐니요?
N이다	현재	(이)냐니요?	의사이다 학생이다	의사냐니요? 학생이냐니요?
	과거	였냐니요? 이었냐니요?	의사이다 학생이다	의사였냐니요? 학생이었냐니요?

★ 형용사 현재형의 경우 '-냐니요?'와 '-으냐니요?' 모두가 가능하며, 동사의 현재형은 '-냐니요?'와 '-느냐니요?' 모두가 가능합니다.
形容詞の現在形の場合-냐니요?と-으냐니요?のどちらも可能であり、動詞の現在形の場合-냐니요?と-느냐니요?のどちらも可能です。

(3) 상대방이 청유문으로 말했을 때

相手が勧誘文で話したとき

V	긍정	-자니요?	가다 먹다	가자니요? 먹자니요?
	부정	-지 말자니요?	가다 먹다	가지 말자니요? 먹지 말자니요?

(4) 상대방이 명령문으로 말했을 때

相手が命令文で話したとき

V	긍정	-(으)라니요?	가다 먹다	가라니요? 먹으라니요?
	부정	-지 말라니요?	가다 먹다	가지 말라니요? 먹지 말라니요?

가 은혜 씨가 복권에 당첨되었대요.
ウネさんが宝くじに当たったそうです。

나 복권에 당첨되었다니요? 그게 사실이에요?
宝くじに当たったんですか。それは本当ですか。

가 중간시험이 언제인지 아세요?
中間試験がいつかご存知ですか。

나 언제인지 아냐니요? 내일인데 몰랐어요?
いつか知っているかですって? 明日なのに知らなかったんですか。

가 회사에 전기세가 많이 나오니까 오후 5시 이후에는 에어컨을 켜지 마세요.
会社の電気代がかかりすぎるので、午後5時以降はエアコンをつけないでください。

나 5시 이후에 에어컨을 켜지 말라니요? 저녁때도 얼마나 더운데요.
5時以降、エアコンをつけるなですって? 夕方もかなり暑いですよ。

더 알아볼까요?

1 평서문의 현재형과 과거형, 미래형은 모두 '-다니요?'로도 말할 수 있습니다.
平叙文の現在形・過去形・未来形はすべて-다니요?と言うこともできます。

가 저는 그 사람을 몰라요
나 그 사람을 모른다니요? 우리 과 친구잖아요.
= 그 사람을 모르다니요?

가 송주 씨가 병원에 입원했어요.
나 송주 씨가 병원에 입원했다니요? 갑자기 왜요?
= 송주 씨가 병원에 입원하다니요?

가 지난달에 용돈이 부족했어요.
나 지난달에 용돈이 부족했다니요? 어머니가 많이 주셨잖아요.
= 지난달에 용돈이 부족하다니요?

2 이 표현은 '–다니'의 형태로 쓰여 문장 중간에 올 수 있습니다.
この表現は、–다니の形で使われ、文の中間に来ることができます。

가 윤호 씨가 회사를 그만두었대요.
ユノさんが会社を辞めたんだそうです。

나 정말이요? 윤호 씨가 회사를 그만두었다니 믿을 수가 없어요. 우리 회사에서 오랫동안 일하고 싶다고 했었는데요.
本当ですか。ユノさんが会社を辞めたなんて信じられません。うちの会社で長く勤めたいって言っていたのに。

가 내일이면 새해네요.
明日には新年ですね。

나 벌써 새해라니 시간이 정말 빨리 가는 것 같아요.
もう新年だなんて、時間が経つのは本当に早いですね。

3 상대방에게서 들은 문장이 인용문인 경우도 그 인용문의 형태와 같은 문장 형식으로 '–다니요?'를 붙입니다.
相手から聞いた文が引用文である場合も、その引用文の形と同じ文の形で–다니요?を付けます。

가 민준 씨가 한국에 돌아온대요. (평서문)
ミンジュンさんが韓国に帰ってくるそうです。(平叙文)

나 벌써 돌아온다니요? 영국에 1년 정도 있겠다고 했잖아요. (평서문)
もう帰ってくるんですか。イギリスに1年くらいいるって言ってたじゃないですか。(平叙文)

가 부장님이 오늘 야근하래요. (명령문)
部長が今日夜勤するようにだそうです。(命令文)

나 오늘도 야근하라니요? 어제도 했는데 또 하래요? (명령문)
今日も夜勤しろですって? 昨日もしたのに、またしろって? (命令文)

대화를 만들어 볼까요?

Track 045

1 가 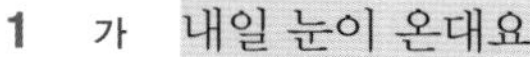 내일 눈이 온대요.

나  4월에 눈이 온다니요? 요즘 날씨가 정말 이상한데요.

내일 눈이 온다	4월에 눈이 온다 / 요즘 날씨가 정말 이상하다
그 배우가 결혼을 했다	결혼을 했다 / 지난주만 해도 방송에서 여자 친구가 없다고 했다
수진 씨가 그 콘서트를 보러 가자	그 콘서트를 보러 가자 / 표가 30만 원이 넘는다

2 가 주현 씨의 남자 친구가 유명한 연예인이라면서요?

나 연예인이라니요? 그냥 평범한 학생이던데요.

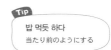

> **Tip**
> 밥 먹듯 하다
> 当たり前のようにする

주현 씨의 남자 친구가 유명한 연예인이다	연예인이다 / 그냥 평범한 학생이다
케빈 씨가 아주 성실하다	성실하다 / 지각과 결석을 밥 먹듯 하다
태민 씨가 여자 친구와 헤어졌다	여자 친구와 헤어졌다 / 어제도 만나서 같이 점심을 먹다

연습해 볼까요?

'-다니요?'를 사용해서 다음 대화를 완성하세요.

(1) 가 주영 씨, 언제 졸업해요?

나 <u>언제 졸업하냐니요</u>? 작년 제 졸업식에 오셨는데 기억 안 나세요?

(2) 가 손님, 그 제품을 사시려면 명동 매장에 가 보세요.

나 ____________________? 지금 명동 매장에서 왔는데요.

(3) 가 수경 씨를 사랑하는 것 같아요.

나 ____________________? 수경 씨는 결혼한 여자잖아요.

(4) 가 스트레스를 많이 받는데 오늘 밤에 같이 춤추러 가요.

나 ____________________? 내일이 시험인데 공부 안 할 거예요?

(5) 가 여기는 커피 한 잔이 20,000원이래요.

나 ____________________? 너무 비싸네요.

5장 확인해 볼까요?

〔1～2〕 다음 밑줄 친 부분과 바꿔 쓸 수 있는 것을 고르세요.

1

가 진수 씨 다음 주에 서울에 온다면서요?
나 네, 맞아요. 어떻게 알았어요?

① 온다니요 ② 온다고 하지 말라고요
③ 온다고 들었는데 맞아요 ④ 올지도 모른다는 게 사실이에요

2

가 요즘 살이 쪄서 스트레스 받아요.
나 채식을 하면 살이 빠진다고 하던데 채식을 한번 해 보세요.

① 살이 많이 빠지니까 ② 살이 빠진 경험이 있었는데
③ 살이 빠지는 게 확실하니까 ④ 살이 빠진다는 얘기를 들었는데

〔3～4〕 다음 중 밑줄 친 곳에 맞는 대답을 고르세요.

3

가 어젯밤에 눈이 왔네요.
나 ____________________? 오늘 등산 가려고 했는데 안 되겠어요.

① 눈이 왔다고요 ② 눈이 왔다면서요
③ 눈이 올 줄 알았어요 ④ 눈이 왔다고 하던데요

4

가 감기에 걸려서 힘들어요.
나 ____________________ 오렌지 주스를 많이 마셔 보세요.

① 비타민 C가 감기에 좋을까 봐서 ② 비타민 C가 감기에 좋다고 하던데
③ 비타민 C가 감기에 좋아 가지고 ④ 비타민 C가 감기에 좋기는 하지만

5 다음 밑줄 친 것 중 맞는 것을 찾으세요.

① 가 이 제품은 환불이 안 됩니다.
나 환불이 안 되다고요? 영수증이 있는데도 안 돼요?
② 가 퇴근하고 바다 보러 갈까요?
나 바다 보러 가자고요? 갑자기 왜요?
③ 가 내일 시험이 어려우다고 하던데 열심히 공부하세요.
나 네, 알겠어요.
④ 가 부장님, 내일 발표를 제가 꼭 해야 되나요?
나 꼭 해야 된다니요? 지난번에 동우 씨가 하기로 결정했었잖아요.

결심과 의도를 나타낼 때
決心と意図の表現

본 장에서는 말하는 사람의 결심과 의도를 표현하고 싶을 때 사용하는 표현에 대해서 배웁니다. 초급 단계에서는 의도를 나타내는 표현으로 '-(으)러 가다/오다', '-(으)려고', '-(으)려고 하다', '을/를 위해서', '-기 위해서', '-기로 하다'를 배웠습니다. 의미가 비슷비슷하므로 정확하게 익히시기 바랍니다.

この章では、話し手の決心と意図を表現したいときに使う表現について学びます。初級段階では意図を表す表現として-(으)러 가다/오다、-(으)려고、-(으)려고 하다、을/를 위해서と-기 위해서、-기로 하다を学びました。意味が似ているため正確に身につけてください。

01 -(으)ㄹ까 하다
02 -고자
03 -(으)려던 참이다
04 -(으)ㄹ 겸 -(으)ㄹ 겸
05 -아/어야지요

01 −(으)ㄹ까 하다

Track 046

가 아키라 씨, 주말에 뭐 할 거예요?
明さん、週末に何するんですか。

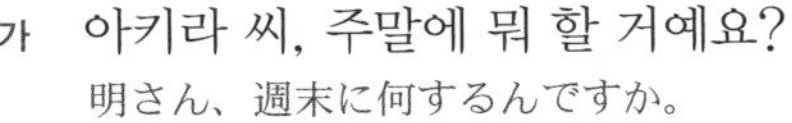

나 그동안 여유가 없어서 전혀 못 놀았는데 주말에는 컴퓨터 게임을 하면서 좀 **놀까 해요.**
近ごろ余裕がなくてまったく遊べなかったんだけど、週末にはコンピューターゲームをして遊ぼうかと思います。

가 저녁에 뭘 먹을 거예요?
夕食に何を食べるんですか。

나 친구들과 같이 삼겹살을 구워 **먹을까 해요.** 호영 씨도 같이 먹을래요?
友人たちと一緒にサムギョプサルを焼いて食べようかと思います。ホヨンさんも一緒に食べますか。

문법을 알아볼까요?

이 표현은 말하는 사람의 약한 의도를 표현하거나 막연한 계획이나 결정되지 않은 바뀔 수 있는 계획을 말할 때 사용합니다.
この表現は、話し手の弱い意図、漠然とした計画や未決定で変更可能な計画を話すときに使います。

−(으)ㄹ까 하다				
V	과거	−(으)ㄹ까 했다	가다 먹다	갈까 했다 먹을까 했다
	현재	−(으)ㄹ까 하다	가다 먹다	갈까 하다 먹을까 하다

- 다음 달부터 요가를 **배울까 해요.**
  来月からヨガを習おうかと思います。
- 오랜만에 찜질방에 **갈까 하는데** 같이 갈래요?
  久しぶりにサウナに行こうかと思うんですが、一緒に行きますか。
- 회사를 **옮길까 했는데** 월급이 올라서 그냥 다니기로 했어요.
  会社を移ろうかと思っていたんですが、月給が上がったのでそのまま勤めることにしました。

더 알아볼까요?

1 이 표현은 평서문만 가능하고 의문문이나 명령문, 청유문에는 사용할 수 없습니다. 또한 미래형으로 사용할 수 없습니다.

この表現は、平叙文のみが可能で、疑問文、命令文、勧誘文には使えません。また、未来形で使うことはできません。

- 다음 달부터 수영을 할까 해요? (×)　　다음 달부터 수영을 할까 하세요. (×)
  다음 달부터 수영을 할까 합시다. (×)　　다음 달부터 수영을 할까 할 거예요. (×)
  → 다음 달부터 수영을 할까 해요. (○)

2 이 표현을 부정형으로 사용할 때는 '안 -(으)ㄹ까 하다', '-지 말까 하다'를 사용합니다. 그러나 '못 -(으)ㄹ까 하다'는 사용할 수 없습니다.

この表現を否定形で使うときは、안 -(으)ㄹ까 하다や-지 말까 하다を使います。しかし、못 -(으)ㄹ까 하다は使えません。

- 점심에는 학생 식당에서 밥을 못 먹을까 해요. (×)
  → 점심에는 학생 식당에서 밥을 안 먹을까 해요. (○)
  → 점심에는 학생 식당에서 밥을 먹지 말까 해요. (○)

비교해 볼까요?

미래의 계획을 말할 때 사용하는 '-(으)ㄹ 거예요', '-(으)려고 하다', '-(으)ㄹ까 하다'는 비슷한 것 같지만 다음과 같은 차이가 있습니다.

未来の計画を話すときに使う-(으)ㄹ 거예요、-(으)려고 하다、-(으)ㄹ까 하다は似ていますが、次のような違いがあります。

	-(으)ㄹ 거예요	-(으)려고 하다	-(으)ㄹ까 하다
공통점	미래의 계획을 말할 때 未来の計画を話すとき		
차이점	거의 확실한 계획을 말할 때 ほぼ確実な計画を話すとき • 저는 주말에 여행을 갈 거예요. 私は週末に旅行に行くつもりです。	조금 구체적인 계획을 말할 때 少し具体的な計画を話すとき • 저는 주말에 여행을 가려고 해요. 私は週末に旅行に行こうと思います。	바뀔 수 있는 계획을 말할 때 変わり得る計画を話すとき • 저는 주말에 여행을 갈까 해요. 私は週末に旅行に行こうかと思います。

대화를 만들어 볼까요?

Track 047

1 가 무슨 책을 읽을 거예요?

나 오랜만에 만화책을 빌려서 읽을까 해요.

책을 읽다	만화책을 빌려서 읽다
영화를 보다	코미디 영화를 보다
운동을 하다	친구하고 같이 테니스를 치다

2 가 저녁 식사 후에 뭘 할 거예요?

나 지난 주말에 못 해서 밀린 빨래를 할까 해요.

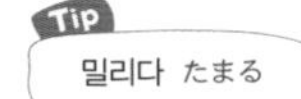

저녁 식사 후	지난 주말에 못 해서 밀린 빨래를 하다
다음 방학	지난 방학에도 못 가서 고향에 가다
일요일	이사를 해야 해서 새 하숙집을 찾아보다

연습해 볼까요?

'-(으)ㄹ까 하다'를 사용해서 다음 대화를 완성하세요.

(1) 가 신혼여행을 어디로 갈 거예요? (하와이로 가다)

나 아직 잘 모르겠지만 하와이로 갈까 해요.

(2) 가 시험이 끝나면 뭘 할 거예요? (친구 집에 놀러 가다)

나 스트레스를 풀고 싶어서 ______________________.

(3) 가 집에서 학교까지 멀지요? (이사하다)

나 네, 그래서 학교 근처로 ______________________.

(4) 가 부산까지 어떻게 갈 거예요? (비행기를 타다)

나 시간이 많이 없으니까 ______________________.

(5) 가 부모님께 드릴 선물로 무엇을 살 거예요? (인삼을 사다)

나 한국에서 유명하니까 ______________________.

02 -고자

Track 048

가 이 회사에 지원한 이유가 무엇입니까?
この会社を志望した理由は何ですか。

나 제가 어렸을 때부터 가지고 있던 꿈을 펼쳐 **보고자** 지원하게 되었습니다.
私が子どものころから持っていた夢を実現してみようと志望することにしました。

가 양강 씨! 이 시간에 무슨 일이에요?
ヤンガンさん! こんな時間にどうしたんですか。

나 저, 부탁을 좀 **드리고자** 전화 드렸습니다.
あのう、ちょっとお願いがあってお電話いたしました。

문법을 알아볼까요?

이 표현은 말하는 사람이 후행절의 행동을 하는 의도나 목적이 선행절에 있음을 나타낼 때 사용합니다. 이 표현은 연설이나 보고문과 같은 공식적인 말이나 글에 주로 사용하며 입말이나 비격식적인 상황에서 사용하면 조금 어색합니다.

この表現は、話し手が後続節の行動をする意図や目的が先行節にあることを表すときに使います。この表現は、演説や報告文のようなフォーマルなことばや文章で主に使い、口語やインフォーマルな状況で使うと少し不自然です。

-고자			
V	-고자	만나다 읽다	만나고자 읽고자

- 정부는 새로운 일자리를 **창출하고자** 열심히 노력하고 있습니다.
  政府は新しい雇用を創出しようと一生懸命努力しています。
- 부모님께 **드리고자** 이 물건을 구입했습니다.
  両親にあげようと、これを買いました。
- 두 나라는 좋은 관계를 **유지하고자** 새로운 조약을 맺었습니다.
  両国はよい関係を維持しようと新しい条約を結びました。

더 알아볼까요?

1　이 표현은 선행절과 후행절의 주어가 같아야 합니다.
この表現は、先行節と後続節の主語が同じでなければなりません。

- 나는 취직하고자 동생이 열심히 공부를 했습니다. (×)
  → 나는 취직하고자 열심히 공부를 했습니다. (○)

2　'–고자' 앞에는 과거와 미래를 나타내는 '–았/었–'과 '–겠–'을 같이 쓸 수 없습니다.
–고자の前には、過去と未来を表す–았/었–と–겠–を一緒に使うことができません。

- 내일까지 그 일을 끝냈고자 열심히 일했다. (×)
  내일까지 그 일을 끝내겠고자 열심히 일했다. (×)
  → 내일까지 그 일을 끝내고자 열심히 일했다. (○)

3　'–고자 하다'의 형태로 말을 하면 말하는 사람의 의도를 나타냅니다.
–고자 하다の形で話すと、話し手の意図を表します。

- 이 제품이 지속적으로 좋은 반응을 얻고 있어서 생산량을 늘리고자 합니다.
  この製品が持続的によい反応を得ているので、生産量を増やそうと思います。

이 표현으로 부정문을 만들 때는 '안'이나 '못'이 중간에 들어가면 안 됩니다.
この表現で否定文を作るときは안や못が中間に入ってはいけません。

- 우리는 그 회사와 계약을 하고자 안 합니다. (×)
  우리는 그 회사와 계약을 하고자 못 합니다. (×)
  → 우리는 그 회사와 계약을 안 하고자 합니다. (○)
  → 우리는 그 회사와 계약을 하지 않고자 합니다. (○)

대화를 만들어 볼까요?

Track 049

1　가　회사 다니는 사람들은 술을 많이 마시지요?
　　나　네, 스트레스를 풀고자 술을 많이 마시는 것 같습니다.

회사 다니는 사람들은 술을 많이 마시다	스트레스를 풀다 / 술을 많이 마시다
영희 씨가 영어를 열심히 공부하다	통역사가 되다 / 열심히 공부하다
철수 씨는 저녁에 일찍 자다	아침에 일찍 일어나서 운동을 하다 / 일찍 자다

2　가　광주에 갈 때 무슨 기차를 타려고 합니까?
　　나　사장님을 모시고 가기 때문에 KTX를 타고자 합니다.

Tip
손님들을 대접하다
お客さんをもてなす

광주에 갈 때 무슨 기차를 타다	사장님을 모시고 가기 때문에 KTX를 타다
그 반지를 누구에게 주다	결혼할 여자 친구에게 주다
구입한 쇠고기로 무엇을 하다	저녁에 요리를 해서 손님들을 대접하다

연습해 볼까요?

1 '-고자'를 사용해서 다음 대화를 완성하세요.

(1) 가 요즘 사장님이 무엇을 위해 노력하고 계세요? (회사 분위기를 좋게 만들다)

나 회사 분위기를 좋게 만들고자 노력하고 계십니다.

(2) 가 이 백화점이 인기가 많은 이유가 뭐예요? (좋은 서비스를 제공하다)

나 고객들에게 ______________________ 항상 노력하기 때문인 것 같습니다.

(3) 가 이 늦은 시간에 웬일로 전화를 했어요? (궁금한 것이 있어서 좀 여쭤보다)

나 ______________________ 전화했습니다.

(4) 가 여기도 시장이 있는데 동대문까지 가려고 해요? (더 좋은 물건이 있는지 찾아보다)

나 ______________________ 가려고 합니다.

(5) 가 은행에 다녀왔어요? (환전을 좀 하다)

나 네, ______________________ 다녀왔습니다.

2 '-고자 하다'를 사용해서 다음 대화를 완성하세요.

(1) 가 무엇에 대한 이야기를 하려고 합니까? (한국의 노인 문제에 대해 이야기하다)

나 오늘은 한국의 노인 문제에 대해 이야기하고자 합니다.

(2) 가 왜 한국어를 열심히 공부합니까? (한국에 있는 대학교에 진학하다)

나 한국어를 열심히 공부해서 ______________________.

(3) 가 돈을 많이 벌어서 어떻게 쓰려고 합니까? (돕다)

나 도움이 필요한 사람들을 ______________________.

(4) 가 졸업 후에 뭘 할 계획입니까? (외국으로 유학을 가다)

나 ______________________.

(5) 가 오늘은 무엇을 소개해 주시겠습니까? (고향의 유명한 음식에 대해서 소개하다)

나 오늘은 ______________________.

03 –(으)려던 참이다

Track 050

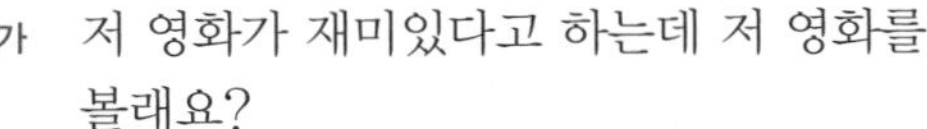

가 저 영화가 재미있다고 하는데 저 영화를 볼래요?
あの映画がおもしろいそうですけど、あの映画を見ますか。

나 좋아요. 그렇지 않아도 나도 보려던 참이었어요.
いいですよ。ちょうど私も見ようと思っていたところです。

가 자야 씨, 뭘 하고 있어요?
ジャヤさん、何をしているんですか。

나 배가 고파서 라면을 끓이려던 참인데 같이 먹을래요?
おなかがすいてラーメンを作ろうとしていたところなんですが、一緒に食べますか。

문법을 알아볼까요?

이 표현은 다른 사람이 무엇을 하자고 제안한 '바로 그 시간에' 또는 '가까운 미래'에 어떤 일을 하려고 계획을 하거나 의도를 하고 있을 때 사용합니다. 이 표현은 동사만 사용할 수 있습니다.

この表現は、ほかの人が何かをしようと提案した「まさにその時間」または「近い未来」に、あることをしようと計画・意図しているときに使います。この表現は動詞のみ使うことができます。

–(으)려던 참이다			
V	–(으)려던 참이다	가다 먹다	가려던 참이다 먹으려던 참이다

가 얼굴 표정이 왜 그래요? どうしたんですか、その表情は。
나 피곤해서 잠깐 쉬려던 참인데 사장님이 들어오셔서 당황해서 그래요.
疲れてちょっと休もうと思っていたところに社長が帰ってこられたので、あせってしまって。

가 돈을 찾아야 되는데 너무 바빠서 은행에 갈 시간이 없어요.
お金をおろさないといけないんですが、忙しすぎて銀行に行く時間がありません。
나 그래요? 제가 지금 은행에 가려던 참인데 찾아다 드릴까요?
そうですか。いま銀行に行こうと思っていたところなんですが、おろしてきてあげましょうか。

가 수영 씨 뭐 하고 있어요?
スヨンさん何しているんですか。

나 커피를 마시려던 참이었는데 같이 마실래요?
コーヒーを飲もうと思っていたところなんですが一緒に飲みますか。

더 알아볼까요?

1 '-(으)려던 참이다'와 '-(으)려던 참이었다'는 같이 사용해도 괜찮습니다. 그렇지만 '-(으)려던 참이다'는 바로 지금 행동하려고 한다는 사실을 나타낼 때, '-(으)려던 참이었다'는 예전부터 그렇게 할 생각을 가지고 있었음을 나타낼 때 사용합니다.
-(으)려던 참이다と-(으)려던 참이었다は同じように使ってもかまいません。しかし、-(으)려던 참이다は、まさにいま行動しようとしている事実を表すとき、-(으)려던 참이었다は以前からそのようにしようと考えていたことを表すときに使います。

① 지금 그 책을 사려던 참이에요.

② 그 책을 사려던 참이었어요.

: 이 경우 ①은 그 책을 바로 지금 사려고 하는 것을 나타내고 있고, ②는 예전부터 책을 사려는 생각을 하고 있었다는 것을 나타냅니다.
この場合、①はその本をまさにいま買おうとしていることを表しており、②は以前からその本を買おうと考えていたことを表します。

2 어떤 것을 하려고 생각하고 있었는데 그때 다른 사람이 그것을 같이 하자고 제안했을 때 '마침', '그렇지 않아도', '안 그래도' 등을 사용해서 대답을 하는 경우가 많습니다.
何かをしようと考えていて、そのとき、ほかの人がそれを一緒にしようと提案したとき、마침、그렇지 않아도、안 그래도等を使って答える場合が多いです。

가 같이 식사할래요?
나 마침 밥을 먹으려던 참이었어요.
안 그래도 밥을 먹으려던 참이에요.
그렇지 않아도 밥을 먹으려던 참이었어요.

3 이 표현은 미래 시제는 사용하지 않습니다.
この表現には、未来時制は使いません。

• 은행에 환전하러 가려던 참일 거예요. (×)
→ 은행에 환전하러 가려던 참이었어요. (○) / 은행에 환전하러 가려던 참이에요. (○)

4 선행절에 올 때는 '-(으)려던 참에'로도 사용할 수 있습니다.
先行節に来るときは、-(으)려던 참에の形でも使うことができます。

• 내가 전화를 하려던 참에 어머니가 전화를 하셨어요.
私が電話をしようとしていたところに、母が電話をしました。

비교해 볼까요?

'-(으)려고 하다'와 '-(으)려던 참이다'는 다음과 같은 차이가 있습니다.
-(으)려고 하다と-(으)려던 참이다には、次のような違いがあります。

	-(으)려고 하다	-(으)려던 참이다
공통점	지금 바로의 일 혹은 가까운 미래에 사용할 수 있습니다. いますぐのこと、あるいは近い未来のことに使うことができます。 • 오늘 오후에 쇼핑을 하려고 해요. (○)	지금 바로의 일 혹은 가까운 미래에 사용할 수 있습니다. いますぐのこと、あるいは近い未来のことに使うことができます。 • 오늘 오후에 쇼핑을 하려던 참이었어요. (○)
차이점	먼 미래의 일에도 사용할 수 있습니다. 遠い未来のことにも使うことができます。 • 나는 내년에 미국 여행을 하려고 해요. (○)	먼 미래의 일에는 사용할 수 없습니다. 遠い未来のことには使えません。 • 나는 내년에 미국 여행을 하려던 참이에요. (×)

대화를 만들어 볼까요?

Track 051

1 가 더우니까 문을 좀 엽시다.
나 그렇지 않아도 문을 열려던 참이에요.

더우니까 문을 좀 열다	문을 열다
심심하니까 텔레비전을 좀 보다	텔레비전을 켜다
시간이 없으니까 좀 서두르다	지금 나가다

2 가 약속 시간이 다 됐는데 지금 출발할까요?
나 좋아요. 안 그래도 지금 출발하려던 참이었어요.

약속 시간이 다 됐는데 지금 출발하다	지금 출발하다
경수 씨, 커피 한잔 마시러 가다	커피 생각이 나서 마시다
한국 요리를 배우려고 하는데 같이 배우다	저도 한국 요리를 배워 보다

연습해 볼까요?

1 '-(으)려던 참이다'를 사용해서 다음 대화를 완성하세요.

(1) 가 선생님, 오늘 숙제는 뭐예요? (이야기하다)

나 안 그래도 지금 이야기하려던 참이에요.

(2) 가 우리 오랜만에 농구 하러 갈까? (운동을 하다)

나 좋아. 나도 ______________________.

(3) 가 민호야, 컴퓨터 게임 그만하고 이제 공부해야지. (컴퓨터를 끄다)

나 알았어요. 지금 ______________________.

(4) 가 힘든데 왜 버스를 탔어요? (택시를 타다)

나 ______________________ 버스가 와서 그냥 탔어요.

(5) 가 미영 씨하고 같이 살게 되었어요? (이사하다)

나 네, 마침 ______________________ 미영 씨도 이사를 하게 됐거든요.

2 '-(으)려던 참이었다'를 사용해서 다음 대화를 완성하세요.

(1) 가 내일 약속을 못 지킬 것 같은데 어떻게 하지요? (약속을 미루다)

나 괜찮아요. 나도 급한 일이 생겨서 약속을 미루려던 참이었어요.

(2) 가 이 문법을 다 이해했어요? (질문하다)

나 아니요, 잘 몰라서 ______________________.

(3) 가 영수 씨 전화번호를 아세요? (다른 친구에게 물어보다)

나 아니요, 저도 몰라서 ______________________.

(4) 가 같은 반 친구들 이름을 다 외우고 있어요? (공책에 쓰다)

나 아니요, 다 못 외워서 ______________________.

(5) 가 방학에 제주도에 안 갈래요? (다음 방학에 가다)

나 좋지요. 그렇지 않아도 ______________________.

04 –(으)ㄹ 겸 –(으)ㄹ 겸

Track 052

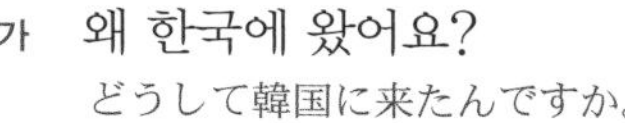

가 왜 한국에 왔어요?
どうして韓国に来たんですか。

나 한국 친구도 사귈 겸 한국말도 배울 겸 한국에 왔어요.
韓国の友だちとのつきあいと韓国語を習うのをかねて、韓国に来ました。

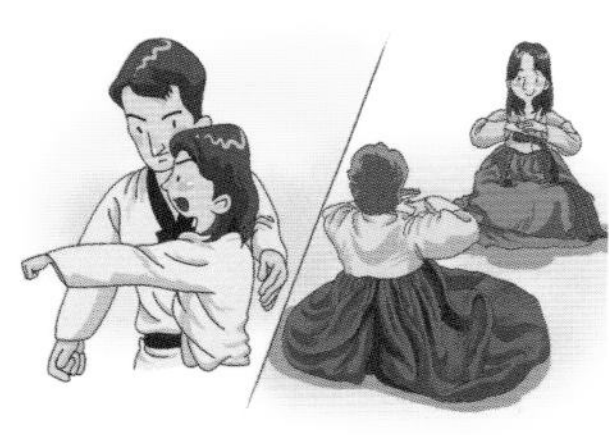

가 요즘 태권도를 배우고 있어요?
最近、テコンドーを習っているんですか。

나 네, 운동도 할 겸 한국의 전통문화도 배울 겸 해서 배우고 있어요.
はい。運動と韓国の伝統文化を学ぶのをかねて、習っています。

문법을 알아볼까요?

이 표현은 두 가지 이상의 동작이나 행동 모두를 하고자 하는 의도를 가지고 있을 때 사용합니다. 이 표현을 말할 때는 'N도 –(으)ㄹ 겸 N도 –(으)ㄹ 겸', 'N도 –(으)ㄹ 겸 N도 –(으)ㄹ 겸 해서'의 형태로 많이 사용합니다.
この表現は、2種類以上の動作や行動のすべてをしようという意図を持っているときに使います。この表現は、N도 –(으)ㄹ 겸 N도 –(으)ㄹ 겸やN도 –(으)ㄹ 겸 N도 –(으)ㄹ 겸 해서の形で多く使います。

–(으)ㄹ 겸 –(으)ㄹ 겸			
V	–(으)ㄹ 겸 –(으)ㄹ 겸	만나다, 쇼핑하다 읽다, 공부하다	만날 겸 쇼핑할 겸 읽을 겸 공부할 겸
N	겸	아침, 점심	아침 겸 점심

- 책도 읽을 겸 공부도 할 겸 도서관에 가려고 해요.
  読書と勉強をかねて、図書館に行こうと思います。
- 기분 전환도 할 겸 쇼핑도 할 겸 명동에 갔어요.
  気分転換とショッピングをかねて、明洞に行きました。
- 요즘에는 아침 겸 점심을 먹을 수 있는 식당들이 많아졌어요.
  最近は朝昼兼用の食事ができる食堂が増えました。

더 알아볼까요?

이 표현은 'V-(으)ㄹ 겸 (해서)'의 형태로도 사용할 수 있는데 이때는 그 일을 하는 여러 가지 의도 중 한 가지만을 선택해서 말할 때 사용합니다. 그렇지만 듣는 사람은 다른 의도가 있다는 것을 추측할 수 있습니다.
この表現は、V-(으)ㄹ 겸 (해서)の形でも使うことができますが、この場合はそのことをするいくつかの意図のうち、一つだけを選択して言うときに使います。しかし、聞き手はほかの意図があるということを推測することができます。

- 요즘 살도 빨 겸 해서 운동을 하고 있어요.

: 이 문장은 말하는 사람이 살을 뺄 의도만을 말했지만 듣는 사람은 살을 뺄 의도 외에도 다른 의도가 있음을 추측할 수 있습니다.
この文は、話し手がやせる意図だけを話していますが、聞き手はやせる意図以外にもほかの意図があることを推測することができます。

대화를 만들어 볼까요?

Track 053

1 가 수미 씨, 요즘 아르바이트를 해요?
나 네, 용돈도 벌 겸 경험도 쌓을 겸 아르바이트를 하고 있어요.

Tip
용돈을 벌다 小遣いを稼ぐ
경험을 쌓다 経験を積む
바람을 쐬다 風にあたる

아르바이트를 하다	용돈도 벌다 / 경험도 쌓다 / 아르바이트를 하다
춤을 배우다	요즘 유행하는 춤도 배우다 / 스트레스도 풀다 / 춤을 배우다
공원에 자주 가다	바람도 쐬다 / 생각도 정리하다 / 자주 가다

2 가 이건 뭐예요?
나 책상 겸 식탁으로 사용하는 거예요.

이건 뭐이다	책상 / 식탁으로 사용하는 것이다
이곳은 어디이다	거실 / 공부방으로 사용하는 곳이다
저 사람은 누구이다	의사 / 기자로 활동하는 사람이다

연습해 볼까요?

1 '-(으)ㄹ 겸 -(으)ㄹ 겸'을 사용해서 다음 대화를 완성하세요.

(1) 가 수영 씨, 백화점에 가려고 해요? (구경도 하다 / 친구 생일 선물도 사다)
나 네, 구경도 할 겸 친구 생일 선물도 살 겸 가려고 해요. 같이 갈래요?

(2) 가 집까지 걸어서 갈 거예요? (소화도 시키다 / 거리 구경도 하다)
나 네, 소화가 안 돼서 ________________ 걸어가려고 해요.

(3) 가 거실의 소파를 옮겼어요? (분위기도 바꾸다 / 청소도 하다)
나 네, ________________ 위치를 바꿨어요.

(4) 가 한국 경제 신문을 보고 있어요? (경제 공부도 하다 / 한국어 공부도 하다)
나 네, 제 전공이 경제학이라서 ________________ 보고 있어요.

(5) 가 노래하기 전에 물을 많이 마셔요? (긴장도 풀다 / 목도 부드럽게 하다)
나 네, ________________ 많이 마셔요.

2 '-(으)ㄹ 겸 -(으)ㄹ 겸 해서'를 사용해서 문장을 만드세요.

	의도 1	의도 2		행동
(1)	잠을 깨다	잠깐 쉬다	➡	커피를 마시려고 합니다.
(2)	운동을 하다	여가 시간을 즐기다		수영을 시작했어요.
(3)	친구를 만나다	쇼핑을 하다		백화점에 가려고 해요.
(4)	일을 보다	관광을 하다		도쿄에 다녀왔어요.
(5)	한국말을 배우다	한국 친구를 사귀다		한국 친구와 언어 교환을 하고 있어요.

(1) 잠도 깰 겸 잠깐 쉴 겸 해서 커피를 마시려고 합니다.

(2) ________________

(3) ________________

(4) ________________

(5) ________________

05 –아/어야지요

웨이밍 고향 음식이 너무 먹고 싶다.
다음 방학에는 고향에 가서 엄마가 해 주신 음식을 실컷 먹어야지.
故郷の料理がものすごく食べたい。
今度の休みには故郷に帰ってお母さんの作ってくれた料理を思いきり食べなくちゃ。

가 작년에 교통신호를 어겨서 벌금을 많이 냈지요?
去年信号無視して罰金をたくさん払ったでしょ。

나 네, 올해부터는 교통신호를 잘 지켜야지요.
はい。今年からは信号をちゃんと守らなくちゃ。

문법을 알아볼까요?

이 표현은 말하는 사람이 자기 자신과 약속을 하거나 어떤 일을 할 것이라는 결심을 할 때, 혹은 그러한 의지를 나타낼 때 사용합니다. 혼자 생각을 하거나 혼잣말을 하는 경우에도 사용하며 이때는 보통 '–아/어야지'와 같이 반말로 사용합니다. '–아/어야죠'로 줄여서 사용하기도 합니다.

この表現は、話し手が自分自身と約束するとき、あることをしようと決心するとき、あるいはそのような意志を表すときに使います。一人で考えたり、独り言を言ったりする場合にも使い、この場合は普通–아/어야지のように、パンマルで使います。–아/어야죠に縮約して使うこともあります。

–아/어야지요				
V	긍정	–아/어야지요	가다 먹다	가야지요 먹어야지요
	부정	–지 말아야지요	가다 먹다	가지 말아야지요 먹지 말아야지요

가 어제 '집으로'라는 영화를 다시 봤는데 정말 재미있었어.
昨日「집으로(家路)」という映画をまた見たんだけど、本当におもしろかったよ。

나 난 아직도 못 봤는데 그렇게 재미있어? 그럼 나도 봐야지.
私はまだ見てないんだけど、そんなにおもしろいの? じゃあ、私も見なくちゃ。

가 그렇게 자꾸 지각하다가는 승진하기 어려울 거야.
そんなにしょっちゅう遅刻していたら昇進するのは難しいよ。
나 내일부터는 절대 회사에 지각하지 **말아야지요**.
明日からは絶対会社に遅刻しないようにしなきゃ。

가 세미나에 꼭 가야 돼?
必ずセミナーに行かないといけない?
나 그럼요, 우리 교수님이 발표를 하시니까 꼭 **가야지요**.
もちろんです。私たちの先生が発表なさるんだから、必ず行かなくちゃ。

더 알아볼까요?

이 표현은 듣는 사람이나 다른 사람이 어떤 일을 꼭 해야 한다는 것을 나타낼 때도 사용합니다. 과거 형태인 '–았/었어야지'로 사용하면 어떤 일을 해야 하는데 하지 않았음을 핀잔하는 느낌이 있습니다.
この表現は、聞き手やほかの人が何かを必ずしなくてはならないということを表すときにも使います。過去形で–았/었어야지と言えば、何かをしなければならないが、しなかったことを責める感じがあります。

가 요즘 이가 자주 아파요. 最近、歯がしょっちゅう痛いんです。
나 그럼, 빨리 치과에 가야지요. じゃあ、早く歯医者に行かなくちゃ。

가 몸이 안 좋은데 할 일이 있어서 밤을 샜더니 머리도 어지럽고 정말 힘드네요.
体の調子がよくないのにやることがあって徹夜したら、頭もくらくらするし、本当につらいです。
나 몸이 안 좋으면 무리하지 말고 쉬었어야지요.
体の調子がよくなかったら、無理しないで休むべきでしたね。

대화를 만들어 볼까요?

Track 055

1 가 올해 꼭 해야겠다고 생각한 일이 있어요?
나 '올해는 꼭 유럽으로 배낭여행을 가야지'라고 생각했어요.

유럽으로 배낭여행을 가다
담배를 끊다
텔레비전 보는 시간을 줄이다

2 가 부모님이 한국에 오시면 누가 안내를 할 거예요?
나 부모님이 오시는데 당연히 제가 안내를 해야지요.

부모님이 한국에 오시면 누가 안내를 하다	부모님이 오시는데 당연히 제가 안내를 하다
내일 모임에 정장을 입고 가다	중요한 모임인데 당연히 정장을 입다
오늘 오후에는 쉬다	오늘 시험도 끝났는데 당연히 쉬다

연습해 볼까요?

1 새해가 시작되어서 사람들이 다음과 같이 결심을 했습니다. 어떤 다짐인지 [보기]에서 골라서 쓰세요.

보기		
	뱃살을 빼다	TOPIK 6급 시험에 합격하다
	한국 신문의 사설을 많이 읽다	운전면허를 따다

(1) 요즘 배가 많이 나왔네. 올해는 꼭 뱃살을 빼야지.

(2) 한국어로 내 의견을 잘 표현하고 싶어.
올해는 꼭 ________________________.

(3) 한국에서 운전을 하고 싶어. 올해는 운전 연습을 열심히 해서 꼭 ________________________.

(4) 한국 회사에 취직하고 싶어.
올해는 꼭 ________________________.

2 다음 [보기]에서 알맞은 표현을 찾아 '-아/어야지요'를 사용해서 대화를 완성하세요.

보기	끝까지 해 보다	들어 보다	모범을 보이다	검토하다

(1) 가 일이 잘 될 것 같지 않은데 그만두는 게 좋지 않을까요?
나 그래도 시작했으니까 끝까지 해 봐야지요.

(2) 가 사장님이 늦게 출근하시니까 직원들도 모두 늦게 출근하는 것 같아요.
나 윗사람이 먼저 ________________. 그래야 아랫사람들도 따라 하지요.

(3) 가 양강 씨 이야기를 들어 보니까 아키라 씨가 잘못을 한 것 같아요.
나 두 사람 이야기를 모두 ________________. 한 사람 말만 듣고 판단하면 안 돼요.

(4) 가 마감 시간이 다 되었으니까 빨리 제출해야겠어요.
나 먼저 틀린 것이 있는지 ________________. 그냥 이대로 제출할 수는 없어요.

6장 확인해 볼까요?

〔1～2〕 다음 밑줄 친 부분과 바꿔 쓸 수 있는 것을 고르세요.

1 수영 씨, 좀 피곤해서 커피를 마시려던 참인데 같이 마실래요?

① 마실 겸 ② 마시려나 본데
③ 마실 것 같은데 ④ 마시려고 하는데

2 요즘 경험을 쌓고 용돈도 벌 겸 해서 인턴사원으로 일하고 있어요.

① 경험도 쌓고 용돈도 벌기 위해서 ② 경험을 쌓기 위해서 용돈을 벌려고
③ 경험을 쌓으려면 용돈이 필요해서 ④ 경험을 쌓으려면 용돈이 필요할까 봐

〔3～4〕 다음 중 밑줄 친 곳에 대답할 말로 적당하지 않은 대답을 고르세요.

3 가 회사를 옮긴다더니 그냥 그 회사에 다니고 있어요?
나 ______________________.

① 회사를 옮길까 했는데 월급을 올려줘서 그냥 다니기로 했어요
② 회사를 옮기려던 참에 월급을 올려줘서 그냥 다니기로 했어요
③ 회사를 옮기려고 했는데 월급을 올려줘서 그냥 다니기로 했어요
④ 회사를 옮기고 싶은 반면에 월급을 올려줘서 그냥 다니기로 했어요

4 가 이 늦은 시간에 웬일로 전화를 했어요?
나 죄송하지만, ______________________.

① 부탁을 할 텐데 전화를 했습니다
② 부탁을 좀 드리고자 전화를 했습니다
③ 부탁을 좀 드리려고 전화를 했습니다
④ 부탁을 좀 하고 싶어서 전화를 했습니다

〔5～6〕 다음 밑줄 친 것 중 맞는 것을 찾으세요.

5 ① 저녁에 회사 사람들과 회식을 할까 합시다.
② 다음 달부터 요가를 좀 배워 볼까 할 거예요.
③ 올여름에 여행을 갈까 했는데 같이 가는 게 어떠세요?
④ 이번 토요일에는 친구들과 같이 뮤지컬을 보러 갈까 합니다.

6 ① 일단 시작한 일은 끝까지 해 보아야지요.
② 위장병이 있으니까 술을 마셔지 말아야지.
③ 몸이 안 좋으면 무리하지 말고 쉬워야지요.
④ 내일 사장님을 만나 뵙는데 당연히 정장을 입어야지요.

추천과 조언을 나타낼 때

推薦と助言の表現

본 장에서는 추천과 조언을 해 줄 때 사용하는 표현을 배웁니다. 추천과 조언을 해 줄 때는 자신의 의견을 강하게 표현할 수도 있고 약하게 표현할 수도 있습니다. 따라서 각 문법의 차이를 잘 알아서 적절하게 사용하면 좋겠습니다.

この章では、推薦と助言をするときに使う表現を学びます。推薦と助言をするときは、自分の意見を強く表現することもでき、弱く表現することもできます。したがって、各文型の違いをよく理解し適切に使うとよいでしょう。

01 −(으)ㄹ 만하다
02 −도록 하다
03 −지 그래요?

01 -(으)ㄹ 만하다

Track 056

가　한국에서 가 볼 만한 곳을 좀 추천해 주시겠어요?
韓国で行ってみるべきところを、推薦してくださいますか。

나　설악산이 어때요? 지금 가을이라서 단풍이 정말 아름다울 거예요.
雪嶽山はどうですか。いま秋なので紅葉が本当に美しいでしょう。

가　웨이밍 씨가 만든 음식이 어땠어요?
ウェイミンさんが作った料理はどうでしたか。

나　웨이밍 씨가 요리를 잘해서 모두 맛있었지만 특히 월남쌈은 정말 먹을 만했어요.
ウェイミンさんが料理が上手なのでみんなおいしかったですが、特に生春巻きは本当においしかったです。

문법을 알아볼까요?

이 표현은 어떤 사람이나 사물이 그러한 행동을 할 가치가 있거나 어떤 행동이 일어날 만한 가치가 있음을 나타낼 때 사용합니다. 그래서 보통 다른 사람에게 추천할 때 사용합니다.

この表現は、ある人や事物がそのような行動をする価値があること、ある行動が起こるだけの価値があることを表すときに使います。そのため、普通ほかの人に推薦するときに使います。

-(으)ㄹ 만하다				
V	과거	-(으)ㄹ 만했다	가다 먹다	갈 만했다 먹을 만했다
	현재	-(으)ㄹ 만하다	가다 먹다	갈 만하다 먹을 만하다
	미래 / 추측	-(으)ㄹ 만할 것이다	가다 먹다	갈 만할 것이다 먹을 만할 것이다

- 영수 씨는 믿을 만한 사람이니까 힘든 일이 있으면 부탁해 보세요.
  ヨンスさんは信じられる人だから、困ったことがあったらお願いしてみてください。

- 그 일은 고생할 만한 가치가 없으니까 하지 않는 게 좋겠어요.
  その仕事は苦労するだけの価値がないので、しないほうがいいです。
- 친구들에게 고향에 대해서 소개할 만한 것이 있으면 해 주세요.
  友人たちに故郷について紹介するようなことがあったらしてください。

더 알아볼까요?

이 표현은 또한 마음에 완전히 드는 것은 아니지만 그런대로 괜찮을 때 혹은 어떤 것을 사용하기에 아직 괜찮을 때 사용합니다.
この表現は、完全に気に入ったわけではないが、それなりに悪くないとき、あるいはあるものがまだ使えるときに使います。

- 재활용 센터에 가면 아직 쓸 만한 중고 가전제품이 많이 있습니다.
  リサイクルセンターに行けばまだ使えそうな中古家電製品がたくさんあります。
- 이 옷은 10년 전에 산 옷인데 아직도 입을 만해서 안 버렸어요.
  この服は10年前に買った服なんですが、まだ着られそうなので捨てませんでした。
- 며칠 전에 만든 음식인데 아직은 먹을 만한 것 같아요.
  何日か前に作った料理なんですが、まだ食べられそうです。

대화를 만들어 볼까요?

Track 057

1 가 이번 프로젝트에 철수 씨를 참여시키면 어떨까요?
나 철수 씨는 성실해서 추천할 만한 사람이에요.

Tip
프로젝트 プロジェクト
참여시키다 参加させる
성실하다 誠実だ

이번 프로젝트에 철수 씨를 참여시키다	철수 씨는 성실해서 추천하다 / 사람이다
이번 여름에 태국으로 여행을 가다	태국은 경치가 아름다워서 여행을 가다 / 곳이다
다음 주말에 동대문시장으로 쇼핑을 가다	동대문시장은 물건이 많아서 쇼핑하다 / 곳이다

2 가 새로 개봉한 영화가 재미있다면서요?
나 네, 정말 볼만해요. 한번 보세요.

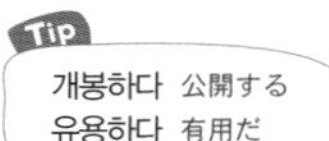

Tip
개봉하다 公開する
유용하다 有用だ

새로 개봉한 영화가 재미있다	보다 / 한번 보다
제주도가 아름답다	구경하다 / 한번 가 보다
그 스마트폰이 유용하다	사용해 보다 / 한번 사용해 보다

연습해 볼까요?

1 '-(으)ㄹ 만하다'를 사용해서 다음 대화를 완성하세요.

(1) 가 저 영화가 어때요? (한번 보다)
나 주인공들이 멋있어서 한번 볼만해요.

(2) 가 어디로 여행을 가면 좋을까요? (가 보다)
나 경주가 역사적인 도시라서 ________________.

(3) 가 이 책을 한번 읽어 볼까 하는데 어때요? (읽어 보다)
나 교훈적인 이야기가 많아서 ________________.

(4) 가 저도 은혜 씨 하숙집으로 이사하려고 하는데 지금 하숙집이 어때요? (살다)
나 하숙집 아주머니가 친절해서 ________________.

(5) 가 외국 손님을 초대했는데 어떤 음식을 대접하면 좋을까요? (먹다)
나 불고기나 갈비가 ________________.

(6) 가 테레사 수녀는 가난한 사람들을 위해서 평생을 보냈다면서요? (존경을 받다)
나 네, 정말 ________________.

(7) 가 이 일을 누구에게 맡기면 좋을까요? (믿다)
나 수영 씨가 ________________. 한번 맡겨 보세요.

(8) 가 아이들이 보면 좋은 영화 좀 추천해 주세요. (보다)
나 이 영화는 아이들이 모험을 하는 이야기라서 아이들이 ________________.

2 **마크 씨가 고향에서 친구가 온다면서 같이 할 만한 일을 추천해 달라고 합니다. 다음 [보기]에서 알맞은 단어를 찾아 '-(으)ㄹ 만하다'를 사용해서 대화를 완성하세요.**

보기	구경하다	사다	걷다	보다	먹어 보다

가 호영 씨, 고향에서 친구가 오는데 서울에서 구경할 만한 곳이 어디가 있을까요?

나 남산한옥마을이 어때요? 한국의 전통 집들이 있어서 (1)구경할 만해요.

가 그래요? 그럼 볼만한 공연은 뭐가 있어요?

나 '난타'는 어때요? 보고 있으면 흥이 나서 정말 (2)________________.

가 그렇군요. 그럼 쇼핑은 어디에 가서 하면 좋을까요?

나 인사동이 어때요? 한국의 전통 거리라서 (3)____________ 물건이 많아요.

가 한국의 전통 음식은 뭘 먹으면 좋아요?

나 한정식이 어때요? 반찬이 많고 맛있어서 (4)________________.

가 그렇군요. 제 친구가 걸으면서 이야기하는 것을 좋아하는데 걷기에 좋은 장소는 어디예요?

나 덕수궁 돌담길이 (5)________________. 가을 풍경이 정말 아름답거든요.

02 –도록 하다

Track 058

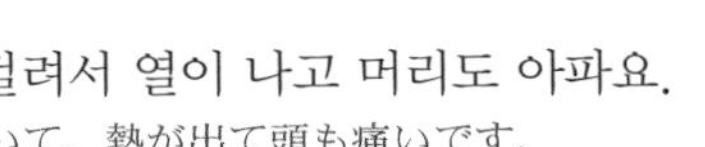

가 감기에 걸려서 열이 나고 머리도 아파요.
風邪をひいて、熱が出て頭も痛いです。

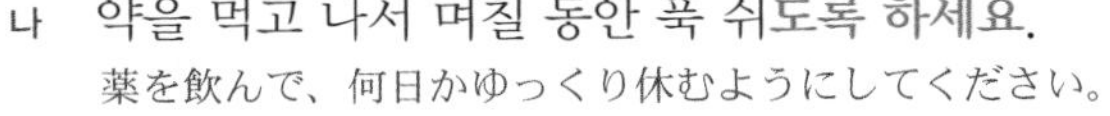

나 약을 먹고 나서 며칠 동안 푹 쉬도록 하세요.
薬を飲んで、何日かゆっくり休むようにしてください。

가 약속 시간이 언제라고 하셨지요?
約束時間はいつとおっしゃってましたか。

나 다음 주 금요일 2시예요. 중요한 약속이니까 잊지 말도록 하세요.
来週金曜日2時です。重要な約束だから忘れないようにしてください。

문법을 알아볼까요?

이 표현은 듣는 사람에게 어떤 행동을 명령하거나 권유할 때 사용합니다. '–아/어 보세요'보다는 조금 강하게, '–(으)세요'보다는 조금 부드럽게 조언을 하거나 권유할 때 사용합니다.

この表現は、聞き手にある行動を命令したり勧誘したりするときに使います。–아/어 보세요よりは少し強く、–(으)세요よりは少しやわらかく、助言をしたり勧誘したりするときに使います。

–도록 하다				
V	긍정	–도록 하다	가다 먹다	가도록 하다 먹도록 하다
	부정	–지 말도록 하다	가다 먹다	가지 말도록 하다 먹지 말도록 하다

- 건강에 안 좋으니까 담배를 끊도록 하세요.
  健康によくないのでタバコをやめるようにしてください。
- 그럼 내일 10시에 회의하도록 합시다.
  じゃあ、明日10時に会議するようにしましょう。
- 내일부터 학교에 지각하지 말도록 하세요.
  明日から学校に遅刻しないようにしてください。

더 알아볼까요?

1 이 표현은 명령형이나 청유형에만 사용합니다. 그렇기 때문에 이유를 말할 때 선행절에 '–아/어서'를 사용하지 않습니다.
この表現は、命令形や勧誘形にのみ使います。そのため、理由を言うときは先行節に–아/어서を使いません。

• 기침이 심해서 약을 먹도록 하세요. (×)
→ 기침이 심하니까 약을 먹도록 하세요. (○)

2 이 표현으로 물을 때 '–도록 하겠습니다'라고 대답할 수 있는데 이때는 그렇게 하겠다는 의지를 나타냅니다.
この表現で尋ねるとき、–도록 하겠습니다と答えることができますが、この場合はそのようにするという意志を表します。

가 기말시험을 잘 봐야 진급할 수 있으니까 열심히 공부하도록 하세요.
期末試験がよくないと進級できませんから、一生懸命勉強するようにしてください。

나 네, 열심히 공부하도록 하겠습니다.
はい。一生懸命勉強するようにします。

대화를 만들어 볼까요?

Track 059

1 가 종이를 자르다가 칼에 손을 베였어요.
나 며칠 동안 약을 드시고 연고를 상처에 자주 바르도록 하세요.

손을 베이다 手を切る
연고를 바르다 軟膏を塗る
위가 쓰리다 胃が痛む
위장약 胃腸薬
수시로 随時

종이를 자르다가 칼에 손을 베였다	약을 드시고 연고를 상처에 자주 바르다
위가 가끔씩 쓰리고 아프다	위장약을 드시고 식사를 제시간에 하다
눈이 가렵고 아프다	안약을 수시로 눈에 넣다

2 가 벌레에 물렸는데 팔이 너무 가려워요.
나 연고를 드릴 테니까 바르고 긁지 말도록 하세요.

Tip
벌레에 물리다 虫に刺される
긁다 かく
깁스를 하다 ギプスをする

벌레에 물렸는데 팔이 너무 가렵다	연고를 드릴 테니까 바르고 긁다
농구를 하다가 다쳐서 팔이 부러졌다	깁스를 하고 나서 한 달 동안 팔을 쓰다
얼굴에 여드름이 많이 났다	오늘 치료를 받고 나서 며칠 동안 화장을 하다

연습해 볼까요?

1 '-도록 하다'를 사용해서 다음 대화를 완성하세요.

(1) 가 돈을 모으고 싶은데 어떻게 하면 좋을까요? (매달 은행에 저축하다)
나 조금씩이라도 매달 은행에 저축하도록 하세요.

(2) 가 길거리에 차를 세워서 죄송합니다. (주차장에 차를 세우다)
나 다음부터는 꼭 ______________________.

(3) 가 또 실수를 해서 정말 미안해. (조심하다)
나 앞으로는 ______________.

(4) 가 이 보고서를 언제까지 끝내면 될까요? (이번 주말까지 제출하다)
나 ______________________.

(5) 가 아파트 위층에 사는 사람들이 너무 시끄러워요. (이사를 하다)
나 다른 방법이 없으면 ______________.

2 '-지 말도록 하다'를 사용해서 다음 대화를 완성하세요.

(1) 가 밤에 잠이 잘 안 와서 낮 시간에 피곤해요. (낮잠을 자다)
나 낮잠을 자지 말도록 하세요.

(2) 가 제가 일할 때 주의해야 할 것이 있습니까? (사적인 통화를 하다)
나 근무 시간에는 ______________________.

(3) 가 부장님, 또 늦어서 죄송합니다. (늦다)
나 내일부터는 절대 ______________.

(4) 가 요즘 가끔 속이 쓰려요. (먹다)
나 그럼, 당분간 맵거나 짠 음식을 ______________.

(5) 가 거래처 부장님을 만나러 가는데 뭘 좀 사 가야 할까요? (사 가다)
나 오해받을 수 있으니까 아무것도 ______________.

03 -지 그래요?

가 이 문법이 너무 어려워서 잘 모르겠어요.
この文法が難しすぎてよくわかりません。

나 그럼, 선생님께 여쭤 보지 그래요?
じゃあ、先生にきいてみたらどうですか。

가 옷을 샀는데 디자인이 맘에 안 들어요.
服を買ったんですが、デザインが気に入らないんです。

나 그럼, 다른 옷으로 바꾸거나 환불을 하지 그래요?
じゃあ、ほかの服に交換するか、払い戻しをしてもらったらどうですか。

문법을 알아볼까요?

이 표현은 다른 사람에게 어떻게 하는 것이 좋겠다고 권유할 때 사용합니다. 이 표현은 '-도록 하다'보다 훨씬 더 부드럽고 약한 표현입니다.

この表現は、ほかの人にどのようにするのがよいと勧誘するときに使います。この表現は、-도록 하다よりかなりやわらかく弱い表現です。

-지 그래요?			
V	-지 그래요?	가다 먹다	가지 그래요? 먹지 그래요?

가 처음 가는 길이라서 어떻게 가야 할지 잘 모르겠어요.
初めて行く道なので、どうやって行ったらいいかよくわかりません。

나 길을 잘 모르면 택시를 타지 그래요?
道がよくわからなかったら、タクシーに乗ったらどうですか。

가 휴대 전화가 자꾸 고장이 나요.
携帯電話がしょっちゅう故障するんです。

나 자꾸 고장이 나면 수리만 하지 말고 새 걸로 바꾸지 그래요?
しょっちゅう故障するなら、修理ばかりしないで、新しいのに換えたらどうですか。

가 친구를 만나러 명동에 가야 하는데 차가 막혀서 약속 시간까지 못 갈 것 같아.
友だちに会いに明洞に行かなくちゃいけないんだけど、道が混んでて約束時間までに行けそうにないんだ。

나 눈이 와서 그런 것 같은데 약속을 연기하지 그래?
雪のせいなんだろうけど、約束を延期したら?

더 알아볼까요?

1 이 표현은 선행절에 이유를 말할 때는 '-아/어서'를 사용하지 않고 '-(으)니까'를 사용합니다.
この表現は、先行節で理由を言うときは-아/어서を使わず、-(으)니까を使います。

- 더워서 창문을 열지 그래요? (×)
  → 더우니까 창문을 열지 그래요? (○)

2 과거 표현인 '-지 그랬어요?'는 어떤 것을 하는 편이 더 나았는데 왜 그렇게 하지 않았느냐는 약간의 안타까움을 표현하거나 핀잔을 줄 때 사용합니다.
過去の表現である-지 그랬어요?は、あることをしたほうがよかったのに、なぜそのようにしなかったのかという、若干残念な気持ちを表現したり、責めたりするときに使います。

- 아픈데 참으면서 계속 일을 한 거예요? 많이 아프면 좀 쉬지 그랬어요?
  具合が悪いのに我慢して仕事を続けたんですか。そんなに具合が悪かったら、ちょっと休んだらよかったのに。
  : 이 문장은 많이 아픈데 왜 쉬지 않았냐는 안타까운 마음을 나타내고 있습니다.
  この文は、相当具合が悪いのにどうして休まなかったのかという残念な気持ちを表しています。

대화를 만들어 볼까요?

Track 061

Tip
집을 꾸미다 家を飾る
싱겁다 味が薄い

1 가 며칠 동안 밤을 새우면서 일을 해서 너무 피곤해요.
나 그럼, 잠깐이라도 좀 쉬지 그래요?

며칠 동안 밤을 새우면서 일을 해서 너무 피곤하다	잠깐이라도 좀 쉬다
집을 좀 꾸며야 하는데 물건을 사러 갈 시간이 없다	인터넷으로 주문을 하다
국이 너무 싱거운데 소금이 없다	간장이라도 좀 넣다

2 가 정말 안 늦으려고 했는데 오늘도 또 늦어 버렸어요.
나 그러니까 집에서 좀 일찍 출발하지 그랬어요?

정말 안 늦으려고 했는데 오늘도 또 늦다	집에서 좀 일찍 출발하다
내일 가지고 가야 할 전공책이 다 팔리다	좀 서둘러서 책을 사다
어제 몸이 안 좋았는데 회식에 갔더니 더 안 좋아지다	몸이 안 좋다고 말하고 가지 말다

연습해 볼까요?

1 '–지 그래요?'를 사용해서 다음 대화를 완성하세요.

(1) 가 여행용 가방을 사고 싶은데 어디에서 사는 게 좋아요? (남대문시장에 가다)
나 싸게 파는 가게가 많으니까 남대문시장에 가지 그래요?

(2) 가 저는 비가 오는 날이면 갑자기 기분이 우울해져요. (코미디 영화를 보다)
나 그럼 비가 오는 날에는 ____________________?

(3) 가 오랜만에 집에서 쉬니까 너무 심심해요. (공원에 가서 산책이라도 좀 하다)
나 그럼 ____________________?

(4) 가 이번 달 외식을 많이 했더니 용돈이 모자라요. (부모님께 말씀을 드리다)
나 그럼 ____________________?

(5) 가 한국에 온 지 1년이 됐는데 아직도 한국말을 잘 못해요. (한국 친구를 좀 사귀다)
나 그럼 ____________________?

2 '–지 그랬어요?'를 사용해서 다음 대화를 완성하세요.

(1) 가 어제 안 입는 옷을 다 정리해서 버렸어요. (복지 재단에 기증하다)
나 아깝게 다 버렸어요? 복지 재단에 기증하지 그랬어요?

(2) 가 회의할 때 방 안의 공기가 안 좋아서 그랬는지 목이 너무 아파요. (창문을 좀 열다)
나 그러면 중간에 ____________________?

(3) 가 입맛이 없는데도 많이 먹었더니 속이 안 좋아요. (조금만 먹다)
나 아이고, ____________________?

(4) 가 엄마, 대학 다닐 때 공부를 열심히 안 한 것이 후회가 돼요. (공부를 열심히 하다)
나 그때 ____________________?

(5) 가 혜신 씨와 일 때문에 다퉜는데 화를 내고 가 버렸어요. (먼저 사과를 하다)
나 ____________________?

7장 확인해 볼까요?

〔1～2〕 **다음 밑줄 친 부분과 바꿔 쓸 수 있는 것을 고르세요.**

1 저 스마트폰은 디자인도 예쁘고 기능도 편해서 사용해 볼 만해요.

① 사용해 볼 가치가 있어요
② 사용해 볼 마음이 있어요
③ 사용해 볼 능력이 있어요
④ 사용해 볼 사정이 있어요

2 중요한 약속이니까 일찍 오도록 하세요.

① 오잖아요
② 일찍 옵시다
③ 일찍 오세요
④ 올 모양이에요

〔3～4〕 **다음 중 밑줄 친 곳에 맞는 대답을 고르세요.**

3 가 며칠 동안 밤을 새워서 일을 했더니 너무 피곤해요.
나 그럼, 잠깐이라도 좀 ____________________.

① 쉴까 해요
② 쉬지 그래요?
③ 쉴 줄 알았어요
④ 쉬려던 참이에요

4 가 새로 개봉한 영화가 재미있다면서요?
나 ____________________.

① 네, 정말 볼만해요
② 아니요, 정말 보거든요
③ 네, 재미있을지도 몰라요
④ 아니요, 정말 재미없을 줄 알았어요

〔5～6〕 **다음 중 맞는 문장을 찾으세요.**

5 ① 기침이 심해서 병원에 가도록 하세요.
② 땀이 많이 나서 창문을 좀 열지 그래요?
③ 상처가 난 곳에 연고를 자주 바르지 그래요?
④ 눈이 많이 아프기 때문에 안약을 수시로 눈에 넣도록 하세요.

6 ① 내일부터 안 지각하도록 하세요.
② 어제 많이 아팠어요? 그럼 쉬지 그랬어요?
③ 인사동에 가니까 구경했을 만한 곳이 많았어요.
④ 이 옷은 10년 전에 산 옷인데 입지 않을 만해요.

회상을 나타낼 때
回想の表現

본 장에서는 회상을 나타낼 때 사용하는 표현에 대해서 배웁니다. 회상 표현은 중급에서 처음 배우는 것으로 과거에 있었던 일을 회상해서 표현할 때 많이 사용합니다. 의미가 비슷하면서도 차이가 있기 때문에 잘 익혀서 사용하면 좋겠습니다.

この章では、回想を表すときに使う表現について学びます。回想表現は中級で初めて学ぶもので、過去にあったことを回想して表現するときに多く使います。意味が似ていますが、違いがあるため、しっかり身につけて使うといいでしょう。

01 –던

02 –더라고요

03 –던데요

01 –던

Track 062

가　학교에 오래간만에 왔네요!
어디 가서 뭘 좀 먹을까요?
久しぶりに学校に来ましたね!
どこかに行って、何かちょっと食べましょうか。

나　학교에 다닐 때 우리가 자주 가던 식당에
가 볼까요?
学校に通っていたときよく行っていた食堂に行ってみましょうか。

가　이 영어책은 아주 오래된 책 같아요.
この英語の本はとても古い本みたいです。

나　맞아요. 제가 고등학생 때 공부하던 책이에요.
そうです。私が高校生のとき勉強していた本です。

문법을 알아볼까요?

이 표현은 과거에 일정한 기간 동안 반복된 행동이나 습관을 회상해서 말할 때 사용합니다. 하지만 그 일이 과거에는 반복되었으나 현재까지는 지속되지 않는 것을 말합니다. 명사 앞에 사용합니다.

この表現は、過去に一定期間繰り返された行動や習慣を回想して言うときに使います。しかし、それが過去には繰り返されたが、現在までは続いていないことを表します。名詞の前に使います。

–던			
V	–던	가다 입다	가던 입던

- 옆집에 살던 사람은 지난 주말에 이사했어요.
  隣の家に住んでいた人は、先週末に引っ越しました。

- 이 음악은 제가 고등학교 때 자주 듣던 거예요.
  この音楽は、私が高校のときよく聞いていたものです。

- 아버지께서 다니시던 대학교에 저도 다니고 있습니다.
  父が通っていた大学に私も通っています。

형용사에 '-던'이 붙는 형태는 22장 '완료를 나타낼 때'의 02 '-았/었던'을 참조하세요.
形容詞に-던が付く形は、22章 完了の表現 02 -았/었던を参照してください。

더 알아볼까요?

1 이 표현은 과거에는 자주 했지만 지금은 하지 않는 일을 표현할 때 사용하기도 합니다. 이때는 '(과거에) 여러 번, 자주, 가끔, 항상' 등 반복을 나타내는 표현과 함께 사용됩니다.
この表現は、過去にはよくしてたが、いまはしていないことを表現するときにも使います。この場合は(過去に)여러 번、자주、가끔、항상等、反復を表す表現と共に使用されます。

- 우리가 자주 가던 카페에 다시 가 보고 싶어요.
  私たちがよく行っていたカフェにまた行ってみたいです。

  : 이것은 과거에는 그 카페에 자주 갔지만 지금은 자주 가지 않는다는 의미가 있습니다.
  これは、過去にはそのカフェによく行っていたが、今はあまり行かないという意味があります。

2 이 표현은 과거에 시작은 했지만 아직 끝나지 않은 일을 회상하여 표현할 때 사용하기도 합니다. 이때는 보통 '지난달', '지난주', '어제', '아까', '저번에' 등 과거의 한 시점이나 때를 나타내는 말과 함께 사용합니다.
この表現は、過去に始めたが、まだ終わっていないことを回想して表現するときにも使います。この場合は普通지난달、지난주、어제、아까、저번에等、過去のある時点や時を表すことばと共に使います。

- 아까 제가 마시던 커피를 버렸어요?
  さっき私が飲んでいたコーヒーを捨てましたか。

  : 이것은 아직 커피를 다 마시지 않았다는 의미입니다.
  これは、まだコーヒーを飲み終わっていないという意味です。

3 새 것이 아니라 지금까지 사용한 중고의 의미를 나타낼 때도 사용합니다.
新品でなく今まで使用した中古の意味を表すときも使います。

- 이것은 제 조카가 입던 옷인데 제 아이에게 줬어요.
  これは私の甥が着ていた服なんですが、私の子どもにくれました。
- 이 자동차는 아버지가 타시던 거예요.
  この自動車は父が乗っていたものです。

4 이 표현은 과거에 한 번만 일어난 일 즉, 반복되지 않는 일에는 사용하지 않습니다.
この表現は、過去に1度だけ起こったこと、すなわち繰り返されていないことには使いません。

- 이곳은 제가 결혼하던 곳이에요. (×) → 이곳은 제가 결혼한 곳이에요. (○)

5 이 표현은 과거의 어느 시점부터 그 일이 계속 반복되어 왔음을 나타내기도 합니다.
この表現は、それが過去のある時点から続けて繰り返されてきたことを表しもします。

- 오늘도 우리가 자주 가던 카페에서 만납시다.
  今日も私たちがよく行っていたカフェで会いましょう。

  : 이것은 과거부터 지금까지 계속 그 카페에 자주 가고 있다는 의미입니다.
  これは、過去から今までずっとそのカフェによく行っているという意味です。

비교해 볼까요?

'–던'과 과거 시제를 나타내는 '–(으)ㄴ'은 다음과 같은 차이가 있습니다.
–던と過去時制を表す–(으)ㄴには、次のような違いがあります。

	–던	–(으)ㄴ
공통점	과거의 사실을 현재 이야기합니다. 過去の事実を現在話しています。	
차이점	(1) 과거에 완료되지 않은 행동을 나타낼 때 사용합니다. 過去に完了していない行動を表すときに使います。 • 어제 읽던 책을 어디에 두었지? → 책을 아직 다 안 읽었다는 것을 의미합니다. 本をまだ読み終わっていないことを意味します。	(1) 지금 현재 상황으로 봤을 때 과거에 완료된 행동을 말할 때 사용합니다. 今現在の状況から見たとき、過去に完了した行動を話すときに使います。 • 어제 읽은 책의 제목이 생각 안 나요? → 책을 다 읽었다는 것을 의미합니다. 本を読み終わったことを意味します。
	(2) 과거에 반복적으로 한 일을 회상해서 말합니다. 過去に繰り返したことを回想して話します。 • 떡볶이는 한국에 살 때 먹던 음식이에요. → 한국에 살 때 떡볶이를 여러 번 먹었다는 것을 의미합니다. 韓国に住んでいるとき、トッポッキを何度も食べたことを意味します。	(2) 단순한 과거 사실만 이야기할 뿐 회상의 의미는 없습니다. 単純な過去の事実を話すのみで、回想の意味はありません。 • 떡볶이는 한국에 살 때 먹은 음식이에요. → 떡볶이를 여러 번 먹었는지는 알 수 없고 단순히 먹은 적이 있다는 사실만을 말하고 있습니다. トッポッキを何度も食べたのかは知ることができず、単純に食べたことがあるという事実のみを述べています。

대화를 만들어 볼까요?

Track 063

1 가 자동차 새로 샀어요?

나 아니요, 아버지가 타시던 거예요.

자동차 새로 사다	아버지가 타시다 / 거다
옷을 새로 사다	언니가 입다 / 옷이다
넷북을 새로 사다	오빠가 쓰다 / 거다

2 가 여기 있던 신문 못 봤어요?

나 지수 씨가 보던 거였어요? 제가 버렸는데요.

가 이따가 보려고 했는데…….

여기 있다 / 신문 못 보다	보다
여기 있다 / 빵 못 보다	먹다
여기 있다 / 우유 못 보다	마시다

연습해 볼까요?

1 '-던'을 사용해서 다음 대화를 완성하세요.

(1) 가 이제 텔레비전 드라마를 안 봐요? (재미있게 보다)

나 네, 재미있게 보던 드라마가 지난주에 끝나 버렸거든요.

(2) 가 아이한테 장난감을 많이 사 줬나 봐요. (친구 아이가 가지고 놀다)

나 아니에요. ________________ 장난감을 받은 거예요.

(3) 가 이 팝송 정말 좋지요? (어릴 때 자주 듣다)

나 네, ________________ 팝송이에요.

2 '-던'을 사용해서 다음 대화를 완성하세요.

(1) 가 이 커피 마셔도 돼요? (그건 제가 마시다 / 커피이다)

나 그건 제가 마시던 커피니까 새로 한 잔 타 드릴게요.

(2) 가 이 시간에 밥을 드세요? (아이가 먹다 / 밥이다)

나 네, ________________ 조금 남아서 먹고 있어요.

(3) 가 저기에 열쇠가 떨어져 있네요! (아키라 씨가 찾다 / 열쇠이다)

나 조금 전에 ________________ 저기 있었네요.

02 −더라고요

Track 064

가 웨이밍 씨, 또 청소해요?
ウェイミンさん、また掃除するんですか。

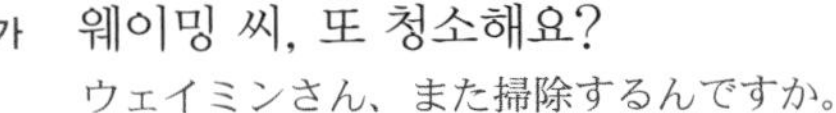

나 날씨가 더워서 창문을 열어 두니까 먼지가 많이 들어오더라고요.
暑くて窓を開けておいたら、ほこりがたくさん入ってくるんです。

가 혹시 카일리 씨 봤어요?
ひょっとして、カイリさん見かけましたか。

나 네, 아까 약속이 있다고 급하게 나가더라고요.
はい。さっき、約束があるって、急いで出て行きましたよ。

문법을 알아볼까요?

이 표현은 말하는 사람이 과거에 직접 보거나 듣거나 혹은 느낀 것을 회상하여 지금 다른 사람에게 전달할 때 사용합니다.

この表現は、話し手が過去に直接見聞きしたことや感じたことを回想して、いまほかの人に伝えるときに使います。

−더라고요		
A/V	크다 입다	크더라고요 입더라고요
N이다	의사이다 학생이다	의사더라고요 학생이더라고요

- 한국에서 여행을 해 보니까 한국에는 정말 산이 많더라고요.
  韓国で旅行をしてみると、韓国には本当に山が多いです。
- 어제 친구들하고 같이 농구를 했는데 희수 씨가 운동을 정말 잘하더라고요.
  昨日友人たちと一緒にバスケットボールをしたんですが、ヒスさんはスポーツが本当に上手なんです。
- 학교 앞에 새로 생긴 커피숍의 커피 맛이 꽤 괜찮더라고요.
  学校の前に新しくできたコーヒーショップのコーヒーの味がなかなかいいんですよ。

더 알아볼까요?

1 이 표현은 말하는 사람이 보거나 들은 것에 대해 사용하기 때문에 보통 주어가 1인칭인 경우에는 사용하지 않습니다.

この表現は、話し手が見たり聞いたりしたことに使うため、普通、主語が1人称の場合には使いません。

- 나는 해외로 여행을 가더라고요. (×)
  → 나는 해외로 여행을 갔어요. (○)

2 이 표현은 말하는 사람이 새롭게 알게 된 사실에만 사용하고 이미 알고 있는 사실에는 사용하지 않습니다.

この表現は、話し手が新しく知った事実にのみ使い、すでに知っている事実には使いません。

- 제 고향은 강이 많더라고요. (×)
  → 제 고향은 강이 많아요. (○)

: 이미 알고 있는 사실이므로 '–더라고요'를 사용할 수 없습니다.
すでに知っている事実なので、–더라고요を使えません。

3 사람의 감정이나 기분, 마음 상태를 나타낼 때는 1인칭 주어도 사용할 수 있습니다. 3인칭의 경우에는 '형용사 + –아/어하다 + –더라고요'로 표현해야 합니다.

人の感情・気分・気持ちを表すときは、主語が1人称でもかまいません。3人称の場合には形容詞 + –아/어하다 + –더라고요で表現しなければなりません。

- 비가 오면 동생은 우울하더라고요. (×)
  → 비가 오면 (저는) 우울하더라고요. (○)
- 그 이야기를 듣고 어머니가 속상하시더라고요. (×)
  → 그 이야기를 듣고 어머니가 속상해하시더라고요. (○)

4 이 표현은 '–더군(요)'나 '–더라'와 별 차이가 없이 사용할 수 있으며 약간 더 강조하는 의미가 있습니다. 하지만 높임말이나 반말에 모두 사용할 수 있는 '–더군(요)'와는 달리 '–더라'는 반말에만 사용할 수 있습니다.

この表現は、–더군요や–더라と大きな違いがなく使うことができ、若干強調する意味があります。しかし、敬語やパンマルのどちらにも使うことができる–더군(요)とは異なり、–더라はパンマルにのみ使うことができます。

- 남자 친구를 사귀다 보니까 가끔은 속상한 일도 생기더라고요.
  = 남자 친구를 사귀다 보니까 가끔은 속상한 일도 생기더군요.
  = 남자 친구를 사귀다 보니까 가끔은 속상한 일도 생기더라.

5 과거에 완료된 일에 대해서는 '–았/었더라고요'를 사용합니다.
過去に完了したことについては、–았/었더라고요を使います。

• 일본에 도착하니까 눈이 오더라고요. 日本に着くと、雪が降っていました。	• 일본에 도착하니까 눈이 왔더라고요. 日本に着くと、雪が降り積もっていました。

: '눈이 오더라고요'는 눈이 오고 있는 모습을 회상해서 말하는 것이고, '눈이 왔더라고요'는 눈이 이미 왔고, 그 당시 그친 상태를 회상해서, 즉 어떤 것이 완료된 것을 회상해서 말하는 것입니다.
눈이 오더라고요は、雪が降っている様子を回想して言うもので、눈이 왔더라고요は雪が降りやんだ状態、すなわち、あることが完了したことを回想して言うものです。

대화를 만들어 볼까요?

Track 065

1 가 어제 본 공연이 어땠어요?
나 아주 재미있더라고요.

어제 본 공연	아주 재미있다
어제 가 본 올림픽공원	정말 넓고 사람이 많다
어제 간 친구 아기 돌잔치	한국에서 처음 가 봐서 신기하다

2 가 마크 씨 봤어요?
나 네, 아까 도서관에서 공부하더라고요.

마크 씨	도서관에서 공부하다
양강 씨	운동장에서 친구들과 축구하다
아키라 씨	커피숍에서 친구와 이야기하다

연습해 볼까요?

아키라 씨가 어제 우연히 은혜 씨의 남자 친구를 봤습니다. 그리고 오늘 자야 씨와 은혜 씨의 남자 친구에 대해서 이야기하고 있습니다. 다음 그림을 보고 '-더라고요'를 사용해서 대화를 완성하세요.

자야　아카라 씨, 어제 은혜 씨 남자 친구를 봤다면서요?

아키라　네, 남자 친구가 아주 (1)멋있게 생겼더라고요. (멋있게 생겼다)

자야　어느 나라 사람인 것 같아요?

아키라　물어보지는 않았는데 (2)____________________. (일본 사람인 것 같다)

자야　키는 어때요? 커요?

아키라　아니요, 키는 조금 (3)____________________. (작다)

자야　무슨 일을 한다고 해요?

아키라　작곡을 한대요. 그래서 그런지 기타를 (4)____________________. (매고 있다)

자야　옷은 어떻게 입었어요?

아키라　하얀색 남방에 찢어진 청바지를 (5)____________________. (입고 있다)

자야　두 사람이 무엇을 하고 있었어요?

아키라　길거리에서 (6)____________________. (이야기하다)

자야　두 사람이 잘 어울려요?

아키라　네, 아주 잘 (7)____________________. (어울리다)

자야　그렇군요. 두 사람이 행복하면 좋겠어요.

아키라　저도 그랬으면 좋겠어요.

03 -던데요

가 집이 작아서 더 이상 물건을 둘 데가 없어서 고민이에요.
家が小さいので、これ以上ものを置くところがなくて心配です。

나 지난번에 갔을 때는 집이 아주 커 보이**던데요**.
このあいだ行ったときは、家がとても大きそうでしたけど。

가 오늘은 사장님 기분이 좀 괜찮아지셨어요?
今日は社長の機嫌がちょっとよくなられましたか。

나 아니요, 아까 보니까 오늘도 얼굴 표정이 안 좋으시**던데요**.
いいえ。さっき見たら、今日も表情がよくなかったですよ。

문법을 알아볼까요?

이 표현은 회상을 나타내는 '-더-'와 배경이나 상황을 제시하거나 반대, 감탄을 나타낼 때 사용하는 '-(으)ㄴ데요'가 결합된 형태입니다. 따라서 과거 일에 대한 느낌이나 감탄, 어떤 상황을 제시할 때 혹은 상대방의 말과 반대되는 것을 말할 때 사용합니다.

この表現は、回想を表す-더-と背景や状況を提示したり反対や感嘆を表したりするときに使う-(으)ㄴ데요が結合した形です。したがって、過去のことに対する感じや感嘆、ある状況を提示するとき、相手のことばと反対のことを言うときに使います。

-던데요			
A/V	-던데요	크다 먹다	크던데요 먹던데요
N이다	(이)던데요	의사 학생	의사던데요 학생이던데요

가 이번 시험이 아주 쉬웠지요?
今回の試験はとても易しかったでしょ。

나 아니요, 저는 지난 시험보다 더 어렵**던데요**.
いいえ、私はこの前の試験よりもっと難しかったです。

가 어제 마크 씨하고 식사하셨지요?
昨日マークさんと食事されたでしょう。

나 네, 마크 씨가 한국 음식을 아주 잘 먹**던데요**.
はい。マークさんが韓国料理をとてもよく食べていました。

가 자야 씨가 학생이지요?
ジャヤさんは学生でしょう。

나 아니요, 은행원**이던데요**. 학교 앞 은행에서 일하더라고요.
いいえ、銀行員ですよ。学校の前の銀行で働いています。

더 알아볼까요?

1 이 표현은 문장 중간에 쓰기도 하는데 이때는 과거의 상황을 제시하거나 과거와 반대되는 상황을 제시합니다.
この表現は、文の中間にも使えます。この場合、過去の状況や、過去と反対の状況を提示します。

- 마크 씨는 좋은 사람 같아 보이던데 한번 만나 보세요.
  マークさんはいい人みたいなので、一度会ってみてください。
- 그 옷이 자야 씨에게 어울리던데 왜 안 샀어요?
  あの服がジャヤさんに似合っていたのに、どうして買わなかったんですか。
- 어제는 많이 춥던데 오늘은 따뜻하네요.
  昨日はとても寒かったのに、今日は暖かいですね。

2 과거에 완료된 일에 대해서는 '–았/었던데요'를 사용합니다.
過去に完了したことについては、–았/었던데요を使います。

가 은혜 씨가 잘 지내고 있지요?
ウネさんはお元気ですか。

나 네, 얼마 전에 회사를 옮겼던데요.
はい。このあいだ会社を移りました。

비교해 볼까요?

회상을 나타내는 '–더라고요'와 '–던데요'는 다음과 같은 차이가 있습니다.
回想を表す–더라고요と–던데요には、次のような違いがあります。

	–더라고요	–던데요
과거 일의 회상 過去のことの回想	사용 가능 使用可能	사용 가능 使用可能
과거의 일에 대해서 상대방이 말한 것과 반대되는 생각이나 의견을 말할 때 過去のことについて相手が言ったことと反対の考えや意見を言うとき	사용할 수 없음. 使用不可 가 그 영화 정말 재미없었죠? 나 아니요, 저는 재미있더라고요. (×) → '–더라고요' 상대방의 의견과 반대되는 의견을 말할 때는 사용할 수 없습니다. –더라고요は、相手の意見と反対の意見を言うときには使えません。	사용 가능 使用可能 가 그 영화 정말 재미없었죠? 나 아니요, 저는 재미있던데요. (○) → 상대방의 의견과 반대되는 의견을 말한 것인데 이것은 '–던'과 결합한 '–(으)ㄴ데'에 이러한 특성이 있기 때문입니다. 相手の意見と反対の意見を述べたものですが、これは–던と結合した–(으)ㄴ데に、このような特性があるためです。

대화를 만들어 볼까요?

Track 067

1 가 태권도를 배우기가 어렵지요?
나 아니요, 배워 보니까 생각보다 쉽던데요.

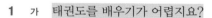

태권도를 배우기가 어렵다	배워 보니까 생각보다 쉽다
김치가 맵다	먹어 보니까 생각보다 안 맵다
그 배우가 예쁘다	실제로 보니까 텔레비전으로 볼 때보다 예쁘지 않다

2 가 독감 예방 주사를 맞으러 병원에 다녀왔어요?
나 네, 저 말고도 예방 주사를 맞으러 온 사람들이 많던데요.

Tip
독감 예방 주사 インフルエンザ予防注射
야경 夜景

독감 예방 주사를 맞으러 병원에 다녀오다	저 말고도 예방 주사를 맞으러 온 사람들이 많다
어제 남산에 올라가다	남산에서 본 서울 야경이 아주 아름답다
오후에 양강 씨하고 탁구를 치다	양강 씨가 탁구를 정말 잘 치다

연습해 볼까요?

1 '-던데요'를 사용해서 다음 대화를 완성하세요.

(1) 가 수지가 왜 아직도 집에 안 오지? (놀이터에서 놀고 있다)

나 아까 집에 오다 보니까 <u>놀이터에서 놀고 있던데요</u>.

(2) 가 양강 씨가 열심히 공부하지요? (12시까지 공부하다)

나 네, 어젯밤에도 ______________________.

(3) 가 저기 앉아 있는 사람이 누구예요? (조금 전에 자야 씨랑 같이 오다)

나 저도 잘 모르겠어요. ______________________________.

(4) 가 수영 씨가 어디에 갔지요? (아까 친구하고 같이 극장에 가다)

나 ______________________________.

(5) 가 어제 간 식당이 어땠어요? (분위기가 아주 좋다)

나 ______________________.

2 '-던데요'를 사용해서 다음 대화를 완성하세요.

가 지난 주말에 마크 씨 집에 다녀왔지요? 마크 씨 집은 가까워요?

나 아니요, 생각보다 (1)<u>멀던데요</u>. 지하철로 1시간 정도 걸렸어요.

가 그래요? 지하철에서 내려서 집을 찾기는 쉬웠어요?

나 아니요, 골목길이 복잡해서 찾기가 (2)__________________.

가 그랬군요. 집은 어때요? 깨끗하죠?

나 네, 아주 (3)__________________.

가 마크 씨는 남동생하고 같이 살지요? 남동생도 마크 씨처럼 키가 커요?

나 네, 정말 (4)__________________.

가 마크 씨가 요리는 잘해요?

나 네, 아주 (5)__________________.

남동생하고 같이 불고기를 만들어 주었는데 정말 맛있더라고요.

8장 확인해 볼까요?

〔1～2〕 다음 밑줄 친 부분과 바꿔 쓸 수 있는 것을 고르세요.

1 이것은 제 아이가 입던 옷이에요. 지금은 작아져서 친구 아이에게 주려고 해요.

① 이것은 제 아이가 예전에 여러 번 입었어요
② 이것은 제 아이가 예전에 여러 번 입던데요
③ 이것은 제 아이가 예전에 여러 번 입더라고요
④ 이것은 제 아이가 예전에 여러 번 입은 모양이에요

2 외국에 살다 보니까 가끔은 속상한 일도 생기더라고요.

① 속상한 일도 생기더군요
② 속상한 일도 생길 만해요
③ 속상한 일도 생길 듯 해요
④ 속상한 일도 생길 줄 알았어요

3 다음 중 밑줄 친 곳에 적당하지 않은 대답을 고르세요.

가 신종플루 예방 주사를 맞았어요?
나 네, ______________________.

① 많이 아프더군요
② 많이 아프던데요
③ 많이 아프더라고요
④ 많이 아프겠더라고요

4 다음 중 밑줄 친 곳에 맞는 대답을 고르세요.

가 저 음악을 많이 들어 본 것 같은데 혹시 뭔지 아니?
나 어릴 때 내가 ______________________.

① 자주 듣던 음악이잖아
② 자주 들으려던 음악이잖아
③ 자주 들을 만한 음악이잖아
④ 자주 들었을지도 모를 음악이잖아

〔5～6〕 다음 중 맞는 문장을 찾으세요.

5 ① 지난주에 가 보던 공원에 갈까요?
② 아까 제가 마셨던 커피를 버렸어요?
③ 대학교 때 자주 가던 식당에 다시 가 보고 싶어요.
④ 떡볶이는 한국에 살았을 때 자주 먹는 음식이에요.

6 ① 저는 어제 불고기를 안 먹더라고요.
② 그 이야기를 듣고 어머니께서 속상하더라고요.
③ 제가 어제 아키라 씨 집에 가니까 벌써 고향에 가더라고요.
④ 집 근처에 새로 생긴 신발 가게의 물건이 꽤 괜찮더라고요.

피동을 나타낼 때

受身の表現

본 장에서는 피동을 표현할 때 사용하는 다양한 문법 표현을 배웁니다. 피동은 일부 동사의 어간에 피동형 접사 '–이/히/리/기–'를 결합하여 만들기도 하고, 일부 동사에 '–아/어지다'나 '–게 되다'를 붙여서 만들기도 합니다. 피동은 단어에 따라서 사용법이 다르기 때문에 외국 학생들이 많이 힘들어합니다. 그렇지만 피동 표현을 잘 사용하면 한국 사람들이 정말 한국말을 잘한다고 할 것입니다.

この章では、受身を表現するときに使う多様な文法表現を学びます。受身は一部の動詞の語幹に受身形の接辞–이/히/리/기–を結合して作りもし、一部の動詞に–아/어지다や–게 되다を付けて作りもします。受身は単語によって使い方が異なるため、多くの外国の学生たちが難しいと感じるようです。しかし、受身表現をうまく使用すれば韓国人たちが本当に韓国語が上手だと言うでしょう。

01 단어 피동 (–이/히/리/기–)
02 –아/어지다
03 –게 되다

01 단어 피동 (–이/히/리/기–)

Track 068

가 아이가 인형을 안아요.
子どもが人形を抱きます。

나 아이가 할아버지에게 안겼어요.
子どもがおじいさんに抱かれています。

가 마크 씨가 문을 열어요.
マークさんがドアを開けます。

나 문이 열렸어요. / 문이 열려 있어요.
ドアが開きました。/ドアが開いています。

문법을 알아볼까요?

이 표현은 주어의 행동이 다른 사람의 행동 때문에 이루어지거나 주어가 직접 한 것이 아니라 다른 일이나 사람 때문에 그런 상황이 됐을 때 사용합니다. 이 표현은 일부 동사에 '–이/히/리/기–'를 붙여서 만듭니다.
この表現は、主語の行動がほかの人の行動によって成立したとき、主語が直接したことではなくほかのことや人によってそのような状況になったときに使います。この表現は、一部の動詞に–이/히/리/기–を付けて作ります。

동사	+	–이/히/리/기–	→	피동사
쓰다	+	–이–	→	쓰이다
읽다	+	–히–	→	읽히다
팔다	+	–리–	→	팔리다
씻다	+	–기–	→	씻기다

자주 쓰이는 피동사는 다음과 같습니다.

よく使われる受身動詞は次のとおりです。

이		히		리		기	
놓다 置く	놓이다 置かれる	닫다 閉める	닫히다 閉まる	걸다 かける	걸리다 かかる	끊다 切る	끊기다 切れる
바꾸다 変える	바뀌다 変わる	읽다 読む	읽히다 読まれる	듣다 聞く	들리다 聞こえる	안다 抱く	안기다 抱かれる
보다 見る	보이다 見える	막다 ふさぐ	막히다 ふさがる	열다 開ける	열리다 開く	쫓다 追う	쫓기다 追われる
쓰다 使う, 書く	쓰이다 使われる, 書かれる	잡다 捕まえる	잡히다 捕まる	팔다 売る	팔리다 売れる	찢다 引き裂く	찢기다 引き裂かれる
잠그다 (鍵を) かける	잠기다 (鍵が) かかる	먹다 食べる	먹히다 食べられる	밀다 押す	밀리다 押される	씻다 洗う	씻기다 洗われる

단어 피동은 다음과 같은 형태로 사용됩니다. 즉, 오른쪽에 있는 주동형이 피동형이 되면 왼쪽에 있는 문장의 형태로 바뀌게 됩니다.

語彙受身は次のような形で使用されます。すなわち、右側にある能動形が受身形になると、左側にある文の形に変わります。

(1)

피동	←	주동
N_2이/가 N_1에게 V + –이/히/리/기–	←	(N_1이/가 N_2을/를 V)
• 범인이 경찰에게 잡혔어요. 犯人が警察に捕まりました。	←	(경찰이 범인을 잡았어요.) 警察が犯人を捕まえました。
• 쥐가 고양이에게 쫓기고 있어요. ネズミが猫に追われています。	←	(고양이가 쥐를 쫓고 있어요.) 猫がネズミを追っています。

이 형태로 많이 쓸 수 있는 동사는 '쫓기다, 먹히다, 잡히다, 안기다, 읽히다' 등이 있습니다.

この形で多く使うことができる動詞には、쫓기다、먹히다、잡히다、안기다、읽히다等があります。

(2)

피동	←	주동
N이/가 V + -이/히/리/기-	←	(N을/를 V)
• 시끄러운 음악이 들려요. うるさい音楽が聞こえます。	←	(시끄러운 음악을 들어요.) うるさい音楽を聞きます。
• 제 전화번호가 바뀌었어요. 私の電話番号が変わりました。	←	(제가 전화번호를 바꿨어요.) 私が電話番号を変えました。

이 형태로 많이 쓸 수 있는 동사는 '들리다, 보이다, 바뀌다, 막히다, 팔리다, 풀리다, 끊기다, 열리다, 잠기다, 닫히다' 등이 있습니다.

この形で多く使うことができる動詞には、들리다、보이다、바뀌다、막히다、팔리다、풀리다、끊기다、열리다、잠기다、닫히다等があります。

(3)

피동	←	주동
N_2이/가 N_1에 V + -이/히/리/기- + -아/어 있다	←	(N_1에 N_2을/를 V)
• 시계가 벽에 걸려 있어요. 時計が壁にかかっています。	←	(벽에 시계를 걸었어요.) 壁に時計をかけました。
• 가방이 책상 위에 놓여 있어요. カバンが机の上に置かれています。	←	(책상 위에 가방을 놓았어요.) 机の上にカバンを置きました。

이 형태로 많이 쓸 수 있는 동사는 '쓰이다, 놓이다, 쌓이다, 걸리다, 꽂히다' 등이 있습니다.

この形で多く使うことができる動詞には、쓰이다、놓이다、쌓이다、걸리다、꽂히다等があります。

대화를 만들어 볼까요?

Track 069

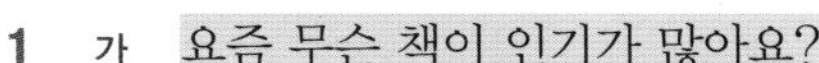

1 가 요즘 무슨 책이 인기가 많아요?

나 이 책이 사람들에게 많이 읽히는 것 같아요.

요즘 무슨 책이 인기가 많다	이 책이 사람들에게 많이 읽히다
친구가 왜 전화를 끊었다	지하철 안이라서 전화가 끊겼다
동생이 왜 울다	동생이 형에게 장난감을 빼앗겼다

2 가 지난번에 우리가 같이 찍은 사진이 어디에 있어요?

나 제 방 벽에 걸려 있어요.

지난번에 우리가 같이 찍은 사진	벽에 걸리다
새로 산 컴퓨터	책상 위에 놓이다
지난번에 받은 책	책장에 꽂히다

연습해 볼까요?

1 다음 그림을 보고 피동 문장으로 대화를 완성하세요.

(1) 

가 발이 아파요?

나 네, 아침에 복잡한 버스 안에서 발이 **밟혀서** 아파요.

(2) 

가 왜 그렇게 짜증이 났어요?

나 옆집에서 음악 소리가 너무 크게 ______________ 공부를 할 수가 없어요.

(3) 

가 교실의 창문이 ______________ 추운 것 같아요.

나 그럼, 제가 창문을 닫을게요.

2 다음 [보기]에서 알맞은 단어를 찾아 피동으로 바꿔 대화를 완성하세요.

보기	잠그다	쓰다	걸다	막다	풀다	보다

(1) 가 왜 집에 안 들어가고 있어요?

나 문이 **잠겨 있어요**. 지금 열쇠가 없어서 엄마를 기다리고 있어요.

(2) 가 민수 씨, 운동화 끈이 ______________.

나 고마워요. 다시 묶어야겠어요.

(3) 가 저기 벽에 __________ 있는 사진은 누구 사진이에요?

나 고향에 계신 부모님 사진이에요.

(4) 가 퇴근 시간도 아닌데 왜 이렇게 길이 ______________?

나 저쪽에서 공사를 하고 있는 것 같아요.

(5) 가 칠판에 무엇이 __________ 있어요?
오늘 안경을 안 가지고 와서 안 ______________.

나 오늘 배울 문법이에요. 이따가 제 공책을 보여 줄게요.

02 –아/어지다

Track 070

가 우리 반 친구들하고 언제 식사할까요?
うちのクラスメートたちといつ食事しましょうか。

나 저는 아무 때나 괜찮아요. 약속이 정**해지**면 알려 주세요.
私はいつでも大丈夫です。約束が決まったら知らせてください。

가 왜 그렇게 힘들게 쓰고 있어요?
どうしてそんなに大変そうに書いているんですか。

나 볼펜이 안 좋은 것 같아요. 글씨가 잘 안 **써져요**.
ボールペンがよくないようです。字がうまく書けません。

문법을 알아볼까요?

이 표현도 단어 피동처럼 주어의 행동이 다른 사람의 행동 때문에 이루어지거나 주어가 직접 한 것이 아니라 다른 일이나 사람 때문에 그런 상황이 됐을 때 사용합니다. 피동을 만드는 '–이/히/리/기–'가 붙지 않는 동사에 붙여서 사용합니다.

この表現も、語彙受身と同様、主語の行動がほかの人の行動によって成立したとき、主語が直接したのではなくほかのことや人によってそのような状況になったときに使います。受身を作る–이/히/리/기–が付かない動詞に付けて使います。

–아/어지다				
V	과거	–아/어졌어요	켜다 쓰다	켜졌어요 써졌어요
	현재	–아/어져요	켜다 쓰다	켜져요 써져요
	미래 / 추측	–아/어질 거예요	켜다 쓰다	켜질 거예요 써질 거예요

- 휴대 전화가 안 켜져요. 고장이 난 것 같아요.
  携帯電話の電源が入りません。故障したようです。
- 커피가 다 쏟아져서 가방에 얼룩이 생겼어요.
  コーヒーが全部こぼれてカバンにしみがつきました。
- 어젯밤에 제가 컴퓨터를 안 끄고 잤는데 아침에 일어나니까 꺼져 있었어요.
  夕べ私がコンピューターを消さずに寝たんですが、朝起きてみたら消えていました。

더 알아볼까요?

1 능동형에 '–아/어지다'가 붙으면 다음과 같은 형태가 됩니다.
能動形に–아/어지다が付くと、次のような形になります。

피동	←	능동
N이/가 V + –아/어지다	←	(N을/를 V)
음료수가 쏟아졌어요.	←	음료수를 쏟았어요.
접시가 깨졌어요.	←	접시를 깼어요.

2 이 표현은 '–이/히/리/기–'가 붙지 않는 동사에 사용하지만 요즘에는 '–이/히/리/기–'가 붙는 동사에도 사용하는 경우가 있습니다.
この表現は、–이/히/리/기–が付かない動詞に使いますが、最近は–이/히/리/기–が付く動詞にも使う場合があります。

- 전화를 끊었어요. → 전화가 끊겼어요. / 끊어졌어요.
  電話が切れました。
- 공책에 글씨를 썼어요. → 공책에 글씨가 쓰여 있어요. / 써져 있어요.
  ノートに字が書かれています。

3 형용사 뒤에 '–아/어지다'를 쓰면 상태의 변화를 나타냅니다. 이것은 초급 단계에서 배웠으므로 참고하시기 바랍니다.
形容詞の後ろに–아/어지다を使うと、状態の変化を表します。これは初級文法の本で学んだので参考にしてください。

- 미나 씨가 정말 예뻐졌어요.
  ミナさんが本当にきれいになりました。
- 청소를 해서 방이 깨끗해졌어요.
  掃除をして部屋がきれいになりました。

대화를 만들어 볼까요?

1 가 휴대 전화가 어떻게 고장이 났어요?
나 숫자 버튼이 안 눌러져요.

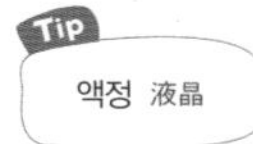

숫자 버튼을 안 누르다
전원을 안 켜다
떨어뜨려서 액정을 깼다

2 가 누가 유리창을 깼어요?
나 잘 모르겠어요. 아침에 보니까 깨져 있었어요.

유리창을 깨다	아침에 보니까 깨다
냉장고를 고치다	집에 돌아와 보니 고치다
에어컨을 켜다	교실에 들어오니까 켜다

연습해 볼까요?

1 '-아/어지다'를 사용해서 다음 대화를 완성하세요.

(1) 가 이 옷에 얼룩이 묻었어요. (안 지우다)
나 세탁소에 맡겼는데 안 지워졌어요.

(2) 가 왜 그렇게 놀란 표정이에요? (깨다)
나 유리창이 ________________ 다칠 뻔했어요.

(3) 가 날씨가 너무 추우니까 빨리 봄이 오면 좋겠어요. (기다리다)
나 저도 봄이 ________________. 봄이 되면 예쁜 꽃도 보고 싶어요.

2 '-아/어지다'를 사용해서 다음 대화를 완성하세요.

(1) 가 왜 자꾸 다시 물어봐요? (사실을 안 믿다)
나 수미 씨가 결혼한다는 사실이 안 믿어져요.

(2) 가 여름휴가 때 여행을 같이 갈까요? (돈이 없어서 망설이다)
나 저도 가고 싶지만 ________________________.

(3) 가 운전 중에 전화를 받으면 안 되는 법이 있지요? (법을 잘 안 지키다)
나 네, 하지만 ________________________.

03 -게 되다

Track 072

가 자야 씨가 입원했다면서요?
ジャヤさんが入院したそうですね。

나 며칠 전에 교통사고가 나서 입원하게 되었어요.
何日か前に交通事故が起きて入院することになりました。

가 요즘에 남편하고 사이가 좋아졌어요?
最近ご主人と仲がよくなったんですか。

나 네, 서로 이야기를 많이 한 후에 서로 잘 이해하게 되었어요.
はい。よく話し合ってから、お互いよく理解するようになりました。

문법을 알아볼까요?

이 표현도 피동을 나타낼 때 사용되는데 어떤 일이 주어의 의지와 관계 없이 일어날 때 사용합니다.
この表現も受身を表すときに使用されますが、あることが主語の意志と関係なく起こるときに使います。

-게 되다				
V	과거	-게 되었어요	가다 먹다	가게 되었어요 먹게 되었어요
	현재	-게 돼요	가다 먹다	가게 돼요 먹게 돼요
	미래 / 추측	-게 될 거예요	가다 먹다	가게 될 거예요 먹게 될 거예요

- 한국으로 유학을 와서 작년부터 서울에 살게 되었어요.
  韓国に留学で来て、去年からソウルに住むようになりました。
- 친구가 이 가게를 좋아하니까 저도 자주 오게 돼요.
  友だちがこのお店が好きなので、自然と私もよく来ます。
- 다음 학기에 친구들이 모두 고향으로 돌아가고 저만 혼자 한국에 남게 될 것 같아요.
  来学期には友人たちがみんな田舎に帰って、私一人だけ韓国に残ることになりそうです。

더 알아볼까요?

1 이 표현은 현재 이루어진 일이나 결정된 일에 대해서는 과거 형태인 '–게 되었어요'를 많이 사용합니다. '–게 되었어요'는 줄여서 '–게 됐어요'로 사용하기도 합니다.
この表現は、現在成立していることについては、過去形の–게 되었어요を多く使います。–게 되었어요は–게 됐어요の形で使うこともあります。

- 회사 사정이 안 좋아서 이번 달에 회사를 그만두게 되었어요.
  会社の状況がよくなくて、今月会社を辞めることになりました。

2 이 표현은 자신에게 일어난 일을 직설적이지 않게 부드럽게 표현하고 싶을 때 사용하기도 합니다. 이렇게 말하면 말하거나 들을 때 직설적으로 표현할 때보다 편안함을 줄 수 있습니다.
この表現は、自分に起こったことをストレートでなく婉曲に表現したいときに使うこともあります。このように言うと、話したり聞いたりしたときに、ストレートに表現するときよりもやわらかい感じを与えられます。

- 이번 학기에는 제가 장학금을 받게 되었습니다.
  : 이것은 '장학금을 받았습니다.'보다 부드럽게 표현한 것입니다.
  これは장학금을 받았습니다よりやわらかく表現したものです。

3 이 표현은 '변화의 결과'를 나타낼 때도 사용합니다.
この表現は、「変化の結果」を表すときにも使います。

- 옛날에는 축구를 안 좋아했는데 남자 친구와 자주 보다 보니 좋아하게 되었어요.
  昔はサッカーが好きではなかったのですが、ボーイフレンドと何度も見ているうちに好きになりました。
- 친구들과 노래방에 가서 자주 연습하니까 노래를 잘하게 되었어요.
  友人たちとカラオケに行ってしょっちゅう練習していたら、歌が上手になりました。

대화를 만들어 볼까요?

Track 073

1 가 한국에 왜 왔어요?
나 교환 학생으로 뽑혀서 한국에 오게 되었어요.

한국에 왜 오다	교환 학생으로 뽑혀서 한국에 오다
철수 씨가 어느 회사에 취직하다	다음 달부터 무역 회사에서 일하다
지금 살고 있는 하숙집을 어떻게 찾다	친구의 소개로 찾다

2 가 부산으로 이사를 갈 거예요?
나 네, 남편 직장 때문에 가게 되었어요.

Tip
장사가 안 되다
商売がうまくいかない

부산으로 이사를 가다	남편 직장 때문에 가다
가게 문을 닫다	장사가 잘 안 돼서 문을 닫다
다음 달에 전시회를 열다	친구들이 도와준 덕분에 열다

연습해 볼까요?

1 '-게 되다'를 사용해서 다음 대화를 완성하세요.

(1) 가 처음부터 혼자 살았어요?
나 지난달에 같이 살던 친구가 이사를 가서 혼자 살게 되었어요.

(2) 가 어떻게 남자 친구를 만났어요?
나 한국에 먼저 온 친구의 소개로 ____________________.

(3) 가 왜 그 전공을 선택했어요?
나 아버지가 하라고 하셔서 ____________________.

(4) 가 뚜완 씨는 요리를 자주 하는 것 같아요.
나 한국에 와서 혼자 사니까 요리를 자주 ____________________.

(5) 가 영미 씨를 어떻게 알아요?
나 지난 학기에 같은 수업을 들어서 ____________________.

2 다음 [보기]에서 알맞은 단어를 찾아 '-게 되다'를 사용해서 쓰세요.

보기	옮기다	사랑하다	잃다	일하다	갖다

진수 씨는 회사가 너무 멀어서 집에서 가까운 곳으로 (1)옮기게 되었지만 새 회사가 마음에 들지 않았습니다. 그래서 점점 일하는 것에 흥미를 (2)____________________. 그러던 중 어느 날부터 같이 일하는 영아 씨에게 관심을 (3)____________________. 마침내 두 사람은 서로 (4)____________________. 두 사람은 서로 사랑하면서 열심히 (5)____________________. 결국 일에 흥미가 없던 진수 씨는 자기가 하는 일을 좋아하게 되었습니다.

9장 확인해 볼까요?

1 다음 밑줄 친 부분과 바꿔 쓸 수 있는 것을 고르세요.

엘리베이터 안이라서 전화가 끊어졌어요.

① 전화를 끊었어요　② 전화가 끊겼어요
③ 전화가 안 왔어요　④ 전화를 못 받았어요

〔2～3〕 다음 중 밑줄 친 곳에 들어갈 말을 고르세요.

2

가　발을 다쳤어요?
나　네, 아침에 버스 안이 복잡해서 다른 사람에게 ＿＿＿＿＿＿＿＿.

① 밟았어요　② 밟혔어요
③ 밟혀졌어요　④ 밟은 것 같아요

3

가　서울로 이사 가신다면서요?
나　네, 아이들 공부 때문에 ＿＿＿＿＿＿＿＿.

① 이사 가도록 해요　② 이사 가게 되었어요
③ 이사 갈 줄 알았어요　④ 이사 가려던 참이에요

4 다음 밑줄 친 부분의 의미가 다르게 쓰인 것을 고르세요.

① 한국에 와서 많이 먹는 바람에 뚱뚱해졌어요.
② 날씨가 너무 추우니까 따뜻한 봄이 기다려져요.
③ 유학을 가고 싶지만 돈이 없어서 자꾸 망설여져요.
④ 드라마의 감동스러운 장면을 보고 눈물이 쏟아졌어요.

5 다음 밑줄 친 것 중 맞는 것을 찾으세요.

① 동생이 과자를 먹혀 있어요.
② 바람이 불어서 문이 닫게 되었어요.
③ 운동화의 끈이 풀어져서 다시 묶었어요.
④ 저는 한국에 온 후에 처음으로 외국에서 살아졌어요.

6 다음 밑줄 친 것 중 틀린 것을 찾으세요.

① 벽에 시계가 걸려 있어요.
② 책장에 책이 꽂쳐 있어요.
③ 책상 위에 가방이 놓여 있어요.
④ 책상 정리를 못해서 책이 쌓여 있어요.

10장

사동을 나타낼 때

使役の表現

본 장에서는 사동 표현에 대해 배웁니다. 사동 표현은 초급 단계에서는 배우지 않고 중급에서 처음 나오는 것입니다. 앞 장에 나오는 피동과 함께 한국 사람이 많이 사용하는 표현이지만 외국인들은 많이 틀리는 문법입니다. 또한 어떤 언어는 능동과 사동의 형태가 같은 경우도 많아서 사용할 때 헷갈리는 사람들이 많습니다. 사동은 형용사와 동사에 '–이/히/리/기/우/추–'를 붙여서 만들거나 동사에 '–게 하다'를 붙여서 만듭니다. 형용사와 동사에 '–이/히/리/기/우/추–'를 붙일 때는 모든 형용사와 동사에 다 사용할 수 있는 것은 아니기 때문에 반드시 사동사를 다 외워야 할 것입니다.

この章では使役表現について学びます。使役表現は初級段階では学ばず、中級で初めて出てくるものです。前章に出てくる受身とともに、韓国人が多く使う表現ですが、外国人たちがよく間違える文法です。また、ある言語では能動と使役の形が同じ場合も多く、使うときに混乱する人も多いです。使役は形容詞と動詞に–이/히/리/기/우/추–を付けたり、動詞に–게 하다を付けたりして作ります。形容詞と動詞に–이/히/리/기/우/추–を付けるときは、すべての形容詞と動詞に使えるわけではないため、必ず使役動詞を覚えなければなりません。

01 단어 사동 (–이/히/리/기/우/추–)

02 –게 하다

01 단어 사동 (–이/히/리/기/우/추–)

가 진주가 왜 울어요?
チンジュがどうして泣いてるんですか。

나 오빠가 진주를 울렸거든요.
お兄ちゃんがチンジュを泣かせたんです。

가 아기가 밥을 먹습니다.
子どもがごはんを食べます。

나 어머니가 아기에게 밥을 먹입니다.
母が子どもにごはんを食べさせます。

문법을 알아볼까요?

이 표현은 문장의 주어가 사람이나 동물, 사물 등에 어떤 행동을 하게 하거나 어떤 상태에 이르도록 하는 것을 의미합니다. 일부 동사와 형용사 어간에 '–이/히/리/기/우/추–'를 붙여서 만듭니다.

この表現は、文章の主語が人・動物・事物などにある行動をさせたり、ある状態に至らしめることを意味します。一部の動詞と形容詞の語幹に、–이/히/리/기/우/추–を付けて作ります。

동사	+	–이/히/리/기/우/추–	→	사동사
먹다	+	–이–	→	먹이다
앉다	+	–히–	→	앉히다
울다	+	–리–	→	울리다
웃다	+	–기–	→	웃기다
깨다	+	–우–	→	깨우다
늦다	+	–추–	→	늦추다

자주 쓰이는 사동사는 다음과 같습니다.

よく使われる使役動詞は次のとおりです。

이		히		리		기		우		추	
먹다 食べる	먹이다 食べさせる	읽다 読む	읽히다 読ませる	알다 知る	알리다 知らせる	웃다 笑う	웃기다 笑わせる	깨다 起きる	깨우다 起こす	늦다 遅い	늦추다 遅らせる
죽다 死ぬ	죽이다 殺す	앉다 座る	앉히다 座らせる	살다 生きる	살리다 生かす	맡다 引き受ける	맡기다 任せる	자다 寝る	재우다 寝かす	낮다 低い	낮추다 低める
보다 見る	보이다 見せる	눕다 横たわる	눕히다 横たえる	울다 泣く	울리다 泣かす	벗다 脱ぐ	벗기다 脱がす	타다 乗る	태우다 乗せる		
속다 だまされる	속이다 だます	입다 着る	입히다 着せる	듣다 聞く	들리다 聞かせる	씻다 洗う	씻기다 洗わせる	서다 立つ	세우다 立てる		
녹다 溶ける	녹이다 溶かす	익다 慣れる	익히다 慣らす	걷다 歩く	걸리다 歩かせる	굶다 飢える	굶기다 飢えさせる	쓰다 かぶる	씌우다 かぶせる		
끓다 沸く	끓이다 沸かす	맞다 当たる	맞히다 当てる	놀다 遊ぶ	놀리다 遊ばせる	감다 （髪を） 洗う	감기다 （髪を） 洗わせる				
붙다 付く	붙이다 付ける	넓다 広い	넓히다 広げる	돌다 回る	돌리다 回す	남다 残る	남기다 残す				

사동 표현은 문장을 만들 때 다음과 같은 형태로 만듭니다. 즉, 오른쪽에 있는 주동형의 문장이 사동형이 되면 왼쪽에 있는 문장 형태로 바뀌게 됩니다.

使役表現は次のように作ります。すなわち、右側にある能動形の文が、左側にある使役形の文に変わります。

(1)

사동	주동
N_2이/가 N_1을/를 V + -이/히/리/기/우/추-	(N_1이/가 자동사)
• 웨이밍 씨가 자야 씨를 웃겼어요. ウェイミンさんがジャヤさんを笑わせました。	(자야 씨가 웃고 있어요.) ジャヤさんが笑っています。
• 엄마가 아이들을 깨웠어요. お母さんが子どもたちを起こしました。	(아이들이 깼어요.) 子どもたちが起きました。
• 수영 씨가 커피를 마시려고 물을 끓이고 있어요. スヨンさんがコーヒーを飲もうとお湯を沸かしています。	(물이 끓고 있어요.) お湯が沸いています。

(2)

사동	주동
N_3이/가 N_1에게 N_2을/를 V + -이/히/리/기/우/추-	(N_1이/가 N_2을/를 타동사)
• 소영 씨가 친구들에게 결혼식 사진들을 보여 줬어요. ソヨンさんが友人たちに結婚式の写真を見せました。	(친구들이 사진을 봤어요.) 友人たちが写真を見ました。
• 영미 씨가 학생들에게 책을 많이 읽힙니다. ヨンミさんが学生たちに本をたくさん読ませます。	(학생들이 책을 많이 읽어요.) 学生たちが本をたくさん読みます。
• 할아버지가 아이들에게 옛날이야기를 들려주세요. おじいさんが子どもたちに昔話を聞かせてくださいます。	(아이들이 할아버지의 이야기를 자주 들어요.) 子どもたちがおじいさんの話をよく聞きます。

(3)

사동	주동
N_2이/가 N_1을/를 A + -이/히/리/기/우/추-	(N_1이/가 형용사)
• 아이들이 방을 더럽혔습니다. 子どもたちが部屋を汚しました。	(방이 더럽습니다.) 部屋が汚いです。
• 아빠가 의자의 높이를 낮췄습니다. お父さんが椅子の高さを低くしました。	(의자의 높이가 낮습니다.) 椅子の高さが低いです。

더 알아볼까요?

1 동사 중에는 피동과 사동 형태가 같은 것이 있는데 문맥에서 구별을 합니다.
動詞の中には受身と使役の形が同じものがありますが、文脈で区別します。

- 이 책은 많은 사람들에게 읽혔습니다. – 피동사
  この本は多くの人たちに読まれました。 – 受身動詞
- 선생님은 영수에게 책을 읽혔습니다. – 사동사
  先生はヨンスに本を読ませました。 – 使役動詞
- 우리 방에서는 바다가 보입니다. – 피동사
  私たちの部屋からは海が見えます。 – 受身動詞
- 친구에게 남자 친구 사진을 보여 주었습니다. – 사동사
  友だちにボーイフレンドの写真を見せました。 – 使役動詞

피동과 사동의 형태가 같은 것 중에 많이 쓰이는 것은 다음과 같습니다.
受身と使役の形が同じものの中で、多く使われるのは次のとおりです。

기본 동사	피동사	사동사
보다	보이다	보이다
듣다	들리다	들리다
읽다	읽히다	읽히다
씻다	씻기다	씻기다

9장 '피동을 나타낼 때'를 참조하세요.
9章 受身の表現を参照してください。

2 사동과 피동의 형태가 같은 경우이거나 혹은 같지 않은 경우에라도 사동 형태를 분명하게 하고 싶을 때는 '–아/어 주다'를 붙입니다.
使役と受身の形が同じ場合、あるいは同じでなくても使役形であることをはっきりさせたい場合、–아/어 주다を付けます。

- 라라는 더러워진 고양이를 씻겼어요.
  = 라라는 더러워진 고양이를 씻겨 줬어요.
  ララは汚れた猫を洗ってやりました。
- 엄마는 아이에게 예쁜 구두를 신겼습니다.
  = 엄마는 아이에게 예쁜 구두를 신겨 줬습니다.
  お母さんは子どもにかわいい靴を履かせてやりました。

대화를 만들어 볼까요?

Track 075

1 가 책에 포스트잇이 많이 붙어 있네요.
나 저는 중요한 부분마다 포스트잇을 붙이거든요.

Tip
포스트잇
ポストイット

책에 포스트잇이 많이 붙어 있다	저는 중요한 부분마다 포스트잇을 붙이다
주방에서 물이 끓고 있다	커피를 마시고 싶어서 물을 끓이고 있다
아이들이 방에서 자고 있다	엄마가 9시면 아이들을 재우다

2 가 날씨가 정말 추워요.
나 그래요? 그럼 아이에게 따뜻한 옷을 입혀야겠어요.

Tip
맡기다
任せる

날씨가 정말 춥다	아이에게 따뜻한 옷을 입히다
이 책은 정말 좋은 책이다	우리 아이에게도 읽히다
민영호 씨가 일을 정말 잘하다	이번 일을 그 사람에게 맡기다

연습해 볼까요?

아래는 카일리 씨의 하루입니다. 다음 그림을 보고 사동 표현으로 문장을 완성하세요.

(1) 카일리 씨는 아침마다 자는 아이들을 깨워요.
(2) 그리고 욕실로 데리고 가서 아이들을 ___________.
(3) 아이들에게 밥을 ___________.
(4) 유치원복을 ___________고 모자도 ___________.
(5) 그리고 아이들을 유치원 버스에 ___________.
(6) 아이들이 유치원에서 돌아오면 더러워진 아이들의 옷을 ___________.
(7) 그리고 아이들에게 책을 ___________.
(8) 밤이 되면 자장가를 부르며 아이들을 ___________.

02 −게 하다

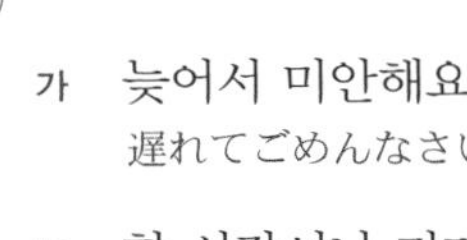

Track 076

가 늦어서 미안해요.
遅れてごめんなさい。

나 한 시간이나 기다리게 하면 어떻게 해요?
1時間も待たせて、どういうつもりですか。

가 자야 씨에게 주려고 산 꽃이에요.
ジャヤさんにあげようと買った花です。

나 정말이요? 양강 씨는 저를 너무 행복하게 해요.
本当ですか。ヤンガンさんは私をとても幸せにしてくれます。

문법을 알아볼까요?

1 이 표현은 어떤 사람에게 어떤 행동을 하도록 시킨다는 의미로 동사 다음에 '–게 하다'를 붙여 사용합니다. 자동사일 때는 'N1이/가 N2을/를 V–게 하다'로 사용하고 타동사일 때는 'N1이/가 N2에게 V–게 하다'로 사용합니다.
この表現は、ある人にある行動をするようにさせるという意味で、動詞の後に–게 하다を付けて使います。自動詞のときはN1이/가 N2을/를 V–게 하다の形で使い、他動詞のときにはN1이/가 N2에게 V–게 하다の形で使います。

−게 하다			
A/V	−게 하다	귀찮다 쉬다	귀찮게 하다 쉬게 하다

- 선생님께서는 학생들을 10분 동안 쉬게 하셨어요.
  先生は学生たちを10分間休ませました。
- 아버지는 주희에게 손님들 앞에서 피아노를 치게 하셨어요.
  父はチュヒにお客さんたちの前でピアノを弾かせました。
- 교수님은 학생들에게 금요일까지 숙제를 내게 하셨어요.
  先生は学生たちに金曜日までに宿題を提出させました。

2 이 표현은 형용사 다음에 '-게 하다'가 오면 그 사람을 어떤 상태가 되게 한다는 의미가 됩니다. 이때는 'N1이/가 N2을/를 A-게 하다'로 사용합니다.

この表現は、形容詞の後に-게 하다が来ると、その人がある状態になるようにさせるという意味になります。この場合は、N1이/가 N2을/를 A-게 하다の形で使います。

- 마크 씨는 질문을 너무 많이 해서 나를 귀찮게 해요.
  マークさんはあまりにもたくさん質問をして私をわずらわせます。
- 요즘 저를 우울하게 하는 일들이 많이 생겼어요.
  最近、私を憂鬱にすることがたくさん起きています。

3 이 표현은 어떤 사람이 어떤 행동을 하는 것을 허락하거나 허락하지 않는다는 의미도 있습니다. 이때 '-게 하다'의 '하다'는 '허락하다'의 의미가 됩니다.

この表現は、ある人がある行動をすることを許可する、あるいは許可しないという意味もあります。この場合、-게 하다の하다は허락하다(許す)という意味になります。

- 어머니는 아이가 하루에 한 시간 동안은 텔레비전을 보게 해요.
  母は1日に1時間は子どもにテレビを見させます。
- 부모님은 제가 밤늦게 못 나가게 하셨어요.
  両親は私に夜遅く外出させてくれませんでした。

더 알아볼까요?

1 어떤 사람이 어떤 행동을 하지 않게 한다는 의미로 사용할 때는 '못 -게 하다'로 사용합니다.
ある人がある行動をしないようにさせるという意味で使うときには、못 -게 하다の形で使います。

- 혜수 씨는 아이들이 아이스크림을 안 먹게 합니다. (×)
  → 혜수 씨는 아이들이 아이스크림을 못 먹게 합니다. (○)
  ヘスさんは子どもたちにアイスクリームを食べさせません。
- 언니는 전화할 때는 자기 방에 안 들어오게 해요. (×)
  → 언니는 전화할 때는 자기 방에 못 들어오게 해요. (○)
  姉は電話するときは自分の部屋に入らせません。

2 '-도록 하다'나 '-게 만들다'도 '-게 하다'와 비슷한 의미로 사용됩니다.
-도록 하다や-게 만들다も-게 하다と同じような意味で使用されます。

- 교수님은 학생들에게 책을 읽어 오게 하셨어요.
  = 교수님은 학생들에게 책을 읽어 오도록 하셨어요.
  先生は学生たちに本を読んで来させました。
- 경민 씨는 아이가 혼자 밖에 못 나가게 했어요.
  = 경민 씨는 아이가 혼자 밖에 못 나가도록 했어요.
  キョンミンさんは子どもに一人で外出させませんでした。

• 은혜 씨는 나를 웃게 하는 사람이에요.

= 은혜 씨는 나를 웃게 만드는 사람이에요.

ウネさんは私を笑わせてくれる人です。

• 그 직원은 아키라 씨가 새 휴대 전화를 사게 했어요.

= 그 직원은 아키라 씨가 새 휴대 전화를 사게 만들었어요.

その職員は明さんに新しい携帯電話を買わせました。

비교해 볼까요?

동사나 형용사에 '–이/히/리/기/우/추–'를 붙이거나 '–게 하다' 붙여 사동을 만드는 것은 같지만 다음과 같은 차이가 있습니다.

動詞や形容詞に–이/히/리/기/우/추–を付けたり–게 하다を付けたりして使役を作るのは同じですが、次のような違いがあります。

–이/히/리/기/우/추–	–게 하다
(1) '–이/히/리/기/우/추–'는 일부 단어에만 사용됩니다. –이/히/리/기/우/추–は一部の単語にのみ使われます。 운전하다 – 운전하이다 (×) 운전하게 하다 (○)	(1) '–게 하다'는 모든 단어에 사용될 수 있습니다. –게 하다はすべての単語に使うことができます。 운전하다 – 운전하게 하다 (○) 입다 – 입게 하다 (○) 입히다 (○)
(2) 문장의 주어가 손을 움직이거나 해서 직접적인 동작을 한다는 것을 나타냅니다. 文の主語が手を動かしたりして、直接的な動作をするということを表します。  • 엄마는 아이를 씻겼어요. → 엄마가 손을 움직여서 아이를 씻기는 직접적인 동작을 합니다. 母が手を動かして子どもを洗うという直接的な動作をします。	(2) 문장의 주어가 말을 해서 그 사람이 행동을 하도록 하는 것으로 주어가 직접 관계하는 것은 아닙니다. 文の主語が話をして、その人が行動をするようにするということであり、主語が直接関係しません。  • 엄마는 아이를 씻게 했어요. → 엄마는 움직이지 않고 아이에게 말을 하여 아이가 씻는 행동을 하게 합니다. 직접적으로 관여하지 않습니다. 母は動かず、子どもに話をして、子どもに洗う行動をさせます。直接的に関与しません。

대화를 만들어 볼까요?

Track 077

1 가 왜 요즘 조엘 씨를 안 만나요?

나 항상 약속 시간을 안 지켜서 저를 화나게 하거든요.

Tip
짜증나다 いらだつ
당황스럽다 まごつく

항상 약속 시간을 안 지켜서 저를 화나다
너무 부탁을 많이 해서 저를 짜증나다
개인적인 질문을 많이 해서 저를 당황스럽다

2 가 아이가 몸이 약해서 걱정이에요. 어떻게 하면 좋을까요?

나 음식을 골고루 먹게 하세요. 그럼 건강해질 거예요.

Tip
골고루 まんべんなく
덜 より少なく
가까이서 近くで

몸이 약하다	음식을 골고루 먹다 / 건강해지다
컴퓨터 게임을 너무 많이 하다	밖에 나가서 놀다 / 컴퓨터 게임을 덜 하다
요즘 눈이 나빠지다	텔레비전을 가까이서 못 보다 / 눈이 더 나빠지지 않다

연습해 볼까요?

마크 씨의 가족들과 친구들은 마크 씨가 무엇을 하게 합니까? 무엇을 못 하게 합니까? 다음 그림을 보고 '-게 하다'를 사용해서 문장을 완성하세요.

운동을 열심히 해~
Happy Birthday
행복해.
술 마시면 안 돼.
혼자 여행 가지 마!
Do you have...?
한국말로 이야기 하세요.
내 옷 입으면 안 돼!
일찍 일어나.
기분이 좋아요.

(1) 아버지는 아침마다 마크 씨가 운동을 하게 하십니다.

(2) 친구들은 마크 씨를 ______________________.

(3) 아버지는 마크 씨가 ______________________.

(4) 어머니는 마크 씨가 ______________________.

(5) 선생님은 마크 씨가 ______________________.

(6) 형은 마크 씨가 ______________________.

(7) 동생은 마크 씨를 ______________________.

(8) 웨이밍 씨는 마크 씨를 ______________________.

10장 확인해 볼까요?

〔1～5〕 다음 [보기]에서 알맞은 단어를 골라 '–이/히/리/기/우/추–'나 '–게 하다'를 사용해서 대화를 완성하세요.

보기	익다	녹다	운동하다	죽다	마시다

1 가 저녁에 생선구이를 먹으면 좋겠어요.

나 그래요? 그럼 냉동실에서 생선을 꺼내 녹여야겠어요.
(–아/어야겠어요)

2 가 고기가 다 익었어요?

나 아니요, 아직 덜 익었어요. 고기를 조금 더 ______________________.
(–아/어야 할 것 같아요)

3 가 모기가 너무 많네요.

나 이 약으로 모기를 좀 ______________.
(–(으)세요)

4 가 아이가 요즘 살이 너무 쪘어요.

나 그럼 밖에 나가서 ________________.
(–(으)세요)

5 가 날씨가 너무 더워서 학생들이 땀을 많이 흘려요.

나 그럼, 학생들이 물을 자주 ______________________.
(–는게 좋겠어요)

〔6～7〕 다음 중 맞는 문장을 찾으세요.

6 ① 아버지는 제가 못 운전하게 하세요.
② 제니 씨는 아이들이 게임을 안 하게 해요.
③ 호영 씨는 욕실을 고쳐서 따뜻한 물이 나오게 했어요.
④ 작년에 다니던 회사에서는 직원들을 항상 밤늦게까지 일했게 해요.

7 ① 배가 고프면 라면을 끓여 줄까요?
② 선생님이 학생들에게 책을 읽었습니다.
③ 아이가 어려서 엄마는 아이에게 밥을 먹습니다.
④ 그 영화가 너무 재미있어서 저는 영화 보는 동안 계속 웃겼습니다.

11장

조건을 나타낼 때
条件の表現

본 장에서는 조건을 나타낼 때 사용하는 표현에 대해서 배웁니다. 초급 단계에서는 조건을 나타내는 문법과 표현으로 '-(으)면', '-(으)려면'을 배웠습니다. 조건은 가정을 나타내는 표현과 조금 헷갈릴 수 있으므로 유의해서 공부하시기 바랍니다.

この章では、条件を表すときに使う表現について学びます。初級段階では条件を表す文法と表現として-(으)면、-(으)려면を学びました。条件は仮定を表す表現と少しまぎらわしいため、注意して勉強してください。

01 -아/어야
02 -거든

01 -아/어야

가 문병 와 줘서 고마워. 아프니까 너무 힘든 것 같아. 빨리 농구도 다시 하고 싶고.
見舞いに来てくれてありがとう。体調を崩すと、とってもつらいよ。早くまたバスケットボールもしたいし。

나 그러니까 빨리 나아. 건강해야 무슨 일이든지 할 수 있지.
だから早くよくなって。健康でこそ何でもできるのよ。

가 한국말을 공부할 시간이 부족해서 너무 걱정이에요. 그래도 공부를 계속해야겠지요?
韓国語を勉強する時間が足りなくて、とても心配です。それでも、勉強を続けないといけないでしょうね。

나 그럼요. 한국말을 잘해야 한국에서 살기가 편하니까요.
もちろんです。韓国語がちゃんとできないと、韓国で楽に暮らせませんから。

문법을 알아볼까요?

이 표현은 선행절이 후행절의 상황이 이루어지는 데 꼭 필요한 조건임을 나타냅니다.
この表現は、先行節が後続節の状況が成立するために必要な条件であることを表します。

-아/어야				
긍정	A	-아/어야	크다 작다	커야 작아야
	V	-아/어야	가다 먹다	가야 먹어야
	N이다	여야 이어야	가수이다 외국인이다	가수여야 외국인이어야

부정	A	-지 않아야	크다 작다	크지 않아야 작지 않아야
	V	-지 말아야	가다 먹다	가지 말아야 먹지 말아야
	N이다	이/가 아니어야	가수이다 외국인이다	가수가 아니어야 외국인이 아니어야

- 2호선을 타고 가다가 시청역에서 1호선으로 갈아타야 빨리 갈 수 있습니다.
  2号線に乗って行って市庁駅で1号線に乗り換えたら早く行けます。
- 이번 연구 결과가 좋아야 계속해서 다른 연구를 할 수 있어요.
  今回の研究結果がよくないと、ほかの研究が続けられません。
- 수학을 전공한 사람이어야 그 문제를 풀 수 있을 거예요.
  数学を専攻した人でなければその問題を解けないでしょう。

더 알아볼까요?

1 '-아/어야'를 강조해서 표현하고 싶을 때는 '-지'를 붙여 '-아/어야지'나 '만'을 붙여 '-아/어야만'으로 사용하기도 합니다. 그러나 '-아/어야지'는 주로 입말에서 많이 사용하고 '-아/어야만'은 발표문이나 보고서에서 주로 사용합니다.
-아/어야を強調して表現したいときには、-지を付けて-아/어야지や、만を付けて-아/어야만の形で使うこともあります。ただし、-아/어야지は主に口語で多く使用され、-아/어야만は発表文や報告書で主に使います。

- 연습을 많이 해야 발음이 좋아집니다.
  = 연습을 많이 해야지 발음이 좋아집니다.
  = 연습을 많이 해야만 발음이 좋아집니다.

2 이 표현은 후행절에 청유형과 명령형은 사용하지 않습니다.
この表現は、後続節で勧誘形と命令形は使いません。

- 한국 텔레비전을 자주 봐야 듣기를 잘하게 되십시오. (×)
  한국 텔레비전을 자주 봐야 듣기를 잘하게 됩시다. (×)
  → 한국 텔레비전을 자주 봐야 듣기를 잘하게 될 거예요. (○)

3 이 표현은 조건을 표현하기 때문에 후행절에는 과거형이 올 수 없습니다.
この表現は、条件を表現するので、後続節には過去形が来ることができません。

- 자주 만나야 정이 들었어요. (×)
  → 자주 만나야 정이 들어요. (○)

4 '이어야/여야'는 '이라야/라야'로, '이/가 아니어야'는 '이/가 아니라야'로 바꿔 쓸 수 있습니다.
이어야/여야は이라야/라야に、이/가 아니어야は이/가 아니라야に変えて使うことができます。

- 우리 학교 학생이어야 이 사이트에 가입할 수 있습니다.
  = 우리 학교 학생이라야 이 사이트에 가입할 수 있습니다.
  わが校の学生でなければ、このサイトに加入することができません。

5 이 표현은 선행절에 어떤 것을 해도 후행절의 결과는 아무 소용이 없게 됨을 말할 때 사용하기도 합니다. '아무리 –아/어도, –아/어 봤자'와 같은 뜻으로 사용합니다.
この表現は、先行節でどんなことをしても後続節の結果には何の役にも立たないと言うときに使うこともあります。아무리 –아/어도、–아/어 봤자のような意味で使います。

- 아무리 이야기해야 친구는 듣지 않을 것이다.
  = 아무리 이야기해도 친구는 듣지 않을 것이다.
  いくら言っても友だちは聞かないでしょう。
- 지금 서둘러야 9시 비행기를 타기는 어려울 거예요.
  = 지금 서둘러 봤자 9시 비행기를 타기는 어려울 거예요.
  いま急いだところで、9時の飛行機に乗るのは難しいでしょう。

대화를 만들어 볼까요?

Track 079

1 가 손님들을 많이 오게 하려면 어떻게 해야 해요?
나 무엇보다도 음식이 맛있어야 손님이 많이 와요.

손님들을 많이 오게 하다	무엇보다도 음식이 맛있다 / 손님이 많이 오다
할인을 받다	회원 가입을 하다 / 할인을 받다
다리 부러진 것이 빨리 낫다	움직이지 말고 푹 쉬다 / 빨리 낫다

Tip
논문 論文
제출하다 提出する
송금하다 送金する

2 가 그 일은 어떤 사람이 맡을 수 있어요?
나 영어를 잘해야 맡을 수 있어요.

그 일은 어떤 사람이 맡을 수 있다	영어를 잘하다 / 맡을 수 있다
마크 씨는 언제 졸업을 하다	논문을 다 써서 제출하다 / 졸업할 수 있다
물건은 언제 보내 주다	먼저 돈을 송금하다 / 물건을 보내 주다

연습해 볼까요?

1 '-아/어야'를 사용해서 다음 대화를 완성하세요.

(1) 가 왜 민수 씨하고 같이 일을 안 하세요? (마음이 맞다)
나 마음이 맞아야 같이 일을 하지요.

(2) 가 진수 씨와 친해지기가 참 어려운 것 같아요. (이야기를 많이 하다)
나 ____________ 친해질 수 있으니까 이야기를 많이 하도록 하세요.

(3) 가 이 옷은 어떠세요? (조금 더 작다)
나 ____________ 우리 아이가 입을 수 있을 것 같아요.

(4) 가 저 회사 사장님은 정말 까다로운 분인데 꼭 협상을 해야 할까요? (협상을 하다)
나 그럼요. ____________ 더 좋은 조건으로 계약할 수 있어요.

(5) 가 언제 빌린 돈을 갚을 수 있어요? (이번 달 월급을 타다)
나 죄송합니다. ____________ 갚을 수 있을 것 같습니다.

2 '-지 않아야', '-지 말아야'를 사용해서 다음 대화를 완성하세요.

(1) 가 장학금을 받으려면 어떻게 해야 되지요? (학교에 결석하다)
나 학교에 결석하지 말아야 장학금을 받을 수 있습니다.

(2) 가 우리 학교 야구팀이 이번 대회에서 우승을 할 수 있을까요? (지원을 아끼다)
나 선수들에 대한 ____________ 열심히 연습해서 우승할 수 있을 겁니다.

(3) 가 밤마다 라면을 먹었더니 살이 찐 것 같아요. (라면을 먹다)
나 ____________ 몸매를 유지할 수 있어요.

(4) 가 이 음식을 아이들도 먹을 수 있을까요? (맵다)
나 ____________ 아이들도 먹을 수 있는데 이건 좀 맵군요.

(5) 가 내일 예정대로 여행을 갈 거지요? (춥다)
나 네, 하지만 ____________ 되는데 일기 예보에서 춥다고 해서 걱정이에요.

02 –거든

Track 080

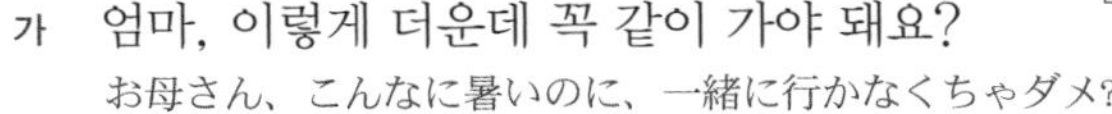

가 엄마, 이렇게 더운데 꼭 같이 가야 돼요?
お母さん、こんなに暑いのに、一緒に行かなくちゃダメ?

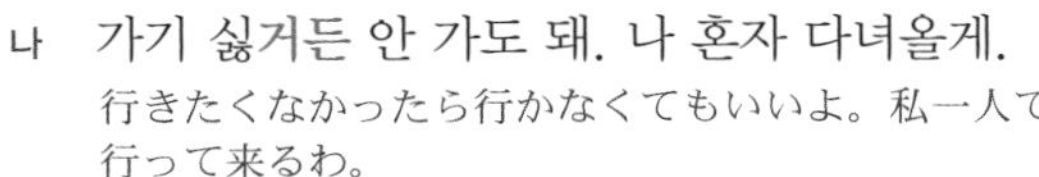

나 가기 싫거든 안 가도 돼. 나 혼자 다녀올게.
行きたくなかったら行かなくてもいいよ。私一人で行って来るわ。

가 여보, 이 옷 어때요? 저에게 안 어울리는 것 같지요?
ねえ、この服どう? 私に似合わないでしょ?

나 이 옷이 마음에 안 들거든 다른 가게에 가 봅시다.
この服が気に入らなかったら、ほかの店に行ってみよう。

문법을 알아볼까요?

이 표현은 '선행절의 어떤 일이 사실로 실현되면'의 뜻을 나타냅니다. 보통 입말에서 사용합니다.
この表現は、「先行節のあることが事実として実現すれば」という意味を表します。普通、口語で使います。

–거든			
A/V	–거든	크다 먹다	크거든 먹거든
N이다	(이)거든	주부이다 선생님이다	주부거든 선생님이거든

- 바쁘지 않거든 잠깐 만납시다.
  忙しくなかったら、ちょっと会いましょう。
- 할 말이 있거든 오늘 일이 끝난 후에 하세요.
  言うことがあるなら、今日の仕事が終わった後にしてください。

• 벚꽃이 피거든 여의도에 꽃구경을 하러 가요.
桜の花が咲いたら、汝矣島に花見をしに行きましょう。

• 그 사람이 친한 친구거든 여행을 같이 가자고 해.
その人が親友なら、一緒に旅行に行こうと言いなさい。

더 알아볼까요?

이 표현은 후행절에 명령형이나 청유형, 의지나 추측을 나타내는 '-겠-', '-(으)ㄹ 것이다', '-(으)려고 하다'를 써야 자연스럽습니다.
この表現は、後続節に命令形や勧誘形、意志や推測を表す-겠-、-(으)ㄹ 것이다、-(으)려고 하다を使わないと不自然です。

• 고향에 도착하거든 전화합니다. (×)
→ 고향에 도착하거든 전화하세요. (○)
• 방학을 하거든 배낭여행을 가겠어요. (○)
• 민우 씨에게 어려운 일이 생기거든 언제든지 도와줄게요. (○)
• 웨이밍 씨가 오거든 출발하려고 합니다. 조금만 기다려 주세요. (○)

비교해 볼까요?

문장 중간에 사용하는 '-거든'과 문장의 끝에 사용하는 '-거든(요)'는 형태는 비슷하지만 의미는 아주 다릅니다.
文中に使う-거든と文末に使う-거든(요)は形が似ていますが、意味は大きく異なります。

-거든	-거든(요)
(1) 문장 중간에 사용합니다. 文中に使います。	(1) 문장 끝에 사용합니다. 文末に使います。
(2) 조건을 나타냅니다. 条件を表します。 • 배가 고프지 않거든 30분만 기다려 주세요. ➜ 문장 중간에 사용되었으며 말하는 사람이 주관적인 조건을 표현하고 있습니다. 文中に使われ、話し手が主観的な条件を表現しています。	(2) 말하는 사람만 아는 이유를 말할 때 사용합니다. 話し手のみ知っている理由を言うときに使います。 가 왜 밥을 안 먹어요? 나 배가 고프지 않거든요. ➜ 문장의 끝에 사용되었으며 밥을 먹지 않는 이유에 대해 대답을 하고 있습니다. 文末に使われ、ごはんを食べない理由について答えています。

대화를 만들어 볼까요?

Track 081

1 가 요즘 무리를 해서 피곤한 것 같아요.

나 그래요? 피곤하거든 오늘은 일찍 퇴근하세요.

요즘 무리를 해서 피곤하다	피곤하다 / 오늘은 일찍 퇴근하다
회사에서 문제가 생겼다	문제를 해결하기가 어렵다 / 언제든지 이야기하다
쉬지 않고 일을 하니까 힘들다	힘들다 / 좀 쉬었다가 다시 하다

2 가 다른 사람들이 오늘 모임에 왜 안 왔느냐고 하면 뭐라고 할까요?

나 다른 사람들이 물어보거든 아파서 못 갔다고 전해 주세요.

다른 사람들이 오늘 모임에 왜 안 왔느냐고 하다	다른 사람들이 물어보다 / 아파서 못 갔다
친구가 찾아오다	친구가 찾아오다 / 졸려서 커피를 사러 갔다
미선 씨가 안부를 물어보다	미선 씨가 안부를 묻다 / 잘 지내고 있다

연습해 볼까요?

1 관계있는 것을 연결하고 '-거든'을 사용해서 문장을 만드세요.

(1) 다음에 한국에 와요.	ⓐ 바로 출발하세요.
(2) 이 약을 먹어도 낫지 않아요.	ⓑ 꼭 연락하시기 바랍니다.
(3) 비가 그쳐요.	ⓒ 같이 식사하러 갑시다.
(4) 아직 식사를 안 했어요.	ⓓ 병원에 꼭 가 보세요.

(1) ⓑ - 다음에 한국에 오거든 꼭 연락하시기 바랍니다.

(2) ______

(3) ______

(4) ______

2 **다음 그림을 보고 '-거든'을 사용해서 대화를 완성하세요.**

(1)

가 머리가 아프네요.
나 <u>머리가 아프거든</u> 이 약을 드셔 보세요.

(2)

가 요즘은 많이 바빠요.
나 ________________ 나중에 만납시다.

(3)

가 오늘은 할 일이 없어서 심심해요.
나 ________________ 저 좀 도와줄래요?

(4)

가 자꾸 기침이 나와요.
나 ________________ 따뜻한 차를 드셔 보세요.

(5)

가 시험이라서 공부를 해야 하는데 너무 졸려요.
나 ________________ 잠깐 산책이라도 할까요?

11장 확인해 볼까요?

〔1~2〕 **다음 밑줄 친 부분과 바꿔 쓸 수 있는 것을 고르세요.**

1 서울에 도착하거든 전화해 주세요.

① 도착해도 ② 도착하면
③ 도착해야 ④ 도착하려면

2 아무리 이야기해야 동생은 내 말을 듣지 않을 거예요.

① 이야기하면 ② 이야기해도
③ 이야기하거든 ④ 이야기한 데 반해

3 **다음 중 밑줄 친 곳에 적당하지 않은 대답을 고르세요.**

가 저 수학 문제는 정말 어려운데요.
나 맞아요. ________________.

① 수학을 전공한 사람이 아니면 풀 수 없을 것 같아요
② 수학을 전공한 사람이라도 풀 수 없을 것 같아요
③ 수학을 전공한 사람이어야 풀 수 있을 것 같아요
④ 수학을 전공한 사람이거든 풀 수 있을 것 같아요

4 **다음 중 밑줄 친 곳에 적당한 대답을 고르세요.**

가 내일 여행을 갈 수 있을까요?
나 ________________.

① 춥지 않아야 갈 수 있을 거예요 ② 춥지 않은데도 갈 수 있을 거예요
③ 춥지 않은 탓에 갈 수 있을 거예요 ④ 춥지 않은 반면에 갈 수 있을 거예요

5 **다음 중 맞는 문장을 찾으세요.**

① 한국 친구하고 이야기를 자주 해야 말하기를 잘하게 됩시다.
② 한국 친구하고 이야기를 자주 해야 말하기를 잘하게 되십시오.
③ 한국 친구하고 이야기를 자주 해야 말하기를 잘하게 될 거예요.
④ 한국 친구하고 이야기를 자주 해야 말하기를 잘하게 될까 해요.

6 **다음 중 틀린 문장을 찾으세요.**

① 일이 바쁘지 않거든 마크 씨를 잠깐 만날까요?
② 일이 바쁘지 않거든 마크 씨를 잠깐 만나세요.
③ 일이 바쁘지 않거든 마크 씨를 잠깐 만납니다.
④ 일이 바쁘지 않거든 마크 씨를 잠깐 만납시다.

추가를 나타낼 때

追加の表現

본 장에서는 하고자 하는 말에 추가의 의미를 나타낼 때 사용하는 표현에 대해서 배웁니다. 초급 단계에서는 추가를 나타내는 표현으로 조사 '도'를 배웠습니다. 중급에서는 조사 '도'와 의미가 비슷하지만 의미상으로 조금씩 차이가 나는 여러 표현들을 배우게 됩니다. 이러한 표현들을 잘 익히면 한국어로 여러분이 이야기하고자 하는 것들을 좀 더 정확하고 다양하게 표현할 수 있을 것입니다.

この章では、言おうとしていることばに追加の意味を表すときに使う表現について学びます。初級段階では、追加を表す表現として助詞도を学びました。中級では助詞도と意味が似ていますが、意味上で少しずつ違いがあるさまざまな表現を学ぶことになります。このような表現をきちんと身につけると、韓国語でみなさんが話そうとしていることを、より正確で多様に表現することができるでしょう。

01 –(으)ㄹ 뿐만 아니라
02 –(으)ㄴ/는 데다가
03 조차
04 만 해도

01 –(으)ㄹ 뿐만 아니라

Track 082

가 호영 씨는 정말 아는 게 많은 것 같아요.
ホヨンさんは本当に知っていることが多いみたいですね。

나 맞아요. 책을 많이 읽을 뿐만 아니라 매일 신문도 빠짐없이 봐서 그런 것 같아요.
そうですね。本をたくさん読むだけでなく、新聞も毎日欠かさず見ているからのようです。

가 강원도로 여행을 갈까 하는데 어떨까요?
江原道へ旅行に行こうかと思うんですが、どうでしょうか。

나 좋지요. 강원도는 산이 많을 뿐만 아니라 바다도 있어서 여행하기에 아주 좋은 곳이에요.
いいですね。江原道は山が多いだけでなく海もあって、旅行するのにとてもいいところです。

문법을 알아볼까요?

이 표현은 '선행절의 내용만이 아니고 후행절의 내용이 가리키는 것까지도 더하여'라는 의미를 나타낼 때 사용합니다. '만'을 생략하여 '–(으)ㄹ 뿐 아니라'의 형태로도 사용합니다.

この表現は「先行節の内容だけでなく後続節の内容が指し示すことまで加えて」という意味を表すときに使います。만を省略して–(으)ㄹ 뿐 아니라の形でも使います。

–(으)ㄹ 뿐만 아니라				
A/V	과거	–았/었을 뿐만 아니라	크다 먹다	컸을 뿐만 아니라 먹었을 뿐만 아니라
	현재	–(으)ㄹ 뿐만 아니라	크다 먹다	클 뿐만 아니라 먹을 뿐만 아니라
N이다		일 뿐만 아니라	가수이다 학생이다	가수일 뿐만 아니라 학생일 뿐만 아니라
N		뿐만 아니라	자동차 아침	자동차뿐만 아니라 아침뿐만 아니라

가 강남역에서 만날까요?
江南駅で会いましょうか。

나 거기는 멀 뿐만 아니라 교통도 복잡하니까 다른 데서 만납시다.
あそこは遠いだけでなく交通も複雑なので、ほかのところで会いましょう。

가 양강 씨는 버스보다 지하철을 자주 타나 봐요.
ヤンガンさんはバスより地下鉄によく乗るみたいですね。

나 지하철은 시간을 정확하게 지켜줄 뿐 아니라 편리해서 자주 이용합니다.
地下鉄は時間を正確に守るだけでなく便利なので、よく利用します。

가 왜 그렇게 허겁지겁 먹어요?
どうしてそんなにがつがつ食べるんですか。

나 저녁뿐만 아니라 점심도 굶어서 배가 너무 고파요.
夕食だけでなく昼ごはんも食べていないので、おなかがとてもすいているんです。

더 알아볼까요?

1 이것은 선행절이 긍정적인 내용이면 후행절도 긍정적인 내용으로 쓰고, 선행절이 부정적인 내용이면 후행절도 부정적인 내용으로 써야 합니다.
これは、先行節が肯定的な内容であれば後続節も肯定的な内容で、先行節が否定的な内容であれば後続節も否定的な内容で使わなければなりません。

- 우리 집은 학교에서 가까울 뿐만 아니라 아주 시끄러워요. (×)
  → 우리 집은 학교에서 가까울 뿐만 아니라 아주 조용해요. (○)

2 이 표현은 '-(으)ㄹ 뿐만 아니라' 뒤에 'A/V-기까지 하다', 'A/V-기도 하다', 'N까지 A/V' 등의 표현이 오기도 합니다.
この表現は、-(으)ㄹ 뿐만 아니라の後ろにA/V-기까지 하다、A/V-기도 하다、N까지 A/V等の表現が来ることもあります。

- 자야 씨는 예쁠 뿐만 아니라 성격이 좋기까지 해요.
  = 자야 씨는 예쁠 뿐만 아니라 성격이 좋기도 해요.
  = 자야 씨는 예쁠 뿐만 아니라 성격까지 좋아요.
  ジャヤさんはきれいなだけでなく、性格までいいです。

대화를 만들어 볼까요?

Track 083

1 가 올여름은 정말 더운 것 같아요.

나 맞아요. 더울 뿐만 아니라 비도 많이 와요.

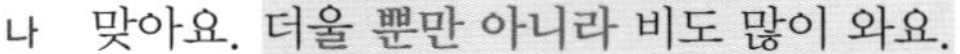

올여름은 정말 덥다	덥다 / 비도 많이 오다
웨이밍 씨 동생이 키가 정말 크다	키가 크다 / 잘생겼다
제주도는 경치가 정말 아름답다	경치가 아름답다 / 바다도 깨끗하다

2 가 자야 씨는 어때요?

나 똑똑할 뿐만 아니라 성격도 좋아요.

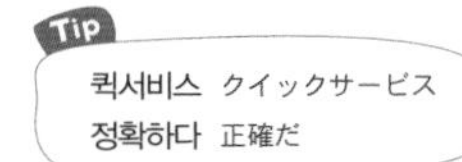

자야 씨	똑똑하다 / 성격도 좋다
새로 옮긴 회사	일이 일찍 끝나다 / 월급도 많이 주다
퀵서비스	빠르다 / 정확하게 배달해 주다

연습해 볼까요?

1 '-(으)ㄹ 뿐만 아니라'를 사용해서 다음 대화를 완성하세요.

(1) 가 오늘 왜 일찍 퇴근해요? (기분이 안 좋다 / 머리도 아프다)
나 기분이 안 좋을 뿐만 아니라 머리도 아픈 것 같아서 집에 일찍 가려고 해요.

(2) 가 저 식당이 어때요? (음식이 맛있다 / 가격도 싸다)
나 ________________ 자주 가요.

(3) 가 이 옷이 저에게 잘 어울려요? (잘 어울리다 / 날씬해 보이다)
나 네, ________________.

(4) 가 왜 수영 씨를 안 만나요? (자기 이야기만 하다 / 자랑도 많이 하다)
나 수영 씨는 항상 ________________
만나고 싶지 않아요.

(5) 가 이 카페에서 회의를 해요? (무선 인터넷을 이용할 수 있다 / 조용하다)
나 네, 이 카페는 ________________
여기에서 회의를 자주 해요.

2 '뿐만 아니라'나 '일 뿐만 아니라'를 사용해서 다음 대화를 완성하세요.

(1) 가 저 가수는 인기가 많지요? (국내 / 해외)
나 그럼요. 국내뿐만 아니라 해외에서도 인기가 많아요.

(2) 가 그 일을 모두 반대했어요? (부모님 / 친구들)
나 네, ________________ 모두 반대했어요.

(3) 가 뮤지컬 보는 것을 좋아해요? (노래 / 춤)
나 네, 가수들의 ________________ 볼 수 있기 때문에 자주 봐요.

(4) 가 주말이라서 그런지 이 식당에 사람이 많은 것 같아요. (주말 / 평일)
나 이 식당은 ________________ 사람이 많아요.

(5) 가 마크 씨는 학생인가요? (학생이다 / 영어 선생님)
나 ________________이기도 해요.

02 −(으)ㄴ/는 데다가

가　여행 어땠어?
旅行どうだった?

나　날씨가 쌀쌀한 데다가 비까지 많이 와서 호텔에만 있어서 재미없었어.
肌寒いうえに雨までたくさん降ったから、ホテルにばかりいて、おもしろくなかった。

가　왜 그렇게 전화를 한참 동안 안 받아요?
どうしてそんなに長い間電話を取らないんですか。

나　물이 끓는 데다가 갑자기 누가 찾아와서 못 받았어요.
お湯が沸いたうえに、急に誰かが訪ねて来て、取れませんでした。

문법을 알아볼까요?

이것은 선행절의 동작이나 상태에 후행절의 동작이나 상태가 더해져서 일어남을 나타낼 때 사용합니다. '−(으)ㄴ/는 데다'로도 말할 수 있습니다.

これは、先行節の動作や状態に加えて後続節の動作や状態が起こることを表すときに使います。−(으)ㄴ/는 데다とも言うことができます。

−(으)ㄴ/는 데다가				
A		−(으)ㄴ 데다가	크다 작다	큰 데다가 작은 데다가
V	과거	−(으)ㄴ 데다가	가다 입다	간 데다가 입은 데다가
	현재	−는 데다가	가다 입다	가는 데다가 입는 데다가
N		인 데다가	주부이다 학생이다	주부인 데다가 학생인 데다가

가 지금 서울백화점에 가려고 하는데 같이 갈래요?
いまソウルデパートに行こうと思うんですが、一緒に行きますか。

나 그 백화점은 값이 비싼 **데다가** 질도 별로 안 좋아서 저는 거의 안 가요.
あのデパートは値段が高いうえに質もあまりよくないので、私はほとんど行きません。

가 아이들에게 주려고 하는데 어떤 생선이 좋을까요?
子どもたちに食べさせようと思うんですが、どんな魚がいいでしょうか。

나 이 생선이 뼈가 많이 없는 **데다가** 살도 부드러워서 아이들이 먹기에 좋아요.
この魚は、骨があまりないうえに肉も柔らかくて、子どもたちが食べるのにいいですよ。

가 자야 씨, 오늘 많이 피곤해 보여요.
ジャヤさん、今日すごく疲れているみたいですね。

나 네, 어젯밤에 잠을 못 잔 **데다** 요즘 일도 많아서 너무 피곤해요.
はい。夕べ眠れなかったうえに、最近仕事も多くて、とても疲れています。

더 알아볼까요?

1 이 표현은 선행절과 후행절의 주어가 같아야 합니다. 그리고 선행절과 후행절의 내용이 서로 일관성을 가지고 있어 '그래서'나 '그러니까'로 연결해서 결론을 말할 수 있어야 합니다.
この表現は、先行節と後続節の主語が同じでなければなりません。そして、先行節と後続節の内容が互いに一貫性を持っていて、그래서や그러니까でつなげて結論を述べることができなければなりません。

- 제 방은 작은 데다가 창문도 없어요. (그래서) 너무 답답해요.
  → 제 방은 작은 데다가 창문도 없어서 너무 답답해요.

- 제 방은 작은 데다가 창문도 없어요. (그러니까) 너무 답답해요.
  → 제 방은 작은 데다가 창문도 없으니까 너무 답답해요.

2 명사로 사용할 때는 '에다가'를 사용할 수 있는데 이때는 선행하는 명사에 다른 명사가 더해지거나 위치한다는 것을 나타냅니다.
名詞に使うときは에다가を使うことができます。この場合、先行する名詞にほかの名詞が加えられたり位置したりすることを表します。

- 요즘 집안일에다가 회사 일까지 겹쳐서 힘들어 죽겠어요.
  最近、家事に加えて会社の仕事まで重なって、大変です。

- 이 종이에다가 이름과 이메일 주소를 써 주시기 바랍니다.
  この紙に名前とEメールアドレスをお書きくださるようお願いします。

대화를 만들어 볼까요?

Track 085

1 가 가까운 마트도 많이 있는데 왜 먼 대형 할인 매장까지 자주 가세요?

나 대형 할인 매장이 물건이 많은 데다가 가격도 싸서 자주 가게 돼요.

Tip
대형 할인 매장
大型割引売場

가까운 마트도 많이 있는데 왜 먼 대형 할인 매장까지 자주 가다	대형 할인 매장이 물건이 많다 / 가격도 싸서 자주 가다
가까운 곳에 버스가 있는데 왜 먼 데까지 가서 지하철을 타다	지하철이 빠르다 / 깨끗해서 자주 타다
다른 옷도 많은데 왜 그 옷만 자주 입다	이 옷이 편하다 / 날씬해 보여서 자주 입다

2 가 많이 힘들어요?

나 네, 열이 나는 데다가 기침도 많이 나서 힘들어요.

많이 힘들다	열이 나다 / 기침도 많이 나서 힘들다
소화가 잘 안되다	점심을 많이 먹었다 / 계속 앉아 있어서 소화가 안되다
길이 미끄럽다	눈이 많이 오다 / 길까지 얼어서 미끄럽다

연습해 볼까요?

1 '-(으)ㄴ/는 데다가'를 사용해서 다음 대화를 완성하세요.

(1) 가 수진 씨가 인기가 많은 것 같아요. (얼굴이 예쁘다 / 성격도 명랑하다)
나 맞아요. 얼굴이 예쁜 데다가 성격도 명랑해서 친구들이 좋아해요.

(2) 가 그 책이 어려워요? (글씨가 작다 / 한자도 많다)
나 네, ______________________ 어려워요.

(3) 가 대학로에 자주 가세요? (젊은 사람들이 많다 / 공연도 많이 하다)
나 네, ______________________ 자주 가요.

(4) 가 요즘 산불이 많이 난다고 해요. (날이 건조하다 / 비도 오랫동안 안 오다)
나 네, ______________________ 산불이 많이 나는 것 같아요.

(5) 가 왜 그렇게 걷는 것이 불편해 보여요? (바지가 길다 / 신발도 높다)
나 ______________________ 걷기가 너무 힘들어요.

2 '-(은)ㄴ/는 데다가'를 사용해서 다음 대화를 완성하세요.

(1) 가 오늘 지수 씨가 한턱을 낸다면서요? (1등을 했다 / 용돈도 받다)
나 네, 1등을 한 데다가 용돈도 받아서 한턱내려고요.

(2) 가 오늘 학교에 일찍 왔어요? (일찍 일어났다 / 할 일도 많다)
나 네, ______________________ 일찍 왔어요.

(3) 가 그 의자를 사려고 해요? (디자인이 세련되다 / 앉아 보니까 편하다)
나 네, ______________________ 살까 해요.

(4) 가 차 상태가 별로 안 좋은 것 같아요. (10년이 넘었다 / 엔진 상태도 안 좋다)
나 맞아요. ______________________.

(5) 가 요즘 아르바이트를 하고 있어요? (사고 싶은 물건이 있다 / 용돈도 필요하다)
나 네, ______________________ 아르바이트를 해요.

03 조차

Track 086

가 정말 이 사람을 모르세요?
本当にこの人をご存知ありませんか。

나 네, 저는 그 사람 이름조차 몰라요.
はい。私はその人の名前すら知りません。

가 비행기 사고가 났다는 뉴스 들었어요?
飛行機事故が起きたというニュース聞きましたか。

나 아니요, 요즘에 너무 바쁘니까 인터넷 뉴스조차 볼 시간이 없어요.
いいえ。最近忙しすぎて、インターネットのニュースすら見る時間がありません。

문법을 알아볼까요?

이 표현은 '다른 것은 물론이고 가장 기본이 되는 것도'라는 의미를 나타낼 때 사용합니다. 보통 말하는 사람이 기대하지 못하거나 예상하기 어려운 극단의 경우를 나타냅니다.

この表現は、「ほかのものはもちろん、最も基本となるものも」という意味を表すときに使います。普通、話し手が期待できない、または予想しにくい極端な場合を表します。

조차			
N	조차	친구 이름	친구조차 이름조차

- 엄마조차 저를 못 믿으시는 거예요?
  お母さんまで私を信じられないの？
- 더운 날씨에 에어컨조차 고장이 나 버려서 정말 죽겠어요.
  暑いうえにエアコンまで故障してしまって、本当にたまりません。
- 너무 슬프면 눈물조차 안 나오는 경우도 있어요.
  あまりにも悲しいと、涙すら出ない場合もあります。

더 알아볼까요?

1 이 표현은 주로 부정적인 상황에 써야 자연스럽습니다. 긍정적인 상황에 쓰면 어색한 문장이 됩니다.
これは主に否定表現と一緒に使います。肯定的な状況に使うと不自然な文になります。

- 세주 씨는 한글조차 읽어요. (×) → 세주 씨는 한글조차 못 읽어요. (○)

2 이것은 '까지'나 '도'와 바꿔 쓸 수 있습니다. 그렇지만 '조차'는 '최악의 것'이라는 느낌이 있습니다.
これは까지や도と言い換えることができます。しかし、조차は「最悪のこと」という感じがあります。

- 더운데 바람까지 안 부네요. = 더운데 바람도 안 부네요. = 더운데 바람조차 안 부네요.

3 이것은 '어떤 사실을 부정하는 것은 물론이고 그것보다 덜하거나 못한 것까지 부정하는 뜻'을 나타내는 표현인 '-은/는커녕'하고 같이 자주 사용합니다.
これは「ある事実を否定することはもちろん、それに及ばないものまで否定する意味」を表す表現である-은/는커녕とともによく使われます。

- 우리 엄마는 해외여행은커녕 제주도조차 못 가 보셨어요.
  うちの母は、海外旅行どころか済州道すら行ったことがありません。
- 책을 읽기는커녕 신문조차 못 볼 때가 많아요.
  本を読むどころか新聞すら読めないときが多いです。

4 이것은 동사와 같이 사용하면 '-(으)ㄹ 수조차 없어요'의 형태로 쓰입니다.
これは動詞とともに使うと、-(으)ㄹ 수조차 없어요の形で使われます。

- 다리가 너무 아파서 일어설 수조차 없어요.
  足がすごく痛くて、立つことすらできません。
- 제 조카는 5살인데도 제가 안을 수조차 없을 정도로 아주 커요.
  私のおいは5歳ですが、私が抱くことすらできないくらい、とても大きいです。

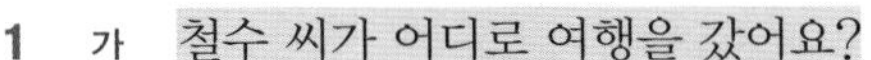

Track 087

1 가 철수 씨가 어디로 여행을 갔어요?
나 글쎄요, 철수 씨가 어디로 여행을 갔는지 아내조차 모른대요.

철수 씨가 어디로 여행을 갔다	철수 씨가 어디로 여행을 갔는지 아내
영희 씨가 어느 회사에 다니다	영희 씨가 어느 회사에 다니는지 친한 친구
수연 씨가 다음 학기에 등록한다고 하다	수연 씨가 다음 학기에 등록하는지 남자 친구

2 가 1주일 정도 배우면 한자를 쓸 수 있지요?

나 그 정도 배워서는 쓰기는커녕 읽기조차 어려워요.

1주일 정도 배우면 한자를 쓸 수 있다	그 정도 배워서는 쓰기는커녕 읽기 / 어렵다
민주 씨가 결혼했다	결혼은커녕 애인 / 없다
이 돈이면 새 차를 살 수 있다	그 돈으로는 새 차는커녕 중고차 / 사기 힘들다

연습해 볼까요?

다음 [보기]에서 알맞은 단어를 찾아 '조차'를 사용해서 대화를 완성하세요.

보기 상상 전화번호 마실 물 인사 옷 숨쉬기 인사말 부모님

(1) 가 복권에 당첨이 될 수 있을까요?

나 글쎄요, 저는 복권에 당첨되는 일은 상상조차 안 해 봤어요.

(2) 가 자야 씨, 요즘 살이 좀 빠진 것 같아요.

나 맞아요. 고향에 갔는데 ______________ 저를 못 알아보시더라고요.

(3) 가 수연아, 옷도 안 갈아입고 그냥 잔 거야?

나 너무 피곤해서 ______________ 갈아입을 수가 없었어요.

(4) 가 대기오염이 점점 심각해지고 있는 것 같아요.

나 맞아요. 그래서 가끔은 ______________ 어려운 것 같아요.

(5) 가 난민들이 목욕은 자주 할 수 있나요?

나 아니요, 물이 부족해서 목욕은커녕 ______________ 모자란다고 해요.

(6) 가 마이클 씨가 지난 주말에 고향으로 돌아갔어요?

나 네, 간다는 ______________ 하지 않고 돌아갔어요.

(7) 가 고등학교 때 일본어를 배우셨지요?

나 네, 하지만 지금은 ______________ 생각이 안 나요.

(8) 가 할아버지가 연세가 많으시지요?

나 네, 그래서 나이가 들어서 ______________ 외우지 못한다고 슬퍼하세요.

04 만 해도

Track 088

가 요즘 모임이 많은가 봐요.
最近、飲み会が多いみたいですね。

나 네, 연말이라서 좀 많네요. 오늘만 해도 모임이 세 개나 있어서 어떻게 해야 할지 모르겠어요.
はい。年末なのでちょっと多いですね。今日だけでも飲み会が三つもあって、どうしたらいいかわかりません。

가 여름 방학에 유럽으로 배낭여행을 가는 학생들이 많다고 들었어요.
夏休みにヨーロッパへバックパック旅行に行く学生たちが多いと聞きました。

나 네, 맞아요. 제 친구들만 해도 벌써 여러 명이 다녀왔어요.
はい。そのとおりです。私の友人たちだけでも、もう何人も行って来ました。

문법을 알아볼까요?

이 표현은 앞에서 말한 일반적인 사실이나 상황에 대해서 예를 들어서 설명할 때 사용합니다. 이것은 '의 경우만 봐도', '만 하더라도'의 의미가 있습니다.

この表現は、前で述べた一般的な事実や状況について、例を挙げて説明するときに使います。これは、의 경우만 봐도や만 하더라도の意味があります。

만 해도			
N	만 해도	친구 오늘	친구만 해도 오늘만 해도

- 민선 씨가 요즘 정말 열심히 공부하는 것 같아요. 어제만 해도 밤 10시까지 도서관에서 공부하더라고요.
  ミンソンさんが最近、本当に一生懸命勉強しているようです。昨日も、夜10時まで図書館で勉強していました。

- 요즘은 취직하기가 어려워요. 제 동생만 해도 2년째 직장을 못 구하고 있거든요.
  最近は就職するのが難しいです。私の弟/妹だって、就職浪人2年目です。

- 생활비가 얼마나 많이 드는지 몰라요. 교통비만 해도 한 달에 15만 원 정도가 들어요.
  生活費がどれだけたくさんかかるか、わかりません。交通費だけでも、1ヶ月に15万ウォンくらいかかります。

더 알아볼까요?

이 표현은 과거의 상황과 반대되는 상황을 표현할 때도 사용합니다. 앞에는 항상 시간을 나타내는 말이 오고 '전만 해도'의 형태로 많이 사용합니다.
この表現は、過去の状況と反対の状況を表現するときにも使います。前には常に時間を表すことばが来て、전만 해도の形で多く使います。

- 지난달까지만 해도 이 옷이 맞았었는데 지금은 작아서 입을 수가 없어요.
  つい先月までこの服が合っていたのに、今は小さくて着られません。

- 10년 전만 해도 한국에 이렇게 외국 사람이 많지는 않았어요.
  ほんの10年前でも、韓国にこんなに外国人が多くはなかったです。

대화를 만들어 볼까요?

Track 089

1 가 요즘 누구나 스마트폰이 있는 것 같아요.
나 맞아요. 내 친구들만 해도 대부분 다 바꿨어요.

요즘 누구나 스마트폰이 있다	내 친구들 / 대부분 다 바꿨다
요즘 물가가 많이 올랐다	라면값 / 10%나 올랐다
요즘 여자들이 짧은 치마를 많이 입다	제 여동생 / 짧은 치마만 입다

2 가 요즘 걷기 운동이 유행이죠?
나 맞아요. 몇 년 전만 해도 이렇게 걷기 운동을 하는 사람이 많이 없었는데요.

요즘 걷기 운동이 유행이다	몇 년 전 / 이렇게 걷기 운동을 하는 사람이 많이 없었다
차가 정말 많이 늘어났다	지난번에 왔을 때 / 이렇게 안 막혔었다
올해 외식을 많이 했다	작년 / 이렇게 외식비가 많이 들지 않았었다

연습해 볼까요?

1 '만 해도'를 사용해서 다음 대화를 완성하세요.

(1) 가 공기 오염이 점점 더 심각해지고 있는 것 같아요. (서울)
나 맞아요. 서울만 해도 공기가 나빠지는 게 피부로 느껴지잖아요.

(2) 가 요즘 결혼을 하지 않는 사람들이 늘고 있대요. (우리 회사)
나 맞아요. ________________ 결혼을 하지 않은 사람들이 얼마나 많은데요.

(3) 가 집안일이 시간이 많이 걸리지요? (청소)
나 그럼요. ________________ 두 시간이 넘게 걸려요.

(4) 가 이번 비로 농작물 피해가 많다지요? (우리 부모님)
나 맞아요. ________________ 배추 수확을 하나도 못하셨어요.

(5) 가 아침을 먹지 않는 학생들이 점점 늘고 있대요. (고등학생인 제 조카)
나 정말 그런 것 같아요. ________________ 아침을 안 먹어요.

2 '만 해도'를 사용해서 다음 대화를 완성하세요.

(1) 가 약국이 문을 닫아버렸네요. (20분 전)
나 그러게요. 20분 전만 해도 문이 열려 있었는데요.

(2) 가 그 영화는 표가 다 팔렸대. (화장실에 가기 전)
나 뭐라고? ________________ 표가 있었는데…….

(3) 가 요즘 할아버지 건강은 좀 어떠세요? (작년까지)
나 ________________ 괜찮으셨는데 요즘 들어 부쩍 약해지셨어요.

(4) 가 매운 음식을 잘 드시나 봐요. (얼마 전)
나 ________________ 잘 못 먹었는데 지금은 잘 먹게 되었어요.

(5) 가 양강 씨가 왜 이렇게 공부를 안 하지요? (학기 초)
나 그러게요. ________________ 정말 열심히 공부했었는데요.

12장 확인해 볼까요?

〔1~2〕 다음 밑줄 친 부분과 바꿔 쓸 수 있는 것을 고르세요.

1 거기는 멀 뿐만 아니라 교통도 복잡해서 가기가 힘들어요.

① 멀기조차 ② 먼 데다가
③ 멀 테니까 ④ 멀기 때문에

2 수영 씨가 어디로 여행을 갔는지 부모님조차 모르신대요.

① 부모님도 ② 부모님이나
③ 부모님부터 ④ 부모님처럼

〔3~4〕 다음 중 밑줄 친 곳에 맞는 대답을 고르세요.

3
가 요즘 야근하는 날이 많은가 봐요.
나 네, ________________.

① 이번 주조차 네 번이나 야근을 했어요
② 이번 주에다가 네 번이나 야근을 했어요
③ 이번 주만 해도 네 번이나 야근을 했어요
④ 이번 주에 비해서 네 번이나 야근을 했어요

4
가 왜 학교 근처에서 살지 않아요?
나 학교 근처는 ________________.

① 집값이 비싼 탓에 놀 곳도 너무 많아서 공부하기가 힘들거든요
② 집값이 비싸 가지고 놀 곳도 너무 많아서 공부하기가 힘들거든요
③ 집값이 비싼 데다가 놀 곳도 너무 많아서 공부하기가 힘들거든요
④ 집값이 비싸기는 하지만 놀 곳도 너무 많아서 공부하기가 힘들거든요

〔5~6〕 다음 밑줄 친 것 중 맞는 것을 찾으세요.

5 ① 그 사람은 가수뿐만 아니라 배우이기도 해요.
② 감기가 다 나을 뿐만 아니라 기분도 좋아졌어요.
③ 자야 씨는 성격이 좋을 뿐만 아니라 똑똑하기까지 해요.
④ 저녁일 뿐만 아니라 아침까지 못 먹어서 배가 너무 고파요.

6 ① 그 마트는 가격이 싼 데다가 물건도 많아서 자주 가요.
② 10시가 넘는 데다가 날씨도 추워서 손님이 없을 거예요.
③ 양강 씨는 돈이 많이 있은 데다가 잘생겨서 인기가 많아요.
④ 눈이 많이 올 데다가 연휴도 겹쳐서 스키를 타러 가는 사람이 많아요.

도중을 나타낼 때
途中の表現

본 장에서는 어떤 행동을 하는 중간에 다른 행동을 하는 표현에 대해 배웁니다. 이것은 이동을 나타내는 표현도 있고 행동의 변화를 나타내는 표현도 있습니다. 초급 단계에서는 비슷한 표현으로 '–는 중'을 배웠습니다. 이 표현은 어렵지는 않지만 약간의 제약이 있으므로 유의해서 공부하시기 바랍니다.

この章では、ある行動をしている間に、ほかの行動をする表現について学びます。これには移動を表す表現もあり、行動の変化を表す表現もあります。初級では似ている表現として–는 중を学びました。この表現は、難しくはありませんが、若干の制約があるため、注意して勉強してください。

01 –는 길에
02 –다가

01 –는 길에

Track 090

가　유럽으로 여행을 갈 거예요?
ヨーロッパへ旅行に行くんですか。

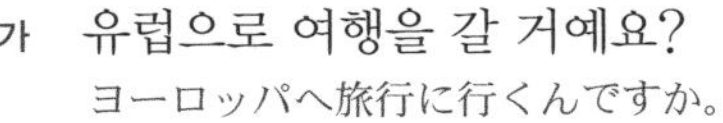

나　네, 유럽에 가는 길에 홍콩에 들러서 친구를 만날 거예요.
はい。ヨーロッパに行く途中で香港に寄って、友だちに会うつもりです。

가　엄마, 저 지금 퇴근하는 길이에요. 뭐 필요한 거 있으면 사 갈까요?
お母さん、私、いま退勤するところ。何か必要なものあったら、買って行こうか。

나　그럼, 집에 오는 길에 슈퍼에 가서 두부 좀 사 와.
じゃあ、家に帰る途中でスーパーに行って、豆腐ちょっと買って来て。

문법을 알아볼까요?

이 표현은 이동하는 과정 중에 어떤 다른 행동을 할 때 사용합니다.
この表現は、移動する過程で、あるほかの行動をするときに使います。

–는 길에			
V	–는 길에	가다 퇴근하다	가는 길에 퇴근하는 길에

- 퇴근하는 길에 지하철에서 우연히 친구를 만났어요.
  退勤する途中、地下鉄で偶然、友だちに会いました。
- 집에 돌아오는 길에 식당에서 식사하고 왔어요.
  家に帰る途中で、食堂で食事して来ました。
- 부산으로 여행 가는 길에 안동도 들를 거예요.
  釜山へ旅行に行く途中に安東にも寄ります。

더 알아볼까요?

1 이 표현은 '-는 길이다'로도 많이 사용하는데 이때는 이동하는 동작이 일어나고 있음을 나타내는 것으로 어떠한 일을 하고 있는 중이라는 뜻입니다.
この表現は、-는 길이다の形でもよく使います。この場合は、移動する動作が起こっていることを表すもので、何かをしている途中であるという意味です。

가 어디 가는 길이에요? どこか行くところですか。
나 네, 친구 만나러 가는 길이에요. ええ、友だちに会いに行くところです。

2 '-는 도중에'도 비슷한 의미인데 이 표현은 동사의 제약 없이 자유롭게 사용할 수 있지만 '-는 길에'는 주로 '가다', '오다', '나가다'와 같은 이동의 의미가 있는 동사와 함께 쓰입니다.
-는 도중에も似た意味で、この表現は、動詞の制約なく、自由に使うことができます。しかし、-는 길에は主に가다、오다、나가다のような移動の意味を持つ動詞とともに使われます。

- 일하는 길에 컴퓨터가 꺼져 버렸어요. (×)
  → 일하는 도중에 컴퓨터가 꺼져 버렸어요. (○)
  : '-는 길에'가 '가다', '오다', '나가다'와 같은 이동의 의미가 있는 동사와 함께 쓰이지 않았으므로 틀립니다.
  -는 길에が가다、오다、나가다のような移動の意味を持つ動詞とともに使われていないため、間違いです。
- 집에 가는 도중에 백화점에 들렀어요. (○)
  집에 가는 길에 백화점에 들렀어요. (○)
  : '-는 길에'가 '가다', '오다', '나가다'와 같은 이동의 의미가 있는 동사와 함께 쓰였으므로 괜찮습니다.
  -는 길에が가다、오다、나가다のような移動の意味を持つ動詞とともに使われているため、大丈夫です。

대화를 만들어 볼까요?

Track 091

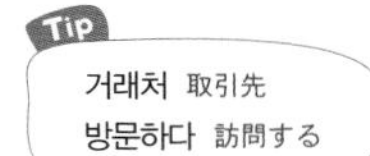
Tip
거래처 取引先
방문하다 訪問する

1 가 그 꽃을 어디서 샀어요?
나 집에 오는 길에 시장에서 샀어요.

그 꽃을 어디서 사다	집에 오다 / 시장에서 사다
그 친구를 어디서 만나다	거래처를 방문하러 가다 / 우연히 만나다
그 가방을 어디서 보다	학교에 오다 / 잠깐 가게에 들러서 보다

2 가 마크 씨, 지금 어디에 가는 길이에요?
나 친구가 입원해서 문병 가는 길이에요.

친구가 입원해서 문병 가다
형이 여행에서 돌아와서 공항에 마중하러 가다
읽고 싶은 책이 있어서 도서관에 빌리러 가다

연습해 볼까요?

1 '-는 길에'를 사용해서 다음 대화를 완성하세요.

(1) 가 아침에 아이가 혼자 학교에 가요? (회사에 가다)
나 아니요, 제가 <u>회사에 가는 길에</u> 데려다 줘요.

(2) 가 마크 씨, 여기는 웬일이에요? (지나가다)
나 그냥 ____________________ 들렀어요.

(3) 가 엄마, 과일을 왜 그렇게 많이 사셨어요? (집에 돌아오다)
나 ____________________ 가게에서 싸게 팔아서 많이 샀어.

(4) 가 그 뉴스를 어디서 들었어요? (회사에 출근하다)
나 ____________________ 버스에서 라디오로 들었어.

(5) 가 그 친구를 어디에서 만났어요? (출장 가다)
나 ____________________ 공항에서 만났어요.

2 '-는 길이다'를 사용해서 다음 대화를 완성하세요.

(1) 가 어디에 가세요? (운동하러 가다)
나 <u>운동하러 가는 길이에요.</u>

(2) 가 더운데 어디에 가요? (돈을 찾으러 은행에 가다)
나 ____________________

(3) 가 어디에 다녀오세요? (귀가 아파서 병원에 다녀오다)
나 ____________________

(4) 가 지금 이 시간에 어디 가니? (친구의 연락을 받고 나가다)
나 ____________________

(5) 가 쇼핑하러 가요? (산책하러 가다)
나 아니요, ____________________

02 -다가

Track 092

가 아까 낮에 뭐 했니?
さっき昼間に何してた?

나 만화책을 읽다가 친구하고 같이 외출했어요.
マンガ本を読んで、友だちと一緒に外出しました。

가 은혜야, 오랜만이다. 웬일이니?
ウネ、久しぶり。どうしたの?

나 이메일을 쓰다가 생각이 나서 그냥 전화했어.
Eメールを書いていたら思い出して、ただ電話したの。

문법을 알아볼까요?

이 표현은 어떤 행동이 지속되는 중에 그 행동이 중단되거나 다른 행동으로 바뀌는 것을 나타낼 때 사용합니다. '-다가'를 '-다'로 줄여서 사용하기도 합니다.

この表現は、ある行動が持続している途中でその行動が中断されたり、ほかの行動に変わったりすることを表すときに使います。-다가を-다と縮約して使うこともあります。

-다가			
V	-다가	가다 먹다	가다가 먹다가

- 밥을 먹다가 전화를 받았습니다.
  ごはんを食べている途中で電話を取りました。
- 공부를 하다가 졸았습니다.
  勉強をしていて居眠りしました。
- 지하철 1호선을 타고 가다가 시청역에서 2호선으로 갈아타세요.
  地下鉄1号線に乗って行き、市庁駅で2号線に乗り換えてください。
- 스케이트를 타다가 넘어져서 다쳤어요.
  スケートしていて、転んでけがしました。

더 알아볼까요?

1 **이 표현은 선행절의 행동이 계속되면서 후행절의 행동이 일어나는 경우에도 사용합니다.**
この表現は、先行節の行動が継続している途中で、後続節の行動が起こる場合にも使います。

- 잠을 <u>자다가</u> 무서운 꿈을 꿨어요.
  寝ているとき、怖い夢を見ました。
- 길을 <u>걸어가다가</u> 갑자기 생각이 나서 전화했어.
  道を歩いていて、急に思い出して電話したの。
- 친구하고 이야기를 <u>하다가</u> 웃었어요..
  友だちと話をしていて笑いました。

2 **이 표현은 선행절과 후행절의 주어가 같아야 합니다.**
この表現は、先行節と後続節の主語が同じでなければなりません。

- (내가) 밥을 먹다가 <u>전화가</u> 왔습니다. (×)
  → (내가) 밥을 먹다가 (내가) 전화를 받았습니다. (○)
  : '전화가 왔습니다'는 주어가 '전화'이므로 주어가 달라져서 말할 수 없습니다.
  전화가 왔습니다は、主語が전화なので、主語が異なるため不自然になります。

22장 '완료를 나타낼 때'의 01 '–았/었다가'를 참조하세요.
22章 完了の表現 01 –았/었다가を参照してください。

대화를 만들어 볼까요?

Track 093

1 가 숙제를 다 했어요?
나 아니요, 숙제를 하다가 친구에게 전화가 와서 나갔어요.

숙제를 다 하다	숙제를 하다 / 친구에게 전화가 와서 나가다
영화를 다 보다	영화를 보다 / 너무 무서워서 중간에 컴퓨터를 끄다
책을 다 읽다	책을 읽다 / 너무 졸려서 자다

2 가 어떻게 하다가 허리를 다쳤어요?
나 무거운 짐을 들다가 삐끗했어요.

Tip 삐끗하다 ぎくっとする

허리를 다치다	무거운 짐을 들다 / 삐끗하다
다리를 다치다	계단을 내려가다 / 미끄러지다
손가락을 다치다	과일을 깎다 / 손을 베다

연습해 볼까요?

1 다음 그림을 보고 '-다가'를 사용해서 다음 대화를 완성하세요.

(1) 
가 아이가 왜 다쳤어요?
나 **야구를 하다가** 공에 맞았어요.

(2) 
가 새벽인데 왜 일어났어요?
나 ______________________ 깼어요.

(3) 
가 어제 그 드라마를 다 보고 잤어요?
나 아니요, __________ 피곤해서 잤어요.

(4) 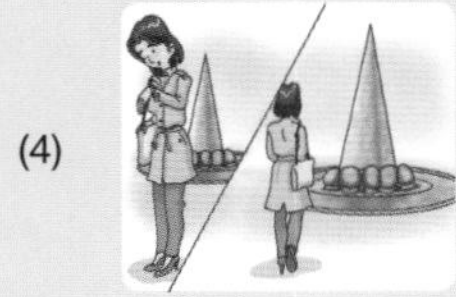
가 친구를 만났어요?
나 아니요, __________ 그냥 집에 갔어요.

2 '-다가'를 사용해서 다음 대화를 완성하세요.

(1) 가 서울역에 어떻게 가야 돼요? (타고 가다)
나 지하철 2호선을 **타고 가다가** 시청역에서 1호선으로 갈아타시면 돼요.

(2) 가 좋은 기회를 왜 놓쳤어요? (할까 말까 망설이다)
나 ______________________ 놓쳐 버렸어요.

(3) 가 어디에 다녀오세요? (요리를 하다)
나 __________________ 파가 없어서 사 왔어요.

(4) 가 김희철 씨는 어디에 갔어요? (일하다)
나 ______________ 볼일 보러 잠깐 나갔어요.

(5) 가 왜 돈을 다시 세요? (세다)
나 ____________ 얼마인지 잊어버렸어요.

13장 확인해 볼까요?

〔1~2〕 다음 밑줄 친 부분과 바꿔 쓸 수 있는 것을 고르세요.

1 집에 <u>가는 길에</u> 시장에 들러서 채소를 좀 살까 해요.

① 가면서　② 가니까
③ 가는 중간에　④ 가는 바람에

2 무거운 짐을 <u>들다가</u> 넘어져서 허리를 다쳤어요.

① 드느라고　② 드는 도중에
③ 드는 반면에　④ 들려고 하는데

3 다음 중 밑줄 친 곳에 적당하지 <u>않은</u> 대답을 고르세요.

가　아침에 집에서 밥을 먹어요?
나　아니요, ____________________.

① 출근하면서 사 가지고 가서 회사에서 먹어요
② 출근할 텐데 사 가지고 가서 회사에서 먹어요
③ 출근하는 길에 사 가지고 가서 회사에서 먹어요
④ 출근하는 도중에 사 가지고 가서 회사에서 먹어요

4 다음 중 밑줄 친 곳에 맞는 대답을 고르세요.

가　서울역에 어떻게 가야 돼요?
나　여기에서 ____________________.

① 지하철 7호선을 타고 가다가 이수역에서 4호선으로 갈아타면 돼요
② 지하철 7호선을 타고 가거든 이수역에서 4호선으로 갈아타면 돼요
③ 지하철 7호선을 타고 가는 길에 이수역에서 4호선으로 갈아타면 돼요
④ 지하철 7호선을 타고 가기는 하지만 이수역에서 4호선으로 갈아타면 돼요

5 다음 밑줄 친 것 중 <u>틀린</u> 것을 찾으세요.

① 도서관에서 책을 빌려 가지고 <u>오는 길이에요</u>.
② 친구 병문안을 <u>가는 길에</u> 주스를 사 가지고 갔어요.
③ 회사에서 컴퓨터로 <u>일하는 길에</u> 컴퓨터가 꺼져 버렸어요.
④ 아내가 여행에서 돌아와서 공항에 마중하러 <u>가는 길이에요</u>.

6 다음 밑줄 친 부분의 의미가 <u>다르게</u> 쓰인 것을 찾으세요.

① 영화를 <u>보다가</u> 너무 슬퍼서 울었어요.
② 책을 <u>읽다가</u> 너무 졸려서 잠깐 잤습니다.
③ 스키를 <u>타다가</u> 넘어져서 무릎을 다쳤습니다.
④ 밥을 <u>먹다가</u> 친구에게 걸려 온 전화를 받았습니다.

정도를 나타낼 때

程度の表現

본 장에서는 정도를 나타낼 때 사용하는 표현에 대해서 배웁니다. 초급 단계에서는 정도를 나타내는 표현으로 '쯤'을 배웠습니다. 정도를 나타내는 표현은 한국 사람들이 관용적으로 사용하는 것들도 많기 때문에 잘 외워서 활용하시기 바랍니다.

この章では、程度を表すときに使う表現について学びます。初級段階では、程度を表す表現として쯤を学びました。程度を表す表現は韓国人たちが慣用的に使うものも多いため、よく覚えて活用してください。

01 −(으)ㄹ 정도로

02 만 하다

03 −(으)ㄴ/는/(으)ㄹ 만큼

01 -(으)ㄹ 정도로

Track 094

가 오늘 돌아다니면서 구경 많이 했어요?
今日、歩きまわって、たくさん見物しましたか。

나 네, 피곤해서 쓰러질 **정도로** 많이 돌아다녔어요.
はい。疲れて倒れるほど、たくさん歩きまわりました。

가 비가 많이 오네요!
雨がたくさん降りますね!

나 네, 너무 많이 와서 앞이 잘 안 보일 **정도예요**.
はい。あまりにもたくさん降って、前がよく見えないくらいです。

문법을 알아볼까요?

이 표현은 선행절의 상태와 비슷한 수준으로 후행절의 행동을 하거나 일이 생길 때 사용합니다. '-(으)ㄹ 정도로' 나 '-(으)ㄹ 정도이다'의 형태로 많이 사용합니다.

この表現は、先行節の状態と似た水準で後続節の行動をするときや、何かが起こるときに使います。-(으)ㄹ 정도로や-(으)ㄹ 정도이다の形で多く使います。

-(으)ㄹ 정도로			
A/V	-(으)ㄹ 정도로	크다 입다	클 정도로 입을 정도로

- 저는 매일 두 편씩 볼 **정도로** 영화를 좋아해요.
  私は毎日2本ずつ見るほど映画が好きです。
- 평소에 화를 안 내던 민수 씨가 화를 낼 **정도로** 지수 씨가 나쁜 짓을 한 거예요?
  普段怒ったことのないミンスさんが怒るくらい、チスさんが悪いことをしたんですか。
- 이번 시험은 아주 쉬워서 중학생도 모두 풀 **정도였어요**.
  今回の試験はとても簡単で中学生もみんな解けるぐらいでした。

대화를 만들어 볼까요?

Track 095

1 가 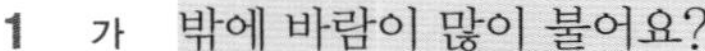 밖에 바람이 많이 불어요?

나 네, 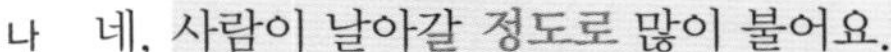 사람이 날아갈 정도로 많이 불어요.

밖에 바람이 많이 불다	사람이 날아가다 / 많이 불다
배가 많이 고프다	쓰러지다 / 배가 고프다
그 책을 여러 번 읽었다	다 외우다 / 여러 번 읽었다

2 가 저 개그 프로그램은 정말 재미있지요?

나 네, 볼 때마다 너무 많이 웃어서 배가 아플 정도예요.

개그 프로그램은 정말 재미있다	볼 때마다 너무 많이 웃어서 배가 아프다
사람은 말이 정말 빠르다	너무 빨라서 알아듣기가 힘들다
외국 사람은 한국말을 정말 잘하다	아주 잘해서 한국 사람이라고 생각되다

연습해 볼까요?

1 **'-(으)ㄹ 정도로'를 사용해서 다음 대화를 완성하세요.**

(1) 가 수영 씨가 술을 많이 마셨어요? (정신을 못 차리다)

나 네, 정신을 못 차릴 정도로 많이 마신 것 같아요.

(2) 가 은수 씨가 살이 많이 빠졌지요? (못 알아보다)

나 네, 저도 ______________________ 살이 많이 빠진 것 같아요.

(3) 가 마크 씨가 요즘 다른 생각을 자주 하는 것 같지요? (못 듣다)

나 맞아요. 아무리 불러도 ______________________ 다른 생각을 하고 있어요.

2 **'-(으)ㄹ 정도이다'를 사용해서 다음 대화를 완성하세요.**

(1) 가 지수 씨가 넘어져서 많이 다쳤어요? (움직이지 못하다)

나 네, 많이 다쳐서 움직이지 못할 정도예요.

(2) 가 시험공부 많이 했어요? (머리가 아프다)

나 네, 공부를 많이 해서 ______________________.

(3) 가 어린 아이인데 어려운 한자를 모두 읽네요! (모든 사람들이 놀라다)

나 네, 너무 신기해서 ______________________.

02 만 하다

가 우와! 저 개는 정말 크네요!
うわあ! あの犬は本当に大きいですね!

나 네, 정말 개가 송아지만 하네요.
はい。本当に、犬が子牛ほどもありますね。

가 왜 유리창이 깨졌지? 누가 싸운 거야?
どうして窓ガラスが割れてるの? 誰かけんかしたの?

나 아니에요. 밖에서 누가 주먹만 한 돌을 던졌어요.
違います。外から誰かが拳くらいの石を投げたんです。

문법을 알아볼까요?

이 표현은 크기나 수, 양의 의미를 갖는 명사에 붙어서 어떤 것이 그 명사와 비교했을 때 같은 크기이거나 같은 정도임을 나타낼 때 사용합니다. 'N만 하다' 또는 'N만 한 N'의 형태로 많이 사용합니다.
この表現は、大きさや数、量の意味を持つ名詞に付いて、ある事物がその名詞と比較したときに同じまたは同程度であることを表すときに使います。N만 하다またはN만 한 Nの形で多く使います。

만 하다			
N	만 하다	쥐꼬리 주먹	쥐꼬리만 하다 주먹만 하다

- 고향에 있는 집도 지금 살고 있는 집 크기만 해요.
  田舎にある家も、いま住んでいる家と同じくらいの大きさです。
- 아무리 편한 곳도 집만 한 곳은 없어요. 작기는 해도 우리 집이 제일 편해요.
  何と言っても家ほど楽なところはありません。小さくてもわが家がいちばんです。
- 열다섯 살인 동생의 키가 벌써 스무 살인 형만 하네요!
  15歳の弟の背がもう20歳の兄と同じくらいですね!

더 알아볼까요?

'N만 하다'는 관용적으로 쓰이는 표현들이 많이 있는데 그것은 다음과 같습니다.
N만 하다は慣用的に使われる表現が多くありますが、それは次のとおりです。

- 월급이 쥐꼬리만 해요.
  月給がネズミのしっぽ(雀の涙)くらいです。
- 얼굴이 주먹만 해요.
  顔が拳くらい(小さい)です。
- 목소리가 작아서 모기 소리만 해요.
  声が小さくて蚊の音くらい(蚊の鳴くような声)です。
- 너무 놀라서 가슴이 콩알만 해졌어요.
  あまりにも驚いて胸(心臓)が豆粒くらいになりました。
- 형만 한 아우가 없다.
  兄ほどの弟はいない(何だかんだ言っても兄のほうが優れている)。
- 강아지 크기만 한 쥐
  子犬くらいの大きさのネズミ
- 눈이 단춧구멍만 해요.
  目がボタンの穴くらい(小さい)です。
- 어른 팔뚝만 한 물고기를 잡았어요.
  大人の腕くらいの(大きい)魚をつかまえました。
- 방이 운동장만 해요.
  部屋が運動場くらい(大きい)です。

대화를 만들어 볼까요?

Track 097

1 가 저 사과는 정말 크네요!
나 우와! 사과가 수박만 하네요.

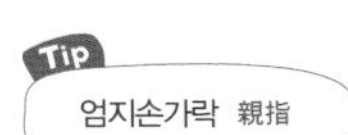

사과는 정말 크다	사과가 수박
배우는 얼굴이 정말 작다	얼굴이 주먹
휴대 전화는 크기가 정말 작다	휴대 전화가 엄지손가락

2 가 왜 이사를 안 가요?
나 우리 하숙집 아주머니만 한 주인이 없거든요. 그래서 안 가요.

이사를 안 가다	우리 하숙집 아주머니 / 주인이 없다 / 안 가다
밀가루 음식을 안 먹다	저에게는 밥 / 음식이 없다 / 안 먹다
외국으로 여행을 안 가다	저에게는 국내 / 여행지가 없다 / 외국 여행은 안 가다

연습해 볼까요?

다음 그림을 보고 [보기]에서 알맞은 단어를 찾아 '만 하다'를 사용해서 대화를 완성하세요.

보기	신용 카드	트럭	쥐꼬리	형	어른 팔뚝

(1) 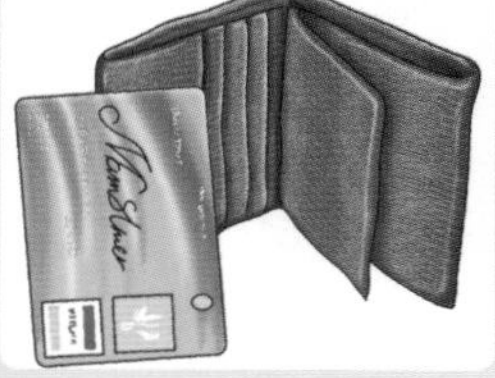

가 무엇을 찾고 있어요?
나 지갑을 찾고 있어요. 신용 카드만 한 지갑인데 안 보이네요.

(2) 

가 진수 씨는 월급을 많이 받아요?
나 아니요, 월급이 ________________ 살기가 어려워요.

(3) 

가 아버지가 낚시를 하러 자주 가세요?
나 네, 지난 주말에도 가셔서 ________________ 물고기를 잡아 오셨어요.

(4) 

가 그래도 형이 동생보다 훨씬 어른 같지요?
나 그래서 옛날부터 ________________ 동생이 없다고 하잖아요.

(5) 

가 어제 호주에서 정말 큰 악어가 나타났대요.
나 저도 봤어요. ________________ 악어가 나타나서 결국 죽였대요.

03 -(으)ㄴ/는/(으)ㄹ 만큼

Track 098

가 돈을 얼마씩 내면 돼요?
お金をいくらずつ出せばいいですか。

나 각자 먹은 만큼 내면 될 것 같아요.
それぞれ食べた分だけ出せばいいようです。

가 오늘 같이 영화 볼까요?
今日、一緒に映画見ましょうか。

나 미안해요. 요즘 영화를 볼 만큼 한가하지 않아요.
ごめんなさい。最近、映画を見るほど暇じゃないんです。

문법을 알아볼까요?

이 표현은 선행절의 행동과 상태가 후행절과 비슷함을 표현할 때 사용합니다. 명사와 같이 사용할 때는 선행절과 후행절 명사의 정도가 비슷함을 나타냅니다.

この表現は、先行節の行動と状態が後続節と似ていることを表現するときに使います。名詞と一緒に使うときは、先行節と後続節の名詞の程度が似ていることを表します。

-(으)ㄴ/는/(으)ㄹ 만큼				
A		-(으)ㄴ 만큼	크다 작다	큰 만큼 작은 만큼
V	과거	-(으)ㄴ 만큼	쓰다 먹다	쓴 만큼 먹은 만큼
	현재	-는 만큼	쓰다 먹다	쓰는 만큼 먹는 만큼
	미래	-(으)ㄹ 만큼	쓰다 먹다	쓸 만큼 먹을 만큼
N		만큼	시간	시간만큼

- 돈을 많이 내는 만큼 좋은 서비스를 받을 수 있을 거예요.
  お金をたくさん出すほど、よいサービスを受けられるでしょう。
- 저 뒤에 있는 사람도 들을 수 있을 만큼 크게 말해 주세요.
  あの後ろにいる人にも聞こえるくらい、大きな声で話してください。
- 사람들은 보통 아픈 만큼 성숙해진다고 말을 합니다.
  人は普通、痛みを知るほど成長すると言います。
- 나도 형만큼 잘할 수 있으니까 걱정하지 마세요.
  私も兄さんくらいうまくできるから心配しないでください。

대화를 만들어 볼까요?

Track 099

1 가 그 영화가 많이 슬펐어요?

나 네, 눈물이 날 만큼 슬펐어요.

그 영화가 많이 슬펐다	눈물이 나다 / 슬펐다
미술에 대해서 많이 알다	다른 사람에게 조금 설명해 줄 수 있다 / 알다
미영 씨가 마음씨도 곱다	얼굴이 예쁘다 / 마음씨도 곱다

2 가 아들이 키가 크지요?

나 네, 아버지만큼 키가 커요.

아들이 키가 크다	아버지 / 키가 크다
딸이 예쁘다	엄마 / 예쁘다
동생이 농구를 잘하다	형 / 농구를 잘하다

연습해 볼까요?

1 '-(으)ㄴ/는/(으)ㄹ 만큼'을 사용해서 다음 대화를 완성하세요.

(1) 가 이번 시험 결과가 어떨지 궁금해요. (열심히 공부하다)
나 열심히 공부한 만큼 좋은 점수를 받을 거예요.

(2) 가 일의 결과가 좋을지 걱정이에요. (최선을 다하다)
나 ______________ 좋은 결과가 있을 거예요.

(3) 가 머리가 많이 아프세요? (참을 수 없다)
나 네, ______________ 아파서 빨리 병원에 가 봐야겠어요.

(4) 가 왜 더 안 드세요? (먹다)
나 저는 ______________ 살이 쪄서 조금씩만 먹어야 돼요.

(5) 가 얼마만큼 가지면 돼요? (가지고 싶다)
나 많이 있으니까 ______________ 가져도 됩니다.

2 [보기]에서 적절한 단어를 찾아 다음 대화를 완성하세요.

보기	하얀 눈	아키라 씨	그것	서울	나이

(1) 가 자야 씨 얼굴은 정말 하얗지요?
나 네, 하얀 눈만큼 흰 것 같아요.

(2) 가 요즘에는 나이에 비해서 철이 덜 든 사람들이 많은 것 같아요.
나 그러게요. ______________ 성숙한 사람들이 되어야 할 텐데요.

(3) 가 오사카는 어때요?
나 ______________ 복잡해요.

(4) 가 양강 씨가 담배를 많이 피워요?
나 네, ______________ 많이 피우는 것 같아요.

(5) 가 저는 이것이 더 좋아 보이는데 희수 씨는 어느 게 더 좋아요?
나 이것도 ______________ 좋아 보여요. 저는 이걸로 살래요.

14장 확인해 볼까요?

1 다음 밑줄 친 부분과 바꿔 쓸 수 있는 것을 고르세요.

어제 본 영화는 눈물이 날 정도로 슬펐어요.

① 눈물이 나고자　② 눈물이 날 만큼
③ 눈물이 나는 데다가　④ 눈물이 날 뿐만 아니라

2 다음 문장의 뜻으로 맞는 것을 고르세요.

그 책을 외울 정도로 여러 번 읽었어요.

① 그 책을 여러 번 읽어서 외우고자 해요.
② 그 책을 여러 번 읽어서 외울 모양이에요.
③ 그 책을 여러 번 읽어서 외울 수도 있어요.
④ 그 책을 여러 번 읽어서 외우려던 참이에요.

〔3~4〕 다음 중 밑줄 친 곳에 맞는 대답을 고르세요.

3

가　진수 씨가 다니는 회사는 우리 회사보다 월급이 훨씬 많지요?
나　많기는요. 월급이 ______________.

① 쥐꼬리만 한데요　② 쥐꼬리거든 좋겠어요
③ 쥐꼬리만큼 많은데요　④ 쥐꼬리에 비해서 적은데요

4

가　저 아나운서는 말이 정말 빠른 것 같아요.
나　맞아요. ______________________.

① 알아듣기가 힘들어야 말이 빨라요　② 알아듣기가 힘들 정도로 말이 빨라요
③ 알아듣기가 힘든 탓에 말이 빨라요　④ 알아듣기가 힘들 테니까 말이 빨라요

5 다음 밑줄 친 것 중 틀린 것을 찾으세요.

① 수영 씨는 얼굴이 예쁜 만큼 마음씨도 고운 것 같아요.
② 돈을 많이 낼 만큼 좋은 서비스를 받으실 수 있습니다.
③ 참을 수 없을 만큼 배가 아파서 빨리 병원에 가야겠어요.
④ 사람들은 보통 아픈 만큼 성숙해진다고 하는데 정말 그래요?

6 다음 중 맞는 문장을 찾으세요.

① 사람이 날아가는 정도로 바람이 많이 불고 있어요.
② 이번 시험은 아주 쉬워서 중학생도 푼 정도였어요.
③ 저 코미디 영화가 재미있어서 배가 아픈 정도로 웃었어요.
④ 마크 씨는 한국말을 잘해서 한국 사람이라고 생각될 정도예요.

선택을 나타낼 때
選択の表現

본 장에서는 선택을 나타낼 때 사용하는 표현에 대해서 배웁니다. 초급 단계에서는 선택을 나타내는 표현으로 '(이)나'와 '-거나'를 배웠습니다. 여기서 다루는 것들은 명사와 함께 사용되는 표현이 많으므로 동사와 함께 사용되는 것과 잘 구별해서 익히시기 바랍니다.

この章では、選択を表すときに使う表現について学びます。初級段階では、選択を表す表現として、(이)나と-거나を学びました。ここで扱うのは、名詞とともに使用される表現が多いため、動詞とともに使用されるものとしっかり区別して身につけてください。

01 아무+(이)나 / 아무+도

02 (이)나

03 (이)라도

04 -든지 -든지

05 -(으)ㄴ/는 대신에

01 아무+(이)나 / 아무+도

Track 100

가 저 지하철 입구에 있는 신문을 봐도 돼요?
あの地下鉄の入口にある新聞を見てもいいですか。

나 그럼요, 무료니까 보고 싶은 사람은 아무나 가져 가도 돼요.
もちろんです。無料なので、読みたい人は誰でも持って行ってもいいです。

가 약속 시간이 지났는데 아무도 안 왔어요?
約束時間が過ぎたのに、誰も来ていないんですか。

나 네, 아무도 안 와서 저 혼자 기다리고 있었어요.
はい。誰も来ていなくて、私一人で待っていました。

문법을 알아볼까요?

'아무'는 특별히 어떤 것을 선택하지 않고 말할 때 사용하는 것으로 사람이나 사물을 가리킬 때 사용합니다. 사용되는 조사에 따라서 문장에서의 의미가 달라지는데 사람을 가리킬 때는 '아무나' 또는 '아무도'를 많이 씁니다. '아무나'는 '어떤 사람이든지 상관이 없다'는 뜻이고 '아무도'는 '한 사람도 없다'는 뜻이 됩니다. '아무도'는 후행절에 부정 표현이 옵니다.

아무は特別に何かを選択せず述べるのに使うもので、人や事物を指すときに使います。使われる助詞によって文での意味が変わりますが、人を指すときは아무나または아무도を多く使います。아무나は「どんな人でも関係ない」という意味で、아무도は「一人もいない」という意味になります。아무도は後続節に否定表現が来ます。

	아무+(이)나	아무+도
사람	아무나, 아무한테나, 아무하고나	아무도, 아무한테도, 아무하고도
장소	아무 데나 / 아무 곳이나 아무 데서나 / 아무 곳에서나	아무 데도 / 아무 곳도 아무 데서도 / 아무 곳에서도
물건	아무거나, 아무것이나	아무것도
시간	아무 때나	아무 때도

- 이곳은 입장료만 내면 아무나 들어갈 수 있습니다.
  ここは入場料さえ払えば誰でも入れます。
- 아무도 나를 알지 못하는 곳으로 가고 싶어요.
  誰も私を知らないところへ行きたいです。
- 아무거나 사고 싶은 책을 골라 봐.
  どれでも買いたい本を選んでみなさい。

더 알아볼까요?

1 '아무+(이)나'의 '나'는 '누구+나', '어디+나', '무엇+이나', '언제+나'와 같이 의문대명사와 함께 쓰일 수 있지만 '아무+도'의 '도'는 의문대명사와 함께 쓰이면 어색합니다.
아무+(이)나の나は누구+나、어디+나、무엇+이나、언제+나のように疑問代名詞とともに使うことができますが、아무+도の도は疑問代名詞と共に使うと不自然です。

- 그 파티에는 아무나 갈 수 있는 거지요? = 그 파티에는 누구나 갈 수 있는 거지요?

2 '아무+(이)나' 다음에는 긍정 상황이 오고, '아무+도' 다음에는 부정 상황이 옵니다.
아무+(이)나の次には肯定的な状況が来て、아무+도の次には否定的な状況が来ます。

가 뭐 먹을래요?
나 저는 아무거나 괜찮아요. (○)
저는 아무것도 먹고 싶지 않아요. (○)

대화를 만들어 볼까요?

Track 101

1 가 휴가에 어디로 여행을 가고 싶어요?
나 조용한 곳이면 아무 데나 괜찮아요.

휴가에 어디로 여행을 가다	조용한 곳이면 아무 데 / 괜찮다
누구하고 영화를 보다	코미디 영화를 좋아하는 사람이면 아무 / 좋다
무엇을 마시다	시원한 것이면 아무거 / 상관없다

2 가 여기에서 담배를 피울 수 있는 곳이 있어요?
나 이 건물에서는 아무 데서도 담배를 피우면 안 됩니다.

여기에서 담배를 피울 수 있는 곳	이 건물에서는 아무 데서 / 담배를 피우다
내일 수술인데 수술할 때까지 먹을 수 있는 음식	수술할 때까지는 아무것 / 먹다
다리를 다쳤는데 할 수 있는 운동	다리가 나을 때까지는 아무 운동 / 하다

연습해 볼까요?

1 '아무+나'를 사용해서 다음 대화를 완성하세요.

(1) 가 언제 찾아뵈면 될까요?
나 오후에는 시간이 괜찮으니까 **아무 때나** 오세요.

(2) 가 무슨 색깔로 드릴까요?
나 다 예쁘니까 ____________ 주세요.

(3) 가 뭐 먹을래요?
나 짜지 않은 음식이라면 ____________ 괜찮아요.

(4) 가 복사기 사용하는 방법을 누구에게 물어보면 돼요?
나 모두 잘 아니까 ____________ 물어보세요.

(5) 가 엄마, 여기 있는 음식 먹어도 돼요?
나 음, 여기는 뷔페식당이니까 ____________ 먹어도 돼.

2 '아무+도'를 사용해서 다음 대화를 완성하세요.

(1) 가 가방 안에 뭐가 들어 있었어요?
나 **아무것도** 없었습니다.

(2) 가 김 대리님, 오늘 제가 출장 간 사이에 찾아온 사람 없었어요?
나 아니, ____________ 안 왔었는데.

(3) 가 무슨 이야기인데 그렇게 망설여요?
나 이 이야기는 비밀이니까 절대 ____________ 말하지 마세요.

(4) 가 왜 요즘 집에만 있어요?
나 얼마 전에 다리를 다쳐서 ____________ 갈 수가 없어요.

(5) 가 식사 안 해요?
나 지금 배가 좀 아파서 ____________ 못 먹겠어요.

02 (이)나

가　아키라 씨, 정말 오랜만이에요.
明さん、本当に久しぶりです。

나　그러네요. 오래만이에요. 우리 오랜만에 만났는데 차나 한잔 마시면서 이야기할까요?
そうですね。久しぶりです。久しぶりに会ったんだからお茶でも1杯飲みながら話しましょうか。

가　엄마, 친구하고 놀고 올게요.
お母さん、友だちと遊んで来る。

나　이제 그만 놀고 책이나 좀 읽어.
もう遊びはいいかげんにして、本でも読みなさい。

문법을 알아볼까요?

이 표현은 어떤 것이 최선의 것도 아니고 만족스럽지는 않지만 괜찮은 정도의 차선책임을 나타낼 때 사용합니다. 그리고 특별하게 선택하고 싶은 것이 없을 때, 아무거나 선택해도 괜찮을 때 사용하기도 합니다.

この表現は、あることが最善でも満足でもないが、悪くないという程度の次善策であることを表すときに使います。そして、特別に選択したいものがないとき、何を選択してもかまわないときに使うこともあります。

(이)나			
N	(이)나	영화 책	영화나 책이나

- 할 일도 없는데 산책이나 할까?
  することもないし、散歩でもしようか。
- 돈이 부족하니까 카페라떼 대신에 아메리카노나 마셔야겠어요.
  お金が足りないし、カフェラテのかわりにアメリカーノでも飲まなくちゃ。
- 오늘 오후에 시간 있으면 인사동에나 갑시다.
  今日の午後、時間あったら、仁寺洞にでも行きましょう。

더 알아볼까요?

1 시간 다음에는 '에나'를 사용해야 하고, 장소 다음에는 '(이)나'와 '에나' 중 어느 것을 사용해도 괜찮습니다.

時間の後には에나を使わなくてはならず、場所の後には(이)나と에나のどちらを使ってもかまいません。

- 오후에는 조금 바쁘니까 이따 저녁에나 만납시다.
- 미국은 너무 머니까 가까운 일본에나 다녀오자. = 미국은 너무 머니까 가까운 일본이나 다녀오자.

2 '(이)나' 다음에는 과거형이 올 수 없습니다. 그리고 보통 명령형이나 청유형으로 끝나야 자연스럽습니다.

(이)나の後には過去形が来ることができません。そして、普通、命令形や勧誘形で終わらないと不自然です。

- 여행이나 했어요. (×) → 여행이나 합시다. (○)
여행이나 할까요? (○)

3 이 표현은 의지나 의도를 나타내는 표현이 와야 자연스럽습니다.

この表現は、意志や意図を表す表現が来ないと不自然です。

- (저는) 여행이나 해요. (×) → (저는) 여행이나 할래요. (○)
(저는) 여행이나 하고 싶어요. (×) → (저는) 여행이나 하려고 해요. (○)

비교해 볼까요?

'(이)나'는 다음과 같이 많은 의미가 있으므로 헷갈리지 않도록 유의하시기 바랍니다.

(이)나は、次のような多くの意味があるため、混乱しないように注意してください。

(1) 둘 이상의 대상을 나열하거나 그중에 어떤 것을 선택함을 나타낼 때 사용합니다.

二つ以上の事物を羅列するとき、そのうちのあるものを選択することを表すときに使います。

- 저는 돈이 있으면 책이나 CD 사는 것을 좋아합니다.
私はお金があったら本やCDを買うのが好きです。

(2) 그 양이 예상되는 정도를 넘었거나 생각보다 많음을 나타낼 때 사용합니다.

その量が予想される程度を超えていること、思ったより多いことを表すときに使います。

- 배가 고파서 밥을 세 그릇이나 먹었어요.
おなかがすいていて、ごはんを3杯も食べました。

(3) 최선의 것도 아니고, 만족스럽지는 않지만 괜찮은 정도의 차선책임을 나타낼 때 사용합니다.

最善でも満足でもないが、悪くはない程度の次善策であることを表すときに使います。

- 우리 심심한데 영화나 봅시다.
退屈だから、映画でも見ましょう。

대화를 만들어 볼까요?

1 가 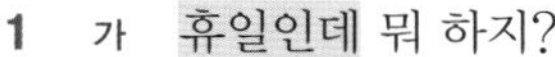 휴일인데 뭐 하지?

나 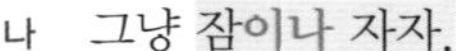 그냥 잠이나 자자.

휴일이다	잠 / 자다
심심하다	DVD / 보다
비가 오다	빈대떡 / 만들어 먹다

2 가 밥이 없는데 어떻게 할까?

나 밥이 없으면 라면이나 먹자.

밥이 없다	밥이 없으면 라면 / 먹다
커피가 없다	커피가 없으면 물 / 마시다
제주도에 가는 비행기 표가 없다	제주도에 가는 비행기 표가 없으면 부산 / 가다

연습해 볼까요?

[보기]에서 적절한 단어를 찾아 다음 대화를 완성하세요.

보기	볼링	영화	떡볶이	다음 주쯤	친구

(1) 가 할 일이 없는데 뭘 하지?
　나 할 일이 없으면 **볼링이나** 치러 가는 게 어때?

(2) 가 저녁 시간이 다 되었는데 뭐 좀 먹을까요?
　나 배가 별로 안 고픈데 ________ 사다 먹을까요?

(3) 가 오랜만에 컴퓨터 게임 좀 하려고 했는데 컴퓨터가 고장 나 버렸어요.
　나 그래요? 그럼 저하고 같이 ________ 보러 갈래요?

(4) 가 철수 씨하고 여행 계획에 대해서 의논해야 할 텐데 언제 만나지요?
　나 이번 주는 시간이 없으니까 ________ 만납시다.

(5) 가 진수야, 오늘은 엄마가 집에 늦게 올 것 같아.
　나 그래요? 저도 오늘은 오랜만에 ________ 만날까 했는데 잘됐네요.

03 (이)라도

가 남편이 선물을 자주 해요?
ご主人がプレゼントをよくしてくれるんですか。

나 아니요, 결혼하고 한 번도 선물을 받아 본 적이 없어서 장미꽃 한 송이라도 받아 보면 좋겠어요.
いいえ。結婚して一度もプレゼントをもらったことがないので、バラの花1輪でももらってみたいです。

가 무슨 일인데 아침부터 전화를 했니?
朝から電話をかけてくるなんて、どうしたの?

나 처리해야 할 급한 일이 생겼는데 직원들이 모두 못 나온대. 그러니까 너라도 와서 좀 도와줘.
処理すべき急な仕事ができたんだけど、職員たちがみんな出られないって。だから、君でも来てちょっと手伝って。

문법을 알아볼까요?

'(이)라도'는 여러 가지 중에서 그것이 가장 마음에 들지는 않으나 그런대로 괜찮은 것을 선택할 때 사용합니다. '만이라도', '부터라도', '(으)로라도', '에게/한테라도', '에라도', '에서라도', '하고라도'처럼 조사와 함께 사용할 수 있습니다.

(이)라도は複数のものの中で、それが最も気に入っているわけではないが、それなりに悪くないものを選択するときに使います。만이라도、부터라도、(으)로라도、에게/한테라도、에라도、에서라도、하고라도のように、助詞とともに使うことができます。

(이)라도			
N	(이)라도	영화 책	영화라도 책이라도

- 집이 너무 멀어서 중고차라도 한 대 사야겠어요.
  家が遠すぎるので、中古車でも1台買わなくちゃ。
- 그렇게 쉬지 않고 일만 하면 어떻게 해요? 여기 앉아서 잠깐이라도 좀 쉬세요.
  そんなに休まずに仕事ばかりしてどうするんですか。ここに座って、少しでも休んでください。
- 열심히 공부한다고 해 놓고 오늘도 놀아 버렸어요. 내일부터라도 열심히 해야겠어요.
  一生懸命勉強すると言っておいて、今日も遊んでしまいました。明日からでも一生懸命しなくちゃ。

더 알아볼까요?

'(이)라도'는 '어느', '아무', '무엇', '무슨', '누구' 등과 함께 사용하면 어떤 경우라도 마찬가지임을 나타냅니다.
(이)라도は어느、아무、무엇、무슨、누구等とともに使うと、どんな場合でも同じであることを表します。

- 어느 곳이라도 사랑하는 사람과 함께 있을 수 있다면 저는 상관이 없어요.
  愛する人と一緒にいられるなら、私はどこでもかまいません。
- 아무 말이라도 좋으니까 제발 대답 좀 해 보세요.
  どんなことでもいいから、どうか答えてみてください。
- 영수 씨는 무슨 일이라도 할 수 있는 사람이에요. 그러니까 믿고 맡겨 보세요.
  ヨンスさんはどんなことでもできる人です。だから、信じて任せてみてください。
- 누구라도 연락이 먼저 되는 사람에게 이야기를 하려고 합니다.
  誰でも最初に連絡がつく人に話をしようと思います。

위의 예문은 각각 '어느 장소', '어떤 말', '어떤 일', '누구든지' 모두 마찬가지이기 때문에 상관이 없다는 의미입니다.
上の例文はそれぞれ、「どんな場所でも、どんなことばでも、どんなことでも、誰でも」みんな同じなので関係ないという意味です。

비교해 볼까요?

선택을 할 때 사용하는 '(이)나'와 '(이)라도'는 다음과 같은 차이가 있습니다.
選択をするときに使う(이)나と(이)라도には、次のような違いがあります。

(이)나	(이)라도
최선의 것이 없으면 나머지는 모두 같기 때문에 그 다음에는 어떤 것을 선택해도 괜찮다는 의미입니다. 最善でなければ残りはみんな同じなので、その次にどんなものを選択してもかまわないという意味です。	최선의 것이 없기 때문에 그 다음으로 좋은 것을 선택할 때 사용합니다. 즉, 마음에 드는 것에 대한 서열을 나타낼 때 사용하는 것입니다. 最善のものがないため、その次にいいものを選択するときに使います。すなわち、気に入ったものに対する序列を表すときに使います。
• 밥이 없으면 라면이나 먹을래. → 지금 가장 먹고 싶은 음식인 밥이 없으면 라면이든 다른 것이든 상관이 없으므로 그냥 라면을 먹겠다는 의미입니다. いま最も食べたいごはんがなければラーメンでもほかのものでも関係ないので、そのままラーメンを食べるという意味です。	• 밥이 없으면 라면이라도 먹을래. → 밥이 없으면 그 다음으로 먹고 싶은 것이 라면이라는 의미입니다. 만약에 라면도 없고 그 다음에 먹고 싶은 것이 떡이라면 '라면도 없으면 떡이라도 먹을래.'라고 말할 수 있습니다. ごはんがないなら、その次に食べたいものがラーメンであるという意味です。もしラーメンもなく、その次に食べたいものが餅であれば、라면도 없으면 떡이라도 먹을래と言うことができます。

대화를 만들어 볼까요?

Track 105

1 가 내일 개업식에 사람이 많이 와야 할 텐데 몇 명밖에 연락이 안 돼서 걱정이에요.

나 그럼, 연락된 사람이라도 꼭 오라고 하세요.

내일 개업식에 사람이 많이 와야 할 텐데 몇 명밖에 연락이 안 되다	연락된 사람 / 꼭 오라고 하다
우리 아들이 매일 늦게 들어오다	집에 늦게 들어올 때는 전화 / 하라고 하다
친구들 모임에 계속 못 갔는데 내일도 야근을 해야 하다	늦은 시간 / 간다고 하다

2 가 오늘 사무실 사람들과 같이 식사를 못 한다면서요?

나 네, 그래서 미안해서 커피라도 사려고 해요.

오늘 사무실 사람들과 같이 식사를 못 하다	미안해서 커피 / 사다
이번 토요일에 윤아 씨의 결혼식에 못 가다	축하 카드 / 보내다
보고서를 아직 못 끝냈다	교수님께 몇 시간만 / 시간을 더 달라고 부탁드리다

연습해 볼까요?

1 '(이)라도'를 사용해서 다음 대화를 완성하세요.

(1) 가 이번 달 용돈을 다 써 버려서 생활비가 모자라는데 부모님께 말씀드리기가 죄송해요. (같은 반 친구)

나 그럼, 같은 반 친구에게라도 빌려달라고 해 보세요.

(2) 가 금연석은 모두 찼고 흡연석만 빈자리가 있는데요. (흡연석 자리)

나 할 수 없지요. 그럼 ________________ 주세요.

(3) 가 정말 오랜만에 만났는데 얘기할 시간이 없어서 정말 아쉬워요. (식사)

나 할 수 없지요. 다음에 만나면 ________________ 하면서 얘기해요.

(4) 가 저는 금방 식사를 하고 와서 배가 부르니까 어서 드세요. (조금)

나 그래도 자야 씨가 정성스럽게 만든 거니까 ________________ 드셔 보세요.

(5) 가 수영 씨가 시간이 없어서 먼 데는 못 가겠대요. (가까운 데)

나 그럼, ________________ 다녀옵시다.

2 **다음 그림을 보고 '(이)라도'를 사용해서 대화를 완성하세요.**

마크가 주말에 하고 싶은 일의 순서

① 여자 친구하고 데이트하기 ② 양강 씨하고 영화 보기 ③ 축구장에 가기
④ 서울 시내 구경하기 ⑤ 집에서 컴퓨터 게임하기

자야 마크 씨, 주말에 뭐 하고 싶어요?

마크 여자 친구하고 데이트하고 싶어요.

자야 여자 친구가 바쁘다고 하면 뭘 할래요?

마크 여자 친구가 바쁘다고 하면 (1)양강 씨하고 영화라도 볼래요.

자야 영화 표가 없으면 어떻게 할래요?

마크 그럼 (2)____________________.

자야 그날 축구 경기가 없으면요?

마크 그럼 (3)____________________.

자야 만약에 비가 오면 어떻게 할 거예요?

마크 그럼 그냥 (4)____________________.

04 -든지 -든지

Track 106

가 이 서류는 무엇으로 써야 합니까?
この書類は何で書かなければいけないんですか。

나 볼펜으로 쓰든지 연필로 쓰든지 마음대로 하세요.
ボールペンで書くなり鉛筆で書くなり、好きなようにしてください。

가 책이 너무 비싸면 어떻게 하지요? 그래도 사다 줄까요?
本がものすごく高かったらどうしましょうか。それでも、買って来ましょうか。

나 네, 비싸든지 싸든지 필요한 책이니까 꼭 사다 주세요.
はい。高くても安くても必要な本だから必ず買って来てください。

문법을 알아볼까요?

이 표현은 어느 것이 선택되어도 아무 차이가 없는 둘 이상의 일을 나열할 때 또는 대립되거나 상반되는 두 가지 중에서 어느 하나를 선택해도 상관이 없거나 괜찮음을 나타낼 때 사용합니다. '-든 -든'으로 줄여서 사용할 수 있습니다.

この表現は、どれが選択されても違いがない二つ以上のことを羅列するとき、対立・相反する2種類のうちどちらを選択しても関係ないことを表すときに使います。-든 -든と縮約して使うことができます。

-든지 -든지				
A		-든지 -든지	예쁘다 / 귀엽다	예쁘든지 귀엽든지
V	과거	-았/었든지 -았/었든지	먹다 / 마시다	먹었든지 마셨든지
	현재	-든지 -든지	먹다 / 마시다	먹든지 마시든지
N		(이)든지	밥 / 죽 커피 / 주스	밥이든지 죽이든지 커피든지 주스든지

- 눈이 오든지 비가 오든지 내일 공연은 예정대로 진행될 겁니다.
  雪が降ろうと雨が降ろうと、明日の公演は予定どおり進行されます。

• 이제 한국 음식은 맵든지 짜든지 모두 먹을 수 있어요.
辛くてもしょっぱくても、韓国料理はもう全部食べられます。

• 제 남편은 평일이든지 주말이든지 시간만 나면 등산을 갑니다.
私の夫は、平日でも週末でも、時間さえあれば山登りに行きます。

더 알아볼까요?

1 이 표현은 대립되는 것을 강조하기 위해서 '-든지 안 -든지', '-든지 말든지', '-든지 못 -든지'와 같은 형식으로 사용하기도 합니다.
この表現は、対立していることを強調するために、-든지 안 -든지、-든지 말든지、-든지 못 -든지のような形で使うこともあります。

• 네가 가든지 말든지 나는 상관없으니까 마음대로 해.
君が行こうが行くまいが私には関係ないから、好きなようにしなさい。

• 그 사람이 키가 크든지 안 크든지 일단 한번 만나 보세요.
その人が背が高かろうが高くなかろうが、とりあえず一度会ってみてください。

2 미래를 나타내는 '-겠-'과 함께 쓰면 틀린 문장이 됩니다.
未来を表す-겠-とともに使うと、間違った文になります。

• 내일은 친구를 만나겠든지 영화를 보겠든지 할 거예요. (×)
→ 내일은 친구를 만나든지 영화를 보든지 할 거예요. (○)

대화를 만들어 볼까요?

Track 107

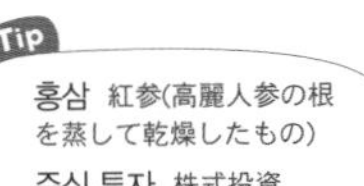

Tip
홍삼 紅参(高麗人参の根を蒸して乾燥したもの)
주식 투자 株式投資

1 가 남자 친구 부모님께 드릴 선물로 뭐가 좋을까요?
나 홍삼을 사든지 꿀을 사든지 하세요.

남자 친구 부모님께 드릴 선물로 뭐가 좋다	홍삼을 사다 / 꿀을 사다
돈을 모으려면 어떤 방법이 좋다	은행에 예금을 하다 / 주식 투자를 하다
고향에서 친구가 오는데 무엇을 하면 좋다	N서울타워에 올라가다 / 경복궁을 구경하다

2 가 자야 씨하고 웨이밍 씨가 자꾸 싸우는데 어떻게 하지요?
나 원래 자주 싸우니까 싸우든지 말든지 신경 쓰지 마세요.

자야 씨하고 웨이밍 씨가 자꾸 싸우다	원래 자주 싸우니까 싸우다 / 말다 / 신경 쓰지 말다
우리 아이는 모든 일을 스스로 하려고 하지 않다	나이가 들면 스스로 하게 되니까 지금은 하다 / 말다 / 가만히 둬 보다
부장님께서 말씀하신 서류 작성을 아직 다 못 했다	부장님께서 화를 내실 테니까 다 했다 / 못 했다 / 시간이 되면 그냥 제출하다

연습해 볼까요?

1 '-든지 -든지'를 사용해서 다음 대화를 완성하세요.

(1) 가 어느 나라 음식을 잘 만드세요? (한국 음식 / 외국 음식)
나 한국 음식이든지 외국 음식이든지 다 잘 만들어요.

(2) 가 제가 내일은 바쁜데 약속을 좀 미뤄도 될까요? (취소하다 / 연기하다)
나 많이 바쁘면 약속을 ______________________ 마음대로 하세요.

(3) 가 민수야, 빨리 일어나서 아침 먹어야지. (아침을 먹다 / 늦잠을 자다)
나 오늘은 너무 피곤하니까 ______________________ 신경 쓰지 마세요.

(4) 가 이번 주까지 등록을 해야 할인을 해 줍니까? (이번 주에 하다 / 다음 주에 하다)
나 ______________________ 별 차이는 없을 거예요.

(5) 가 손님들이 곧 오실 텐데 저는 무엇을 할까요? (청소를 하다 / 밥상을 차리다)
나 ______________________ 하세요.

2 '-든지 -든지'를 사용해서 다음 대화를 완성하세요.

(1) 가 우리 집이 좀 멀어서 그러는데 이것 좀 배달해 줄 수 있어요? (집이 멀다 / 가깝다)
나 많이 사셨는데 집이 멀든지 가깝든지 꼭 배달해 드려야지요.

(2) 가 유진 씨는 키가 큰 남자가 좋아요? 작은 남자가 좋아요? (키가 크다 / 작다)
나 저는 ______________________ 상관없어요. 성격만 좋으면 돼요.

(3) 가 지금 유학을 갈까 말까 고민 중이에요. (유학을 가다 / 안 가다)
나 ______________________ 그건 결국 네 문제니까 잘 생각해서 결정해.

(4) 가 수철 씨는 항상 큰 소리로 전화를 받는 것 같아요. (옆에 사람이 있다 / 없다)
나 그러게요. ______________________ 신경을 안 쓰더라고요.

(5) 가 일하시는데 저희들이 방해가 됐어요? (나가다 / 조용히 있다)
나 그래. 조금 시끄러우니까 ______________________ 해라.

05 -(으)ㄴ/는 대신에

Track 108

가 마크 씨, 점심 때 스테이크 먹을까요?
マークさん、昼ごはんにステーキ食べましょうか。

나 오늘은 돈이 없는데 스테이크 대신에 햄버거를 먹으면 어때요?
今日はお金がないから、ステーキのかわりにハンバーガーを食べるのはどうですか。

가 날씨가 더우니까 안경이 불편하네요.
暑いから眼鏡は不便ですね。

나 그럼, 안경을 쓰는 대신에 렌즈를 껴 보세요.
じゃあ、眼鏡をかけるかわりにコンタクトをつけてみてください。

문법을 알아볼까요?

이 표현은 선행절의 행동을 다른 행동으로 대체함을 나타내거나 앞의 행동에 상응하는 다른 것으로 보상함을 나타냅니다. '에'를 생략하고 '-는 대신'으로 사용해도 됩니다.
この表現は、先行節の行動をほかの行動で代えること、前の行動に釣り合うほかのことで補うことを表します。에を省略して-는 대신の形で使ってもかまいません。

-(으)ㄴ/는 대신에			
A	-(으)ㄴ 대신에	싸다 많다	싼 대신에 많은 대신에
V	-는 대신에	가다 먹다	가는 대신에 먹는 대신에
N	대신에	커피 안경	커피 대신에 안경 대신에

가 이 가방은 정말 비싸네요.
このカバンは本当に高いですね。

나 비싸긴 하지만 비싼 대신에 품질이 좋잖아요.
たしかに高いですけど、高いかわりに品質がいいじゃないですか。

가 마크 씨, 제가 한국어 숙제를 도와줄까요?
マークさん、私が韓国語の宿題を手伝ってあげましょうか。

나 정말이요? 그럼 수진 씨가 제 숙제를 도와주는 대신 제가 저녁을 살게요.
本当ですか。じゃあ、スジンさんが私の宿題を手伝ってくれるかわりに、私が夕食をおごります。

가 커피 드시겠어요?
コーヒー召し上がりますか。

나 커피를 마시면 잠이 안 와서요. 커피 대신 녹차를 주시겠어요?
コーヒーを飲むと眠れなくなるものですから。コーヒーのかわりに緑茶をいただけますか。

더 알아볼까요?

이 표현은 과거에 한 행동에 대해서도 '-는 대신에'로 사용합니다.
この表現は、過去にした行動についても-는 대신에の形で使います。

• 어제는 집에서 요리한 대신 밖에 나가서 외식을 했어요. (×)
→ 어제는 집에서 요리하는 대신 밖에 나가서 외식을 했어요. (○)

대화를 만들어 볼까요?

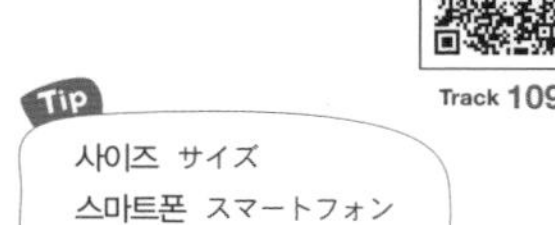

Tip
사이즈 サイズ
스마트폰 スマートフォン
기능 機能
Track 109

1 가 옷을 바꾼다고 하더니 바꾸셨어요?
나 아니요, 맞는 사이즈가 없어서 바꾸는 대신에 환불했어요.

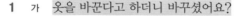

옷을 바꾼다고 하더니 바꾸다	맞는 사이즈가 없어서 바꾸다 / 환불하다
MP3를 산다고 하더니 사다	스마트폰에 MP3 기능이 있어서 MP3를 사다 / 스마트폰을 사다
가족들과 동물원에 간다고 하더니 갔다 오다	비가 와서 동물원에 가다 / 박물관에 갔다 오다

2 가 언니, 오늘은 내가 저녁을 준비할게.
나 그럴래? 그럼 네가 저녁을 준비하는 대신 설거지는 내가 할게.

오늘은 내가 저녁을 준비하다	저녁을 준비하다 / 설거지는 내가 하다
내일 영화 표는 내가 예매하다	영화 표를 예매하다 / 점심은 내가 사다
유럽에 여행갈 때 새로 산 내 카메라를 빌려주다	카메라를 빌려주다 / 내가 유럽에서 예쁜 기념품을 사 오다

연습해 볼까요?

1 '-(으)ㄴ/는 대신에'를 사용해서 다음 대화를 완성하세요.

(1) 가 도장을 안 가지고 왔는데 어떻게 하지요? 도장을 꼭 찍어야 하나요?
나 도장을 찍는 대신에 서명을 하셔도 돼요.

(2) 가 대학교를 졸업하면 취직할 거예요?
나 아니요, ______________________ 대학원에 진학하려고 해요.

(3) 가 정수 씨 회사는 월급이 많아서 좋겠어요.
나 아니에요, ______________________ 일이 많아서 힘들어요.

(4) 가 이 집이 월세가 싼데 계약할까요?
나 이 집은 ______________________ 교통이 안 좋아서 출퇴근하기가 힘들 것 같아요.

(5) 가 아픈 것 같은데 병원에 가지 그래요?
나 많이 아프지 않으니까 ______________________ 약을 먹고 집에서 푹 쉴 거예요.

2 다음을 보고 '-(으)ㄴ/는 대신'을 사용해서 현수와 아버지의 약속을 써 보세요.

	현수가 아버지에게 약속한 것	아버지가 현수에게 약속한 것
(1)	어머니의 청소를 도와 드리기로 했다.	용돈을 올려 주기로 하셨다.
(2)	컴퓨터 게임 시간을 줄이기로 했다.	최신 컴퓨터로 바꿔 주기로 하셨다.
(3)	수학 과목에서 A를 받기로 했다.	가족들과 롯데월드에 같이 가기로 하셨다.
(4)	동생의 공부를 도와주기로 했다.	비싼 운동화를 사 주기로 하셨다.

(1) 현수가 어머니의 청소를 도와 드리는 대신 아버지는 용돈을 올려 주기로 하셨다.

(2) ______________________

(3) ______________________

(4) ______________________

15장 확인해 볼까요?

〔1～2〕 다음 밑줄 친 부분과 바꿔 쓸 수 있는 것을 고르세요.

1 현문 씨는 무슨 일이라도 맡기면 잘할 수 있는 사람이니까 걱정하지 마세요.

① 무슨 일이나 ② 무슨 일만큼
③ 무슨 일에다가 ④ 무슨 일이거든

2 어제는 집에서 요리하는 대신 식구들과 함께 밖에 나가서 외식을 했어요.

① 요리했는데도 ② 요리하지 않고
③ 요리하는 데다 ④ 요리할 뿐만 아니라

〔3～4〕 다음 중 밑줄 친 곳에 들어갈 수 없는 말을 고르세요.

3
가 시험도 끝났는데 뭘 할 거예요?
나 머리도 식힐 겸 바다를 보러 ______________ 좀 다녀올까 해요.

① 아무 데나 ② 어느 곳도
③ 아무 데라도 ④ 어느 곳이든지

4
가 신발 바꾼다더니 바꿨어요?
나 아니요, 신발 사이즈가 없어서 ______________.

① 바꿀 정도로 환불했어요 ② 바꾸지 않고 환불했어요
③ 바꾸는 대신에 환불했어요 ④ 바꿀 수 없어서 환불했어요

〔5～6〕 다음 밑줄 친 것 중 틀린 것을 찾으세요.

5 ① 이번 주말에는 여유가 좀 있으니까 여행이나 합시다.
② 이번 주말에는 여유가 좀 있으니까 여행이나 했어요.
③ 이번 주말에는 여유가 좀 있으니까 여행이나 갈까요?
④ 이번 주말에는 여유가 좀 있으니까 여행이나 갈까 해요.

6 ① 밥을 먹었든지 안 먹었든지 이것 좀 더 드세요.
② 내일은 도서관에 가겠든지 영화를 보겠든지 할 거예요.
③ 제 동생은 평일이든 주말이든 시간만 나면 등산을 가요.
④ 이제 한국 음식은 짜든지 맵든지 모두 먹을 수 있게 되었어요.

시간이나 순차적 행동을 나타낼 때

時間や順次的行動の表現

본 장에서는 시간이나 순차적 행동을 나타낼 때 사용하는 표현에 대해서 배웁니다. 초급 단계에서는 '-기 전에', '-(으)ㄴ 후에', '-고 나서', '-아/어서', '-(으)ㄹ 때', '-(으)면서', '-는 중', '-자마자', '-는 동안', '-(으)ㄴ 지'와 같이 시간을 나타내는 표현을 많이 배웠습니다. 초급에서 시간을 나타내는 표현을 잘 공부했다면 본 장에서 배우는 시간 표현도 그렇게 어렵지는 않을 것입니다. 그렇지만 시간 표현은 사용하는 상황이 조금씩 다르므로 그 차이점을 잘 구별해서 익히시기 바랍니다.

この章では、時間や順次的行動を表すときに使う表現について学びます。初級段階では-기 전에、-(으)ㄴ 후에、-고 나서、-아/어서、-(으)ㄹ 때、-(으)면서、-는 중、-자마자、-는 동안、-(으)ㄴ 지のように、時間を表す表現を多く学びました。初級で時間を表す表現をしっかり勉強したなら、この章で学ぶ時間表現もそれほど難しくはないでしょう。しかし、時間表現は使う状況が少しずつ異なるため、その違いをよく区別して身につけてください。

01 만에

02 -아/어 가지고

03 -아/어다가

04 -고서

01 만에

가 대학교에 입학한 지 얼마 만에 졸업하셨어요?
大学に入学してどれくらいで卒業なさいましたか。

나 대학을 다니다가 아파서 1년을 쉬었기 때문에 입학한 지 5년 **만에** 졸업을 했어요.
大学に通っているとき具合が悪くて1年間休んだので、入学して5年で卒業しました。

가 서울에서 KTX를 타니까 3시간 **만에** 부산에 도착하더라고요.
ソウルからKTXに乗ったら、3時間で釜山に着きました。

나 KTX가 정말 빠르네요!
KTXは本当に速いですね!

문법을 알아볼까요?

이 표현은 어떤 일이 일어나고 나서 얼마간의 시간이 흐른 뒤 또 다른 일이 일어남을 나타낼 때 사용합니다. 그렇기 때문에 보통 선행절의 동작이 완료된 상태가 시간적으로 얼마가 지났다는 뜻을 나타내는 '-(으)ㄴ 지' 하고 같이 사용합니다. '만에' 앞에는 항상 기간을 나타내는 숫자가 옵니다.

この表現は、あることが起こってから、いくらかの時間が流れた後、またほかのことが起こることを表すときに使います。そのため、普通、先行節の動作が完了した状態が時間的にいくらか経過したことを表す-(으)ㄴ 지とともに使います。만에の前には常に期間を表す数字が来ます。

만에			
N	만에	2년 세 달	2년 만에 세 달 만에

- 집을 짓기 시작한 지 3년 만에 다 지었어요.
  家を建てはじめて3年で完成しました。
- 아이가 잠이 든 지 30분 만에 다시 깼어요.
  子どもが寝入って30分でまた目覚めました。

• 얼마 만에 한국에 다시 오셨어요?
どれくらいぶりに韓国にまたいらっしゃったんですか。

비교해 볼까요?

'만에'와 비슷하게 쓰이는 '동안'과 '후에'는 다음과 같은 차이가 있습니다.
만에と似ている동안と후에には、次のような違いがあります。

동안	만에	후에
'어느 한때에서 다른 한때까지 시간의 길이'를 의미합니다. 「あるときからほかのときまでの時間の長さ」を意味します。	'어떤 일이 일어난 지 얼마 뒤에 또 다른 일이 일어남'을 나타냅니다. 「あることが起こってから、いくらかの時間が経った後に、またほかのことが起こること」を表します。	'얼마간의 시간이 지난 뒤에'라는 의미입니다. 「いくらかの時間が過ぎた後に」という意味です。
• 3시간 동안 책을 읽었어요. → 책을 다 읽었는지 안 읽었는지 알 수 없고 단지 3시간이라는 시간의 길이만을 나타냅니다. 本を読み終わったのか読み終わっていないのかはわからず、ただ3時間という時間の長さだけを表します。	• 책을 읽기 시작한 지 3시간 만에 책을 다 읽었어요. → 책을 3시간이 걸려서 다 읽었다는 의미입니다. 3時間かかって本を読み終わったという意味です。	• 3시간 후에 책을 읽을 거예요. → 지금부터 3시간이 지나면 책을 읽을 거라는 의미입니다. いまから3時間が経過すれば、本を読むという意味です。

대화를 만들어 볼까요?

Track 111

1 가 중학교 때 친구를 얼마 만에 만난 거예요?
나 거의 십 년 만에 다시 만난 것 같아요.

중학교 때 친구를 얼마 만에 만나다	십 년 / 다시 만나다
해외여행을 얼마 만에 다녀오다	오 년 / 다녀오다
얼마 만에 비가 오다	한 달 / 비가 오다

2 가 수진 씨가 아기를 낳았다면서요?
나 네, 결혼한 지 2년 만에 아기를 낳았대요.

아기를 낳았다	결혼한 지 2년 / 아기를 낳다
직장을 그만두었다	직장을 다닌 지 5개월 / 그만두다
다이어트를 하고 있다	다이어트를 시작한 지 세 달 / 5kg이 빠지다

연습해 볼까요?

1 '만에'를 사용해서 다음 대화를 완성하세요.

(1) 가 물이 다시 나오고 있어요? (몇 시간)
나 네, 몇 시간 만에 다시 나오네요.

(2) 가 올해는 크리스마스에 눈이 오니까 정말 좋아요. (5년)
나 맞아요. ________________ 크리스마스에 눈이 오니까 기분이 좋아요.

(3) 가 올 여름은 정말 비가 많이 오지요? (100년)
나 네, ________________ 최고로 많은 양의 비가 오고 있대요.

(4) 가 저 가수가 새 음반을 냈군요! (3년)
나 네, ________________ 새 음반을 냈는데 반응이 아주 좋대요.

(5) 가 양강 씨가 오늘은 학교에 왔어요? (5일)
나 네, ________________ 학교에 왔어요.

2 '만에'를 사용해서 다음 대화를 완성하세요.

(1) 가 휴대 전화가 또 고장 났어요? (고치다 / 3일)
나 네, 고친 지 3일 만에 다시 고장이 났어요.

(2) 가 새로 나온 스마트폰을 사려고 예약한 사람이 많대요. (예약을 시작하다 / 9시간)
나 네, 저도 들었어요. ______________________ 10만 명이나 예약을 했대요.

(3) 가 그 영화가 그렇게 재미있어요? (표를 팔기 시작하다 / 30분)
나 네, 그래서 ________________________________ 매진됐대요.

(4) 가 수진 씨가 다음 달에 결혼을 한대요. (남자 친구와 사귀다 / 10년)
나 저도 들었어요. ____.

(5) 가 마이클 씨가 언제 퇴원했대요? (병원에 입원하다 / 5일)
나 ____.

02 –아/어 가지고

Track 112

가 이 채소는 어떻게 할까요?
この野菜はどうしましょうか。

나 먼저 다듬어 가지고 냉장고에 넣어 주세요. 샐러드는 조금 후에 만들 거예요.
まず、切り整えて、冷蔵庫に入れてください。サラダは少しあとで作ります。

가 양강 씨, 지금 뭐 해요?
ヤンガンさん、いま何していますか。

나 빨래를 해 가지고 널고 있어요.
洗濯をして干しています。

문법을 알아볼까요?

이 표현은 선행절의 행위를 한 후에 그 결과를 바탕으로 해서 후행절의 행위를 하는 것을 나타냅니다. 입말에서 많이 사용하며 '–아/어 갖고'로 줄여서 많이 말합니다. 순서를 말하는 이 표현은 동사하고만 사용할 수 있습니다.

この表現は、先行節の行為をした後に、その結果をもとにして後続節の行為をすることを表します。口語でよく使い、多くは–아/어 갖고と縮約して言います。順序を述べるこの表現は、動詞とのみ使うことができます。

–아/어 가지고			
V	–아/어 가지고	사다 씻다	사 가지고 씻어 가지고

- 돈을 빨리 모아 가지고 자동차를 사고 싶어요.
  お金を早くためて自動車を買いたいです。
- 등산갈 때 제가 집에서 김밥을 만들어 가지고 갈게요.
  山登りに行くとき、私が家でのり巻きを作って行きます。
- 할아버지께서 손자들을 불러 가지고 용돈을 주셨어요.
  おじいさんが孫たちを呼んでお小遣いを下さいました。

더 알아볼까요?

1 이 표현은 뒤에 일어난 일이나 상태에 대한 이유를 나타낼 때 사용하기도 합니다. 이때는 형용사하고도 사용할 수 있습니다.
この表現は、後に起こったことや状態の理由を表すときに使うこともあります。この場合は形容詞とも使うことができます。

- 스마트폰을 사고 싶은데 비싸 가지고 못 사겠어요.
  スマートフォンを買いたいんですが、高くて買えません。
- 지난해에 비해 물가가 많이 올라 가지고 생활비가 많이 들어요.
  去年に比べて物価がかなり上がって、生活費がたくさんかかります。

그러나 순서를 나타내는 '–아/어 가지고'와 이유를 나타내는 '–아/어 가지고'는 다음과 같은 차이가 있습니다.
しかし、順序を表す–아/어 가지고と理由を表す–아/어 가지고には、次のような違いがあります。

순서의 '–아/어 가지고'	이유의 '–아/어 가지고'
후행절에 청유형과 명령형을 사용할 수 있습니다. 後続節に勧誘形と命令形を使うことができます。 • 선물을 포장해 가지고 소포로 보냅시다. (○) • 선물을 포장해 가지고 소포로 보내세요. (○) • 선물을 포장해 가지고 소포로 보낼까요? (○)	후행절에 청유형과 명령형을 사용할 수 없습니다. 後続節に勧誘形と命令形を使えません。 • 손을 다쳐 가지고 병원에 가세요. (×) • 손을 다쳐 가지고 병원에 갑시다. (×) • 손을 다쳐 가지고 병원에 갈까요? (×) • 손을 다쳐 가지고 병원에 갔어요. (○)
'–아/어 가지고' 앞에 동사만 사용할 수 있습니다. –아/어 가지고の前には、動詞のみ使うことができます。 • 선물을 많이 사 가지고 집에 가요. (○)	'–아/어 가지고' 앞에 동사와 형용사를 모두 사용할 수 있습니다. –아/어 가지고の前には、動詞と形容詞のどちらも使うことができます。 • 일이 많아 가지고 집에 일찍 못 가요. (○) • 선물을 많이 사 가지고 돈이 모자라요. (○)

2 이 표현은 순서를 나타내는 표현인 '–아/어서'와 바꿔서 사용할 수 있습니다.
この表現は、順序を表す表現である–아/어서と言い換えることができます。

- 친구에게 책을 빌려 가지고 읽었어요. = 친구에게 책을 빌려서 읽었어요.

3 이 표현은 시제를 나타내는 '–았/었–'이나 '–겠–' 등과 같이 사용하지 못합니다.
この表現は、時制を表す–았/었–や–겠–等とともに使えません。

- 친구를 만났 가지고 커피를 마셨어요. (×)
  친구를 만나겠 가지고 커피를 마셨어요. (×)
  → 친구를 만나 가지고 커피를 마셨어요. (○)

대화를 만들어 볼까요?

Track 113

1 가 친구들에게 다시 연락하려고요?

나 네, 친구들에게 연락해 가지고 약속 시간을 좀 미루려고 해요.

> **Tip**
> 시간을 미루다
> 時間を延ばす

친구들에게 다시 연락하다	친구들에게 연락하다 / 약속 시간을 좀 미루다
음식을 많이 만들다	많이 만들다 / 친구들에게 좀 주다
한국어를 공부하다	한국어를 열심히 공부하다 / 한국 회사에 취직하다

2 가 보통 날씨가 좋으면 뭘 해요?

나 밖에 나가 가지고 그림을 그려요.

> **Tip**
> 막
> やたらに, むやみに

날씨가 좋다	밖에 나가다 / 그림을 그리다
기분이 좋다	친구를 만나다 / 같이 영화를 보다
스트레스를 받다	과자를 많이 사다 / 혼자 막 먹다

연습해 볼까요?

'-아/어 가지고'를 사용해서 다음 대화를 완성하세요.

(1) 가 커피 한잔 마실까요? (사다)
나 좋아요. 제가 저기 편의점에서 사 가지고 올게요.

(2) 가 아이들이 어디에 있어요? (의자에 앉다)
나 저기 ____________ 책을 읽고 있어요.

(3) 가 은혜 씨와 싸웠어요? (은혜 씨를 만나다)
나 네, 그래서 ____________ 사과를 하려고 해요.

(4) 가 이 달걀을 어떻게 할까요? (삶다)
나 ____________ 같이 먹읍시다.

(5) 가 돈을 벌어서 어디에 쓸 거예요? (돈을 많이 모으다)
나 ____________ 예쁜 집을 살 거예요.

(6) 가 웨이밍 씨, 무엇을 쓰고 있어요? (갑자기 좋은 생각이 나다)
나 ____________ 수첩에 메모하고 있어요.

03 –아/어다가

Track 114

가　엄마, 과일 좀 있어요?
お母さん、果物ある？

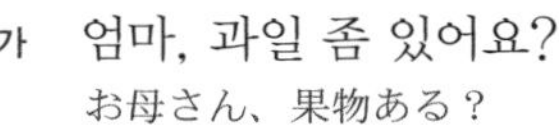

나　응, 냉장고에 있으니까 꺼내다가 먹어.
うん、冷蔵庫にあるから、出して食べなさい。

가　은행에 가요?
銀行に行くんですか。

나　네, 돈을 좀 찾아다가 하숙비를 내려고 해요.
はい。お金をおろして下宿代を払おうと思います。

문법을 알아볼까요?

이 표현은 선행절의 행동을 하고 난 뒤에 그 결과를 가지고 후행절의 행동을 하는 것을 나타냅니다. 이때는 선행절의 행동이 끝난 후에 자리를 옮겨서 후행절의 행동을 합니다. 이 표현은 '–아/어다'로 줄여서 사용할 수 있습니다.

この表現は、先行節の行動をした後に、その結果をもとに後続節の行動をすることを表します。この場合は、先行節の行動が終わった後に、場所を移して後続節の行動をします。この表現は、–아/어다と縮約して使うことができます。

–아/어다가			
V	–아/어다가	사다 찾다	사다가 찾아다가

- 어제 시장에서 만두를 사다가 먹었습니다.
  昨日市場でギョウザを買って来て食べました。
- 과자를 만들어다가 학교 친구들이랑 같이 먹었어요.
  お菓子を作って、学校の友人たちと一緒に食べました。
- 영미야, 부엌에서 쟁반 좀 가져다줄래?
  ヨンミ、台所からお盆ちょっと持って来てくれる?

더 알아볼까요?

'-아/어다가'는 과거형이나 미래형으로 사용할 수 없습니다.

-아/어다가は過去形や未来形で使うことができません。

• 남은 음식을 포장했다가 집에서 먹었어요. (×)
  남은 음식을 포장하겠다가 집에서 먹었어요. (×)
  → 남은 음식을 포장해다가 집에서 먹었어요. (○)

비교해 볼까요?

이 표현을 다른 사람에게 부탁할 때 사용할 때는 '-아/어다 주다'가 되는데 이것은 '-아/어 주다'하고 형태적으로 비슷하지만 의미가 다르므로 주의해야 합니다.

この表現は、ほかの人に頼み事をするときに使う場合は-아/어다 주다になります。これは-아/어 주다と形態的に似ていますが、意味が異なるため注意しなければなりません。

-아/어다 주다	-아/어 주다
은영 마크 씨, 편의점에 가는 길에 커피 좀 사다 줄래요? → 이것은 돈은 은영이가 내고 마크는 편의점에서 커피를 사서 은영에게 갖다 주는 상황입니다. これは、お金はウニョンが出し、マークはコンビニでコーヒーを買ってウニョンに渡す状況です。	**은영** 마크 씨, 지갑을 안 가져 왔는데 커피 한잔 좀 사 주세요. → 이것은 마크가 돈을 내서 은영에게 커피를 사 주는 상황입니다. これは、マークがお金を出して、ウニョンにコーヒーを買ってあげる状況です。

대화를 만들어 볼까요?

Track 115

1 가 친구 생일인데 친구에게 무엇을 선물하려고 해요?
  나 친구가 좋아하는 노래를 CD에 녹음해다가 줄까 해요.

Tip
건강식품
健康食品

친구 생일인데 친구에게	친구가 좋아하는 노래를 CD에 녹음하다 / 주다
어버이날인데 부모님께	건강식품을 사다 / 드리다
동생 입학식인데 동생에게	요즘 유행하는 신발을 사다 / 주다

2 가 어제 그림을 그리던데 다 그렸어요?

나 네, 그림을 다 그려다 학교에 냈어요.

그림을 그리던데 다 그리다	그림을 다 그리다 / 학교에 내다
고기를 볶던데 다 먹다	고기를 볶다 / 소풍 가서 친구들하고 같이 먹다
선생님께서 자야 씨의 전화번호를 물어보시던데 다 알아보다	자야 씨의 전화번호를 알다 / 선생님께 알려 드리다

연습해 볼까요?

'-아/어다가'를 사용해서 다음 대화를 완성하세요.

(1) 가 저 지금 시장에 가는데 뭐 부탁할 것 있어요? (과일을 좀 사다)

나 그럼, 과일을 좀 사다가 주세요.

(2) 가 그 회사는 무역 회사지요? (유럽에서 가방을 수입하다)

나 네, ______________________ 팔아요.

(3) 가 오늘 저녁은 뭘 먹을까? (중국집에서 시키다)

나 ______________________ 먹을까요?

(4) 가 엄마, 뭘 도와 드릴까요? (냉장고에서 야채를 꺼내다)

나 ______________________ 좀 씻어 줘.

(5) 가 이 과일 좀 먹어도 돼요? (부엌에서 씻다)

나 그럼, ______________________ 놓은 거니까 먹어.

(6) 가 수진 씨는 반찬을 자주 만들어요? (엄마가 만들다)

나 아니요, 제가 시간이 별로 없으니까 ______________________ 주세요.

(7) 가 그 영화 봤어요? (친구에게 DVD를 빌리다)

나 네, ______________________ 봤어요.

(8) 가 아버지가 낚시를 자주 가세요? (큰 물고기를 잡다)

나 네, 가끔 ______________________ 매운탕을 끓여 주세요.

04 -고서

Track 116

가 오늘 왜 안경을 안 썼어요?
今日、どうして眼鏡をかけていないんですか。

나 아침에 안경을 책상 위에 올려 놓고서 잊어 버리고 그냥 나왔어요.
朝、眼鏡を机の上に置いて、そのまま忘れて来てしまいました。

가 어제 수영을 하다가 발에 쥐가 나서 아주 힘들었어요.
昨日水泳をしているとき、足がつって、とても大変でした。

나 그러니까 운동을 할 때는 꼭 준비운동을 하고서 해야 돼요.
だから、運動をするときは、必ず準備運動をしてからしなければいけません。

문법을 알아볼까요?

이 표현은 선행절의 행위가 먼저 일어나고 후행절의 행동이 일어남을 나타낼 때 사용합니다. 선행절과 후행절의 행위 사이에는 시간적인 전후 관계가 있습니다. 이 표현은 동사하고만 사용할 수 있습니다.

この表現は、先行節の行為が先に起こってから、後続節の行為が起こることを表すときに使います。先行節と後続節の行為の間には、時間的な前後関係があります。この表現は、動詞とのみ使うことができます。

-고서			
V	-고서	가다 먹다	가고서 먹고서

- 가게에서 돈만 내고서 물건은 안 가지고 나왔어요.
  お店でお金だけ払って品物は持たずに出て来ました。

- 저는 아침마다 조깅을 하고서 학교에 옵니다.
  私は毎朝ジョギングをしてから学校に来ます。
- 책을 읽고서 친구들과 토론을 했어요.
  本を読んで友人たちと討論をしました。

더 알아볼까요?

1 이 표현은 시제를 나타내는 '–았/었–'이나 '–겠–' 등과 같이 사용하지 못합니다.
この表現は、時制を表す–았/었–や–겠–等とともに使えません。

- 인사만 했고서 헤어졌어요. (×)
  인사만 하겠고서 헤어지려고 해요. (×)
  → 인사만 하고서 헤어졌어요. (○)

2 순서를 나타내는 '–고'나 '–고 나서'로 바꿔 쓸 수 있습니다.
順序を表す–고や–고 나서に言い換えることができます。

- 책을 읽고서 감상문을 썼어요.
  = 책을 읽고 감상문을 썼어요.
  = 책을 읽고 나서 감상문을 썼어요.

대화를 만들어 볼까요?

Track 117

1 가 언제 밖에 나갈 거예요?
나 택배를 받고서 나갈 거예요.

밖에 나가다	택배를 받다 / 나가다
N서울타워에 올라가다	미술관을 구경하다 / 올라가다
이사를 하다	이번 학기가 끝나다 / 이사를 하다

2 가 전셋값이 많이 올랐네요.
나 새 학기가 되고서 많이 올랐어요.

Tip
전셋값
チョンセ(家賃の保証金)の価格

전셋값이 많이 오르다	새 학기가 되다 / 많이 오르다
한국말이 많이 늘다	한국 남자 친구를 사귀다 / 많이 늘다
여자 친구와 사이가 더 좋아지다	몇 번 싸우다 / 더 좋아지다

연습해 볼까요?

'-고서'를 사용해서 다음 대화를 완성하세요.

(1) 가 그 사람한테 언제 답장 메일을 보냈어요? (지난주에 메일을 받다)
나 지난주에 메일을 받고서 바로 답을 보냈습니다.

(2) 가 어제 많이 아팠어요? (아빠가 저를 업다)
나 네, 그래서 ________________ 병원까지 뛰어가셨어요.

(3) 가 친구한테 화를 내니까 미안하지요? (화를 내다)
나 네, ________________ 후회를 많이 했어요.

(4) 가 감기에 안 걸리려면 중요한 게 뭐예요? (항상 손을 씻다)
나 ________________ 음식을 먹어야 돼요.

(5) 가 민우 씨가 지금 놀고 있어요? (다니던 회사를 그만두다)
나 네, ________________ 다른 직장을 찾고 있대요.

(6) 가 영아 씨, 많이 힘들어 보여요. (무거운 짐을 들다)
나 ________________ 친구 집에 다녀와서 그래요.

(7) 가 언제 식사할 거예요? (일을 먼저 끝내다)
나 ________________________________.

(8) 가 언제 유럽 배낭여행을 했어요? (대학교를 졸업하다)
나 ________________________________.

16장 확인해 볼까요?

〔1～2〕 다음 밑줄 친 부분과 바꿔 쓸 수 있는 것을 고르세요.

1

초등학교 때 친구를 10년 만에 다시 만났어요.

① 친구를 10년만큼 만났어요　② 친구를 10년 동안 만났어요
③ 친구를 10년이 지나서 만났어요　④ 친구를 10년 전만 해도 만났어요

2

친구의 전화를 받고서 나가려고 기다리고 있어요.

① 전화를 받아서　② 전화를 받고 나서
③ 전화를 받는 동안　④ 전화를 받으면서

3 다음 중 밑줄 친 곳에 적당하지 않은 대답을 고르세요.

가　마크 씨, 동화책을 사려고 해요?
나　네, ________________ 조카에게 선물로 줄 거예요.

① 동화책을 사서　② 동화책을 사고서
③ 동화책을 사다가　④ 동화책을 사 가지고

4 다음 중 밑줄 친 곳에 맞는 대답을 고르세요.

가　수연 씨는 저축을 정말 많이 하는 것 같아요.
나　네, 많이 하고 있어요. 돈을 많이 ________________.

① 모아져야 더 큰 집으로 이사하려고 해요
② 모으니까 더 큰 집으로 이사하려고 해요
③ 모아 가지고 더 큰 집으로 이사하려고 해요
④ 모으는 바람에 더 큰 집으로 이사하려고 해요

5 다음 중 맞는 문장을 찾으세요.

① 서점에서 책을 사 가지고 읽었어요.
② 떡볶이를 만들다가 친구들과 먹었어요.
③ 명동에서 옷을 샀어 가지고 집에 왔어요.
④ 파마를 시작한 지 2시간 후에 다 끝났어요.

6 다음 중 의미가 다른 문장을 고르세요.

① 조카의 그림을 그려 주려고 해요.
② 그림을 그려서 조카에게 주려고 해요.
③ 그림을 그려다 조카에게 주려고 해요.
④ 그림을 그려 가지고 조카에게 주려고 해요.

발견과 결과를 나타낼 때

発見と結果の表現

본 장에서는 발견과 결과를 나타내는 표현들을 배웁니다. 초급 단계에서는 이러한 표현으로 '-(으)니까'를 배웠습니다. 본 장에서 다루는 표현들은 어떤 행동을 한 번 혹은 여러 번 한 뒤에 새로운 것을 알게 되거나 그러한 행동들의 결과로서 나타나는 것을 말하는 것입니다.

この章では発見と結果を表す表現を学びます。初級段階では、このような表現として-(으)니까を学びました。この章で扱う表現は、ある行動を1回または数回して新しいことを知ること、そのような行動の結果として現れることを述べるものです。

01 -고 보니
02 -다 보니
03 -다 보면
04 -더니
05 -았/었더니
06 -다가는
07 -(으)ㄴ/는 셈이다

01 –고 보니

Track 118

가 둘이 아는 사이였어요?
二人は知り合いだったんですか。

나 네, 처음에는 누군지 몰랐는데 만나고 보니 초등학교 동창이었어요.
はい。はじめは誰かわからなかったんですが、会ってみたら小学校の同窓生だったんです。

가 웨이밍 씨, 오늘 가방 안 가지고 왔어요?
ウェイミンさん、今日、カバン持って来なかったんですか。

나 지하철에 놓고 내렸어요. 지하철에서 내리고 보니 가방이 없더라고요.
地下鉄に置き忘れたんです。地下鉄から降りてみたら、カバンがなかったんです。

문법을 알아볼까요?

이 표현은 어떤 행동이나 일이 일어나기 전에는 몰랐는데 그 일이 일어난 후에 어떤 것을 새롭게 알게 되거나 발견했을 때 혹은 이전에 생각했던 것과 달랐을 때 사용합니다. '–고 보니'는 '–고 보니까'로 사용해도 됩니다.
この表現は、ある行動やことが起こる前には知らなかったが、それが起こった後に新しく知ったり発見したりしたとき、あるいは以前に考えたことと異なるときに使います。–고 보니は–고 보니까の形で使ってもかまいません。

–고 보니			
V	–고 보니	사다 먹다	사고 보니 먹고 보니

- 세일을 한다고 해서 옷을 샀어요. 그런데 옷을 사고 보니 작년 상품이었어요.
  セールをするというので服を買ったんです。ところが、服を買ってみたら、去年の商品だったんです。
- 비슷하게 생겨서 제 신발인 줄 알고 신었어요. 그런데 신고 보니 동생의 신발이었어요.
  似ていたので、私の靴だと思って履いたんです。ところが、履いてみたら、弟/妹の靴だったんです。

• 버스를 타고 보니까 반대 방향으로 가는 것이었어요.
バスに乗ってみたら、反対方向へ行くものだったんです。

더 알아볼까요?

'–고 보니' 앞에는 동사만 올 수 있습니다. '형용사'나 '명사+이다'가 오면 틀린 문장이 됩니다.
–고 보니の前には動詞のみ来ることができます。形容詞や名詞+이다が来ると、間違った文になります。

• 돈이 없을 때는 몰랐는데 돈이 많고 보니 더 외롭다는 생각이 들었어요. (×)
→ 돈이 없을 때는 몰랐는데 돈이 많아지고 보니 더 외롭다는 생각이 들었어요. (○)
: '많다'는 형용사이므로 '–아/어지다'를 붙여 동사로 바꿔서 써야 합니다.
많다は形容詞なので、–아/어지다を付けて動詞に変えなければなりません。

• 배우가 되기 전에는 배우들의 생활이 부러웠어요.
그런데 배우이고 보니 배우들의 삶이 생각만큼 좋지 않다는 것을 알게 되었어요. (×)
→ 그런데 배우가 되고 보니 배우들의 삶이 생각만큼 좋지 않다는 것을 알게 되었어요. (○)
: '배우이다'는 동사가 아니므로 '배우가 되다'로 바꿔야 합니다.
배우이다は動詞ではないため、배우가 되다に変えなければなりません。

대화를 만들어 볼까요?

Track 119

1 가 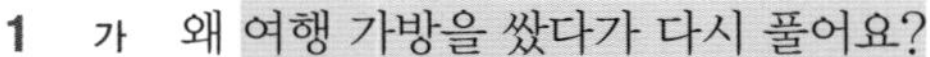 왜 여행 가방을 쌌다가 다시 풀어요?

나 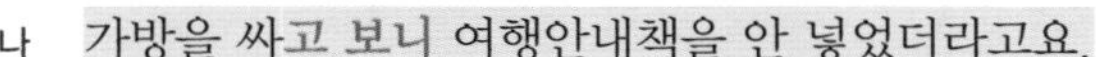 가방을 싸고 보니 여행안내책을 안 넣었더라고요.

여행 가방을 쌌다가 다시 풀다	가방을 싸다 / 여행안내책을 안 넣었다
스웨터를 입었다가 다시 벗다	스웨터를 입다 / 거꾸로 입었다
약속을 했다가 바꿨다	약속을 하다 / 그날 다른 약속이 있다

2 가 학교를 휴학하니까 좋아요?

나 좋기는요. 막상 휴학하고 보니까 심심하고 학교생활이 그리워요.

Tip
휴학하다 休学する
막상 いざ
사업 事業
골치 아프다 頭が痛い

학교를 휴학하다	휴학하다 / 심심하고 학교생활이 그립다
사업을 시작하다	사업을 시작하다 / 골치 아픈 일이 너무 많다
도시로 이사하다	도시로 이사하다 / 시끄럽고 정신이 없다

연습해 볼까요?

1 '-고 보니'를 사용해서 다음 문장을 바꾸세요.

(1) 음식을 시키고 나서 돈이 모자란 것을 알게 되었어요.

→ 음식을 시키고 보니 돈이 모자라더라고요.

(2) 버스에 타고 나서 지갑이 없는 것을 알았어요.

→ ______

(3) 책을 사고 나서 같은 책이 집에 있는 것을 알았어요.

→ ______

(4) 가게에서 나오고 나서 거스름돈을 덜 받은 것을 알았어요.

→ ______

(5) 편지를 다 쓰고 나서 내용이 너무 유치하다는 생각이 들었어요.

→ ______

2 '-고 보니'를 사용해서 다음 대화를 완성하세요.

(1) 가 지난번에 산 소파가 아니네요. (놓다)
나 네, 그 소파를 집에 **놓고 보니** 우리 집과 안 어울리는 것 같아서 다른 걸로 바꿨어요.

(2) 가 인터넷으로 주문한 옷 받으셨어요? (받다)
나 네, 그런데 ______ 색깔이 화면과 다르더라고요.

(3) 가 음식 맛이 왜 이렇게 달지요? (넣다)
나 소금인 줄 알았는데 ______ 설탕이었어요.

(4) 가 요즘 운전해서 회사에 다니니까 편해요? (운전을 시작하다)
나 아니요, 운전하면 좋을 줄 알았는데 ______ 스트레스를 많이 받네요.

(5) 가 학교를 졸업하니까 좋지요? (졸업하다)
나 아니요, 학교 다닐 때는 빨리 졸업하고 싶었는데 막상 ______ 다시 학교에 다니고 싶어지네요.

02 –다 보니

Track 120

가　집이 엉망이구나.
家がめちゃくちゃだね。

나　혼자 살다 보니 집 정리를 잘 안 하게 돼요.
一人暮らしをしていたら、家の整理をあまりしなくなるんだよ。

가　자야 씨는 양강 씨를 싫어하지 않았어요?
ジャヤさんはヤンガンさんを嫌っていませんでしたか。

나　처음엔 싫어했는데 매일 같이 일하다 보니 양강 씨의 좋은 점이 보이더라고요.
はじめは嫌いだったんですが、毎日一緒に仕事していたら、ヤンガンさんのよい点が見えてきました。

문법을 알아볼까요?

'–다 보니'는 동사 뒤에 붙어 어떤 행동을 이전부터 계속하는 과정에서 새로운 사실을 알게 되거나 결과적으로 어떤 상태가 되었을 때 사용합니다. '–다 보니'에서 '–다'는 '어떤 행동을 계속하는 도중에'를 나타내는 '–다가'가 줄어든 것이며 '–보니'는 '보다'에 '발견이나 결과'의 의미를 가진 '–(으)니까'가 붙은 말이 줄어든 것입니다. 따라서 이 표현은 '–다가 보니까' 혹은 '–다 보니까'로도 쓸 수 있습니다.

–다 보니は、動詞の後ろに付いて、ある行動を以前から継続している過程で新しい事実を知ったり、結果的にある状態になったりしたときに使います。–다 보니の–다は「ある行動を継続している途中に」ということを表す–다가の縮約したもので、–보니は보다に「発見や結果」の意味を持つ–(으)니까が付いたことばが縮約したものです。したがって、この表現は、–다가 보니까あるいは–다 보니까でも使うことができます。

–다 보니			
V	–다 보니	만나다 먹다	만나다 보니 먹다 보니

- 자꾸 먹다 보니 이젠 매운 음식도 잘 먹게 되었어요.
  しょっちゅう食べていたら、もう辛い料理もよく食べるようになりました。
- 오랜만에 만난 친구랑 이야기하다 보니 어느새 12시가 넘었더라고요.
  久しぶりに会った友だちと話していたら、いつのまにか12時を過ぎていました。

- 경제 신문을 매일 읽다가 보니까 자연스럽게 경제에 대해 잘 알게 되었어요.
  経済新聞を毎日読んでいたら、自然に経済についてよくわかるようになりました。

더 알아볼까요?

'–다 보니' 앞에 형용사나 '이다'가 오면 선행절이 후행절의 이유나 원인이 됨을 나타냅니다.

–다 보니の前に形容詞や이다が来ると、先行節が後続節の理由や原因になることを表します。

- 그 일이 워낙 중요하다 보니 혼자 결정할 수 없었어요.
  そのことは非常に重要なので、一人で決定できませんでした。
- 대통령은 한 나라의 대표이다 보니 경호하는 사람들이 많을 수밖에 없어요.
  大統領は一国の代表なので、警護する人たちがたくさん必要です。

비교해 볼까요?

'–고 보니'와 '–다 보니'는 다음과 같은 점에서 차이가 납니다.

–고 보니と–다 보니には、次のような違いがあります。

–고 보니	–다 보니
(1) 행동이 끝난 다음 行動が終わった後 • 선생님의 설명을 듣고 보니 이해가 되었다. → 선생님의 설명을 다 들은 후에 이해가 되었다는 뜻입니다. 先生の説明をすべて聞いた後に理解できたという意味です。	(1) 행동을 하는 과정에서 行動をしている過程で • 선생님의 설명을 듣다 보니 이해가 되었다. → 선생님의 설명을 듣는 과정에서 이해가 되었다는 뜻입니다. 先生の説明を聞いている過程で理解できたという意味です。
(2) 어떤 행동을 한 번 하고 난 다음 ある行動を1度した後 • 그 사람을 만나고 보니 괜찮은 사람 같았어요. → 한 번 만난 후에 괜찮은 사람인 것을 알게 되었다는 뜻입니다. 1度会った後に、いい人だということがわかったという意味です。	(2) 어떤 행동을 여러 번 하는 과정에서 ある行動を何度かしている過程で • 그 사람을 만나다 보니 사랑하게 되었어요. → 여러 번 만나는 과정에서 그 사람을 사랑하게 되었다는 뜻입니다. 何度か会っている過程で、その人を愛するようになったという意味です。

(3) 후행절에는 새로운 사실을 알게 되거나 이전에 생각했던 것과 달랐다는 내용이 옵니다. 後続節には、新しい事実を知った、または以前に考えていたことと違ったという内容が来ます。 • 아기를 안고 보니 생각보다 무겁지 않았어요. ➜ 아기를 안기 전에는 무거운 줄 알았는데 안고 나서 생각보다 무겁지 않은 것을 알게 되었다는 의미입니다. 赤ちゃんを抱く前には重いと思っていたが、抱いてみて思ったより重くないことを知ったという意味です。	(3) 후행절에 새로운 사실을 알게 되거나 결과적으로 어떤 상태가 되었다는 내용이 옵니다. 後続節には、新しい事実を知った、または結果的にある状態になったという内容が来ます。 • 아기를 안다 보니 허리가 안 좋아졌어요. ➜ 아기를 계속 안아 주는 행동을 한 결과 허리가 안 좋아졌다는 의미입니다. 赤ちゃんをずっと抱いてあげるという行動をした結果、腰が悪くなったという意味です。

대화를 만들어 볼까요?

Track 121

1 가 예전에는 커피를 잘 못 마시지 않았어요?

나 네, 하지만 졸릴 때마다 커피를 마시다 보니 이제는 습관이 됐어요.

커피를 잘 못 마시다	졸릴 때마다 커피를 마시다 / 이제는 습관이 되다
혜인 씨와 별로 안 친하다	발표 준비를 같이 하다 / 친해지다
축구 보는 것을 싫어하다	남자 친구와 자주 경기를 보러 다니다 / 좋아하게 되다

2 가 상식이 정말 풍부하시네요.

나 매일 신문을 읽다 보니까 상식이 많아진 것 같아요.

상식이 정말 풍부하다	매일 신문을 읽다 / 상식이 많아지다
길을 정말 잘 찾다	매일 운전을 하다 / 길을 잘 찾게 되다
요즘 건강이 좋아 보이다	요즘 담배를 안 피우다 / 건강이 좋아지다

연습해 볼까요?

다음 사람들은 방학 동안 한 일로 어떤 결과가 생기게 되었습니까? 그림을 보고 '-다 보니'를 사용해서 문장을 완성하세요.

	방학 동안 / 방학 후	결과
(1)		방학 동안 자야 씨는 어머니가 요리할 때마다 **도와 드리다 보니** 요리 솜씨가 많이 늘었어요.
(2)		방학 동안 양강 씨는 날마다 친구들과 ____________ 한국어 실력이 많이 줄었어요.
(3)		방학 동안 카일리 씨는 매일 ____________ ____________ 살이 많이 빠졌어요.
(4)	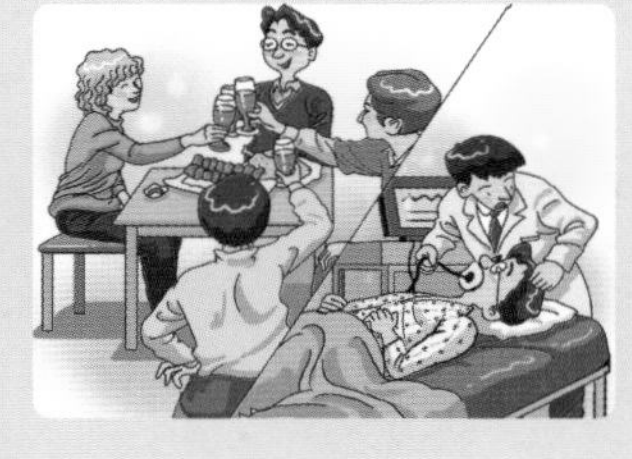	방학 동안 호영 씨는 ____________ ____________ 위가 나빠졌어요.

03 –다 보면

Track 122

가 정말 죄송합니다. 우리 알렉스가 유리창을 깼어요.
本当にすみません。うちのアレックスが窓ガラスを割ったんです。

나 괜찮아요. 아이들이 놀다 보면 유리창을 깰 수도 있지요.
かまいません。子どもたちが遊んでいれば、窓ガラスを割ることもありますよ。

가 제가 이 일은 처음 해 보는 거라서 잘할 수 있을지 모르겠습니다.
私はこの仕事は初めてなので、うまくできるかわかりません。

나 일을 하다 보면 금방 방법을 알게 될 거니까 너무 걱정하지 마세요.
仕事をしているうちに、すぐやりかたがわかるようになるでしょうから、あまり心配しないでください。

문법을 알아볼까요?

이 표현은 선행절의 행동을 계속하면 나중에 후행절의 결과가 생긴다는 것을 나타낼 때 사용합니다. '–다가 보면'으로 쓰기도 합니다.

この表現は、先行節の行動を続けると、後で後続節の結果が生じるということを表すときに使います。–다가 보면の形でも使います。

–다 보면			
V	–다 보면	운동하다 살다	운동하다 보면 살다 보면

가 마크 씨는 집안일을 참 잘하네요.
マークさんは家事が本当に上手ですね。

나 외국에서 혼자 살다 보면 저절로 요리도 하고 청소도 하게 되는 것 같아요.
外国で一人暮らしをしていたら、自然に料理も掃除もするようになるみたいです。

가 카일리 씨하고는 친해지기가 어려운 것 같아요.
カイリさんとは親しくなるのが難しい感じがします。

나 아니에요. 자주 이야기하다 보면 친해질 수 있을 거예요.
いいえ。よく話しているうちに親しくなれるでしょう。

가 어제 친한 친구하고 크게 싸워서 기분이 안 좋아요.
昨日親友と大げんかして、気分がよくないです。

나 같이 지내다 보면 싸울 때도 있지요. 하지만 빨리 화해하세요.
一緒に過ごしていたら、けんかするときもありますよ。でも、早く仲直りしてください。

더 알아볼까요?

'–다 보면' 앞에는 과거형이나 미래형이 올 수 없고, 후행절에도 과거 시제가 올 수 없습니다.
–다 보면の前には、過去形や未来形が来ることができず、後続節にも過去時制が来ることができません。

- 그 친구를 계속 만났다 보면 좋아질 거예요. (×)
  그 친구를 계속 만나겠다 보면 좋아질 거예요. (×)
  그 친구를 계속 만나다 보면 좋아졌어요. (×)
  → 그 친구를 계속 만나다 보면 좋아질 거예요. (○)

대화를 만들어 볼까요?

Track 123

1 가 어떻게 하면 한국말을 자연스럽게 할 수 있을까요?
나 한국 사람들과 이야기를 많이 하다 보면 자연스럽게 할 수 있을 거예요.

한국말을 자연스럽게 하다	한국 사람들과 이야기를 많이 하다 / 자연스럽게 할 수 있다
유학 생활을 더 즐겁게 하다	한국 친구를 많이 사귀어서 어울리다 / 즐거워지다
테니스를 잘 치다	계속 연습하다 / 잘 칠 수 있다

2 가 양강 씨가 담배를 너무 많이 피우는 것 같아요.
나 그렇게 담배를 많이 피우다 보면 건강이 나빠질 텐데 걱정이네요.

Tip
인스턴트식품
インスタント食品

담배를 너무 많이 피우다	담배를 많이 피우다 / 건강이 나빠지다
계속 밤에 늦게 자다	계속 늦게 자다 / 아침에 일찍 일어나기가 힘들다
요즘 계속 인스턴트식품만 먹다	계속 인스턴트식품만 먹다 / 살이 많이 찌다

연습해 볼까요?

1 **'-다 보면'을 사용해서 다음 대화를 완성하세요.**

(1) 가 어제가 지영 씨 생일이었네요? 잊어버려서 정말 미안해요. (바쁘게 지내다)
나 괜찮아요. <u>바쁘게 지내다 보면</u> 잊어버릴 수도 있지요.

(2) 가 집에 혼자 있으면 심심하지 않아요? (컴퓨터 게임을 하다)
나 ______________________ 시간이 어떻게 가는지 몰라요.

(3) 가 1시간이나 걸리는데 집까지 걸어갈 거예요? (천천히 걷다)
나 네, ______________________ 생각을 정리할 수 있어서 좋아요.

(4) 가 왜 슬픈 영화를 싫어해요? (슬픈 영화를 보다)
나 ______________________ 나도 슬퍼져서 그래요.

(5) 가 승진이 안 됐어도 이 회사에서 계속 일하는 것이 좋겠지요? (일을 열심히 하다)
나 그럼요, ______________________ 다른 기회가 또 생길 겁니다.

2 **'-다 보면'을 사용해서 다음 대화를 완성하세요.**

(1) 가 시간이 많이 길어져서 죄송합니다. (회의하다)
나 괜찮아요. <u>회의하다 보면</u> 시간이 길어질 수도 있지요.

(2) 가 요즘 들어서 조금 지치고 피곤한 것 같아요. (외국 생활을 오래하다)
나 ______________________ 지치고 피곤할 때도 있지요.

(3) 가 아직도 한국어 책을 읽으면 이해하기가 힘들어요. (계속 책을 읽다)
나 ______________________ 이해하기가 쉬워질 거예요.

(4) 가 기분이 나쁠 때는 어떻게 해요? (노래방에 가서 노래를 부르다)
나 ______________________ 기분이 좋아져요.

(5) 가 한국 문화를 많이 알고 싶어요. (한국에서 계속 살다)
나 ______________________ 자연스럽게 문화도 알게 될 거예요.

04 –더니

Track 124

가 은혜 씨가 노벨상을 받았대요.
ウネさんがノーベル賞をもらったそうです。

나 그래요? 어렸을 때부터 똑똑하더니 노벨상까지 받았군요.
そうですか。子どものころから頭がよかったけど、ノーベル賞までもらったんですね。

가 아키라 씨가 달라진 것 같아요.
明さんが変わったみたいです。

나 네, 맞아요. 아키라 씨가 유명해지더니 아주 거만해졌어요.
ええ、そうですね。明さんが有名になって、とても傲慢になりました。

문법을 알아볼까요?

이 표현은 과거에 어떤 대상을 관찰하거나 경험한 것과 그 이후의 변화 내용을 말할 때 사용하는데, 관찰한 내용이 이유 혹은 원인이 되어 현재 어떤 결과가 생겼다는 것을 표현합니다. 이 표현은 '–더니만'으로도 말할 수 있습니다.

この表現は、過去にある対象を観察したり経験したりしたことと、その後の変化内容を述べるときに使いますが、観察した内容が理由または原因になって現在ある結果が生じているということを表現します。この表現は、–더니만とも言うことができます。

–더니			
A/V	–더니	예쁘다 공부하다	예쁘더니 공부하더니
N이다	(이)더니	아이이다 학생이다	아이더니 학생이더니

- 아기 때부터 예쁘더니 배우가 되었어요.
  子どものころからかわいかったけど、俳優になりました。

- 동수 씨가 다이어트를 하더니 날씬해졌네요.
  トンスさんがダイエットをしてスリムになりましたね。
- 재현 씨가 요즘 돈이 없다고 하더니만 수학여행도 못 간 것 같아요.
  チェヒョンさんが最近お金がないと言ってましたが、修学旅行にも行けなかったらしいです。

더 알아볼까요?

1 이 표현은 과거에 경험하여 알게 된 사실 혹은 상태가 현재와 대조적임을 나타낼 때도 사용합니다.
この表現は、過去に経験して知った事実または状態が現在と対照的であることを表すときにも使います。

- 오후에는 덥더니 저녁이 되니까 쌀쌀하네요.
  午後は暑かったのに、夕方になると肌寒いですね。
- 마크 씨가 월초에는 많이 바쁘더니 요즘은 좀 한가해진 모양이에요.
  マークさんが月はじめにはかなり忙しかったのが、最近はちょっと暇になったようです。
- 딸아이가 작년에는 여행을 많이 다니더니만 요즘은 통 밖에 나가지를 않아요.
  娘が去年は旅行によく行っていたのに、最近はまったく外に出かけません。

2 이 표현은 기본적으로 주어로 1인칭이 올 수 없고 2 · 3인칭만 올 수 있습니다.
この表現は、基本的に主語に1人称が来ることができず、2·3人称のみ来ることができます。

- 내가 열심히 공부하더니 1등을 했어요. (×)
  → 진수가 열심히 공부하더니 1등을 했어요. (○)

그러나 자신을 객관화해서 말할 때는 1인칭 주어도 '–더니'를 쓸 수 있습니다.
しかし、自分を客観化して言うときは、1人称主語でも–더니を使えます。

- (내가) 며칠 전부터 피곤하더니 오늘은 열도 나고 아파요.
  (私が)何日か前から疲れていたんですが、今日は熱も出て具合が悪いです。
- (내가) 젊었을 때는 사람들 이름을 잘 기억하더니 요즘은 통 기억을 못하겠어요.
  (私が)若かったときは人の名前をよく覚えていたんですが、最近はさっぱり覚えられません。

3 '–더니'의 선행절과 후행절의 주어가 같아야 하고, 주제도 같아야 합니다.
–더니の先行節と後続節の主語が同じでなくてはならず、主題も同じでなければなりません。

- 동수 씨가 노래를 하더니 사람들이 박수를 쳤어요. (×)
  : 선행절과 후행절의 주어가 서로 달라 틀린 문장입니다.
  先行節と後続節の主語が異なるため間違った文です。
- 동수 씨가 노래를 하더니 배탈이 났어요. (×)
  : 선행절과 후행절의 주제가 서로 달라 틀린 문장입니다.
  先行節と後続節の主題が異なるため間違った文です。

4 이 표현의 후행절에는 미래 시제가 올 수 없습니다.
この表現の後続節には、未来時制が来ることができません。

- 라라 씨는 꾸준히 연습하더니 세계 최고의 선수가 될 거예요. (×)
  → 라라 씨는 꾸준히 연습하더니 세계 최고의 선수가 되었어요. (○)

5 이 표현은 과거에 어떤 행동이나 상황을 관찰한 것을 회상하여 말할 때도 사용하는데, 이때는 어떤 행동 혹은 상황에 바로 뒤이어 다른 사실이나 상황이 일어납니다.
この表現は、過去にある行動や状況を観察したことを回想して述べるときに使います。この場合は、ある行動または状況に続いてすぐほかの事実や状況が起こります。

- 소연이는 남자 친구한테 화를 내더니 밖으로 나가 버렸어요.
  ソヨンはボーイフレンドに怒って外へ出て行ってしまいました。
- 동생은 집에 들어오더니 갑자기 울기 시작했어요.
  弟/妹は家に帰って来ると急に泣きだしました。

비교해 볼까요?

'–더니'가 대조의 의미일 때는 '–(으)ㄴ/는데'와 바꿔 쓸 수 있지만 다음과 같은 점에서 차이가 있습니다.
–더니が対照の意味の場合は、–(으)ㄴ/는데と言い換えられますが、次のような違いがあります。

		–(으)ㄴ/는데	–더니
대조 상황 対照状況	과거와 과거 상태 대조 過去と過去の状態の対照	• 어렸을 때 영진 씨는 노래는 잘했는데 춤은 정말 못 췄어요.	×
	과거와 현재 상태 대조 過去と現在の状態の対照	• 어렸을 때는 키가 작았는데 지금은 친구들 중에서 제일 크네요.	• 어렸을 때는 키가 작더니 지금은 친구들 중에서 제일 크네요.
	현재와 현재 상태 대조 現在と現在の状態の対照	• 영진 씨는 노래는 잘하는데 춤은 정말 못 춰요.	×

주어 主語	선 · 후행절 주어 일치 先行節と後続節の主語が一致する	• 영진 씨가 작년에는 피아노를 못 쳤는데 (영진 씨가) 지금은 잘 쳐요.	• 영진 씨가 작년에는 피아노를 못 치더니 (영진 씨가) 지금은 잘 쳐요.
	선 · 후행절 주어가 달라도 됨. 先行節と後続節の主語が異なってもよい	• 영진 씨는 피아노를 못 치는데 수영 씨는 피아노를 잘 쳐요.	×

대화를 만들어 볼까요?

Track 125

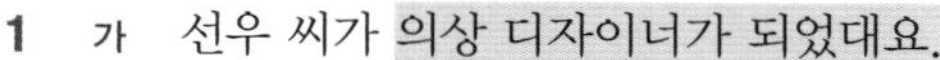

1 가 선우 씨가 의상 디자이너가 되었대요.

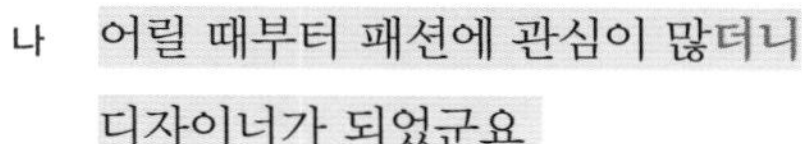

나 어릴 때부터 패션에 관심이 많더니 디자이너가 되었군요.

Tip
돈을 아끼다 お金を節約する
저축하다 貯蓄する
패스트푸드 ファストフード

의상 디자이너가 되다	어릴 때부터 패션에 관심이 많다 / 디자이너가 되다
집을 사다	평소에 돈을 아끼고 저축하다 / 집을 사다
한 달 만에 10kg이나 찌다	계속 패스트푸드만 먹다 / 갑자기 살이 많이 찌다

2 가 지금도 길이 많이 막히나요?

나 아니요, 오전에는 많이 막히더니 오후가 되면서 괜찮아졌어요.

지금도 길이 많이 막히다	오전에는 많이 막히다 / 오후가 되면서 괜찮아졌다
요즘도 아이가 김치를 잘 안 먹다	어렸을 땐 잘 안 먹다 / 중학교에 들어가면서부터 잘 먹다
아직도 그 가수가 인기가 많다	처음에는 인기가 많다 / 결혼한 다음부터 인기가 많이 떨어졌다

연습해 볼까요?

1 '-더니'를 사용해서 다음 대화를 완성하세요.

(1) 가 알리 씨가 건강해진 것 같지요? (운동하다)
나 네, 매일 **운동하더니** 건강해진 것 같아요.

(2) 가 선우 씨가 이번 프로젝트를 맡게 되었다지요? (열심히 노력하다)
나 네, 항상 ______________ 회사에서 인정을 받은 것 같아요.

(3) 가 얼마 전에 보니 우진 씨의 영어 실력이 많이 늘었더라고요. (영어 학원에 다니다)
나 아침마다 ______________ 실력이 많이 좋아졌나 봐요.

(4) 가 미아 씨가 요즘 예뻐진 것 같지요? (남자 친구가 생기다)
나 맞아요. ______________ 예뻐진 것 같아요.

(5) 가 피곤한지 아이가 금방 잠이 들었네요. (몇 시간 놀다)
나 운동장에서 ______________ 피곤했던 모양이에요.

2 다음 사람들은 옛날과 현재의 모습이 어떻게 달라졌습니까? '-더니'를 사용해서 문장을 완성하세요.

이름	옛날	현재
(1) 양강	취직하기 전: 책임감이 없었다.	취직하고 나서: 책임감이 강해졌다.
(2) 카일리	결혼 전: 요리를 잘 못했다.	결혼하고 나서: 요리를 잘하게 되었다.
(3) 웨이밍	외국 생활을 하기 전: 수줍음을 많이 탔다.	외국 생활을 하고 나서: 적극적이고 활발한 사람이 되었다.
(4) 아키라	고등학교 때: 록 음악을 좋아했다.	대학교를 졸업하고 나서: 발라드 음악을 좋아하게 되었다.

(1) 양강 씨가 취직하기 전에는 책임감이 없더니 취직하고 나서는 책임감이 강해졌어요.
(2) ______________
(3) ______________
(4) ______________

05 –았/었더니

Track 126

가 은혜 씨, 얼굴이 안 좋아 보여요.
ウネさん、顔色がよくないですよ。

나 며칠 야근을 했더니 몸살이 났어요.
何日か夜勤をしたら、節々が痛くなりました。

가 자야 씨는 졸리지 않아요?
ジャヤさんは眠くないですか。

나 네, 좀 전에 커피를 마셨더니 괜찮은데요.
はい。ちょっと前にコーヒーを飲んだので大丈夫です。

문법을 알아볼까요?

이 표현은 말하는 사람이 어떤 행동을 끝내거나 어떤 말을 한 뒤에 그 결과로 어떤 일이 생겼음을 나타낼 때 사용합니다. 과거에 자신이 행동한 것이나 말한 것을 회상하여 이야기하는 것입니다.

この表現は、話し手がある行動を終えた後やあることを言った後に、その結果としてあることが起こったことを表すときに使います。過去に自分が行動したことや言ったことを回想して話すものです。

–았/었더니			
V	–았/었더니	사다 먹다	샀더니 먹었더니

가 감기는 좀 어때요?
風邪はどうですか。

나 약을 먹었더니 좀 좋아졌어요.
薬を飲んだら、ちょっとよくなりました。

가 한국어가 많이 자연스러워졌네요.
韓国語がかなり自然になりましたね。

나 고마워요, 한국 드라마를 꾸준히 봤더니 자연스러워진 것 같아요.
ありがとうございます。韓国ドラマを見続けていたら自然になったみたいです。

가 내일 준수 씨 여자 친구도 모임에 오나요?
明日、チュンスさんのガールフレンドも集会に来るんですか。

나 아니요, 여자 친구에게 같이 가자고 했더니 싫다고 하더라고요.
いいえ。ガールフレンドに一緒に行こうと言ったら、嫌だと言われました。

더 알아볼까요?

1 이 표현은 선행절의 행동을 한 후 후행절의 일을 발견하게 되었을 때도 사용할 수 있습니다. '-(으)니까'로도 바꿔 쓸 수 있습니다.
この表現は、先行節の行動をした後、後続節のことを発見したときにも使うことができます。–(으)니까と言い換えることもできます。

- 백화점에 갔더니 사람이 많았어요.
  = 백화점에 가니까 사람이 많았어요.
  デパートに行ったら人が多かったです。
- 그분을 만나 봤더니 아주 친절한 분이셨어요.
  = 그분을 만나 보니까 아주 친절한 분이셨어요.
  その方に会ってみたらとても親切な方でした。

2 '-았/었더니' 앞에 오는 동사의 행동을 한 사람은 보통 1인칭인 '나'입니다.
–았/었더니の前に来る動詞の行動をした人は、普通、1人称の「私」です。

- (내가) 오래간만에 운동을 했더니 기분이 상쾌해요.
  (私が)久しぶりに運動をしたら、気分が爽快です。
- (내가) 1년 동안 한국에 살았더니 이제 한국 생활에 익숙해요.
  (私が)1年間韓国で暮らしたので、もう韓国生活に慣れました。

그러나 다른 사람이 말한 것을 다시 인용해서 말할 때는 주어가 3인칭으로 쓰일 수도 있습니다.
しかし、ほかの人が言ったことばを引用して話すときは、主語が3人称でもかまいません。

• 일찍 일어났더니 피곤해요.

→

• 아키라 씨가 일찍 일어났더니 피곤하대요.

3 선행절에 3인칭 주어도 오는 경우도 있는데 이때는 말하는 사람이 다른 사람의 행동이 완료된 것을 회상하며 말하는 것입니다. 이때는 선행절과 후행절의 주어가 서로 다르며 선행절의 행동에 대한 반응이 후행절에 오는 경우가 많습니다.
先行節に3人称主語が来る場合がありますが、この場合は話し手がほかの人の行動が完了したことを回想して話すものです。この場合は、先行節と後続節の主語が異なり、先行節の行動に対する反応が後続節に来る場合が多いです。

- 아키라 씨가 피아노를 쳤더니 사람들이 박수를 쳤습니다.
  明さんがピアノを弾いたら、みんなが拍手をしました。
- 사람들이 웃었더니 게이코 씨 얼굴이 빨개졌어요.
  みんなが笑ったら、景子さんの顔が赤くなりました。
- 정호 씨가 늦겠다고 했더니 수진 씨가 화를 냈어요.
  チョンホさんが遅れると言ったら、スジンさんが怒りました。

비교해 볼까요?

'−더니'와 '−았/었더니'는 의미가 비슷하지만 다음과 같은 점에서 차이가 납니다.
−더니と−았/었더니は、意味が似ていますが、次のような違いがあります。

	−더니	−았/었더니
주어의 인칭 主語の人称	2 · 3인칭 주어가 옵니다. (1인칭 주어가 자신을 객관화해서 말할 때는 1인칭도 가능) 2・3人称主語が来ます。 (1人称主語が自分を客観化して言うときは1人称も可能)	1인칭 주어가 옵니다. (① 제3자가 자신에게 일어난 일을 말한 것을 다시 인용할 때는 3인칭 가능 ② 3인칭 주어의 행동이 완료된 것에 대한 반응이 후행절에 올 때는 3인칭 주어 가능) 1人称主語が来ます。 (① 第三者が自分に起こったことを言ったことを引用するときは3人称が可能 ② 3人称主語の行動が完了したことに対する反応が後続節に来るときは3人称主語が可能)
주어 일치 主語の一致	선행절과 후행절의 주어가 같아야 합니다. 先行節と後続節の主語が同じでなければなりません。	선행절과 후행절의 주어가 서로 달라도 됩니다. 先行節と後続節の主語が異なってもかまいません。
품사 品詞	동사, 형용사, 명사 다 가능합니다. 動詞、形容詞、名詞すべてが可能です。	동사만 가능합니다. 動詞のみ可能です。

의미 意味	① 과거에 일어난 일에 대한 결과 過去に起こったことの結果 ② 과거와 현재와의 상태 반대 過去と現在の状態が反対 ③ 어떤 일이 일어난 후 바로 다른 일이 이어서 일어남. あることが起こった後、すぐにほかのことが続いて起こる。	① 과거에 일어난 일에 대한 결과 過去に起こったことの結果 ② 행동을 한 뒤에 어떤 상태나 일이 생겼음을 발견함. 行動をした後に、ある状態や出来事が起こったことを発見する。

대화를 만들어 볼까요?

Track 127

1 가 고향에 갔다 오셨다면서요?

나 네, 오래간만에 갔더니 고향이 많이 달라졌더라고요.

고향에 갔다 오다	오래간만에 가다 / 고향이 많이 달라졌다
주말에 부산에서 서울까지 운전을 하고 가다	5시간 동안 운전을 하다 / 허리가 너무 아프다
주현 씨에게 목걸이를 선물하다	목걸이를 선물하다 / 주현 씨가 정말 좋아하다

2 가 지연 씨도 오후에 같이 영화 보러 가나요?

나 아니요, 지연 씨한테 같이 영화 보자고 했더니 약속이 있대요.

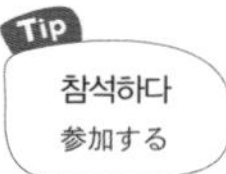

오후에 같이 영화 보러 가다	같이 영화를 보자 / 약속이 있다
내일 세미나에 참석하다	세미나에 참석하냐 / 힘들겠다
오늘 수영장에 오다	같이 가자 / 자기는 가기 싫다

연습해 볼까요?

1 관계있는 문장을 연결해서 '-았/었더니'를 사용해서 한 문장으로 만드세요.

(1) 가격을 비교해 봤어요.	ⓐ 얼굴을 못 알아보겠더라고요.
(2) 친구를 오래간만에 만났어요.	ⓑ 인터넷이 더 쌌어요.
(3) 밤늦게 가게에 갔어요.	ⓒ 아내가 화를 냈다.
(4) 외박을 했다.	ⓓ 문이 닫혀 있었어요.

(1) ⓑ - 가격을 비교해 봤더니 인터넷이 더 쌌어요.

(2) ____________________

(3) ____________________

(4) ____________________

2 '-았/었더니'를 사용해서 다음 대화를 완성하세요.

(1) 가 배 아픈 건 좀 어때요? (약을 먹다)
나 약을 먹었더니 좀 나아졌어요.

(2) 가 왜 이렇게 통장에 돈이 없어요? (등록금을 내다)
나 ____________ 돈이 없네요.

(3) 가 점심 먹으러 안 가세요? (아침을 늦게 먹다)
나 ____________ 아직 배가 안 고파요.

(4) 가 왜 서점에 가서 아무것도 안 사왔어요? (서점에 가다)
나 ____________ 책이 다 팔렸더라고요.

(5) 가 오늘 왜 지각을 하셨어요? (어제 늦게 자다)
나 ____________ 아침에 늦잠을 잤어요.

(6) 가 어제는 기분이 안 좋아 보이던데 오늘은 어때요? (푹 자다)
나 ____________ 기분이 좋아졌어요.

06 -다가는

Track 128

가 엄마, 야채는 싫어요. 햄 주세요!
お母さん、野菜は嫌い。ハムちょうだい!

나 이렇게 편식을 하**다가는** 키가 크지 않을 거야. 음식을 골고루 먹어야 키가 크지.
こんなに好き嫌いをしていたら背が伸びないわよ。何でも食べないと背が伸びないの。

가 한 잔만 마셨으니까 운전해도 되겠지요?
1杯飲んだだけだから、運転してもいいですよね。

나 술을 마시고 운전하**다가는** 큰일 나요. 오늘은 택시 타고 가세요.
お酒を飲んで運転したら、大変なことになります。今日はタクシーに乗って帰ってください。

문법을 알아볼까요?

이 표현은 선행절의 행동이나 상태가 계속되면 그 결과로 미래에 좋지 않은 일이 일어나거나 안 좋은 상태가 될 것임을 말할 때 사용합니다. 선행절의 일이 이미 이전부터 해 오고 있는 것이라면 '이렇게', '그렇게', '저렇게'와 같은 말이 자주 옵니다. 경고하거나 충고할 때 많이 사용합니다.

この表現は、先行節の行動や状態が続けば、その結果として未来によくないことが起こる、またはよくない状態になることを述べるときに使います。先行節のことが、すでに以前からしてきていることならば、이렇게、그렇게、저렇게のようなことばがよく来ます。警告したり忠告したりするときによく使います。

-다가는			
A/V	-다가는	춥다 놀다	춥다가는 놀다가는

가 한 달째 날씨가 너무 춥네요.
この1ヶ月、とても寒いですね。

나 이렇게 날씨가 춥다가는 감기 환자들이 늘어날 거예요.
こんなに寒いと、風邪の患者が増えるでしょう。

가 민서 씨가 이 일도 다음 주에 하겠대요.
ミンソさんがこの仕事も来週するそうです。

나 그렇게 일을 미루다가는 나중에 후회하게 될 텐데요.
そんなに仕事を先延ばしにしていたら、あとで後悔することになると思いますよ。

가 오늘 백화점에 가서 가방이랑 신발을 샀어요.
今日、デパートに行ってカバンや靴を買ったんです。

나 또 백화점에 갔다 왔어요? 지금처럼 카드를 많이 쓰다가는 월급도 모자라게 될지도 몰라요.
またデパートに行ったんですか。今みたいにカードをたくさん使っていたら、月給も足りなくなるかもしれませんよ。

더 알아볼까요?

1 '–다가는'은 좋지 않은 상황에 씁니다. 따라서 긍정적인 상황에 쓰면 어색합니다.
–다가는はよくない状況に使います。したがって、肯定的な状況に使うと不自然です。

- 그렇게 공부하다가는 시험에 합격할 거예요. (×)
  → 그렇게 공부하다가는 시험에 떨어질 거예요. (○)

2 '–다가는'은 가정적인 의미가 있기 때문에 후행절에는 미래를 추측하는 말인 '–(으)ㄹ 거예요', '–(으)ㄹ 텐데요', '–(으)ㄹ지도 몰라요', '–겠어요' 등이 옵니다.
–다가는は仮定的な意味があるため、後続節には未来を推測することばである–(으)ㄹ 거예요、–(으)ㄹ 텐데요、–(으)ㄹ지도 몰라요、–겠어요等が来ます。

- 그런 식으로 운전하다가는 사고가 났어요. (×)
  → 그런 식으로 운전하다가는 사고가 날 텐데요. (○)

3 현재 혹은 미래의 일을 가정해서 말을 할 때, 즉 '혹시 선행절의 일이 생기게 되면'의 의미로 말할 때는 '–았/었다가는'으로 씁니다.
現在あるいは未来のことを仮定して話すとき、すなわち「もし先行節のことが起これば」という意味の場合は、–았/었다가는の形で使います。

- 내일 발표를 망치다가는 회사에서 잘릴지도 몰라요. (×)
  → 내일 발표를 망쳤다가는 회사에서 잘릴지도 몰라요. (○)

비교해 볼까요?

'–다 보니', '–다 보면', '–다가는'은 선행절의 행동이 계속되는 것은 같지만 다음과 같은 차이가 있습니다.
–다 보니、–다 보면、–다가는は、先行節の行動が続いているのは同じですが、次のような違いがあります。

	–다 보니	–다 보면	–다가는
선행절 先行節	행동이 계속됨. 行動が続いている • 매일 연습하다 보니 잘하게 되었어요.	행동이 계속됨. 行動が続いている • 매일 연습하다 보면 잘하게 될 거예요.	행동이 계속됨. 行動が続いている • 그렇게 연습을 안 하다가는 대회에 못 가게 될 거예요.
후행절의 내용 後続節の内容	① 새로운 사실 발견 新しい事実の発見 • 공부하다 보니 식사 시간이 지났더라고요. ② 좋은 결과/나쁜 결과 よい結果/悪い結果 • 자주 만나다 보니 좋은 점이 보이더라고요. (좋은 결과) • 쉬지 않고 일하다 보니 몸에 큰 병이 생겼어요. (나쁜 결과)	① 새로운 사실 발견 新しい事実の発見 • 집중해서 공부하다 보면 식사 시간이 지났을 때가 많아요. ② 좋은 결과/나쁜 결과 よい結果/悪い結果 • 자주 만나다 보면 좋은 점이 보일 거예요. (좋은 결과) • 바쁘게 준비하다 보면 빠트리는 게 있을 거예요. (나쁜 결과)	나쁜 결과 悪い結果 • 그렇게 쉬지 않고 일하다가는 몸에 큰 병이 생길 거예요.
후행절의 시제 後続節の時制	과거 혹은 현재 시제 (이미 이루어진 결과) 過去あるいは現在時制 (すでに成立した結果) • 매일 늦게 자다 보니 습관이 되었어요. • 매일 늦게 자다 보니 일찍 일어나는 게 힘들어요.	① 현재 (일반적인 결과) 現在 (一般的な結果) • 외국에 살다 보면 고향 음식이 생각날 때가 많아요. ② 미래 추측 (예상되는 결과) 未来推測 (予想される結果) • 외국에 살다 보면 고향 음식이 생각날 때가 많을 거예요.	① 현재 (일반적인 결과) 現在 (一般的な結果) • 자주 굶다가는 건강을 해치게 돼요. ② 미래 추측 (예상되는 결과) 未来推測 (予想される結果) • 그렇게 자주 굶다가는 건강을 해치게 될 거예요.

대화를 만들어 볼까요?

1 가 흐엉 씨가 요즘 짜증을 많이 내는 것 같아요.
　나 그렇게 짜증을 많이 내다가는 친구들이 다 떠나 버릴 텐데요.

짜증을 많이 내다	짜증을 많이 내다 / 친구들이 다 떠나 버리다
수업 시간에 자꾸 졸다	수업 시간에 자꾸 졸다 / 좋은 성적을 받을 수 없다
요즘 다이어트하느라 거의 안 먹다	안 먹다 / 힘들어서 쓰러지다

2 가 요즘 경제가 너무 안 좋네요.
　나 이렇게 계속 경제가 안 좋다가는 취직하기가 더 힘들어질지도 몰라요.

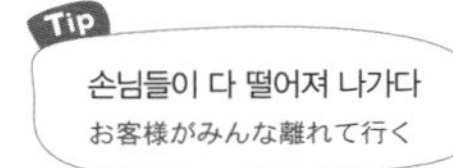

요즘 경제가 너무 안 좋다	경제가 안 좋다 / 취직하기가 더 힘들어지다
이 식당은 너무 불친절하다	불친절하다 / 손님들이 다 떨어져 나가다
요즘 일이 너무 많다	일이 많다 / 모두들 회사를 그만두다

연습해 볼까요?

1 '-다가는'을 사용해서 다음 대화를 완성하세요.

(1) 가 비가 정말 많이 오네요.
　나 이렇게 비가 많이 오다가는 홍수가 날지도 몰라요.

(2) 가 아침에도 라면을 먹었어요.
　나 ______________________ 건강을 해치게 될 거예요.

(3) 가 리사 씨가 오늘도 학교에 안 왔어요.
　나 ______________________ 학교에서 경고를 받게 될 텐데요.

(4) 가 요즘 동현 씨가 매일 술을 마시는 것 같아요.
　나 ______________________ 알코올 중독이 될지도 몰라요.

(5) 가 요즘 계속 마이클 씨가 회사 일을 대충하네요.
　나 ______________________ 승진하기 힘들 텐데요.

2 다음 사람들에게 어떤 충고를 하겠습니까? 그림을 보고 '-다가는'을 사용해서 문장을 완성하세요.

(1)

그렇게 게임을 많이 하다가는 대학을 졸업하기 힘들 거예요.

(2)

______________________ 귀에 문제가 생길 거예요.

(3)

______________________ 폐암에 걸릴지도 몰라요.

(4)

______________________ 통화료로 생활비를 다 쓰게 될 거예요.

07 –(으)ㄴ/는 셈이다

Track 130

가　사람들이 많이 찬성했나요?
人たちがたくさん賛成したんですか。

나　네, 10명 중 9명이 찬성했으니까 거의 다 찬성한 셈이네요.
はい。10人中9人が賛成しましたから、ほとんどみんな賛成したようなものですね。

가　서울에서 오래 사셨어요?
ソウルで長く暮らしていらっしゃったんですか。

나　네, 20년 이상 살았으니까 서울이 고향인 셈이에요.
はい。20年以上住んでいましたから、ソウルが故郷のようなものです。

문법을 알아볼까요?

이 표현은 사실 꼭 그렇지는 않지만 말하는 사람이 여러 가지 상황을 고려한 후 결론적으로 혹은 평균적으로 그런 정도이거나 그러한 결과라는 뜻으로 사용합니다. '–와/과 마찬가지다'라는 의미입니다.

この表現は、実は必ずしもそうではないが、話し手がさまざまな状況を考慮してみると、結論的にまたは平均的に、その程度またはそのような結果だという意味で使います。–와/과 마찬가지다という意味です。

–(으)ㄴ/는 셈이다				
A	현재	–(으)ㄴ 셈이다	비싸다 높다	비싼 셈이다 높은 셈이다
V	과거	–(으)ㄴ 셈이다	가다 먹다	간 셈이다 먹은 셈이다
	현재	–는 셈이다	가다 먹다	가는 셈이다 먹는 셈이다

N이다	과거	였던 셈이다 이었던 셈이다	무료이다 고향이다	무료였던 셈이다 고향이었던 셈이다
	현재	인 셈이다	무료이다 고향이다	무료인 셈이다 고향인 셈이다

가 여기 구두는 다른 회사 구두보다 비싸네요.
ここの靴はほかの会社の靴より高いですね。

나 품질과 서비스를 생각하면 비싸지 않은 셈이에요.
品質とサービスを考えたら高くないですよ。

가 학생들이 수학여행을 많이 가나요?
学生たちは修学旅行によく行くんですか。

나 우리 학교 학생 95%가 가니까 거의 다 가는 셈이에요.
うちの学校の生徒の95%が行きますから、ほぼ全員が行くようなものです。

가 어제 저녁 식사값은 각자 냈어요?
昨日の夕食代は割り勘したんですか。

나 아니요, 부장님이 200,000원 내시고 우리는 10,000원씩만 냈어요.
いいえ。部長が200,000ウォン出されて、私たちは10,000ウォンずつ出しました。

가 그럼 부장님께서 다 내신 셈이네요.
じゃあ、部長がほとんど払ったようなものですね。

대화를 만들어 볼까요?

Track 131

1 가 이 옷이 원래 30만 원인데 세일해서 5만 원에 샀어요.

나 그럼 옷을 거의 공짜로 산 셈이네요.

이 옷이 원래 30만 원인데 세일해서 5만 원에 사다	옷을 거의 공짜로 샀다
월급은 10%밖에 안 올랐는데 물가는 20%나 오르다	월급이 오르지 않았다
중고 컴퓨터를 10만 원에 샀는데 수리비가 더 많이 들다	중고 컴퓨터가 새 컴퓨터보다 더 비싸다

2 가 가족끼리 여행을 자주 가세요?

나 일 년에 한 번 정도 가니까 거의 안 가는 셈이에요.

가족끼리 여행을 자주 가다	일 년에 한 번 정도 가니까 거의 안 가다
커피를 많이 마시다	일주일에 한 잔 정도 마시니까 거의 안 마시다
가족과 외식을 자주 하다	지난달은 다섯 번, 이번 달은 세 번 했으니까 일주일에 한 번 하다

연습해 볼까요?

1 '-(으)ㄴ/는 셈이다'를 사용해서 다음 대화를 완성하세요.

(1) 가 이번 여행은 회사에서 숙박비와 식사비를 내 준대요. (거의 무료이다)
나 그래요? 그럼 이번 여행은 거의 무료인 셈이네요.

(2) 가 서울 구경은 많이 하셨어요? (명소는 다 가 보다)
나 시티 투어 버스를 타고 구경을 했으니까 ________________.

(3) 가 보고서는 다 끝났어요? (끝나다)
나 이제 마무리만 하면 되니까 다 ________________.

(4) 가 이번 쓰기 시험을 잘 봤다면서요? 성적이 올랐겠네요. (오르지 않다)
나 쓰기 시험은 잘 봤는데 말하기 시험을 못 봐서 전체 성적은
________________.

2 다음 그림을 보고 '-(으)ㄴ/는 셈이다'를 사용해서 대화를 완성하세요.

웨이밍 마크 씨, 아침 먹었어요?
마크 우유만 마셨으니까 (1)안 먹은 셈이에요.
웨이밍 아침에 바쁘셨어요?
마크 네, 운동하다가 보니까 시간이 많이 갔어요.
웨이밍 운동을 자주 하세요?
마크 일주일에 5~6번 하니까 거의 매일 (2)________________.
웨이밍 참, 이번에 읽기 시험 어렵지 않았어요?
친구들 대부분이 50점 이하를 받았대요.
마크 그래요? 그럼 저는 시험을 (3)________________. 저는 60점을 받았거든요.
웨이밍 그런데 페이스북은 잘 안 하시나 봐요. 친구들이 마크 씨 페이스북이 요즘 계속 업데이트가 안 되어 있다고 하더라고요.
마크 전 일주일에 30분 정도만 하니까 (4)________________.
웨이밍 마크 씨는 공부만 하시는군요!

17장 확인해 볼까요?

〔1～2〕 다음 밑줄 친 부분과 바꿔 쓸 수 있는 것을 고르세요.

1 어제는 날씨가 맑았는데 오늘은 흐리고 비가 오네요.

① 어제는 날씨가 맑더니
② 어제는 날씨가 맑았더니
③ 어제는 날씨가 맑고 보니
④ 어제는 날씨가 맑았을 테니

2 저는 언니랑 방을 같이 쓰고 있으니까 제 방은 없는 셈이에요.

① 제 방이 있으면 좋겠어요
② 제 방으로 대부분 쓰고 있어요
③ 제 방은 따로 만들 계획이에요
④ 제 방은 없는 거나 마찬가지예요

〔3～4〕 다음 밑줄 친 곳에 맞는 대답을 고르세요.

3
가 운전하는 게 너무 어려워요. 포기할까 봐요.
나 누구나 처음에는 다 그래요. ______________ 쉬워질 거예요.

① 계속 운전하고 보니
② 계속 운전하다 보면
③ 계속 운전해 봤더니
④ 계속 운전하다 보니까

4
가 오늘 왜 모임에 늦게 오셨어요?
나 종로로 가는 버스인 줄 알고 탔는데 ______________ 반대로 가는 버스였어요. 그래서 중간에 다시 내려서 버스를 타고 오느라고 늦었어요.

① 버스를 탔다면
② 버스를 타고 보니
③ 버스를 타더니만
④ 버스를 타 봤더니

5 다음 밑줄 친 것 중 맞는 것을 찾으세요.

① 어제 명동에 가더니 사람이 정말 많았어요.
② 매운 음식을 자주 먹다 보면 익숙해졌어요.
③ 소현 씨가 전에는 잘 웃더니 요즘은 통 안 웃는다.
④ 그렇게 일하다가는 회사에서 금방 승진하게 될 거예요.

6 주어진 말을 사용해서 아래 '나'의 대답에 들어갈 문장을 만드세요.

가 외국인을 만나면 긴장해서 말이 한마디도 안 나와요.
나 ____.
(외국인을 자주 만나다 / 자연스럽다 / 말이 나오다 / 걱정하지 말다)

상태를 나타낼 때
状態の表現

본 장에서는 어떤 행동을 완료한 뒤 그 완료된 상태가 계속 지속되는 것을 나타내는 표현과 앞의 행동과 똑같은 상태를 나타내는 표현을 배웁니다. 여기에서 다루는 것들은 단순히 선행절의 행동이 지속되거나 그 상태가 동일함을 나타낼 때도 있고 어떤 것을 준비하기 위해 미리 하는 것을 나타낼 때도 있습니다. 한국 사람들이 많이 사용하는 표현이므로 대화를 하거나 글을 쓸 때 잘 사용하기 바랍니다.

この章では、ある行動を完了した後、その完了した状態がずっと持続していることを表す表現と、前の行動と全く同じ状態を表す表現を学びます。ここで扱うものは、単に先行節の行動が持続すること、その状態が同一であることを表すときもあり、あることを準備するためにあらかじめしていることを表すときもあります。韓国人たちが多く使う表現なので、対話をしたり文章を書いたりするときにうまく使ってください。

01 −아/어 놓다
02 −아/어 두다
03 −(으)ㄴ 채로
04 −(으)ㄴ/는 대로

01 –아/어 놓다

Track 132

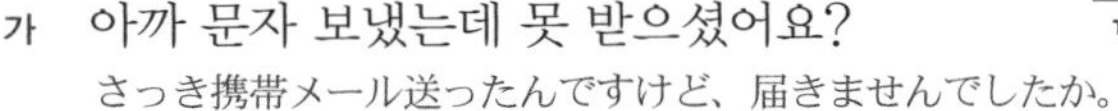

가　아까 문자 보냈는데 못 받으셨어요?
さっき携帯メール送ったんですけど、届きませんでしたか。

나　수업 중이었어요. 수업 중에는 휴대 전화를 꺼 놓거든요.
授業中だったんです。授業中には携帯電話を切ってあるんです。

가　여보, 도시락 가지고 가세요.
ねえ、お弁当、持って行って。

나　도시락을 언제 싸 놓았어요? 오늘 일찍 일어났나 보네요. 잘 먹을게요. 고마워요.
いつ、お弁当、作ったの? 今日、早く起きたみたいだね。いただくよ。ありがとう。

문법을 알아볼까요?

이 표현은 어떤 행동을 끝낸 뒤 그 상태를 계속 유지할 때 혹은 이미 이루어진 상태를 계속 유지하고자 할 때 사용합니다.

この表現は、ある行動を終えた後、その状態をずっと維持しているとき、あるいはすでに成立した状態をずっと維持しようとするときに使います。

–아/어 놓다			
V	–아/어 놓다	사다 만들다	사 놓다 만들어 놓다

- 날씨가 더우니까 제가 회의실에 미리 가서 에어컨을 틀어 놓을게요.
  暑いので、私が前もって会議室に行って、エアコンをつけておきます。
- 친구에게서 받은 그림을 벽에 걸어 놓았어요.
  友だちからもらった絵を壁にかけておきました。
- 어제 너무 피곤해서 설거지를 안 해 놓고 잤어요.
  昨日、あまりにも疲れて、皿洗いをせずに寝ました。

더 알아볼까요?

1 이 표현 뒤에 '–아/어'로 시작하는 종결어미와 연결어미(예: –았/었어요, –아/어요, –아/어서 등)가 오면 '–아/어 놔'로 축약될 수 있습니다.

この表現の後ろに–아/어で始まる終結語尾と連結語尾(例： –았/었어요, –아/어요, –아/어서等)が来ると、–아/어 놔と縮約されることがあります。

- 음식 냄새가 많이 나서 창문을 열어 놓았어요.
  = 음식 냄새가 많이 나서 창문을 열어 놨어요.
  食べ物の匂いがきついので、窓を開けておきました。
- 공연을 예약해 놓아서 일찍 가지 않아도 돼요.
  = 공연을 예약해 놔서 일찍 가지 않아도 돼요.
  公演を予約しておいたので、早く行かなくてもいいです。

2 동사 '놓다'의 경우는 '놓아 놓다'로 하지 않고 '놓아두다(줄임말: 놔두다)'로 사용합니다.

動詞놓다の場合は、놓아 놓다とはせず、놓아두다(縮約形：놔두다)を使います。

- 장난감을 아무 데나 놔두면 어떻게 하니?
  おもちゃをあちこちにほっぽらかしてどうするの？
- 침대 옆에 예쁜 꽃들을 놓아두었습니다.
  ベッドの横にきれいな花を置いておきました。

비교해 볼까요?

'–았/었–'과 '–아/어 놓다'는 다음과 같은 차이가 있습니다.

–았/었–と–아/어 놓다には、次のような違いがあります。

–았/었다	–아/어 놓다
어떤 행동을 했다는 데 초점이 있습니다. 그 행동이 이후에도 계속 유지되는지 안 되는지 알 수 없습니다. ある行動をしたというところに焦点があります。その行動が後にも継続するかどうかわかりません。	어떤 행동이 끝나고 그 상태가 계속 유지되고 있습니다. ある行動が終わり、その状態が継続しています。

• 음악을 들으려고 라디오를 켰어요.	• 친구와 이야기하는 동안 라디오를 켜 놓았어요.

대화를 만들어 볼까요?

Track 133

1 가 어떻게 해요? 수돗물을 잠그는 걸 깜빡했어요.

나 수돗물을 틀어 놓고 나왔다고요? 빨리 집에 가 보세요.

수돗물을 잠그다	수돗물을 틀다
가스 불을 끄다	가스 불을 켜다
고기를 냉장고에 넣다	고기를 냉장고에 안 넣다

2 가 엄마, 나가서 놀아도 돼요?

나 네 방을 정리했니? 방을 정리해 놓고 놀아야지.

나가서 놀다	네 방을 정리하다 / 놀다
텔레비전 보다	숙제를 다 하다 / 텔레비전을 보다
다른 책을 꺼내 보다	보던 책을 책장에 꽂다 / 다른 책을 꺼내 보다

연습해 볼까요?

'–아/어 놓다'를 사용해서 다음 대화를 완성하세요.

(1) 가 아침에 보니까 화장실이 고장 났던데요. (고치다)
나 리사 씨가 나간 사이에 마크 씨가 고쳐 놓았어요.

(2) 가 이거 웬 커피예요? (타다)
나 드시고 싶으면 드세요. 제가 방금 __________ 커피예요.

(3) 가 여보, 윤주는 벌써 나간 거예요? (청소하다)
나 네, 방을 __________ 나가라고 했는데 그냥 나가 버렸어요.

(4) 가 왜 이렇게 집이 추워요? (끄다)
나 제가 외출할 때는 난방을 __________ 그래요.

(5) 가 여보, 벽이 왜 이렇게 지저분해요? (그리다)
나 아까 낮에 아이들이 벽에 그림을 __________ 그래요.

02 –아/어 두다

Track 134

가 창문을 닫을까요?
窓を閉めましょうか。

나 아니요, 더우니까 그냥 열어 두세요.
いいえ。暑いから、そのまま開けておいてください。

가 자동차를 어떻게 샀어요?
自動車をどうやって買ったんですか。

나 그동안 은행에 저축해 둔 돈으로 샀어요.
これまで銀行に貯めておいたお金で買いました。

문법을 알아볼까요?

1 이 표현은 어떤 행동을 한 뒤의 상태나 결과가 그대로 유지되게 한다는 뜻으로, 앞에서 배운 '–아/어 놓다'와 비슷한 의미를 가집니다. 동사만 앞에 올 수 있습니다.

この表現は、ある行動をした後の状態や結果がそのまま維持されるようにするという意味で、先に学んだ–아/어 놓다と似た意味を持っています。動詞のみ前に来ることができます。

–아/어 두다			
V	–아/어 두다	잠그다 적다	잠가 두다 적어 두다

- 서랍 안에 중요한 것이 많아서 항상 잠가 둡니다.
  引き出しの中に重要なものが多いので、いつも鍵をかけておきます。
- 동창들의 전화번호를 적어 둔 수첩을 잃어버렸어요.
  同窓生たちの電話番号を書いておいた手帳をなくしてしまいました。
- 차를 세워 둔 곳이 어디예요?
  車を停めておいたところはどこですか。

2 이 표현은 다른 일을 준비하기 위해 어떤 행동을 먼저 하거나 한 상태로 있을 때 사용합니다.
この表現は、ほかのことをするためにまずある行動をするとき、あるいはしたときに使います。

- 오늘은 일정이 많아서 점심 먹을 시간이 없을지도 몰라요. 미리 밥을 먹어 두려고 해요.
  今日はスケジュールが多いので、昼ごはんを食べる時間がないかもしれません。先にごはんを食べておこうと思います。
- 발표할 때 실수하지 않으려면 연습을 많이 해 두세요.
  発表するときミスしないようにするには、よく練習をしておいてください。

더 알아볼까요?

'–아/어 두다'는 '–아/어 놓다'와 거의 비슷하게 쓰입니다. 그래서 이 둘을 서로 바꿔 써도 별 상관이 없는 경우가 많습니다. 그런데 '–아/어 두다'가 '–아/어 놓다'보다 완료된 행동이 유지되는 시간이 긴 경우가 많습니다. 그래서 어떤 것을 보관하거나 저장할 때 '–아/어 두다'가 더 많이 쓰입니다.
–아/어 두다は–아/어 놓다とほぼ同じように使われます。そのため、この二つは互いに言い換えても特に問題がない場合が多いです。しかし、–아/어 두다のほうが–아/어 놓다より完了した行動が維持される時間が長い場合が多いです。そのため、何かを保管したり貯蔵したりするときは–아/어 두다のほうが多く使われます。

- 여기는 조선 시대 물건을 보관해 두는 곳입니다.
  ここは朝鮮時代のものを保管しておくところです。
- 마늘을 냉장고에 얼려 두고 필요할 때마다 꺼내 써요.
  ニンニクを冷蔵庫で凍らせておいて、必要なたびに出して使います。

대화를 만들어 볼까요?

Track 135

1 가 내일 발표 준비 다 했어요?
나 네, 발표 내용을 미리 외워 두었으니까 걱정하지 마세요.

발표	발표 내용을 미리 외우다
회의	필요한 서류들을 미리 찾다
세미나	좋은 자료들을 미리 모았다

2 가 일본에 가면 아사코 집에서 며칠 묵을 거라면서요?
나 네, 그래서 아사코 씨 부모님께 인사라도 할 수 있게 인사말을 미리 공부해 두려고요.

Tip 묵다 泊まる

인사라도 할 수 있게 인사말을 미리 공부하다
실수하지 않게 일본 문화를 미리 알다
드리게 한국 전통 물건을 미리 준비하다

연습해 볼까요?

1 '-아/어 두다'를 사용해서 다음 대화를 완성하세요.

(1) 가 여보, 오늘 까만색 양복을 입고 가야 하는데 세탁했어요?
나 네, 세탁해 두었으니까 입고 가세요.

(2) 가 김 비서, 주말에 베트남으로 출장 가는데 호텔을 예약했나요?
나 네, 시내 호텔로 ______________________.

(3) 가 내일 회의에 참석하실 분들에게 다 연락했어요?
나 네, 일주일 전에 ______________________ 다 참석하실 거예요.

(4) 가 수첩에 항상 뭔가를 메모하시네요.
나 네, 요즘 건망증이 심해져서 ______________ 않으면 자꾸 잊어버리네요.

2 '-아/어 두다'를 사용해서 다음 대화를 완성하세요.

(1) 가 다음 달에 알리 씨가 가족과 함께 한국에 온대요. (구하다)
나 그래요? 그럼 알리 씨 가족이 머물 곳을 미리 구해 두어야겠어요.

(2) 가 라면값이 오른다면서요? (사다)
나 그래요? 그럼 가격이 오르기 전에 많이 ______________.

(3) 가 중요한 물건들이 많은데 어떻게 하지요? (맡기다)
나 그럼, 호텔에서 지내는 동안 호텔 보관소에 ______________.

(4) 가 냉장고가 없던 시절에는 김치를 어떻게 보관했어요? (묻다)
나 땅을 파서 김치를 땅에 ______________ 먹었어요.

(5) 가 설날에 부모님께 드릴 선물을 샀어요? (주문하다)
나 네, 지난주에 홈쇼핑에 ____________________ 설날 전에 부모님 댁에 도착할 거예요.

03 –(으)ㄴ 채로

가　아키라 씨가 어제 운전을 하다가 사고를 냈다면서요?
明さんが昨日、運転していて事故を起こしたらしいですね。

나　네, 술이 취한 채로 운전을 했대요. 음주 운전은 운전자 자신은 물론 다른 사람들의 생명도 위태롭게 하는 행동인데 말이에요.
ええ、お酒に酔った状態で運転をしたそうです。飲酒運転は、運転者自身はもちろん、ほかの人の命も危険にさらす行動なのに。

가　옷이 왜 이렇게 젖었어요?
どうして服がこんなに濡れたんですか。

나　수영복을 안 가지고 와서 옷을 입은 채로 수영을 해서 그래요.
水着を忘れて来て、服を着たまま水泳をしたからです。

문법을 알아볼까요?

이 표현은 선행절의 어떤 상태나 행동을 한 상태에서 후행절의 행동이 이루어짐을 나타낼 때 사용합니다. '–(으)ㄴ 채로' 앞에 현재형이나 미래형이 오지 않습니다. 조사 '로'를 생략하고 '–(으)ㄴ 채' 형태로도 사용할 수 있습니다.

この表現は、先行節のある状態や行動をした状態で、後続節の行動がなされることを表すときに使います。–(으)ㄴ 채로の前には現在形や未来形が来ません。助詞로を省略した–(으)ㄴ 채の形でも使うことができます。

–(으)ㄴ 채로			
V	–(으)ㄴ 채로	끄다 먹다	끈 채로 먹은 채로

- 목이 너무 말라서 냉장고 문을 열어 놓은 채로 물 한 병을 다 마셨습니다.
  のどがものすごく渇いて、冷蔵庫のドアを開けたまま、水を1本飲みほしました。
- 저는 안경을 쓴 채로 안경을 찾는 경우가 가끔 있어요.
  私は眼鏡をかけたまま眼鏡を捜すことがときどきあります。
- 은영 씨는 부끄러운 듯 계속 고개를 숙인 채 이야기를 했어요.
  ウニョンさんは恥ずかしそうにうつむいたまま話をしました。

더 알아볼까요?

1 '-(으)ㄴ 채로' 앞에는 '가다'나 '오다' 동사를 사용하지 않습니다.
-(으)ㄴ 채로の前には動詞가다や오다を使いません。

- 학교에 간 채로 공부했어요. (×)
  → 학교에 가서 공부했어요. (○)

2 앞 행동이 당연히 일어난 상태에서 일어나야 하는 행동에는 사용하지 않습니다.
前の行動が当然起こっていなければならない行動には使いません。

- 가스 불을 켠 채 라면을 끓였어요. (×)
  → 가스 불을 켜고 라면을 끓였어요. (○)
  : 라면을 끓이기 위해서는 당연히 불을 켜야 하기 때문에 사용하면 어색합니다.
  ラーメンを作るためには、当然火をつけなければならないため、使うと不自然です。

3 이 표현은 '-아/어 놓은 채로'나 '-아/어 둔 채로'의 형태로도 많이 사용합니다.
この表現は、-아/어 놓은 채로や-아/어 둔 채로の形でも多く使います。

- 문을 닫은 채로 요리를 해서 집안에 냄새가 심하게 나요.
  = 문을 닫아 놓은 채로 요리를 해서 집안에 냄새가 심하게 나요.
  = 문을 닫아 둔 채로 요리를 해서 집안에 냄새가 심하게 나요.
  ドアを閉めたまま料理をしたので、家じゅうにすごい匂いがします。

비교해 볼까요?

'–아/어 놓다' 혹은 '–아/어 두다'와 '–(으)ㄴ 채로'는 어떤 행동이 유지되는 것은 같지만 다음과 같은 차이가 있습니다.

–아/어 놓다あるいは–아/어 두다と–(으)ㄴ 채로は、ある行動が維持されるのは同じですが、次のような違いがあります。

–아/어 놓다, –아/어 두다	–(으)ㄴ 채로
(1) 어떤 행동이 완료된 것에 초점이 있습니다. ある行動が完了したことに焦点があります。 • 창문을 열어 두고 공부했습니다. ➜ 창문을 여는 행동이 완료되고 창문이 열려 있는 상태가 유지되는 데 초점이 있습니다. 窓を開ける行動が完了し、窓が開いている状態が維持されていることに焦点があります。	(1) 앞의 상태가 유지되는 것에 초점이 있습니다. 前の状態が維持されることに焦点があります。 • 창문을 연 채로 공부했습니다. ➜ 창문이 열려 있는 상태에 초점을 두고 있습니다. 窓が開いている状態に焦点を置いています。
(2) 앞의 행동이 완료되고 난 뒤 그 상태가 유지됩니다. 따라서 어떤 행동을 하다가 만 상태에 쓰면 어색합니다. 前の行動が完了した後、その状態が維持されます。したがって、ある行動をする途中でやめた状態に使うと不自然です。 • 고기를 익히지 않아 놓고 먹었습니다. (×) ➜ 고기를 익히다가 만 상황이므로 어색합니다. 肉に火を通していて途中でやめた状況なので、不自然です。	(2) 앞의 상태가 유지된 상태를 나타내므로 앞의 행동을 하다가 만 상태도 사용할 수 있습니다. 前の状態が維持された状態を表すため、前の行動をする途中でやめた状態にも使えます。 • 고기를 익히지 않은 채로 먹었습니다. (○) ➜ 다 익지 않은 고기를 먹었다는 의미입니다. 火が通りきっていない肉を食べたという意味です。
(3) 어떤 행동이 완료된 상황에서 쓰기 때문에 어떤 감정이 유지되는 상태는 쓰지 않습니다. ある行動が完了した状況で使うため、ある感情が維持されている状態には使いません。 • 화가 나 놓고 집으로 갔습니다. (×)	(3) 어떤 감정이 유지되는 상태에서 다른 행동을 할 때 사용할 수 있습니다. ある感情が維持されている状態で、ほかの行動をするときに使うことができます。 • 화가 난 채로 집으로 갔습니다. (○)
(4) 착용동사와 사용하면 어색합니다. 着用動詞と使うと不自然です。 • 모자를 써 놓고 실내로 들어갔다.(×)	(4) 착용동사와 사용할 수 있습니다. 着用動詞と使うことができます。 • 모자를 쓴 채로 실내로 들어갔다. (○)

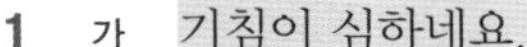

Track 137

1 가 기침이 심하네요.

나 어젯밤에 창문을 열어 놓은 채로 잤더니 감기에 걸린 것 같아요.

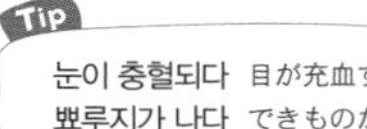

기침이 심하다	어젯밤에 창문을 열어 놓다 / 잤더니 감기에 걸리다
눈이 빨갛다	어제 콘택트렌즈를 끼다 / 수영을 했더니 눈이 충혈되다
얼굴에 뭐가 많이 났다	며칠 동안 피곤해서 화장을 지우지 않다 / 잤더니 뾰루지가 나다

2 가 한국에서 어른들과 술을 마실 때 지켜야 될 예절이 있어요?

나 고개를 한쪽으로 돌린 채 술을 마셔야 돼요.

Tip
어른 大人
고개를 돌리다 顔をそむける

어른들과 술을 마실 때	고개를 한쪽으로 돌리다 / 술을 마셔야 되다
다른 사람 집에 갈 때	신발을 신다 / 실내에 들어가면 안 되다
식사를 할 때	음식을 입에 넣다 / 이야기를 하면 안 되다

연습해 볼까요?

'-(으)ㄴ 채로'를 사용해서 다음 대화를 완성하세요.

(1) 가 일어나서 이야기할까요? (앉다 / 이야기하다)
나 아니요, 괜찮으니까 그냥 앉은 채로 이야기하세요.

(2) 가 오늘 학교에 난방이 안 되었다면서요? (외투를 입다 / 수업을 듣다)
나 네, 그래서 모두 ________________ 아주 불편했어요.

(3) 가 영철 선배가 기분이 나빠 보여요. (주머니에 손을 넣다 / 이야기를 듣다)
나 네가 ________________ 그렇지.

(4) 가 엄마, 배가 아파요. (과일을 씻지 않다 / 먹다)
나 ________________ 그런가 보다.

(5) 가 그 영화가 무서웠어요? (두 손으로 얼굴을 가리다 / 영화를 보다)
나 네, 그래서 ________________.

04 -(으)ㄴ/는 대로

Track 138

가 자야 씨가 만든 음식이 정말 맛있네요.
ジャヤさんが作った料理は本当においしいですね。

나 요리책에 쓰여 있는 대로 했더니 음식이 맛있게 됐어요.
レジピ本に書いてあるとおりしたら、料理がおいしくできました。

가 어제 축구 경기에서 어느 팀이 이겼어요?
昨日のサッカー試合で、どっちのチームが勝ったんですか。

나 예상대로 우리 팀이 이겼어요.
予想どおり、うちのチームが勝ちました。

문법을 알아볼까요?

이 표현은 선행절의 행동과 똑같이 후행절의 행동을 한다는 의미로 동사와 함께 사용합니다. 명사와 함께 쓰일 때는 '앞에 오는 명사의 뜻과 같이' 또는 '앞에 오는 명사의 뜻을 따라서'의 의미로 사용합니다.

この表現は、先行節の行動のように後続節の行動をするという意味で、動詞とともに使います。名詞とともに使われるときは「前に来る名詞の意味のように」または「前に来る名詞の意味によって」という意味で使います。

-(으)ㄴ/는 대로				
V	과거	-(으)ㄴ 대로	보다 읽다	본 대로 읽은 대로
	현재	-는 대로	보다 읽다	보는 대로 읽는 대로
N	대로		순서 생각	순서대로 생각대로

• 지금 생각이 나는 대로 그림을 한번 그려 보세요.
いま思いつくまま、絵を描いてみてください。

• 어머니가 지난 주말에 약속한 대로 어제 백화점에 가서 새 옷을 사 주셨어요.
母が先週末に約束したとおり、昨日デパートに行って新しい服を買ってくれました。

• 여기에 있는 음식은 마음대로 모두 먹어도 됩니다.
ここにある料理は、好きなだけ全部食べてもいいです。

더 알아볼까요?

1 이 표현은 보통 동사나 명사와 함께 사용됩니다. 그러나 형용사 '편하다', '좋다'와 '-고 싶다'의 경우는 함께 사용할 수 있습니다.
この表現は、普通、動詞や名詞とともに使われます。しかし、形容詞편하다、좋다と-고 싶다の場合はともに使えます。

• 하고 싶은 대로 모든 일을 다 할 수 있으면 좋겠어요.
したいように何でもすることができたらいいです。

• 내일은 편한 대로 옷을 입어도 돼요.
明日は楽な服を着てもいいです。

• 좋은 대로 결정하세요.
好きなように決めてください。

2 '-(으)ㄴ/는 대로' 앞에는 부정 표현이 올 수 없습니다.
-(으)ㄴ/는 대로の前には、否定表現が来ることができません。

• 저는 친구가 하지 않는 대로 했어요. (×)
→ 저는 친구가 하는 대로 했어요. (○)

• 동생은 돈을 안 버는 대로 안 써요. (×)
→ 동생은 돈을 버는 대로 써요. (○)

3 '-는 대로'는 선행절의 동작이 이루어지는 즉시 후행절의 동작이 일어나는 것을 나타낼 때 사용하기도 합니다.
-는 대로は、先行節の動作が行われてすぐ後続節の動作が起こることを表すときに使うこともあります。

• 프랑스에서 돌아오는 대로 연락드리겠습니다.
フランスから帰りしだい、ご連絡いたします。

• 뉴욕에 도착하는 대로 이메일을 보내 주시기 바랍니다.
ニューヨークに着きしだい、Eメールをお送りくださるよう、お願いします。

• 미안하지만 그 일을 끝내는 대로 저 좀 도와주세요.
すみませんが、その仕事が終わりしだい、ちょっと私を手伝ってください。

비교해 볼까요?

상태를 나타내는 '-(으)ㄴ 채로'와 '-(으)ㄴ/는 대로'는 다음과 같은 차이가 있습니다.
状態を表す-(으)ㄴ 채로と-(으)ㄴ/는 대로には、次のような違いがあります。

-(으)ㄴ 채로	-(으)ㄴ/는 대로
어떤 동작을 정지했거나 지속되는 상태가 변하지 않음을 나타냅니다. ある動作を停止すること、持続している状態が変わらないことを表します。 • 서류를 책상 위에 올려 놓은 채 퇴근을 했어요. 書類を机の上に置いたまま退勤しました。	'어떤 동작이 진행하는 모양과 똑같이'의 뜻을 나타냅니다. 「ある動作が進行する様子と同じように」という意味を表します。 • 내가 책상 위의 서류를 정리한 대로 똑같이 정리해 주세요. 私が机の上の書類を整理したとおり、同じように整理してください。

대화를 만들어 볼까요?

Track 139

1 가 이 단어 발음 좀 가르쳐 주세요.
나 조금 어려우니까 내가 발음하는 대로 따라해 보세요.

이 단어 발음 좀 가르쳐 주다	조금 어려우니까 내가 발음하다 / 따라해 보다
이 수학 문제 좀 풀어 주다	내가 문제를 풀다 / 따라 풀어 보다
뜨개질 하는 방법 좀 알려 주다	나도 잘 못하지만 내가 하다 / 해 보다

2 가 지난달에 시작한 프로젝트를 잘 끝낼 수 있어요?
나 네, 계획대로 잘 진행되고 있습니다.

지난달에 시작한 프로젝트를 잘 끝내다	계획 / 잘 진행되고 있다
오늘 날씨가 별로 안 좋은데 비행기가 제시간에 도착하다	예정 / 10시에 도착할 것이다
이 기계의 사용 방법을 알려 주다	설명서에 있는 설명 / 사용하면 되다

연습해 볼까요?

1 '-(으)ㄴ/는대로'를 사용해서 다음 대화를 완성하세요.

(1) 가 민호야, 가게에 다녀왔니? (시키시다)
나 네, 시키신 대로 다 사왔어요.

(2) 가 처음 가는 곳이었는데 잘 찾아갔어? (친구가 말해 주다)
나 응, ______________ 찾아가니까 어렵지 않았어.

(3) 가 어머, 갈비찜을 만들었어요? (요리책에서 보다)
나 네, ______________ 만들었는데 맛있을지 모르겠어요.

(4) 가 도자기를 직접 만들어 보니까 어때요? (가르쳐 주다)
나 많이 어려울 줄 알았는데 선생님이 ______________ 하니까 잘되더라고요.

(5) 가 이 로봇은 무슨 일을 합니까? (사람이 명령하다)
나 ______________ 모든 일을 다 할 수 있습니다.

2 '대로'를 사용해서 다음 대화를 완성하세요.

(1) 가 돈을 다 써 버렸다고 부모님께 말씀드렸어요? (사실)
나 네, 거짓말을 할까 하다가 그냥 사실대로 말씀드렸어요.

(2) 가 어떻게 하면 공짜 표를 받을 수 있어요? (온 순서)
나 ______________ 표를 주니까 줄을 서세요.

(3) 가 서류를 어디에 두었는지 모르겠어요. 아무리 찾아도 안 보여요. (번호)
나 필요한 서류를 잘 찾으려면 ______________ 정리를 해서 보관하도록 하세요.

(4) 가 다음 주에 가기로 한 출장이 연기됐어요? (예정)
나 아니요, ______________ 출장을 갈 겁니다.

(5) 가 얼마 전에 새로 시작한 사업은 잘되고 있어요? (생각)
나 아니요, ______________ 잘 안 되네요.

18장 확인해 볼까요?

〔1～2〕 다음 밑줄 친 부분과 바꿔 쓸 수 있는 것을 고르세요.

1 여기에 있는 음식은 마음대로 모두 먹어도 됩니다.

① 먹고 싶으면　② 먹고 싶으니까
③ 먹고 싶은 만큼　④ 먹고 싶은 대신에

2 비가 오는데 창문을 열어 놓은 채로 나갔다 왔더니 책이 다 젖었어요.

① 열려고　② 열었더니
③ 열어 놓고　④ 열려 있는 상태로

3 다음 중 밑줄 친 곳에 맞는 대답을 고르세요.

가　이 단어는 어떻게 발음하면 돼요?
나　그 단어는 발음하기가 조금 어려우니까 ______________________.

① 내가 발음할 만해요　② 내가 발음하면 돼요
③ 내가 발음할 거예요　④ 내가 하는 대로 따라 하세요

4 다음 중 밑줄 친 곳에 적당하지 않은 대답을 고르세요.

가　식사 준비 다 되었으니까 나와서 식사하세요.
나　저는 ______________________ 식사할게요.

① 아이를 재우고　② 아이를 재워 놓고
③ 아이를 재우는 채로　④ 아이를 재우고 나서

〔5～6〕 다음 밑줄 친 것 중 맞는 것을 찾으세요.

5 ① 오늘 학교에 간 채로 공부를 했어요.
② 경진 씨는 예쁜 대로 인기가 많아요.
③ 이 꽃병은 책상 위에 놓아 놓는 게 좋겠어요.
④ 남자 친구와 찍은 사진을 벽에 걸어 두려고 해요.

6 ① 가스 불을 켠 채로 물을 끓였어요.
② 치마를 입어 놓고 자전거를 탔어요.
③ 지난번에 계획하는 대로 일을 진행하는 게 좋겠어요.
④ 문을 잠그지 않은 채로 나온 것이 생각나서 다시 집에 다녀왔어요.

성질과 속성을 나타낼 때
性質と属性の表現

본 장에서는 성질과 속성을 나타낼 때 사용하는 표현에 대해서 배웁니다. 본 장에서 배우는 것은 어떤 사람이나 사물의 특징과 성질을 나타내거나 혹은 그것의 고유한 특성을 나타내는 표현들입니다. 그러므로 예문을 많이 보면서 익히시기 바랍니다.

この章では、性質と属性を表すときに使う表現について学びます。この章で学ぶことは、ある人や事物の特徴と性質、あるいはその固有の特性を表す表現です。そのため、例文をたくさん見て身につけてください。

01 -(으)ㄴ/는 편이다
02 스럽다
03 답다

01 –(으)ㄴ/는 편이다

Track 140

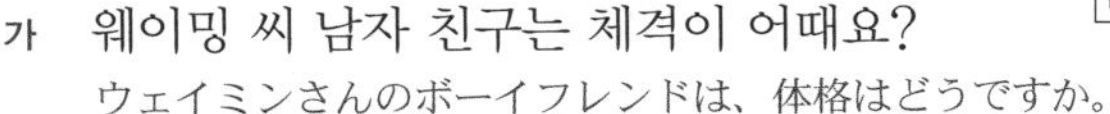

가 웨이밍 씨 남자 친구는 체격이 어때요?
ウェイミンさんのボーイフレンドは、体格はどうですか。

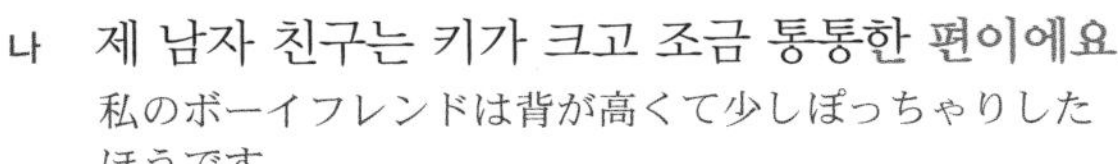

나 제 남자 친구는 키가 크고 조금 통통한 **편이에요**.
私のボーイフレンドは背が高くて少しぽっちゃりしたほうです。

가 아키라 씨는 같은 반 친구들에 비해서 한국말을 더 잘하는 것 같아요.
明さんは同じクラスの友人たちに比べて韓国語が上手なようです。

나 맞아요. 아키라 씨는 한국 친구들이 많아서 그런지 다른 외국 학생들보다 한국말을 잘하는 **편인** 것 같아요.
そうですね。明さんは韓国の友だちが多いせいか、ほかの外国の学生たちより韓国語が上手なほうのようです。

문법을 알아볼까요?

이 표현은 어떤 사실을 단정적으로 말하기보다는 대체로 어떤 쪽에 가깝다거나 속한다는 것을 표현할 때 사용합니다. 여기에서 '편'은 '여러 부류 중에 어느 한 쪽에 속함'을 의미하기 때문에 '대체적으로 그렇다'는 뜻이 있습니다.

この表現は、ある事実を断定的に言うより、だいたいどちらに近いとか属しているとかいうことを表現するときに使います。ここで편は、「いくつかの部類の中でどれかに属する」ことを意味するため、「だいたいそうだ」という意味があります。

–(으)ㄴ/는 편이다			
A	–(으)ㄴ 편이다	크다 작다	큰 편이다 작은 편이다
V	–는 편이다	사다 씻다	사는 편이다 씻는 편이다

- 우리 동네는 다른 지역에 비해서 집값이 조금 싼 편입니다.
  うちの町は、ほかの地域に比べて、家の価格が少し安いほうです。
- 저는 아침보다는 저녁에 더 많이 먹는 편이에요.
  私は朝より夕方にもっとたくさん食べるほうです。
- 저 친구는 어릴 때는 큰 편이었는데 지금은 그렇게 커 보이지 않네요.
  あの友だちは、子どものときは大きいほうだったのに、今はそんなに大きく見えませんね。

더 알아볼까요?

1 이 표현은 앞에 동사가 올 때는 보통 동사를 수식하는 부사가 있어야 합니다.
この表現は、前に動詞が来るときは、普通、動詞を修飾する副詞がなければなりません。

가 은혜 씨 회사 사람들은 회식을 자주 해요?
ウネさんの会社の人たちは会食をよくしますか。

나 네, 일주일에 한 번씩은 꼭 하니까 자주 하는 편이지요.
ええ、1週間に1度は必ずするから、よくするほうでしょう。

2 부정으로 쓸 때는 '안 -(으)ㄴ/는 편이다'나 '-(으)ㄴ/는 편이 아니다'로 표현합니다.
否定で使うときは、안 -(으)ㄴ/는 편이다や-(으)ㄴ/는 편이 아니다の形で表現します。

- 저는 많이 안 먹는 편이에요. 私はあまり食べないほうです。
  = 저는 많이 먹는 편이 아니에요. 私はたくさん食べるほうではありません。

3 '-은/는 편이다'는 누가 봐도 명확하고 확실한 상황이나 사실일 때는 사용하지 않습니다.
-은/는 편이다は、誰が見ても明確で確実な状況や事実であるときには使いません。

- 내 동생은 키가 185cm인 편이에요. (×)
  → 내 동생은 키가 185cm예요. (○)
- 저는 학생이 아닌 편이에요. (×)
  → 저는 학생이 아니에요. (○)

4 이 표현은 의미상 과거와 현재만 사용하고 미래 표현은 사용하지 않습니다.
この表現は、意味的に過去と現在のみに使い、未来の表現は使いません。

- 저는 쇼핑을 자주 하는 편일 거예요/편이겠어요. (×)
  → 저는 쇼핑을 자주 하는 편이었어요. (○)
  저는 쇼핑을 자주 하는 편이에요. (○)

5 과거의 특정 시점이나 하나의 사건을 표현할 때는 '-(으)ㄴ 편이다'를 사용해야 합니다. 그러나 과거라도 과거에 일정 기간 지속된 일이거나 습관적인 일에는 '-는 편이었다'를 써야 합니다.
過去の特定の時点や一回的な出来事を表現するときは、-(으)ㄴ 편이다を使わなければなりません。しかし、過去に一定期間持続したことや習慣的なことには-는 편이었다を使わなければなりません。

- 오늘은 다른 때보다 일찍 일어난 편이야.
  今日はほかのときより早く起きたほうだよ。
- 오늘 출근 시간에는 길이 안 막힌 편이야.
  今日の出勤時間は、道が混んでいなかったほうだよ。

: 이것은 '오늘'이라는 특정 시점이 있기 때문에 '–(으)ㄴ 편이다'로 써야 자연스럽습니다.
これは오늘という特定の時点があるため、–(으)ㄴ 편이다を使わないと不自然です。

- 나는 어렸을 때 공부를 잘하는 편이었어요.
  わたしは幼いとき、勉強ができるほうでした。
- 옛날에는 고기를 자주 먹는 편이었어요.
  昔は肉をよく食べるほうでした。

: 이것은 '어렸을 때'라는 시점이 있기는 하지만 지속이나 습관의 의미가 있기 때문에 '–는 편이었다'로 써야 합니다.
これは어렸을 때という時点があるにはあるが、持続や習慣の意味があるため、–는 편이었다の形で使わなければなりません。

대화를 만들어 볼까요?

Track 141

1 가 한국 사람들은 커피를 많이 마시지요?
나 네, 녹차에 비해서 커피를 많이 마시는 편이에요.

한국 사람들은 커피를 많이 마시다	녹차에 비해서 커피를 많이 마시다
올해는 작년보다 조금 덜 추운 것 같다	올해 날씨는 작년보다 덜 춥다
동생이 운동을 잘하다	다른 가족들에 비해서 운동을 잘하다

2 가 지난달까지 추진하던 일은 잘 되었어요?
나 아니요, 노력한 것에 비해서 결과가 그렇게 좋지는 않은 편입니다.

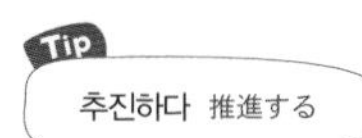

지난달까지 추진하던 일은 잘 되었다	노력한 것에 비해서 결과가 그렇게 좋지는 않다
요즘도 많이 바쁘다	요즘에는 손님이 별로 없어서 지난달에 비해서 그렇게 바쁘지 않다
가족들하고 외식을 자주 하다	우리 가족은 집에서 먹는 것을 좋아해서 외식은 자주 하지 않다

연습해 볼까요?

1 '-(으)ㄴ/는 편이다'를 사용해서 다음 대화를 완성하세요.

(1) 가 민수 씨는 인기가 많은 것 같아요. (잘 들어주다)
　　나 네, 민수 씨는 무엇이든 부탁을 하면 잘 들어주는 편이라서 친구들이 좋아해요.

(2) 가 영희 씨 아들은 3살인데도 말을 잘하는 것 같아요. (말을 잘하다)
　　나 네, 다른 아이들보다 ________________ 어른들이 좋아하세요.

(3) 가 현규 씨는 늘 식사를 많이 하지 않는 것 같아요. (자주 체하다)
　　나 저는 ________________ 많이 먹지 않으려고 노력하고 있어요.

(4) 가 무슨 음악을 자주 들어요? (클래식 음악을 자주 듣다)
　　나 조용한 것을 좋아해서 ________________.

(5) 가 수진 씨는 남동생이 어린데도 자주 싸워요? (남동생이 장난이 심하다)
　　나 ________________ 자주 싸우게 돼요.

2 '-(으)ㄴ/는 편이다'를 사용해서 다음 대화를 완성하세요.

(1) 가 이 문법을 이해하기가 어려워요? (어렵지 않다)
　　나 아니요, 그렇게 어렵지 않은 편이라서 이해할 수 있어요.

(2) 가 수진 씨가 또 감기에 걸렸다면서요? (건강하다)
　　나 그렇대요. 하지만 수진 씨는 ________________ 금방 나을 거예요.

(3) 가 매일 바빠 보이는데 주말에는 좀 쉴 수 있어요? (한가하다)
　　나 네, 그래도 주말에는 좀 ________________ 밀린 빨래나 청소를 해요.

(4) 가 수진 씨는 공포 영화를 안 좋아하세요? (겁이 많다)
　　나 네, ________________ 공포 영화는 못 봐요.

(5) 가 낮인데도 사무실에 불을 켜 놓으세요? (사무실이 어둡다)
　　나 네, ________________ 항상 불을 켜 놓아야 돼요.

02 스럽다

Track 142

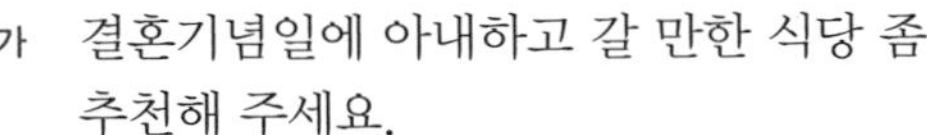

가 결혼기념일에 아내하고 갈 만한 식당 좀 추천해 주세요.
結婚記念日に妻と行くのにいい食堂、推薦してください。

나 이 식당 어때요? 음식도 맛있고 인테리어도 고급스러워서 결혼기념일에 가기 좋을 것 같아요.
この食堂、どうですか。料理もおいしいし、インテリアも高級で、結婚記念日に行くのによさそうですよ。

가 양강 씨의 올해 소원은 뭐예요?
ヤンガンさんの今年の願いは何ですか。

나 올해는 한국 사람들과 한국어로 자연스럽게 이야기를 할 수 있게 되면 좋겠어요.
今年は、韓国の人たちと韓国語で自然に話ができるようになったらいいです。

문법을 알아볼까요?

'스럽다'는 명사에 붙어서 '앞의 명사와 같은 느낌이나 요소가 있다'는 뜻을 나타낼 때 사용합니다.
스럽다は名詞に付いて、「前の名詞のような感じや要素がある」という意味を表すときに使います。

스럽다			
N	스럽다	사랑 바보	사랑스럽다 바보스럽다

- 마이클 씨는 여자 친구의 얼굴을 사랑스럽다는 듯이 바라보았습니다.
  マイケルさんはガールフレンドの顔を愛らしいというように見つめました。
- 그렇게 하는 것은 바보스러운 행동입니다.
  そんなことをするのは愚かな行動です。
- 제 친구는 언제나 가족에 대해 자랑스럽게 말해요.
  私の友だちはいつも、家族について自慢げに話します。

비교해 볼까요?

'스럽다'와 비슷하게 쓰이는 말로 '롭다'가 있는데 이 두 표현은 다음과 같은 차이가 있습니다.
스럽다と似た使い方をすることばに롭다がありますが、この二つの表現には、次のような違いがあります。

	스럽다	롭다
의미	'명사와 같은 느낌이나 요소가 있다'는 뜻을 나타낼 때 사용합니다. 「そのような感じや要素がある」という意味を表すときに使います。	'그러한 성격을 충분히 가지고 있다'는 의미를 나타내며 일부 받침이 없는 명사에만 붙습니다. 「そのような性格を十分に持っている」という意味を表し、パッチムのない一部の名詞にのみ付きます。
예	사랑스럽다, 바보스럽다, 여성스럽다, 걱정스럽다, 자랑스럽다 등	명예롭다, 신비롭다, 자유롭다, 풍요롭다, 향기롭다 등
예문	• 그 동굴은 정말 신비스럽습니다. その洞窟は本当に神秘的な感じがします。 → '신비한 것처럼 보인다'는 의미입니다. 「神秘的なように見える」という意味です。	• 그 동굴은 정말 신비롭습니다. その洞窟は本当に神秘的です。 → '정말로 신비하다'는 의미입니다. 「本当に神秘的だ」という意味です。

대화를 만들어 볼까요?

Track 143

1 가 내일 면접을 보러 간다면서요?
나 네, 항상 면접을 보러 가면 긴장이 많이 돼서 내일도 잘할 수 있을지 걱정스러워요.

Tip
여우주연상 主演女優賞

내일 면접을 보러 가다	항상 면접을 보러 가면 긴장이 많이 돼서 내일도 잘할 수 있을지 걱정이다
이번에 여우주연상을 받았다	받기 힘든 상을 받게 되어서 정말 감격이다
진수 씨가 생일 파티를 호텔에서 하다	호텔에서 하니까 정말 부담이다

2 가 철수 씨 부모님은 며느릿감으로 어떤 여자를 좋아하세요?
나 얼굴이 복스러운 여자를 좋아하세요.

Tip
복스럽다 福々しい
변덕스럽다 気まぐれだ

철수 씨 부모님은 며느릿감으로 어떤 여자를 좋아하시다	얼굴이 복 / 여자를 좋아하시다
영희 씨는 어떤 남자를 싫어하다	성격이 변덕 / 남자는 싫다
어떤 옷을 사고 싶다	조금 어른 / 보이는 옷을 사고 싶다

연습해 볼까요?

다음 [보기]에서 알맞은 단어를 찾아 대화를 완성하세요.

보기				
부담스럽다	변덕스럽다	어른스럽다	당황스럽다	조심스럽다
사치스럽다	촌스럽다	자랑스럽다	자연스럽다	

(1) 가 내일이 친구 생일인데 어떤 선물을 하면 좋을까요?
나 글쎄요, 너무 **부담스럽지** 않은 걸로 하는 것이 좋을 것 같아요.

(2) 가 카일리 씨는 한국 사람들이 개인적인 질문을 하면 어때요?
나 처음에는 굉장히 ____________________ 지금은 괜찮아요.

(3) 가 요즘 저 배우가 연기를 잘하는 것 같지요?
나 네, 결혼을 하더니 연기가 더 ____________________.

(4) 가 에미 씨는 항상 명품 가방하고 비싼 옷만 사는 것 같아요.
나 맞아요. 조금 ____________________ 것 같아요.

(5) 가 어제 세계 대회에서 우승한 여자 축구 선수들의 모습을 봤어요?
나 네, 어찌나 ____________________ 눈물이 날 지경이었어요.

(6) 가 아들이 초등학생이지요?
나 네, 하지만 말하는 것은 아주 ____________________ 깜짝 놀랄 때가 있어요.

(7) 가 영희 씨는 항상 이랬다저랬다 해서 짜증나요.
나 맞아요. 얼마나 ____________________ 저도 화가 날 때가 많아요.

(8) 가 저 도자기가 아주 비싸 보이네요.
나 우리 아버지가 아끼시는 거라서 저도 만지기가 ____________________.

(9) 가 왜 그 코트를 안 입으려고 해?
나 이제는 유행이 지나서 ____________________ 보여서요.

03 답다

Track 144

가 오늘 저 선수가 왜 저렇게 경기를 못하죠?
今日、あの選手はどうしてあんなにダメなんでしょう?

나 그러게요. 오늘 경기 모습은 세계적인 축구 선수 답지가 않네요.
まったくですね。今日の試合の様子は、世界的なサッカー選手らしくないですね。

가 엄마, 이 옷 어때요? 저한테 어울려요?
お母さん、この服、どう? 似合う?

나 옷이 그게 뭐니? 학생은 학생답게 옷을 입어야지. 좀 더 얌전한 옷으로 갈아입어.
何、それ? 学生は学生らしい服を着なきゃ。もうちょっとおとなしい服に着替えなさい。

문법을 알아볼까요?

'답다'는 명사에 붙어 그 명사가 지니는 성질이나 특성이 있다는 뜻을 나타날 때 사용합니다. 즉, 어떤 것이 원래 가지고 있어야 할 자격을 가지고 있다는 뜻이 됩니다.

답다は名詞に付いて、その名詞が備える性質や特性があるという意味を表すときに使います。すなわち、何かがもともと持っていなければならない資格を持っているという意味になります。

답다			
N	답다	남자 사람	남자답다 사람답다

- 혜진 씨는 여자다운 데가 하나도 없는 것 같아요.
  ヘジンさんは女らしいところが一つもないようです。
- 동생에게 그렇게 심한 말을 하는 것은 정말 형답지 않은 행동이야.
  弟にそんなにひどいことを言うのは、本当に兄らしくない行動だ。
- 그 회사에는 국내 최고의 회사답게 우수한 직원들이 많이 있습니다.
  その会社には、国内最高の会社らしく、優秀な職員たちがたくさんいます。

비교해 볼까요?

'답다'와 '스럽다'는 다음과 같은 차이가 있습니다.
답다と스럽다には、次のような違いがあります。

	답다	스럽다
의미 意味	앞의 명사가 지녀야 하는 속성이나 자격, 의미를 가지고 있다는 의미입니다. 前の名詞が備えていなければならない属性や資格、意味を持っているという意味です。	앞의 명사가 가지고 있는 속성이나 자격을 가지고 있는 것처럼 보인다는 의미입니다. 前の名詞が持っている属性や資格を持っているように見えるという意味です。
제약 制約	장소나 기관 명사 뒤에 사용해도 자연스럽습니다. 場所名詞や機関名詞の後に使っても自然です。	명사 중에 '길스럽다'나 '학교스럽다'처럼 장소나 기관 명사 뒤에 사용하면 어색합니다. 길스럽다や학교스럽다のように、場所名詞や機関名詞の後に使うと不自然です。
예 例	어른답다, 정답다, 도시답다	어른스럽다, 자연스럽다, 조심스럽다
예문 例文	• 어른은 어른다워야 해요. (○) • 저 아이는 어른다워요. (×) → 어른이 어른으로서 가져야 하는 속성이나 자격, 의미를 지닌다는 의미이므로 아이에게는 사용할 수 없습니다. 大人が大人として持っているべき属性や資格、意味を備えているという意味なので、子どもには使えません。	• 우리 아이는 어른스러워요. (○) • 저 어른은 어른스러워요. (×) → 어른이 가지고 있는 속성이나 자격을 가지고 있는 것처럼 보인다는 의미이므로 어른에게 사용할 수 없습니다. 大人が持っている属性や資格を持っているように見えるという意味なので、大人には使えません。

대화를 만들어 볼까요?

Track 145

1 가 그 남자가 그렇게 좋아요?
나 네, 정말 신사답게 행동하거든요.

Tip
유능하다 有能だ
믿음직스럽다 頼もしい

그 남자가 / 좋다	정말 신사 / 행동하다
저 변호사가 / 유능하다	모든 일을 전문가 / 잘 처리하다
큰아들이 / 믿음직스럽다	큰아들 / 믿음직스럽게 행동하다

2 가 저 선수가 하는 다른 경기도 봤어요?

나 네, 저 선수는 경기도 잘하고 소속 팀 리더답게 팀을 잘 이끌더라고요.

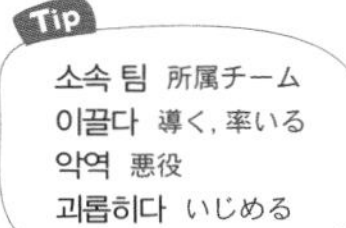

저 선수가 하는 다른 경기도 보다	저 선수는 경기도 잘하고 소속 팀 리더 / 팀을 잘 이끌다
저 배우가 나오는 다른 드라마도 보다	저 배우는 악역 전문 연기자 / 주인공을 괴롭히는 연기를 잘하다
저 커피숍에서 커피를 마셔 보다	유명한 커피숍 / 모든 커피가 맛있다

연습해 볼까요?

다음 [보기]에서 알맞은 단어를 골라 '답다'를 사용해서 문장을 완성하세요.

보기 1등을 한 사람 군인 남자 신입 사원 출신 관광지 회사 제품

(1) 가 아키라 씨가 한국말을 잘하지요?
나 네, 말하기 대회에서 1등을 한 사람답게 정말 한국말을 잘하는군요!

(2) 가 이곳은 한국에서 유명한 관광지 중의 하나입니다.
나 유명한 ______________ 아름답고 멋있는 곳이군요.

(3) 가 할아버지께서 전쟁터에서 돌아가셨어요?
나 네, 우리 할아버지는 한국전쟁에서 ______________ 용감히 싸우다 돌아가셨습니다.

(4) 가 은희 씨는 어떤 남자를 좋아하세요?
나 요즘에는 여자 같은 외모를 가진 남자가 많아서 저는 ______________ 생긴 남자가 좋아요.

(5) 가 휴대 전화를 떨어뜨렸는데도 멀쩡하네요.
나 네, 이 휴대 전화는 유명한 ______________ 고장이 잘 안 나요.

(6) 가 오늘부터 일하게 된 신입 사원 강철수입니다.
나 오늘부터 근무를 시작했으니 ______________ 모습으로 열심히 일해 주시기 바랍니다.

(7) 가 수영 씨 노래를 들으면 마음이 편안해져요.
나 수영 씨는 성악과 ______________ 감미로운 노래를 잘 부르는 것 같아요.

19장 확인해 볼까요?

〔1~2〕 다음 밑줄 친 부분과 바꿔 쓸 수 있는 것을 고르세요.

1 우리나라는 눈이 오지 않는 편이에요.

① 눈이 자주 와요
② 눈이 거의 안 와요
③ 눈이 자주 오면 좋겠어요
④ 눈이 한 번도 오지 않아요

2 코미디언은 가끔 바보스러운 행동으로 사람들을 웃깁니다.

① 바보보다 더한
② 바보보다 덜한
③ 바보보다 못한
④ 바보처럼 보이는

〔3~4〕 다음 중 밑줄 친 곳에 맞는 대답을 고르세요.

3
가　저 식당에서 식사해 봤어요?
나　네, ______________________.

① 유명한 식당대로 모든 음식이 맛있더라고요
② 유명한 식당답게 모든 음식이 맛있더라고요
③ 유명한 식당스럽게 모든 음식이 맛있더라고요
④ 유명한 식당이라도 모든 음식이 맛있더라고요

4
가　하정 씨는 술을 자주 마셔요?
나　네, 자주 ______________________ 가끔 속이 아파요.

① 마신 편이라서
② 마시는 편이라서
③ 안 마시는 편이라서
④ 마시지 않는 편이라서

5 다음 밑줄 친 것 중 맞는 것을 찾으세요.

① 제 동생은 몸무게가 80kg인 편이에요.
② 저는 커피를 자주 마시는 편일 거예요.
③ 저는 초등학생 때 운동을 잘하는 편이었어요.
④ 오늘은 다른 날보다 조금 일찍 일어나는 편이에요.

6 다음 중 틀린 문장을 찾으세요.

① 성격이 변덕스러운 사람은 정말 싫어요.
② 미연 씨가 비싼 선물을 줘서 조금 부담스러워요.
③ 봄이라서 여성스러운 느낌이 나는 옷을 사고 싶어요.
④ 제 친구는 자기 가족들에 대해 항상 자신스럽게 말해요.

강조를 나타낼 때
強調の表現

본 장에서는 강조를 나타낼 때 사용하는 표현에 대해서 배웁니다. 강조를 나타내는 표현은 말하는 사람이 말하고 싶은 내용을 특별히 강하게 주장하거나 두드러지게 하고 싶을 때 사용합니다. 잘 익혀서 상황에 맞게 사용하시기 바랍니다.

この章では、強調を表すときに使う表現について学びます。強調を表す表現は、話し手が言いたい内容を特別に強く主張するとき、目立たせたいときに使います。しっかり身につけて、状況に合わせて使ってください。

01 얼마나 -(으)ㄴ/는지 모르다

02 -(으)ㄹ 수밖에 없다

03 -(으)ㄹ 뿐이다

04 (이)야말로

01 얼마나 -(으)ㄴ/는지 모르다

Track 146

가 도쿄 여행은 어땠어요? 재미있었어요?
東京旅行はどうでしたか。おもしろかったですか。

나 네, 그렇지만 도쿄의 물가가 얼마나 비싼지 몰라요. 물가가 비싸니까 쇼핑을 마음대로 못 해서 아쉬워요.
はい。でも、東京の物価がどれだけ高いか。物価が高いから、思うようにショッピングできなくて残念です。

가 왜 그렇게 놀란 표정이에요?
どうしてそんなに驚いた顔をしているんですか。

나 책을 읽고 있는데 갑자기 문이 열려서 얼마나 놀랐는지 몰라요.
本を読んでいたら、急にドアが開いて、どれだけ驚いたかわかりません。

문법을 알아볼까요?

이 표현은 그 상황이나 상태 정도를 강조할 때 사용합니다. 평서형으로만 사용할 수 있고, 동사와 형용사에 모두 사용합니다.

この表現は、その状況や状態の程度を強調するときに使います。平叙形でのみ使うことができ、動詞と形容詞のどちらにも使います。

얼마나 -(으)ㄴ/는지 모르다					
과거	A/V	얼마나 -았/었는지	예쁘다 먹다	예뻤는지 먹었는지	+ 모르다
현재	A	얼마나 -(으)ㄴ지	예쁘다 작다	예쁜지 작은지	
	V	얼마나 -는지	공부하다 먹다	공부하는지 먹는지	

- 호영 씨가 어렸을 때 친구들에게 얼마나 인기가 많았는지 몰라요.
  ホヨンさんが子どものとき、友人たちにどれだけ人気があったかわかりません。
- 우리 아이가 7살이 되더니 얼마나 말을 안 듣는지 모릅니다.
  うちの子どもが7歳になって、どれだけ言うことを聞かないかわかりません。
- 잃어버린 강아지를 조금 전에 찾았어요. 강아지를 다시 찾아서 얼마나 기쁜지 몰라요.
  いなくなっていた犬を少し前に見つけました。犬を見つけてどれだけうれしいかわかりません。

더 알아볼까요?

1 이 표현에 동사가 올 경우 '열심히', '잘', '많이', '못'과 같은 정도를 나타내는 부사와 함께 써야 합니다.
この表現に動詞が来る場合、열심히、잘、많이、못等の程度を表す副詞と一緒に使わなければなりません。

- 자야 씨가 얼마나 공부하는지 몰라요. (×)
  → 자야 씨가 얼마나 열심히 공부하는지 몰라요. (○)

  : 이것은 '열심히'가 없으면 공부를 몇 시간 하는지 알 수 없다는 의미이므로 정도를 나타내는 부사와 함께 써야 합니다.
  これは열심히がないと、勉強を何時間するのかわからないという意味なので、程度を表す副詞と一緒に使わなければなりません。

- 아키라 씨는 얼마나 많이 먹는지 몰라요. (○)

2 하지만 '짜증이 나다', '화가 나다', '감동하다'처럼 말하는 사람의 느낌이나 기분을 말할 때는 정도를 나타내는 부사를 사용하지 않아도 됩니다.
しかし、짜증이 나다、화가 나다、감동하다のように、話し手の感じや気分を話すときは、程度を表す副詞を使わなくてもかまいません。

- 길이 막혀서 얼마나 짜증이 나는지 몰라요.
  道が混んでいて、どれほどいらいらするかわかりません。
- 그 영화를 보고 얼마나 감동했는지 몰라요.
  その映画を見て、どれほど感動したかわかりません。

3 과거의 상황이나 상태에 대해서 말할 때는 '-았/었는지 몰라요'를 사용합니다.
過去の状況や状態について言うときは-았/었는지 몰라요を使います。

- 어제는 바람이 많이 불어서 얼마나 추웠는지 몰랐어요. (×)
  → 어제는 바람이 많이 불어서 얼마나 추웠는지 몰라요. (○)

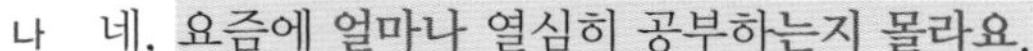

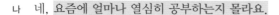

대화를 만들어 볼까요?

Track 147

1 가 진수 씨가 요즘에 공부를 열심히 하는 것 같지요?

나 네, 요즘에 얼마나 열심히 공부하는지 몰라요.

진수 씨가 요즘에 공부를 열심히 하다	요즘에 / 열심히 공부하다
나오코 씨는 외국 사람인데 매운 음식을 잘 먹다	매운 음식을 / 잘 먹다
지금 길이 많이 막히다	요즘에 공사를 해서 길이 / 많이 막히다

2 가 여행을 갈까 하는데 설악산이 어때요?

나 설악산은 경치가 얼마나 아름다운지 몰라요. 꼭 가 보도록 하세요.

여행을 갈까 하는데 설악산	설악산은 경치가 / 아름답다 / 꼭 가 보다
쇼핑을 할까 하는데 동대문시장	동대문시장은 물건이 / 싸고 많다 / 꼭 가 보다
심리학과 수업을 들을까 하는데 김 교수님의 수업	김 교수님의 수업이 / 재미있다 / 꼭 들어 보다

연습해 볼까요?

1 '얼마나 -(으)ㄴ/는지 모르다'를 사용해서 다음 대화를 완성하세요.

(1) 가 날씨가 많이 무덥지요? (날씨가 무덥다)
나 네, 장마철이라서 날씨가 얼마나 무더운지 몰라요.

(2) 가 지수 씨는 성격이 어때요? (밝고 명랑하다)
나 지수 씨의 성격은 ______________________.

(3) 가 자동차가 있는데 왜 지하철을 타고 다니세요? (지하철이 편하고 빠르다)
나 출퇴근 시간에는 ______________________.

(4) 가 그 영화를 보면서 울었다면서요? (여자 주인공이 불쌍하다)
나 네, 사랑하는 사람이 병에 걸려서 ______________________.

(5) 가 중국어를 배우다가 포기했다면서요? (한자를 쓰는 것이 어렵다)
나 네, ______________________.

2 '얼마나 -(으)ㄴ/는지 모르다'를 사용해서 다음 대화를 완성하세요.

(1) 가 외국으로 출장 갔다 어제 돌아왔는데 주말에 비가 많이 왔다면서요? (많이 오다)
나 네, 지난 주말에 비가 얼마나 많이 왔는지 몰라요.

(2) 가 저 아이들은 아주 어린데도 질서를 잘 지키네요. (질서를 잘 지키다)
나 네, 유치원 아이들인데 ______________________.

(3) 가 엄마, 연락도 없이 늦게 들어와서 죄송해요. (걱정을 많이 하다)
나 네가 늦게까지 안 들어와서 ______________________.

(4) 가 남자 친구에게 장미꽃을 100송이나 받았다면서요? (감동을 하다)
나 네, ______________________. 눈물이 다 날 정도였어요.

(5) 가 내가 용돈을 다 써 버린 것을 엄마가 아셨니? (화가 많이 나다)
나 응, 그래서 ______________________.
그러니까 빨리 죄송하다고 해.

02 –(으)ㄹ 수밖에 없다

Track 148

가 여보, 옷을 또 사려고?
また服を買うつもり?

나 유행에 뒤떨어지지 않으려면 옷을 자주 살 수밖에 없어요.
流行に遅れないようにするためには、しょっちゅう服を買わないといけないの。

가 환경 오염 문제가 점점 더 심각해지고 있어서 큰일이에요.
環境汚染問題がだんだん深刻化していて大変です。

나 맞아요. 환경을 보호하지 않으면 앞으로 인류는 멸망할 수밖에 없을 거예요.
そうですね。環境を保護しないと、今後人類は滅亡するしかないでしょう。

문법을 알아볼까요?

이 표현은 어떤 상황이 되었을 때 다른 선택의 여지가 없이 그것만을 해야 한다거나 여러 가지 상황으로 봐서 그런 결과가 나오는 것이 당연하다는 것을 나타낼 때 사용합니다.

この表現は、ある状況になったとき、ほかの選択の余地がなく、それをしなくてはならない場合、いくつかの状況から見てそのような結果になることが当然だということを表す場合に使います。

–(으)ㄹ 수밖에 없다				
A/V	–(으)ㄹ 수밖에 없다	예쁘다 먹다	예쁠 먹을	+ 수밖에 없다

가 현금으로 내려고요? 現金で払うんですか。
나 이 가게에서는 신용 카드가 안 된다고 하니까 현금으로 낼 수밖에 없네요.
このお店ではクレジットカードがダメだって言うから、現金で払うしかないですね。

가 여보, 오늘도 야근할 거예요? 今日も夜勤するの?
나 상사들이 모두 야근을 하니까 나도 야근을 할 수밖에 없어요.
上司たちがみんな夜勤するから、僕も夜勤しないわけにはいかないよ。

가 지수 씨 아이가 정말 똑똑하지요? チスさんの子どもは本当に賢いでしょう。

나 부모가 다 똑똑하니까 아이도 똑똑할 수밖에 없지요.

両親が賢いから、子どもも賢いのは当然でしょう。

대화를 만들어 볼까요?

Track 149

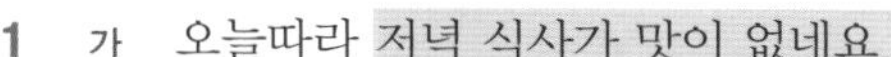

1 가 오늘따라 저녁 식사가 맛이 없네요.

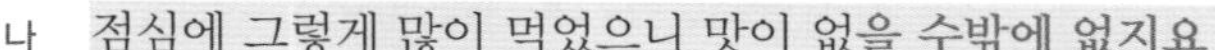

나 점심에 그렇게 많이 먹었으니 맛이 없을 수밖에 없지요.

저녁 식사가 맛이 없다	점심에 그렇게 많이 먹었으니 맛이 없다
일이 정말 힘들다	일을 미뤘다가 한꺼번에 하니까 힘들다
정말 초조하다	면접을 본 회사에서 연락을 주기로 한 날이니까 초조하다

2 가 수연 씨가 왜 저렇게 결혼을 서두르지요?

나 갑자기 올해 말에 유학을 가게 돼서 서두를 수밖에 없을 거예요.

수연 씨가 왜 저렇게 결혼을 서두르다	갑자기 올해 말에 유학을 가게 돼서 서두르다
채소값이 왜 이렇게 많이 올랐다	요즘 계속 비가 오는 바람에 수확량이 적어져서 오르다
김 과장님이 왜 집을 팔려고 하다	갑자기 아이가 아파서 돈이 많이 필요하니까 집을 팔다

연습해 볼까요?

'-(으)ㄹ 수밖에 없다'를 사용해서 다음 대화를 완성하세요.

(1) 가 갈증이 많이 나네요. (갈증이 나다)

나 짠 음식을 많이 먹었으니까 갈증이 날 수밖에 없지요.

(2) 가 수영 씨는 남자들이 모두 좋아하는 것 같아요. (남자들이 반하다)

나 성격이 밝고 명랑하니까 ________________________.

(3) 가 왜 좀 기다리지 않고 항상 네가 먼저 연락을 하니? (내가 먼저 연락을 하다)

나 그 사람이 연락을 안 하니까 ________________________.

(4) 가 왜 그렇게 당황을 해요? (당황하다)

나 갑자기 나이를 물어보니까 ________________________.

(5) 가 지연 씨의 부탁을 안 들어줬다면서요? (거절하다)

나 너무 바빠서 지연 씨의 부탁을 ________________________.

03 −(으)ㄹ 뿐이다

가 자야 씨, 호영 씨를 좋아하고 있지요?
ジャヤさん、ホヨンさんのことが好きでしょう。

나 네, 하지만 고백할 용기가 없어서 지금은 바라보기만 할 **뿐이에요**.
ええ、でも告白する勇気がなくて、今は見つめるだけです。

가 오늘 회의를 8시간이나 했는데 결정된 것은 없고 시간만 보**냈을 뿐이네요**.
今日、会議を8時間もしたのに、決定したことはなくて時間を使っただけですね。

나 그러게요. 그럼 내일 또 회의를 해야 하는 건가요?
まったくですね。じゃあ、明日また会議をしないといけないんでしょうか。

문법을 알아볼까요?

이 표현은 어떤 행동이나 상태만 있고 그 외에 다른 것은 없음을 나타낼 때 사용합니다. 여기에서 '뿐'은 '오직'의 의미입니다.

この表現は、ある行動や状態だけがあって、そのほかのことがないことを表すときに使います。ここでは뿐は오직の意味です。

−(으)ㄹ 뿐이다				
A/V	과거	−았/었을 뿐이다	예쁘다 웃다	예뻤을 뿐이다 웃었을 뿐이다
	현재	−(으)ㄹ 뿐이다	예쁘다 웃다	예쁠 뿐이다 웃을 뿐이다
N이다		일 뿐이다	친구이다 선생님이다	친구일 뿐이다 선생님일 뿐이다

- 지금은 아무것도 하고 싶지 않아요. 잠만 자고 싶을 **뿐이에요**.
  今は何もしたくありません。寝たいだけです。
- 진수 씨에 대한 이야기는 소문으로만 들**었을 뿐이에요**.
  チンスさんに関する話は噂で聞いただけです。
- 지수는 단지 같은 과 친구**일 뿐인데** 다른 사람들이 애인인 줄 알아요.
  チスはただ同じ科の友だちなだけなんですが、ほかの人たちは恋人だと思っています。

더 알아볼까요?

이 표현을 더 강조해서 사용할 때는 보통 'N만 –(으)ㄹ 뿐이다' 또는 'A/V–기만 –(으)ㄹ 뿐이다'의 형태로 사용합니다.
この表現をさらに強調して使うときは、普通、N만 –(으)ㄹ 뿐이다またはA/V–기만 –(으)ㄹ뿐이다の形で使います。

- 저는 그냥 그 사람의 얼굴만 알 뿐입니다.
  私はただその人の顔を知っているだけです。
- 그 사람한테 연락이 오기만을 기다리고 있을 뿐이에요.
  その人から連絡が来るのを待っているだけです。

대화를 만들어 볼까요?

Track 151

1 가 나오코 씨를 알면 소개 좀 해 주세요.
  나 저도 잘 몰라요. 그냥 이름만 알 **뿐입니다**.

나오코 씨를 알면 소개 좀 해 주다	저도 잘 모르다 / 이름만 알다
많이 아프면 좀 쉬다	괜찮다 / 기운만 조금 없다
진수 씨처럼 빨리 승진할 수 있는 비결을 알려 주다	글쎄다 / 저는 그냥 일만 열심히 하다

2 가 정말 날씬해지셨네요. 다이어트했어요?
  나 아니요, 아침마다 걷기 운동만 30분씩 **했을 뿐이에요**.

정말 날씬해졌다 / 다이어트하다	아침마다 걷기 운동만 30분씩 하다
집이 정말 깨끗해졌다 / 대청소하다	그냥 정리만 하다
한국 역사에 대해서 잘 알다 / 공부하다	역사책만 한 권 읽다

연습해 볼까요?

1 '-(으)ㄹ 뿐이다'를 사용해서 다음 대화를 완성하세요.

(1) 가 왜 영재 씨를 안 좋아해요? (말만 하다)
　　나 직접 행동은 하지 않고 항상 말만 할 뿐이거든요.

(2) 가 목이 마른데 냉장고에 물 좀 있어요? (우유만 있다)
　　나 냉장고에는 ______________ 물은 없는데 어떻게 하지?

(3) 가 민호 씨가 그 물건을 훔치지 않았다는 말을 정말 믿어요? (그 사람 말을 믿다)
　　나 그 사람이 그렇게 말했으니까 ______________.

(4) 가 도대체 우리가 찾는 펜션은 어디에 있는 거예요? (산만 보이다)
　　나 글쎄요. 가도 가도 ______________ 펜션 같은 것은 전혀 없네요.

(5) 가 이제 논문도 다 썼는데 가장 하고 싶은 일이 뭐예요? (쉬고 싶다)
　　나 지금은 아무 생각 없이 ______________.

2 '-았/었을 뿐이다'를 사용해서 다음 대화를 완성하세요.

(1) 가 어떻게 하면 그렇게 수영을 잘할 수 있어요? (배운 대로 연습하다)
　　나 저는 그냥 배운 대로 연습했을 뿐이에요.

(2) 가 집안 분위기가 완전히 달라졌어요. 뭘 하신 거예요? (커튼만 바꾸다)
　　나 다른 것은 안 하고 ______________ 집안 분위기가 달라졌어요.

(3) 가 현수 씨가 어떤 남자인지 알아요? 제 친구가 좋아하거든요. (얼굴만 잘생기다)
　　나 현수 씨는 ______________. 돈도 없고 성격도 별로예요.

(4) 가 그 이야기가 사실이에요? 도저히 믿을 수가 없어요. (들은 것을 전해 드리다)
　　나 저는 그냥 ______________.

(5) 가 아버지께서 왜 저렇게 화가 나셨니? (지금까지 생각해 왔던 것을 말씀드리다)
　　나 저는 그냥 ______________.

04 (이)야말로

Track 152

가 한국의 전통 모습을 보고 싶은데 어디로 가면 좋을까요?

韓国の伝統的な様子を見たいんですけど、どこへ行ったらいいでしょうか。

나 다른 곳도 많지만 한국민속촌이야말로 전통 모습을 보기에 가장 좋은 곳이에요. 민속촌에 가 보세요.

ほかのところもたくさんありますが、韓国民俗村こそ、伝統的な様子を見るのに最もいいところです。民俗村に行ってみてください。

가 손님, 다른 게 마음에 안 들면 이 디자인은 어떠세요?

お客様、ほかのがお気に召さないようでしたら、このデザインはいかがですか。

나 그 디자인이야말로 제가 찾던 거예요. 한번 신어 볼게요.

そのデザインこそ、私が探していたものです。一度履いてみます。

문법을 알아볼까요?

이 표현은 앞에 나오는 명사의 뜻을 보다 더 강하게 표현할 때 사용합니다. 즉, 다른 것도 많지만 앞의 명사가 최고라는 것을 강조할 때 사용합니다.

この表現は、前に来る名詞の意味を、より強く表現するときに使います。すなわち、ほかのものも多いが、その名詞が最高だということを強調するときに使います。

(이)야말로			
N	(이)야말로	의사 학생	의사야말로 학생이야말로

가 한국을 대표하는 관광지가 어디예요?
韓国を代表する観光地はどこですか。

나 제주도**야말로** 한국을 대표하는 관광지라고 할 수 있지요.
済州道こそ、韓国を代表する観光地と言えるでしょう。

가 누구를 가장 존경합니까?
誰を最も尊敬しますか。

나 부모님**이야말로** 제가 가장 존경하는 분들입니다.
両親こそ、私が最も尊敬する人たちです。

가 문수 씨가 성공하신 비결이 뭐예요?
ムンスさんが成功なさった秘訣は何ですか。

나 성공하는 데에는 많은 것들이 필요하지만 꾸준한 노력**이야말로** 성공의 비결이라고 할 수 있어요.
成功するには多くのことが必要ですが、たゆまぬ努力こそ成功の秘訣だと言えます。

대화를 만들어 볼까요?

Track 153

1 가 건강을 지키는 데 가장 중요한 것이 뭐라고 생각해요?
나 운동**이야말로** 가장 중요한 것이라고 생각해요.

건강을 지키는 데 가장 중요하다	운동 / 가장 중요한 것이다
외국 생활에 잘 적응하는 데 가장 중요하다	그 나라 언어를 빨리 배우는 것 / 가장 중요한 것이다
회사에서 인정받는 데 가장 필요하다	성실함 / 회사에서 인정받는 데 가장 필요한 것이다

2 가 지금까지 봤던 영화 중에서 가장 감명 깊었던 영화는 뭐예요?
나 '로마의 휴일'**이야말로** 가장 감동적인 영화였어요.
이루어질 수 없는 사랑에 가슴 아팠거든요.

봤던 영화 중에서 가장 감명 깊었던 영화는 뭐다	로마의 휴일 / 가장 감동적인 영화였다 / 이루어질 수 없는 사랑에 가슴 아팠다
여행했던 곳 중에서 가장 기억에 남는 곳은 어디다	뉴욕 / 가장 기억에 남는 곳이다 / 다양한 사람들과 문화를 볼 수 있었다
먹어 본 음식 중에서 가장 맛있는 음식은 뭐다	불고기 / 가장 맛있는 음식이다 / 맛도 있고 건강에도 좋다

연습해 볼까요?

'(이)야말로'를 사용해서 다음 대화를 완성하세요.

(1) 가 1년 중에서 가장 기다려지는 날은 언제예요? (생일)
나 제 생일이야말로 가장 기다려지는 날이에요.

(2) 가 외국어를 잘할 수 있는 최고의 방법이 무엇일까요? (반복 연습)
나 ________________ 외국어를 잘할 수 있는 최고의 방법이지요.

(3) 가 건강식품에는 뭐가 있을까요? (김치)
나 ________________ 세계적인 건강식품이라고 할 수 있어요.

(4) 가 시간과 장소를 가리지 않고 할 수 있는 운동이 있을까요? (걷기)
나 ________________ 시간과 장소를 가리지 않고 할 수 있는 운동이지요.

(5) 가 친구 사이에 가장 중요한 것이 뭐라고 생각해요? (서로를 믿는 마음)
나 ________________ 친구 사이에 가장 중요한 것이라고 생각해요.

(6) 가 한국에서 가장 유명한 발명품이 뭐예요? (한글)
나 ________________ 한국에서 가장 유명한 발명품 중의 하나입니다.

(7) 가 자야 씨는 어느 계절을 가장 좋아해요? (가을)
나 저는 가을을 제일 좋아해요. ________________ 책을 읽기에 가장 좋은 계절이니까요.

(8) 가 우리 반에서 누가 가장 성실해요? (수잔 씨)
나 ________________ 정말 성실한 사람이에요. 학교에도 가장 일찍 오거든요.

20장 확인해 볼까요?

〔1~2〕 다음 밑줄 친 부분과 바꿔 쓸 수 있는 것을 고르세요.

1 경애 씨 아이들은 얼마나 귀여운지 몰라요!

① 정말 귀여워요 ② 귀여운지 모르겠어요
③ 정말 귀엽지 않아요 ④ 귀여운지 알고 싶어요

2 꾸준한 노력이야말로 외국어를 잘할 수 있는 최고의 방법이지요.

① 꾸준한 노력만 ② 꾸준한 노력만큼
③ 꾸준한 노력일 뿐 ④ 꾸준한 노력이 가장

〔3~4〕 다음 중 밑줄 친 곳에 맞는 대답을 고르세요.

3
가 카일리 씨 딸이 정말 예쁜 것 같아요.
나 엄마가 예쁘니까 딸도 ______________________.

① 예쁠걸요 ② 예뻐야 돼요
③ 예쁠지도 몰라요 ④ 예쁠 수밖에 없지요

4
가 지난번에 보니까 자야 씨랑 얘기하던데 둘이 사귀어요?
나 아니요. 그냥 ______________________.

① 회사 동료일 거예요 ② 회사 동료일 뿐이에요
③ 회사 동료였으면 좋겠어요 ④ 회사 동료일 수밖에 없어요

〔5~6〕 다음 중 맞는 문장을 찾으세요.

5
① 양강 씨가 매일 2시간씩 운동해요. 얼마나 운동하는지 몰라요.
② 춘천이야말로 정말 가고 싶은 곳이에요.
③ 마크 씨는 남편일 뿐인데 친구인 줄 알아요.
④ 평일에는 바빠서 지난 주말에 만날 수밖에 없어요.

6
① 어제는 잠을 자고 싶을 뿐이에요.
② 어제는 길이 얼마나 막히는지 몰랐어요.
③ 일이 많아서 지난 주말에도 일을 할 수밖에 없어요.
④ 김치야말로 한국의 대표적인 음식이라고 할 수 있어요.

목적을 나타낼 때
目的の表現

본 장에서는 목적을 나타내는 표현을 배웁니다. 목적을 나타낸다는 의미는 선행절이 이루어지기 위해 후행절이 필요하다는 뜻입니다. 여기에서는 목적을 나타내는 표현 2개를 다루는데 2개 모두 비슷하게 사용되는 것들입니다. 두 개의 표현을 적절하게 잘 사용해서 자연스러운 한국어를 구사할 수 있게 되기를 바랍니다.

この章では、目的を表す表現を学びます。目的を表すというのは、先行節の内容が成し遂げられるためには、後続節の内容が必要だという意味です。ここでは、目的を表す表現を二つ扱いますが、二つとも同じように使用されるものです。二つの表現を適切に上手に使って、自然な韓国語を駆使できるようになってください。

01 −게

02 −도록

01 −게

Track 15

가 오늘 외국에서 특별한 손님이 오는 거 아시죠?
今日、外国から特別なお客様が来るのをご存知でしょう。

나 네, 그분이 불편하지 않게 신경을 쓰겠습니다.
はい。その方にご不便がないように、気をつけます。

가 선생님, 뒤에서는 잘 안 들려요.
先生、後ろはよく聞こえません。

나 그럼, 뒷사람들도 잘 들을 수 있게 마이크를 사용할게요.
じゃあ、後ろの人たちにもよく聞こえるように、マイクを使います。

문법을 알아볼까요?

이 표현은 뒤에 나오는 행동에 대한 목적이나 기준, 혹은 기대되는 결과 등을 나타낼 때 사용합니다. 즉, 선행절의 행동이 이루어지기 위해서는 후행절의 행동이 필요하다는 의미입니다.
この表現は、後ろに来る行動に対する目的や基準あるいは期待される結果等を表すときに使います。すなわち、先行節の行動が成し遂げられるためには、後続節の行動が必要だという意味です。

−게				
A/V	긍정	−게	시원하다 먹다	시원하게 먹게
	부정	−지 않게	덥다 먹다	덥지 않게 먹지 않게

- 내일 입을 수 있게 오늘 세탁소에서 양복을 찾아다 주세요.
  明日着られるように、今日クリーニング屋で背広を取って来てください。
- 학생들이 춥지 않게 난방 온도를 올렸어요.
  学生たちが寒くないように、暖房の温度を上げました。

• 약속을 잊어버리지 않게 친구에게 전화를 해야겠어요.
約束を忘れないように、友だちに電話をしなくちゃ。

더 알아볼까요?

1 '–게'를 강조할 때는 '–게끔'을 쓰기도 합니다.
–게を強調するときは、–게끔を使うこともあります。

• 중요한 내용을 잊어버리지 않게 수첩에 메모를 하세요.
= 중요한 내용을 잊어버리지 않게끔 수첩에 메모를 하세요.
重要な内容を忘れないように、手帳にメモをしてください。

2 '–게'가 문장 뒤에 와서 쓰일 수도 있습니다.
–게が文末に使われることもあります。

• 옷을 따뜻하게 입으세요. 감기에 걸리지 않게요.
あたたかい服を着てください。風邪をひかないように。

• 좀 조용히 해. 다른 사람들이 공부하게.
ちょっと静かにして。ほかの人たちが勉強してるじゃない。

대화를 만들어 볼까요?

Track 155

1 가 양강 씨 생일에 무슨 선물을 하면 좋을까요?
나 양강 씨가 종이 사전을 가지고 다니더라고요.
가 그래요? 그럼 단어를 빨리 찾을 수 있게 전자사전을 사 줄까요?

Tip
커피 메이커
コーヒーメーカー

종이 사전을 가지고 다니다	단어를 빨리 찾을 수 있다 / 전자사전을 사다
커피를 자주 마시다	집에서도 커피를 마실 수 있다 / 커피 메이커를 사다
'소녀시대'를 좋아하다	'소녀시대' 공연을 직접 볼 수 있다 / 콘서트 표를 사다

2 가 수진 씨, 그렇게 떠들면 아이가 잠을 잘 수 없잖아요.
나 미안해요. 아이가 잠을 잘 수 있게 조용히 할게요.

떠들면 아이가 잠을 잘 수 없다	아이가 잠을 잘 수 있다 / 조용히 하다
음악을 크게 들으면 다른 사람에게 방해가 되다	방해되지 않다 / 이어폰을 끼다
빨리 말하면 외국 친구들이 이해할 수 없다	외국 친구들도 이해할 수 있다 / 천천히 말하다

연습해 볼까요?

1 다음 사람들은 식당에서 아주머니에게 무엇을 부탁할까요? 그림을 보고 '-게'를 사용해서 문장을 완성하세요.

(1)

먹기 편하게 냉면을 잘라 주세요.

(2)

____

고추장을 조금만 넣어 주세요.

(3)

____

TV를 켜 주세요.

(4)

____

그릇을 갖다주세요.

2 '-게'를 사용해서 다음 대화를 완성하세요.

(1) 가 문을 열어 놓을까요? (사람들이 들어오지 않다)
나 사람들이 들어오지 않게 문을 잠그세요.

(2) 가 이 물건은 깨지는 것입니까? (깨지지 않다)
나 네, 그러니까 ______________________ 배달할 때 조심해 주세요.

(3) 가 부장님, 저는 무슨 일을 할까요? (일을 빨리 끝낼 수 있다)
나 김 대리가 ______________________ 좀 도와주세요.

(4) 가 너무 추워서 몸도 떨리고 콧물도 나요. (몸이 따뜻해지다)
나 그럼, ______________________ 이 차를 드셔 보세요.

02 –도록

Track 156

가 음식을 얼마나 준비해야 할까요?
どれくらい料理を準備しないといけませんか。

나 음식이 모자라지 않도록 충분히 준비하세요.
料理が足りなくないように、十分に準備してください。

가 양강 씨, 서류가 정리가 안 돼서 무엇이 어디에 있는지 찾을 수가 없네요.
ヤンガンさん、書類が整理できていないので、何がどこにあるか見つかりませんね。

나 서류를 쉽게 찾을 수 있도록 가나다 순으로 정리를 하겠습니다.
書類を見つけやすいように、カナダ順で整理をします。

문법을 알아볼까요?

이 표현은 선행절의 행동이 목적이나 이유가 되어 뒤의 결과가 나오게 말할 때 사용합니다. '–게'와 바꾸어 쓸 수 있습니다.

この表現は、先行節の行動が目的や理由になり、後ろの結果が現れるように述べるときに使います。'–게'と言い換えることができます。

–도록				
A/V	긍정	–도록	충분하다 놀다	충분하도록 놀도록
	부정	–지 않도록	부족하다 놀다	부족하지 않도록 놀지 않도록

가 점심 때 고기를 많이 먹어서 그런지 속이 불편해요.
昼ごはんに肉を食べすぎたせいか、おなかがもたれます。

나 그럼 저녁에는 속이 편하도록 죽같이 부드러운 음식을 드세요.
じゃあ、夕食にはおなかに負担をかけないようにおかゆなどの柔らかい料理を召し上がってください。

가 요즘 눈병이 유행이래요.
最近、目の病気がはやっているそうです。

나 눈병에 걸리지 않도록 손을 잘 씻어야겠네요.
目の病気にかからないように、手をよく洗わないといけませんね。

가 회사에 건의하고 싶은 것이 있습니까?
会社に建議したいことがありますか。

나 네, 사람들이 일하다가 쉴 수 있도록 휴게실이 있으면 좋겠습니다.
はい。みんなが仕事している途中で休めるように、休憩室があったらいいと思います。

더 알아볼까요?

'-도록'은 후행절에서 나오는 행동의 정도나 방식을 나타내거나 시간의 한계를 나타낼 때도 사용합니다.
-도록は、後続節で現れる行動の程度・方式や時間の限界を表すときにも使います。

- 눈이 빠지도록 전화를 기다렸지만 전화가 오지 않았어요.
  目が抜けるほど(首を長くして)電話を待っていましたが、電話が来ませんでした。
- 동생이 밤 12시가 다 되도록 집에 들어오지 않아서 걱정했어요.
  夜12時になっても弟/妹が家に帰って来なくて心配しました。

비교해 볼까요?

'-게'와 '-도록'은 거의 비슷하게 사용하지만 정확하게 말하면 다음과 같은 차이가 있습니다.
-게と-도록は、ほぼ同じように使われますが、正確には次のような違いがあります。

-게	-도록
목적과 목표가 더 확실합니다. 目的と目標がより確実です。 • 아이가 먹을 수 있게 매운 것을 넣지 마세요. → 아이가 먹는 것이 목적 子どもが食べるのが目的	목적보다는 어떤 상태나 정도가 되는 것에 좀 더 초점을 둡니다. 目的より、ある状態や程度になることに焦点を置いています。 • 아이가 먹을 수 있도록 매운 것을 넣지 마세요. → 아이가 먹을 수 있는 정도로 만드는 것이 목적 子どもが食べられる程度に作ることが目的

대화를 만들어 볼까요?

Track 157

1 가 여보, 어떤 집으로 이사하면 좋을까요?
나 아이가 마음껏 뛰어놀 수 있도록 마당이 있는 집으로 이사하는 게 좋겠어요.

Tip
마음껏 思いきり
자연을 체험하다 自然を体験する
상상력을 키우다 想像力を育む

어떤 집으로 이사하다	마음껏 뛰어놀 수 있다 / 마당이 있는 집으로 이사하다
이번 주말에 어디로 여행을 가다	자연을 체험할 수 있다 / 시골 농장에 가다
아이에게 어떤 선물을 사 주다	상상력을 키울 수 있다 / 동화책을 사 주다

2 가 요즘 시간 활용을 잘 못 하는 것 같아서 속상해요.
나 시간을 낭비하지 않도록 계획을 잘 세워 보세요.

요즘 시간 활용을 잘 못 하는 것 같다	시간을 낭비하지 않다 / 계획을 잘 세우다
그동안 저축한 돈이 하나도 없다	돈을 어디에 쓰는지 알 수 있다 / 가계부를 쓰다
가게에 손님들이 줄어들다	손님들이 다시 올 수 있다 / 가게 분위기를 바꾸다

연습해 볼까요?

'-도록'을 사용해서 다음 대화를 완성하세요.

(1) 가 선생님, 이 문법을 잘 모르겠어요. (이해할 수 있다)
나 그럼, 여러분이 잘 이해할 수 있도록 다시 한번 설명해 줄게요.

(2) 가 오늘 축구 경기를 보러 갈 거예요? (선수들이 힘을 낼 수 있다)
나 네, 가서 ______________ 열심히 응원할 거예요.

(3) 가 이 기계에 기능이 많아서 사용하기가 힘들어요. (다양한 기능을 잘 사용할 수 있다)
나 ______________ 설명서를 꼼꼼하게 읽어 보세요.

(4) 가 무리했더니 몸살이 난 것 같아요. (몸이 빨리 낫다)
나 ______________ 주말에는 푹 쉬세요.

21장 확인해 볼까요?

1 다음 밑줄 친 부분과 바꿔 쓸 수 있는 것을 고르세요.

여성스러워 보이도록 치마와 블라우스를 입었어요.

① 여성스러워 보이게 ② 여성스러워 보인다면
③ 여성스러워 보일 테니까 ④ 여성스러워 보이나 마나

2 다음 중 밑줄 친 부분과 바꿔 쓸 수 없는 것을 고르세요.

가 내일 발표를 잘할 수 있지요?
나 네, 발표 때 실수하지 않게 준비를 많이 했어요.

① 실수할까 봐 ② 실수하지 않도록
③ 실수하지 않으려면 ④ 실수하지 않기 위해서

3 다음 중 밑줄 친 곳에 맞는 대답을 고르세요.

가 이 호텔은 서비스가 좋은 것 같네요.
나 감사합니다. 손님들이 편하게 ________________ 최선을 다하고 있습니다.

① 지낼 텐데 ② 지낼 정도로
③ 쉬고 해서 ④ 쉴 수 있도록

4 다음 밑줄 친 것 중 맞는 것을 찾으세요.

① 항상 최선을 다했도록 아이들을 가르쳤다.
② 교실이 시끄럽지 못하도록 창문을 닫았어요.
③ 공부에 방해가 되도록 작은 목소리로 이야기했어요.
④ 영양이 부족하지 않도록 음식을 골고루 먹어야 합니다.

5 다음 밑줄 친 곳에 맞는 대답을 쓰세요.

가 선생님, 글씨가 작아서 안 보여요.
나 그래요? 그럼 ________________ 크게 써 줄게요.

6 다음 주어진 말을 사용해서 한 문장을 만드세요.

눈이 많이 오다 / 길이 미끄럽다 / 사람들이 넘어지지 않다 / 눈을 치우다
→ ( ).

22장

완료를 나타낼 때

完了の表現

본 장에서는 어떤 행동이 완료됨을 나타내는 표현을 배웁니다. 이것은 어떤 행동이 완료된 후에 다른 행동을 하는 것을 나타내는 표현도 있고 어떤 행동이 완전히 끝난 것에 대해 말하는 사람의 감정을 나타내는 표현도 있습니다. 여기에서 다루고 있는 표현들은 앞에서 배운 표현들과 형태적으로는 비슷하지만 의미는 다르기 때문에 다른 점들에 유의해서 공부해야 할 것입니다.

この章では、ある行動が完了することを表す表現を学びます。これには、ある行動が完了した後に、別の行動をすることを表す表現もあり、ある行動が完全に終わったことについて話し手の感情を表す表現もあります。ここで扱っている表現は、前で学んだ表現と形態的には似ていますが、意味が異なるため、相違点に注意して勉強しなければならないでしょう。

01 –았/었다가

02 –았/었던

03 –아/어 버리다

04 –고 말다

01 –았/었다가

Track 158

가 더운데 창문을 좀 열까요?
暑いから、ちょっと窓を開けましょうか。

나 밖이 너무 시끄럽더라고요.
그래서 창문을 열었다가 다시 닫았어요.
ものすごく外がうるさいんです。
それで、窓を開けたんですが、また閉めたんです。

가 주말에 특별한 계획 있으세요?
週末に特別な計画がおありですか。

나 네, 친구랑 부산에 갔다가 오려고요.
はい。友だちと釜山に行って来るつもりです。

문법을 알아볼까요?

이 표현은 선행절의 행동이 완료된 뒤에 후행절의 행동을 함을 의미합니다. 이때 '–았/었다가'의 '–았/었–'은 '과거 시제'를 나타내는 것이 아니라 '행동이 완료됨'을 의미합니다. 후행절에는 과거, 현재, 미래 시제가 다 올 수 있으며 '–았/었다가'는 '–았/었다'로도 말할 수 있습니다. 동사만 앞에 올 수 있습니다.

この表現は、先行節の行動が完了した後に、後続節の行動をすることを意味します。この場合、–았/었다가の–았/었–は過去時制を表すのでなく、行動が完了したことを意味します。後続節には過去・現在・未来時制がすべて来ることができ、–았/었다가は–았/었다とも言うことができます。動詞のみ前に来ることができます。

–았/었다가			
V	–았/었다가	사다 입다	샀다가 입었다가

- 코트를 샀다가 마음에 안 들어서 환불했어요.
  コートを買ったんですが、気に入らなくて払い戻ししてもらいました。
- 비행기 표를 예약했다가 갑자기 일이 생겨서 취소했어요.
  飛行機のチケットを予約したんですが、急に用事ができてキャンセルしました。

• 잠깐 우체국에 갔다 올게요.
ちょっと郵便局に行って来ます。

더 알아볼까요?

1 **이 표현은 선행절과 후행절의 주어가 같아야 합니다.**
この表現は、先行節と後続節の主語が同じでなければなりません。

• 양강 씨는 편지를 썼다가 자야 씨가 찢었어요. (×)
→ 양강 씨는 편지를 썼다가 (양강 씨가) 찢었어요. (○)

2 **보통 선행절과 후행절에는 서로 반대되는 행동을 나타내는 동사가 옵니다.**
普通、先行節と後続節には相反する行動を表す動詞が来ます。

• 코트를 입었다가 벗었어요.
コートを着たのですが、脱ぎました。

• 불을 껐다가 어두워서 다시 켰어요.
灯りを消したのですが、暗くて、またつけました。

• 일어났다가 졸려서 다시 잤어요.
起きたのですが、眠くて、また寝ました。

3 **이 표현은 어떤 행동을 하고 그 행동이 계속 유지되는 상태에서 어떤 일을 경험하거나 혹은 기대하지 않은 일이 생겼을 때 사용할 수도 있습니다. 보통 선행절의 행동을 한 후에 계획하지 않은 일이 우연히 생기게 되었을 때 씁니다. 주로 과거에 일어난 일에 대해서만 사용하며 보통 '가다', '오다', '타다', '들르다' 동사와 같이 씁니다. 이때는 '–았/었는데'로도 바꿔 쓸 수 있습니다.**
この表現は、ある行動をして、その行動が続いている状態で何かを経験したり、あるいは期待していなかったことが起こったりしたときに使うこともできます。普通、先行節の行動をした後に、計画していなかったことが偶然起こったときに使います。主に過去に起こったことについてのみ使い、普通가다、오다、타다、들르다等の動詞とともに使います。この場合は、–았/었는데と言い換えることもできます。

• 백화점에 갔다가 우연히 고등학교 때 친구를 만났어요.
= 백화점에 갔는데 우연히 고등학교 때 친구를 만났어요.
デパートに行ったんですが、偶然高校のときの友だちに会いました。

• 서점에 들렀다가 재미있는 책을 발견했어요.
= 서점에 들렀는데 재미있는 책을 발견했어요.
本屋に寄ったんですが、おもしろい本を見つけました。

13장 '도중을 나타낼 때'의 02 '–다가'를 참조하세요.
13章 途中の表現 02 –다가を参照してください。

비교해 볼까요?

'–다가'와 '–았/었다가'는 형태적으로는 비슷하지만 의미적으로는 많은 차이가 있습니다.
–다가と–았/었다가は、形態的には似ていますが、意味的には多くの違いがあります。

–다가	–았/었다가
(1) 어떤 일이 일어나고 있는 중간에 다른 일이 일어납니다. あることが起こっている間にほかのことが起こります。  • 서점에 가다가 친구를 만났어요. 本屋に行っていて友だちに会いました。 → 서점에 가는 중간에 친구를 만났다는 의미입니다. 本屋に行く途中で、友だちに会ったという意味です。	(1) 하나의 행동이 완료된 뒤에 다른 행동을 합니다. 一つの行動が完了した後に、ほかの行動をします。  • 서점에 갔다가 친구를 만났어요. 本屋に行って友だちに会いました。 → 서점에 도착해서, 즉 서점에 간 행동이 완료된 후에 친구를 만났다는 의미입니다. 本屋に到着して、すなわち本屋に行く行動が完了した後に、友だちに会ったという意味です。
(2) '–다가'는 모든 동사와 사용이 가능합니다. –다가はすべての動詞と使うことができます。	(2) '–았/었다가'는 주로 반대의 의미를 가지는 동사들이 각각 선행절과 후행절에 옵니다. –았/었다가は、主に反対の意味を持つ動詞がそれぞれ先行節と後続節に来ます。

대화를 만들어 볼까요?

Track 159

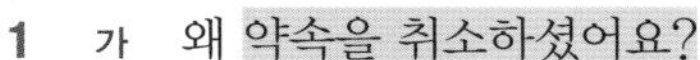

1 가 왜 약속을 취소하셨어요?

나 그날 회식이 있더라고요. 그래서 약속을 했다가 취소했어요.

약속을 취소하다	그날 회식이 있다 / 약속을 하다 / 취소하다
치마로 갈아입다	바지가 잘 안 어울리다 / 바지를 입다 / 치마로 갈아입다
다시 집에 들어오다	지갑을 안 가져갔다 / 나가다 / 집에 다시 들어오다

2 가 어제 연예인을 봤다면서요?

나 네, 명동에 나갔다가 영화배우 '현빈'을 봤어요.

어제 연예인을 보다	명동에 나가다 / 영화배우 '현빈'을 보다
남자 친구를 한국에서 만나다	작년에 한국에 여행하러 오다 / 남자 친구를 만나다
여행 가서 고생을 많이 하다	섬에 들어가다 / 비가 많이 오는 바람에 고생을 하다

연습해 볼까요?

1 다음 [보기]에서 알맞은 단어를 찾아 '-았/었다가'를 사용해서 대화를 완성하세요.

보기 나가다 일어나다 가다 타다 열다

(1) 가 운동하러 나간다고 하지 않았어요?
나 밖에 **나갔다가** 비가 와서 다시 들어왔어요.

(2) 가 이제 일어났어요?
나 아니에요. 아까 __________ 피곤해서 다시 잤어요.

(3) 가 공기가 안 좋은데 잠깐 창문 좀 열까요?
나 날씨가 추우니까 __________ 빨리 다시 닫아 주세요.

(4) 가 어디 다녀오시려고요?
나 네, 볼일이 있어서 은행에 __________ 오려고요.

(5) 가 왜 버스에서 내렸어요?
나 버스를 __________ 사람이 너무 많아서 내렸어요.

2 다음 그림을 보고 '-았/었다가'를 사용해서 아래 이야기를 완성하세요.

주말에 친구와 바다에 놀러 갔어요. 바다에 (1)**놀러 갔다가** 해산물을 싸게 팔아서 많이 먹었어요. 그런데 해산물을 많이 (2)________ 배탈이 나서 병원에 갔어요. 다음 날은 친구와 배를 탔어요. 그런데 배를 (3)________ 멀미를 심하게 했어요. 멀미 때문에 옷이 더러워져서 길에서 옷을 하나 사서 입었어요. 그런데 그 옷을 (4)________ 피부가 많이 가려워서 다시 병원에 가야 했어요.

02 –았/었던

가 어디에서 만날까요?
どこで会いましょうか。

나 지난번에 만났던 커피숍에서 만나요.
このあいだ会ったコーヒーショップで会いましょう。

가 이 옷 멋있네요. 새로 사셨어요?
この服、素敵ですね。新しく買われたんですか。

나 아키라 씨 생일 파티 때 입었던 옷인데 기억 안 나세요?
明さんの誕生日パーティーのときに着ていた服ですけど、覚えてらっしゃいませんか。

문법을 알아볼까요?

이 표현은 과거에 일어난 일이나 상태를 회상할 때 사용하는 말로 현재에는 그 일이 지속되지 않고 있음을 나타냅니다. 이 표현은 완료를 의미하는 '–았/었–'과 회상을 나타내는 '던'이 합쳐진 것으로 명사 앞에 옵니다.
この表現は、過去に起こったことや状態を回想するときに使うことばで、現在はそれが持続していないことを表します。この表現は、完了を意味する–았/었–と回想を表す던が合わさったもので、名詞の前に来ます。

–았/었던			
A/V	–았/었던	가다 먹다	갔던 먹었던
N이다	였던 이었던	의사이다 학생이다	의사였던 학생이었던

- 어렸을 때 얌전했던 윤주가 지금은 적극적인 성격으로 바뀌었어요.
  子どものころおとなしかったユンジュが、今は積極的な性格に変わりました。
- 어제 점심 때 먹었던 음식 이름이 뭐지요?
  昨日の昼ごはんに食べた料理の名前は何ですか。
- 작년 여름에 놀러 갔던 곳에 다시 가고 싶어요.
  去年の夏に遊びに行ったところに、また行きたいです。

8장 '회상을 나타낼 때'의 01 '–던'을 참조하세요.
8章 回想の表現 01 –던を参照してください。

더 알아볼까요?

1 이 표현은 어느 정도 지속성을 가지는 동사('살다', '근무하다', '다니다', '사귀다' 등)와 형용사는 '–던'으로 바꿔 써도 그 뜻에 별 다른 차이가 없습니다.

この表現は、ある程度の持続性を持つ動詞(살다, 근무하다, 다니다, 사귀다等)や形容詞の場合、–던と言い換えても、その意味には大きな違いがありません。

- 이 집은 제가 어렸을 때 살았던 집입니다.
  = 이 집은 제가 어렸을 때 살던 집입니다.
  この家は、私が子どものころ住んでいた家です。

- 고등학교 때 뚱뚱했던 유진이는 대학교에 와서 살을 많이 빼 날씬해졌습니다.
  = 고등학교 때 뚱뚱하던 유진이는 대학교에 와서 살을 많이 빼 날씬해졌습니다.
  高校のとき太っていたユジンは、大学に入って、かなりやせてスリムになりました。

2 형용사에 '–았/었던'을 붙이면 동사에 붙을 때와는 달리 과거의 상태가 현재와는 반대였던 경우와 과거의 상태가 현재까지 지속되는 경우 둘 다 사용할 수 있습니다.

形容詞に–았/었던を付けると、動詞に付くときと異なり、過去の状態が現在とは反対だった場合と、過去の状態が現在まで持続している場合の、どちらにも使うことができます。

- 초등학교 때는 키가 작았던 도영이가 지금은 패션모델을 할 정도로 컸대요.
  小学校のときは背が低かったトヨンが、今はファッションモデルをするほど大きくなったそうです。
  : 과거의 상태와 현재의 상태가 반대인 경우
  過去の状態と現在の状態が反対である場合

- 어릴 때부터 똑똑했던 경수는 대학교에 가서도 항상 1등을 한대요.
  子どものころから頭のよかったキョンスは、大学に行ってもいつも1位だそうです。
  : 과거의 상태가 현재까지 지속되는 경우
  過去の状態が現在まで持続している場合

비교해 볼까요?

1 '–던'과 '–았/었던'은 형태는 비슷하지만 다음과 차이가 있습니다.

–던と–았/었던は形が似ていますが、次のような違いがあります。

–던	–았/었던
과거에 시작해서 아직 끝나지 않은 일, 혹은 과거에 자주 한 일에 쓰입니다. 過去に始まってまだ終わっていないこと、あるいは過去によくしていたことに使われます。	과거에 시작해서 이미 과거에 끝나 현재까지 지속되지 않는 일에 쓰입니다. 過去に始まってすでに終わり、現在まで持続していないことに使われます。

• 어렸을 때 먹던 음식이 먹고 싶어요. 子どものころ食べていた料理が食べたいです。 → 과거에 자주 한 일을 표현 過去によくしていたことを表現	• 어제 먹었던 음식을 오늘도 먹고 싶어요. 昨日食べた料理を今日も食べたいです。 → 과거에 이미 한 번으로 끝난 일 過去に1度だけで終わったこと
• 제가 아까 보던 신문을 여기에 두었는데 혹시 못 보셨어요? 私がさっき見ていた新聞をここに置いたんですが、ひょっとして見ませんでしたか。 → 과거에 시작해서 아직 끝나지 않은 일을 표현 過去に始まって、まだ終わっていないことを表現	• 이 신문은 제가 아까 봤던 건데 다른 신문 없어요? この新聞は私がさっき見たものですが、ほかの新聞はありませんか。 → 과거에 시작해서 이미 끝난 일 過去に始まって、すでに終わったこと

2 '–(으)ㄴ'은 단순히 어떤 행동이나 사건이 과거에 일어났음을 나타내거나 그 사건이 완료된 후 현재까지 지속되는 것을 나타내 '–았/었던'과 차이가 있습니다.
–(으)ㄴは、単にある行動や出来事が過去に起こったこと、その出来事が完了して現在まで持続していることを表し、–았/었던と違いがあります。

–(으)ㄴ	–았/었던
• 지민 씨가 간 곳은 미국이에요. チミンさんが行ったところはアメリカです。 → 과거에 미국에 갔고 그 이후로 계속 미국에 있는지 없는지 알 수 없습니다. 過去にアメリカに行き、その後ずっとアメリカにいるのかいないのかわかりません。	• 지민 씨가 갔던 곳은 미국이에요. チミンさんが行っていたところはアメリカです。 → 과거에 미국에 갔고, 그 이후로는 미국에 있지 않음을 회상하여 이야기하고 있습니다. 過去にアメリカに行き、その後はアメリカにいないことを回想して話しています。

3 과거를 나타낼 때 동사는 '–(으)ㄴ'과 '–던' 모두를 사용할 수 있는 데 반해 형용사나 '이다', '아니다'의 경우는 '–았/었던'을 사용해야 합니다. 이때는 '–았/었던'은 '–던'을 사용해도 의미상으로 차이가 없습니다.
過去を表すとき、動詞は–(으)ㄴと–던のどちらも使うことができるのに反して、形容詞や이다、아니다の場合は–았/었던を使わなければなりません。この場合は、–았/었던は–던を使っても意味的な違いがありません。

• 10년 전에 중학생인 수경이가 이제 결혼하여 애 엄마가 되었어요. (×)
→ 10년 전에 중학생이었던 수경이가 이제 결혼하여 애 엄마가 되었어요. (○)
→ 10년 전에 중학생이던 수경이가 이제 결혼하여 애 엄마가 되었어요. (○)
10年前に中学生だったスギョンが、もう結婚してお母さんになりました。

• 어렸을 때 조용한 주영이는 고등학교에 들어가면서 활발한 아이로 변했어요. (×)
→ 어렸을 때 조용했던 주영이는 고등학교에 들어가면서 활발한 아이로 변했어요. (○)
→ 어렸을 때 조용하던 주영이는 고등학교에 들어가면서 활발한 아이로 변했어요. (○)
子どものころ静かだったチュヨンは、高校に入って活発な子に変わりました。

대화를 만들어 볼까요?

Track 161

1 가 이번 여름휴가는 어디로 갈까요?
나 작년 여름에 갔던 장소로 다시 가면 어때요?

이번 여름휴가는 어디로 가다	작년 여름에 가다 / 장소로 다시 가다
오늘 저녁에 어디에서 만나다	우리가 처음 만나다 / 공원에서 만나다
오늘 동창회에서 무슨 노래를 부르다	지난 회식 때 부르다 / 노래를 다시 부르다

2 가 오늘 저녁에는 삼계탕을 먹으면 어때요?
나 점심에 먹었던 거라서 다른 걸 먹고 싶어요.

오늘 저녁에는 삼계탕을 먹다	점심에 먹다 / 다른 걸 먹다
오늘 파티에 갈 때 이 원피스를 입다	지난번에 입다 / 다른 걸 입다
이 DVD를 빌리다	작년에 보다 / 다른 영화를 보다

연습해 볼까요?

1 '-았/었던'을 사용해서 다음 대화를 완성하세요.

(1) 가 선생님, 이 문법을 잘 모르겠어요. (배우다)
나 지난 학기에 배웠던 건데 기억이 안 나세요?

(2) 가 사토 씨는 우리 회사에 오기 전에 어디에서 일하셨어요? (일하다)
나 제가 ________________ 곳은 작은 광고 회사였어요.

(3) 가 이 책은 오래된 것 같아요. (읽다)
나 네, 제가 어렸을 때 ________________ 책인데 지금은 제 딸이 읽고 있어요.

(4) 가 이 신발을 한 번 신었었는데 환불할 수 있을까요? (신다)
나 한 번 ________________ 신발은 환불할 수 없어요.

(5) 가 언니, 이 웨딩드레스는 엄마 거 아니야? (입다)
나 응, 엄마가 결혼하실 때 ________________ 건데 내가 다시 입으려고.

2 **마크 씨는 오랜만에 초등학교 때 친구들을 만났습니다. [보기]에서 알맞은 단어를 골라 '–았/었던'을 사용해서 친구들의 이야기를 완성하세요.**

보기	적극적이다	울다	못하다	지각하다	반장이다

마크 씨는 오랜만에 초등학교 때 친구들을 만났습니다. 20년 만에 만난 친구들은 초등학교 때 모습과는 많이 달라져 있었습니다.

어렸을 때부터 노래를 좋아하고 성격이 (1)<u>적극적이었던</u> 유카는 연극배우를 하고 있었고, 운동을 (2)__________ 앤드류는 축구 선수가 되어 있었습니다. 초등학교 내내 (3)__________ 영준이는 대학교에 가서도 학생회장을 하고 있었습니다. 어렸을 때 별명이 '울보'였을 정도로 툭하면 (4)__________ 제시카는 이제는 예쁜 아이가 두 명이나 있는 엄마가 되었습니다. 그리고 늦게 일어나 항상 (5)__________ 연주는 그날은 1시간이나 일찍 와 있었습니다.

03 –아/어 버리다

Track 162

가 자야 씨, 왜 그렇게 화가 났어요?
ジャヤさん、どうしてそんなに怒ってるんですか。

나 제가 사다 놓은 케이크를 동생이 다 먹어 버렸거든요.
私が買っておいたケーキを、弟が全部食べてしまったんです。

가 작년에 나온 제품들을 어떻게 하지요?
去年出た製品をどうしましょうか。

나 다음 주부터 신상품을 팔아야 하니까 작년 제품들은 싸게 팔아 버립시다.
来週から新商品を売らないといけませんから、去年の製品は安く売ってしまいましょう。

문법을 알아볼까요?

이 표현은 어떤 일이 완전히 끝났다는 것을 의미하는 것으로, 그 결과 아무것도 남지 않았음을 나타내기도 하고, 어떤 일이 끝난 데 대해 말하는 사람의 여러 심리 상태를 나타내기도 합니다. 즉, 아쉽고 섭섭한 마음, 안타까운 마음 혹은 반대로 부담감이 없어져 시원한 마음, 화가 나고 어이가 없는 마음을 나타내기도 합니다. 동사만 앞에 올 수 있습니다.

この表現は、あることが完全に終わったということを意味するもので、その結果、何も残っていないことを表したり、あることが終わったことに対して話し手のさまざまな心理状態を表したりします。すなわち、心残りで残念な気持ち、もどかしい気持ち、あるいは反対に負担がなくなってすがすがしい気持ち、腹が立ってあきれた気持ちを表したりします。動詞のみ前に来ることができます。

–아/어 버리다			
V	–아/어 버리다	가다 먹다	가 버리다 먹어 버리다

- 유행이 지나 입지 않는 옷들을 다 치워 버리려고 해요.
  流行が過ぎて着ない服を全部処分してしまおうと思います。

- 날씨가 덥고 해서 머리를 짧게 잘라 버렸어요.
  暑いので、髪を短く切ってしまいました。
- 10분밖에 안 늦었는데 친구는 저를 기다리지 않고 가 버렸어요.
  10分しか遅れていないのに、友だちは私を待たずに行ってしまいました。

더 알아볼까요?

이 표현은 말하는 사람의 다양한 심리 상태를 나타냅니다. 따라서 문맥 안에서 그 심리 상태를 파악하는 것이 중요합니다.
この表現は、話し手の多様な心理状態を表します。したがって、文脈の中でその心理状態を把握することが重要です。

- 그 사람이 결국 떠나 버렸어요. (그래서 너무 아쉽고 섭섭해요.)
  あの人が結局去ってしまいました。(それで、とても残念で寂しいです。)
- 그 사람이 드디어 떠나 버렸어요. (그래서 너무 시원해요.)
  あの人がついに去ってしまいました。(それで、とてもせいせいします。)
- 그 사람이 통화 중간에 전화를 끊어 버렸어요.
  通話の途中で、あの人が電話を切ってしまいました。
  (그 사람이 화가 많이 났나 봐요. / 그 사람은 버릇없고 무례하게 행동했어요.)
  (あの人がかなり怒ったようですね。/ あの人は無礼な行動をしました。)

대화를 만들어 볼까요?

Track 163

1 가 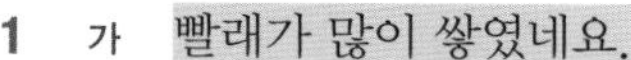 빨래가 많이 쌓였네요.
나 네, 그래서 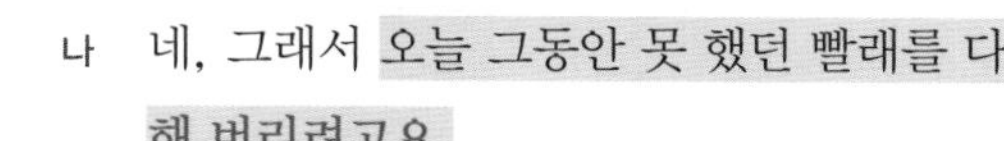 오늘 그동안 못 했던 빨래를 다 해 버리려고요.

Tip: 이삿짐 引っ越しの荷物

빨래가 많이 쌓였다	오늘 그동안 못 했던 빨래를 다 하다
이 음식이 며칠째 냉장고에 있다	저녁때 그 음식을 다 먹다
아직 이삿짐 정리가 안 되었다	이번 주말에 이삿짐 정리를 다 하다

2 가 남자 친구랑 헤어졌다면서요?
나 네, 그래서 그 사람이 준 물건들을 친구들에게 다 줘 버렸어요.

그 사람이 준 물건들을 친구들에게 다 주다
그 사람이 보낸 문자들을 다 지우다
그 사람과 같이 찍은 사진들을 다 찢다

연습해 볼까요?

1 '-아/어 버리다'를 사용해서 다음 대화를 완성하세요.

(1) 가 태연 씨랑 화해했어요? (끊다)
나 화해하려고 전화했는데 태연 씨가 전화를 끊어 버렸어요.

(2) 가 자야 씨, 늦게 와서 미안해요. (식다)
나 마크 씨가 늦게 와서 음식이 다 ____________________.

(3) 가 양강 씨랑 무슨 일 있었어요? 얼굴이 안 좋아 보여요. (화를 내다)
나 양강 씨가 자꾸 저를 놀려서 제가 ____________________.

(4) 가 지난번에 잘못한 일에 대해 솔직하게 말했어요? (말하다)
나 솔직하게 다 ____________________ 나니까 답답했던 마음이 편해졌어요.

(5) 가 어머니, 용돈 좀 더 주세요. (쓰다)
나 용돈 준 지가 얼마 안 됐는데 벌써 다 ____________________ 어떻게 하니?

2 다음 그림을 보고 [보기]에서 알맞은 단어를 골라 '-아/어 버리다'를 사용해서 쓰세요.

보기	취소하다	가다	쓰다	자다	나가다

문소희 씨는 유명한 배우입니다. 그래서 인터뷰나 영화 촬영으로 항상 바쁘고 인기도 아주 많습니다. 그런데 성격이 정말 좋지 않습니다.
문소희 씨는 기자들과 인터뷰하기로 하고 인터뷰 10분 전에 갑자기 약속을 (1)취소해 버릴 때도 있고, 영화를 찍다가 기분이 나쁘면 밖으로 (2)____________________ 때도 있습니다. 자신은 약속 시간에 자주 늦지만 다른 사람이 늦으면 5분도 기다리지 않고 (3)____________________. 스트레스가 쌓일 때는 백화점에 가서 큰돈을 마구 (4)____________________. 그리고 어떤 날은 중요한 스케줄이 있어도 침대에 누워 하루 종일 (5)____________________ 하는 사람입니다.
문소희 씨는 얼굴도 예쁘고 인기도 많지만 주위 사람들을 너무 피곤하게 하는 사람입니다.

04 −고 말다

가 마크 씨, 시험공부 많이 했어요?
マークさん、試験勉強、たくさんしましたか。

나 아니요, 10분만 잔다는 게 그만 아침까지 자고 말았어요.
いいえ。10分だけ寝るつもりが、つい朝まで寝てしまいました。

가 자야 씨, 이 과자를 다 먹었어요? 다이어트한다고 하지 않았어요?
ジャヤさん、このお菓子を全部食べたんですか。ダイエットすると言ってませんでしたか。

나 한 개만 먹으려고 했는데 먹다 보니까 과자를 다 먹고 말았네요.
1個だけ食べようと思っていたんですが、食べているうちにお菓子を全部食べてしまいました。

문법을 알아볼까요?

이 표현은 미리 계획하지 않은 일이 일어나서 끝났다는 뜻으로, 그 결과는 원하지 않았던 것을 의미합니다. 결과에 대해 아쉽고 섭섭한 마음을 나타내고 있습니다. 동사만 앞에 올 수 있습니다.

この表現は、あらかじめ計画していなかったことが起こって終わったという意味で、その結果は望んでいなかったということを意味します。結果について心残りで残念な気持ちを表しています。動詞のみ前に来ることができます。

−고 말다			
V	−고 말다	자다 먹다	자고 말다 먹고 말다

- 그렇게 며칠 동안 밤을 새워서 일을 하면 병이 나고 말 거예요.
  そんなに何日も徹夜して仕事をしたら、病気になってしまうでしょう。

- 우리 축구 선수들이 열심히 싸웠지만 상대 팀에게 지고 말았어요.
  私たちサッカー選手が一生懸命がんばりましたが、相手チームに負けてしまいました。
- 화재가 나서 문화재가 불에 타고 말았어요.
  火災が起きて文化財が燃えてしまいました。

더 알아볼까요?

1 '-고 말다' 앞에는 동사만 올 수 있습니다. 형용사가 오면 틀린 문장이 됩니다.
-고 말다の前には、動詞のみ来ることができます。形容詞が来ると間違った文になります。

- 담배를 많이 피우더니 건강이 나쁘고 말았어요. (×)
  → 담배를 많이 피우더니 건강이 나빠지고 말았어요. (○)
  : '나쁘다'는 형용사이므로 동사형인 '나빠지다'로 바꿔야 맞습니다.
  나쁘다は形容詞であるため、動詞形の나빠지다に変えなければなりません。

2 '-고 말다'는 주어가 어떤 것을 꼭 하겠다는 강한 의지를 나타내는 경우도 있습니다. 이때는 '-고 말겠다'처럼 주어의 의지를 나타내는 '-겠-', '-(으)ㄹ 테니까' 등의 어미와 같이 쓰는 경우가 많으며 '꼭', '반드시'와 같은 말도 자주 같이 사용합니다.
-고 말다は、主語があることを必ずするという強い意志を表す場合もあります。この場合は-고 말겠다のように、主語の意志を表す-겠-や-(으)ㄹ 테니까等の語尾とともに使われることが多く、꼭や반드시のようなことばもよく一緒に使います。

- 무슨 일이 있어도 오늘밤까지 이 일을 끝내고 말겠습니다.
  どんなことがあっても、今夜までにこの仕事を終えてしまいます。
- 이번에는 꼭 합격하고 말 테니까 걱정하지 마십시오.
  今度は必ず合格しますから、心配しないでください。

3 '-고 말다'에 '-아/어 버리다'를 합쳐서 '-아/어 버리고 말았다'를 사용하는 경우도 있는데, 이때는 아쉽고 섭섭한 느낌을 더 강조해서 표현하는 것입니다.
-고 말다に-아/어 버리다を合わせて、-아/어 버리고 말았다を使うこともありますが、この場合は心残りで残念な感じをより強調して表現しています。

① 피자를 먹고 말았어요.

② 피자를 먹어 버리고 말았어요.

: ②번이 ①번보다 더 아쉽고 섭섭한 느낌이 많이 있습니다.
②のほうが①よりも、心残りで残念な感じが強いです。

비교해 볼까요?

'-아/어 버리다'와 '-고 말다'는 어떤 일이 끝난 상태에 대한 것을 말하지만 아래와 같은 차이가 있습니다.
-아/어 버리다と-고 말다は、あることが終わった状態にあることを述べますが、次のような違いがあります。

-아/어 버리다	-고 말다
주어가 미리 계획하고 그 일을 의지적으로 하는 경우가 많습니다. 主語があらかじめ計画したことを意図的にする場合が多いです。	주어가 미리 계획한 일도 아니고 의지적으로 한 일도 아닙니다. 主語があらかじめ計画したことではなく、意図的にしたことでもありません。
① 아쉽고 섭섭한 느낌 心残りで残念な感じ。 ② 시원하고 부담이 없어진 느낌 すがすがしく負担がなくなった感じ。 ③ 버릇이 없고 무례한 느낌 礼儀がなく、無礼な感じ。	① 아쉽고 섭섭한 느낌 心残りで残念な感じ。
• 남자 친구와 헤어진 뒤 그 사람이 준 반지를 바다에 던져 버렸어요. • 사장님과 싸우고 나서 회사를 그만둬 버렸어요.	• 실수로 남자 친구가 준 반지를 잃어버리고 말았어요. • 회사 사정이 어려워서 회사를 그만두고 말았어요.

그러나 내 의지와 상관없이 일어나는 일의 경우 다음과 같은 차이가 있습니다.
しかし、自分の意志と関係なく起こることの場合、次のような違いがあります。

-아/어 버리다	-고 말다
어떤 일이 결과적으로 그런 상태가 되었다, 그렇게 끝났다는 의미를 가집니다. あることが結果的にそのような状態になった、そのように終わったという意味を持ちます。	그런 일이 생기지 않게 하려고 노력했는데도 그런 일이 생겼다는 의미를 가집니다. そのようなことが起こらないように努力したが、そのようになったという意味を持ちます。
• 영화가 지루해서 잠이 들어 버렸어요. • 발표를 망쳐 버렸어요. → 결과적으로 잠이 들었고, 발표를 망쳤다는 의미입니다. 結果的に、寝てしまって、発表を台無しにしたという意味です。	• 영화가 지루해서 잠이 들고 말았어요. • 발표를 망치고 말았어요. → 잠을 자지 않으려고, 발표를 잘하려고 노력했으나 결과적으로는 잠이 들었고, 발표를 망쳤다는 의미입니다. 寝ないように、発表がうまくいくように努力したが、結果的には、寝てしまって、発表を台無しにしたという意味です。

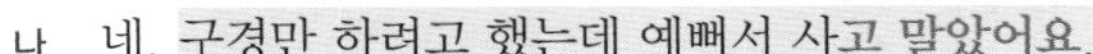

대화를 만들어 볼까요?

1 가 오늘 또 쇼핑하셨어요?

나 네, 구경만 하려고 했는데 예뻐서 사고 말았어요.

쇼핑하다	구경만 하려고 했는데 예뻐서 사다
지각하다	늦지 않으려고 택시를 탔는데 길이 막혀서 지각하다
술을 마시다	안 마시려고 했는데 사람들이 하도 권해서 마시다

2 가 어제 그 드라마 보셨죠? 어떻게 됐어요?

나 부모님이 반대해서 주인공이 사랑하는 여자랑 헤어지고 말았어요.

부모님이 반대해서 주인공이 사랑하는 여자랑 헤어지다
나쁜 사람들 때문에 주인공의 회사가 망하다
의사들이 최선을 다했지만 주인공이 죽다

연습해 볼까요?

'-고 말다'를 사용해서 다음 대화를 완성하세요.

(1) 가 세윤 씨가 오늘 회사에 못 나왔다면서요? (몸살이 나다)
　나 계속 무리를 하더니 몸살이 나고 말았어요.

(2) 가 게임하다가 밤을 새우신 거예요? (밤을 새우다)
　나 30분만 한다는 게 ______________________.

(3) 가 준수 씨는 시험에 붙었나요? (떨어지다)
　나 아니요, 열심히 노력했는데도 시험에 ______________________.

(4) 가 어제 도현 씨 결혼식에 왜 안 오셨어요? (못 가다)
　나 꼭 가려고 했는데 급한 일이 생겨서 ______________________.

(5) 가 은주 씨는 요즘도 룸메이트와 사이가 안 좋은가요? (이사하다)
　나 네, 계속 싸우더니 결국 다른 집으로 ______________________.

22장 확인해 볼까요?

〔1~2〕 **다음 중 밑줄 친 곳에 맞는 대답을 고르세요.**

1

가　스웨터를 살 거라고 하지 않았어요? 그런데 바지를 샀네요.
나　스웨터를 ________________ 마음에 안 들어서 바지로 바꿨어요.

① 사다가　② 샀다가
③ 샀더니　④ 사던데

2

가　팔이 왜 그래요? 다치셨어요?
나　네, 어제 농구를 ________________ 넘어져서 좀 다쳤어요.

① 하다가　② 했다가
③ 하는 데다　④ 하는 대로

3　**다음 중 밑줄 친 곳에 적당하지 않은 대답을 고르세요.**

가　수지 씨가 면접에 붙었나요?
나　준비를 많이 했지만 긴장하는 바람에 시험에 ________________.

① 떨어졌어요　② 떨어져 버렸어요
③ 떨어지고 말았어요　④ 떨어질 수조차 없었어요

〔4~5〕 **다음 중 밑줄 친 부분이 틀린 것을 찾으세요.**

4　① 이 옷은 친구 결혼식 때 입던 거예요.
② 여기는 10년 전에 제가 살았던 집이에요.
③ 시내에 나갔다가 어릴 때 친구를 만났어요.
④ 어렸을 때 똑똑했던 친구가 저런 사고를 당해 마음이 아파요.

5　① 공부를 했다가 잠이 들었어요.
② 벽에 그림을 붙였다가 잘못 붙여서 떼었어요.
③ 의사였던 안철수 씨는 지금 컴퓨터 회사를 하고 있어요.
④ 사오리 씨는 제가 부르는 소리를 듣고도 그냥 가 버렸어요.

소용없음을 나타낼 때
無駄なことの表現

본 장에서는 어떤 행동을 하든지 안 하든지 결과가 같거나 소용이 없다는 것을 나타낼 때 사용하는 표현에 대해서 배웁니다. 형태적으로는 어렵지 않으나 의미적으로 조금 어려우므로 잘 익히시기 바랍니다.

この章では、ある行動をしてもしなくても結果が同じか効果がないということを表すときに使う表現について学びます。形態的には難しくありませんが、意味的にはやや難しいため、しっかり身につけてください。

01 –(으)나 마나
02 –아/어 봤자

01 –(으)나 마나

가 집에 가는 길에 세차를 좀 하려고 해요.
家に帰る途中で、ちょっと洗車をしようと思います。

나 저녁에 비가 올 거래요. 비가 오면 세차를 하나 마나니까 나중에 하세요.
夕方、雨が降るそうですよ。雨が降ったら洗車をしても意味がないから、あとでしてください。

가 식사하고 30분 후에 약을 먹어야 하는데 잊어버리고 안 먹었네요.
食事して30分後に薬を飲まなければいけないのに、飲み忘れました。

나 약은 시간에 맞춰서 먹지 않으면 먹으나 마나예요. 그러니까 꼭 시간을 지켜서 드세요.
薬は時間どおりに飲まないと意味がありません。だから、必ず時間を守ってお飲みください。

문법을 알아볼까요?

이 표현은 앞에 하는 행동이 소용이 없다는 것을 나타낼 때 사용합니다. 즉, 어떤 행동을 하든지 안 하든지 그 결과는 같을 거라고 말하는 것입니다. 결과는 대부분 추측을 나타내며 일반적으로 상식이나 어떤 사람의 습관적인 행동으로 미루어 봤을 때 어떤 결과가 올지 확실한 추측을 할 수 있을 때 사용합니다. 동사와만 사용합니다.

この表現は、前にしている行動が無駄であるということを表すときに使います。すなわち、ある行動をしてもしなくても、その結果は同じだろうと述べるものです。結果はほとんど推測を表し、一般的に常識やある人の習慣的な行動から推し量った場合、どのような結果になるのか確実に推測できるときに使います。動詞とのみ使います。

–(으)나 마나			
V	–(으)나 마나	가다 먹다	가나 마나 먹으나 마나

- 이 시간에는 가 보나 마나 가게 문을 닫았을 텐데 내일 가는 게 어때요?
この時間には行ってみるまでもなくお店は閉まっているでしょうから、明日行くのはどうですか。
- 이 책은 제목을 보니까 읽으나 마나 재미없을 것 같아요. 안 읽을래요.
題名を見ると、この本は読むまでもなくおもしろくなさそうです。読みません。
- 이 단어는 요즘에 새로 생긴 인터넷 용어라서 사전을 찾아보나 마나 없을 거예요.
この単語は最近新しくできたインターネット用語なので、辞書をひくまでもなく、ないでしょう。

더 알아볼까요?

1 이 표현은 '실망하다', '잊어버리다', '잃어버리다'와 같은 부정적인 느낌이 있는 동사는 잘 사용하지 않습니다.
この表現は、실망하다、잊어버리다、잃어버리다のような否定的な感じがする動詞には、あまり使いません。

- 실망하나 마나 그 사람을 안 만날 거예요. (×)
- 잊어버리나 마나 그 사람 이름을 기억 못 해요. (×)

2 '–(으)나 마나' 앞에는 부정을 나타내는 '안'이나 '못'이 올 수 없습니다.
–(으)나 마나の前には、否定を表す안や못が来ることができません。

- 안 먹으나 마나 배가 고프기는 마찬가지일 거예요. (×)
→ 먹으나 마나 배가 고프기는 마찬가지일 거예요. (○)

3 이 표현은 '–(으)나 마나예요'의 형태로도 사용할 수 있습니다.
この表現は、–(으)나 마나예요の形でも使うことができます。

- 마크 씨에게 그 이야기를 해도 안 들을 거예요. 하나 마나예요.
マークさんにその話をしても聞かないでしょう。しても意味がありません。

대화를 만들어 볼까요?

Track 167

1 가 아키라 씨에게 그 자료를 찾았는지 전화해 볼까요?

나 아키라 씨도 어제 늦게 들어갔으니까 전화해 보나 마나 못 찾았을 거예요.

아키라 씨에게 그 자료를 찾았는지 전화해 보다	아키라 씨도 어제 늦게 들어갔으니까 전화해 보다 / 못 찾았다
오늘 축구 경기에서 어느 팀이 이겼는지 인터넷으로 찾아보다	지금까지 서울 팀이 우승했으니까 찾아보다 / 서울 팀이 이겼다
지수 씨에게 남자 친구가 있는지 물어보다	지수 씨는 남자들에게 인기가 많으니까 물어보다 / 틀림없이 있다

2 가 자동차가 고장이 났는데 고치러 안 가요?

나 자동차가 오래돼서 고치나 마나예요. 새 차를 사야겠어요.

Tip
토픽 TOPIK(韓国語能力試験)
걸레 雑巾

자동차가 고장이 났는데 고치러 안 가다	자동차가 오래돼서 고치다 / 새 차를 사다
걸레가 너무 더러운데 안 빨다	너무 더러워서 빨다 / 그냥 버리다
토픽 시험을 안 보다	공부를 안 해서 보다 / 그냥 다음번에 보다

연습해 볼까요?

1 '-(으)나 마나'를 사용해서 다음 대화를 완성하세요.

(1) 가 진수 씨에게 좀 도와 달라고 부탁해 볼까요? (부탁하다)
나 그 사람은 부탁하나 마나 안 들어줄 거예요.

(2) 가 약속 시간이 지났는데 나오코 씨가 아직 안 오네요. 더 기다려 볼까요? (기다리다)
나 ____________ 안 올 테니까 기다리지 맙시다.

(3) 가 마이클에게 지금 전화를 하면 받을까? (전화하다)
나 지금 수업 중이라서 ____________ 안 받을 테니까 이따가 하세요.

(4) 가 7시가 넘었는데 자야 씨를 깨울까요? (깨우다)
나 어제 새벽 2시가 넘어서 자서 지금은 ____________ 못 일어날 거예요.

(5) 가 동생이 이번 주에 취직 시험을 보는데 저렇게 놀기만 하네요. (보다)
나 그러게, 저렇게 놀기만 하는 걸 보니 이번 시험도 ____________ 떨어질 거야.

2 다음 [보기]에서 알맞은 단어를 골라 '-(으)나 마나'를 사용해서 문장을 완성하세요.

보기	하다	듣다	충고하다	먹다	켜다

(1) 운동은 꾸준히 하지 않으면 하나 마나예요. 그러니까 열심히 하세요.

(2) 음식이 조금밖에 없어서 여러 명이 먹으면 ____________ 것 같아요. 그러니까 혼자 드세요.

(3) 요즘 날씨가 너무 더워서 선풍기는 ____________. 빨리 에어컨을 사야겠어요.

(4) 그 사람한테는 ____________ 아무 말도 하지 말고 그냥 두세요.

(5) 수잔 씨는 늦을 때마다 핑계를 대니까 오늘도 늦은 이유는 ____________.

02 –아/어 봤자

가 지금 가면 막차를 탈 수 있을지 몰라요. 빨리 지하철역으로 가 봅시다.
いま行けば、終電に乗れるかもしれません。早く地下鉄の駅に行ってみましょう。

나 지금 12시가 훨씬 넘어서 지하철역에 가 봤자 막차는 이미 출발했을 거예요.
いま12時をとっくに過ぎているので、地下鉄の駅に行ってみても、終電はもう出たでしょう。

가 부모님께 용돈을 받는데 왜 아르바이트를 해요?
ご両親にお小遣いをもらっているのに、どうしてアルバイトをするんですか。

나 용돈을 받아 봤자 지하철 타고 다니고 밥 몇 번 사 먹으면 남는 게 없거든요.
お小遣いをもらっても、地下鉄に乗って、ごはんを何回か食べたら、残らないんです。

문법을 알아볼까요?

이 표현은 선행절의 내용을 시도해도 소용이 없거나 기대에 미치지 못함을 나타낼 때 사용합니다. 그리고 일어나지 않은 일에 대해 추측하면서 말하는 것입니다.

この表現は、先行節の内容を試しても無駄なこと、期待に及ばないことを表すときに使います。そして、起こっていないことについて、推測しつつ述べるものです。

–아/어 봤자			
A/V	–아/어 봤자	비싸다 먹다	비싸 봤자 먹어 봤자

- 얼굴이 아무리 예뻐 봤자 모델이 될 수는 없을 거예요. 자야 씨는 키가 작잖아요.
  顔がいくらかわいくてもモデルにはなれないでしょう。ジャヤさんは背が低いじゃないですか。
- 부장님은 내가 솔직하게 말해 봤자 내 말을 믿지 않으실 거예요.
  私が率直に話しても、部長は私のことばを信じないでしょう。
- 오늘 같이 추운 날은 이 외투를 입어 봤자 소용없을 거예요. 차라리 옷을 여러 개 입으세요.
  今日みたいに寒い日は、このコートを着ても役に立たないでしょう。いっそのこと、服を重ね着してください。

더 알아볼까요?

1 이 표현은 선행절의 내용이 그렇게 대단하지 않거나 별것이 아니라는 것을 의미할 때 사용하기도 합니다.
この表現は、先行節の内容がそれほど大したことではないということを意味するときに使うこともあります。

- 그 일이 어려워 봤자 지난번 일보다는 쉬울 거예요. 며칠 안에 끝낼 수 있으니까 걱정하지 마세요.
  その仕事が難しいといっても、このあいだの仕事より簡単でしょう。何日かで終わりますから、心配しないでください。
- 아이가 밥을 먹어 봤자 얼마나 많이 먹겠어요? 그냥 먹고 싶은 대로 먹게 가만 둡시다.
  子どもがごはんを食べたところで、たかが知れているでしょう。食べたいだけ食べさせましょう。

2 '–아/어 봤자' 앞이나 뒤에 과거 형태가 올 수 없습니다.
–아/어 봤자の前や後ろに過去形が来ることができません。

- 여기에서 거기까지 적어도 한 시간은 걸리니까 지금 갔 봤자 늦을 거예요. (×)
  여기에서 거기까지 적어도 한 시간은 걸리니까 가 봤자 늦었어요. (×)
  → 여기에서 거기까지 적어도 한 시간은 걸리니까 지금 가 봤자 늦을 거예요. (○)

3 그러나 과거 상황을 가정해서 말할 때는 '–아/어 봤자 –았/었을 거예요' 형태로 사용할 수 있습니다.
しかし、過去の状況を仮定して話すときには、–아/어 봤자 –았/었을 거예요の形で使うことができます。

가 양강 씨에게 그때 그 일을 하지 말라고 얘기했어야 되는데 안 한 게 후회가 돼요.
そのときヤンガンさんにその仕事をするなと言うべきだったのに、言わなかったのが悔やまれます。

나 그때 얘기해 봤자 듣지 않았을 거예요. 더 이상 신경 쓰지 마세요.
そのとき言っても聞かなかったでしょう。それ以上気にしないでください。

대화를 만들어 볼까요?

Track 169

1 가 철민 씨에게 이사할 때 좀 도와 달라고 부탁할까요?

나 부탁해 봤자 소용없을 거예요. 철민 씨가 요즘 바쁘거든요.

Tip
고집이 세다 我が強い

철민 씨에게 이사할 때 좀 도와 달라고 부탁하다	부탁하다 / 철민 씨가 요즘 바쁘다
사장님께 월급을 올려 달라고 말씀드려 보다	말씀드려 보다 / 요즘 회사 사정이 안 좋다
지수 씨에게 마음을 바꾸라고 얘기해 보다	얘기하다 / 고집이 너무 세다

2 가 이번 여름에 부산으로 여행을 가고 싶은데 많이 더울까 봐 못 가겠어요.

나 부산의 날씨가 더워 봤자 얼마나 덥겠어요? 그냥 가세요.

이번 여름에 부산으로 여행을 가고 싶은데 많이 더울까 봐 못 가다	부산의 날씨가 덥다 / 가다
저 옷이 마음에 드는데 비쌀까 봐 못 사다	동대문시장에서 옷이 비싸다 / 사다
저 영화를 보고 싶은데 무서울까 봐 못 보다	어린이 영화가 무섭다 / 보다

연습해 볼까요?

1 '-아/어 봤자'를 사용해서 다음 대화를 완성하세요.

(1) 가 집에 가서 식사하실 거죠? (가다)
나 집에 **가 봤자** 먹을 것이 아무것도 없을 거예요. 저랑 같이 저녁 드실래요?

(2) 가 어디로 여행을 갈지 아직도 결정을 못 했어요. (고민하다)
나 계속 ____________ 머리만 아파. 그냥 빨리 결정해.

(3) 가 한국어를 공부하면서 한국 신문도 자주 읽으세요? (읽다)
나 한국 신문을 ____________ 이해를 못해서 잘 안 읽어요.

(4) 가 그 문제에 대해서 친구와 이야기해 봤어요? (이야기하다)
나 친구하고 ____________ 내 이야기는 듣지 않을 거예요.

(5) 가 내가 왜 고등학교 때 공부를 열심히 안 했는지 후회가 돼. (후회하다)
나 지금 ____________ 소용없으니까 지금부터라도 열심히 해.

2 '-아/어 봤자'를 사용해서 다음 대화를 완성하세요.

(1) 가 마이클 씨 여자 친구가 정말 예쁘대요. (예쁘다)
나 아무리 **예뻐 봤자** 연예인만큼 예쁘겠어요?

(2) 가 저 식당 음식이 정말 맛있대요. (맛있다)
나 아무리 ____________ 우리 엄마가 만들어 주신
음식만큼은 맛없을 거예요.

(3) 가 민철 씨는 성격이 내성적이라서 사귀기가 힘들겠지요? (힘들다)
나 ____________ 얼마나 힘들겠어요?
계속 노력하면 친구가 될 수 있을 거예요.

(4) 가 인터넷으로 물건을 사면 시장보다 더 싸대요. (싸다)
나 ____________ 얼마나 싸겠어요?
나는 시장에 가서 직접 보고 사는 게 좋아요.

(5) 가 학교 앞에서 삼천 원짜리 치마를 파는데 괜찮을까요? (좋다)
나 삼천 원짜리 치마가 ____________ 얼마나 좋겠어요?
사지 마세요.

23장 확인해 볼까요?

〔1~2〕 다음 밑줄 친 부분과 바꿔 쓸 수 있는 것을 고르세요.

1 난희 씨가 공부를 열심히 하니까 물어보나 마나 1등을 했을 거예요.

① 1등이잖아요 ② 1등일 거예요
③ 1등인 셈이에요 ④ 1등일 뿐이에요

2 영규 씨에게 도와 달라고 해 봤자 소용없을 거예요. 요즘에 좀 바쁘거든요.

① 도와 달랄 테니까 어려워요 ② 도와 달라고 할 수밖에 없어요
③ 도와 달라고 할 줄 알았어요 ④ 도와 달라고 해도 안 도와줄 거예요

〔3~4〕 다음 중 밑줄 친 곳에 맞는 대답을 고르세요.

3 가 여보, 승준이 좀 깨우지 그래요?
나 어제 새벽에 3시가 넘어서 자서 ________________.

① 깨우니까 일어나요 ② 깨우면 일어날 거예요
③ 깨워 보니까 안 일어났어요 ④ 깨워 봤자 안 일어날 거예요

4 가 저 식당 음식이 정말 맛있어 보여요.
나 ________________ 지금은 배가 아파서 아무 것도 먹을 수가 없어요.

① 맛있어 보일 텐데 ② 맛있어 보이나 마나
③ 맛있어 보이는 데 반해 ④ 맛있어 보이는 모양인데

〔5~6〕 다음 밑줄 친 것 중 맞는 것을 찾으세요.

5 ① 그 책을 잊어버리나 마나 다시 읽고 싶지 않아요.
② 지금 이 시간에 전화해 보나 마나 안 받을 거예요.
③ 그곳에 가서 실망하나 마나 저는 가고 싶지 않아요.
④ 그 빵을 안 먹으나 마나 배가 부르니까 안 먹을래요.

6 ① 날씨가 너무 더워서 선풍기를 켰 봤자 소용없어요.
② 날씨가 너무 더워서 선풍기를 켜 봤자 소용없었어요.
③ 날씨가 너무 더워서 선풍기를 켜 보자 소용없을 거예요.
④ 날씨가 너무 더워서 선풍기를 켜 봤자 소용없을 거예요.

24장

가정 상황을 나타낼 때
仮定状況の表現

본 장에서는 가정 상황을 나타내는 표현을 배웁니다. 여기에서 다루는 표현들은 현재 또는 과거 상황과 반대되는 상황이나 아직 일어나지 않은 일을 말하는 사람이 상상해서 이야기하는 것입니다. 이러한 표현들은 말하는 사람의 소망이나 안도감, 아쉬움, 어떤 일에 대한 판단이나 가능성 등을 나타냅니다.

この章では、仮定状況を表す表現を学びます。ここで扱う表現は、現在または過去の状況と反対の状況や、まだ起こっていないことを話し手が想像して話すものです。このような表現は、話し手の希望や安堵感、心残り、あることに対する判断や可能性等を表します。

01 -(느)ㄴ다면

02 -았/었더라면

03 -(으)ㄹ 뻔하다

01 –(느)ㄴ다면

Track 170

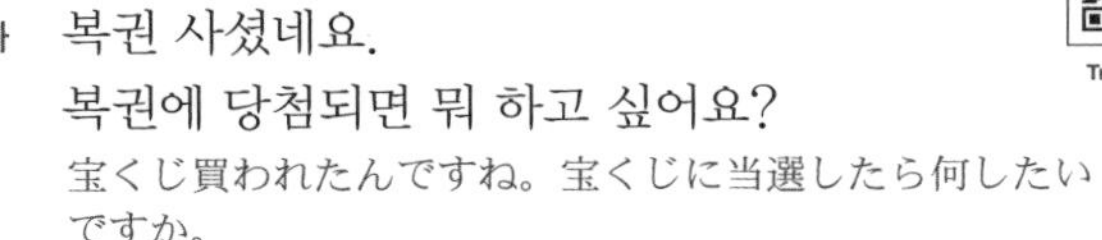

가 복권 사셨네요.
복권에 당첨되면 뭐 하고 싶어요?
宝くじ買われたんですね。宝くじに当選したら何したいですか。

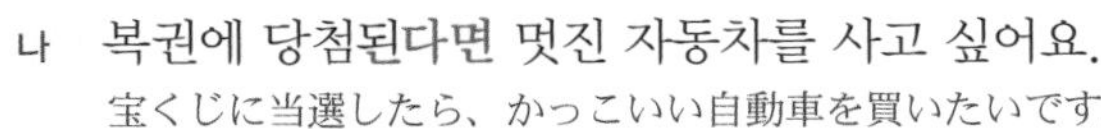

나 복권에 당첨된다면 멋진 자동차를 사고 싶어요.
宝くじに当選したら、かっこいい自動車を買いたいです。

가 두 분은 한국에서 만나셨다면서요?
お二人は韓国で出会われたそうですね。

나 네, 제가 한국에 오지 않았다면 아키라 씨를 만나지 못했을 거예요.
はい。私が韓国に来なかったら、明さんに会えなかったでしょう。

문법을 알아볼까요?

이 표현은 가정 상황을 나타내는 것으로, 현재나 과거의 일을 반대로 상상할 때 혹은 아직 일어나지 않은 일에 대해 이야기할 때 사용합니다. 후행절에는 가정 상황이나 추측을 나타내는 말인 '–겠어요', '–(으)ㄹ 거예요', '–(으)ㄹ 텐데' 등이 주로 옵니다.

この表現は仮定状況を表すもので、現在や過去のことに反する状況を想像するとき、まだ起こっていないことについて話すときに使います。後続節には、仮定状況や推測を表す–겠어요、–(으)ㄹ 거예요、–(으)ㄹ 텐데等が主に来ます。

–(느)ㄴ다면				
A	과거	–았/었다면	좋다 예쁘다	좋았다면 예뻤다면
	현재	–다면	좋다 예쁘다	좋다면 예쁘다면

V	과거	–았/었다면	가다 먹다	갔다면 먹었다면
	현재	–(느)ㄴ다면	가다 먹다	간다면 먹는다면
N이다	과거	였다면 이었다면	여자이다 학생이다	여자였다면 학생이었다면
	현재	(이)라면	여자이다 학생이다	여자라면 학생이라면

- 날씨가 좋았다면 한라산에 갈 수 있었을 텐데.
  天気がよかったら、漢拏山に行けたのに。
- 이번에도 졸업을 못한다면 부모님이 정말 실망하실 거예요.
  今度も卒業できなかったら、両親が本当にがっかりするでしょう。
- 내가 부자라면 가난한 사람들을 도와줄 수 있을 텐데.
  私がお金持ちだったら、貧しい人たちを助けてあげられるのに。

더 알아볼까요?

1 이 표현은 가정의 상황뿐만 아니라 조건의 상황을 표현하기도 합니다.
この表現は、仮定の状況だけでなく、条件の状況を表現することもあります。

- 10개 이상 <u>사신다면</u> 10%를 할인해 드리겠습니다.
  10個以上お買い上げいただければ10%割引いたします。
- 지금부터 열심히 <u>공부한다면</u> 대학교에 갈 수 있을 거예요.
  今から一生懸命勉強すれば大学に行けるでしょう。

2 현재형인 '–(느)ㄴ다면'은 '–(으)면'으로, 과거형인 '–았/었다면'은 '–았/었으면', '–았/었더라면'과 바꾸어 쓸 수 있습니다.
現在形–(느)ㄴ다면は–(으)면に、過去形–았/었다면は–았/었으면や–았/었더라면に言い換えられます。

- 오후에 비가 <u>그친다면</u> 운동하러 가요.
  = 오후에 비가 <u>그치면</u> 운동하러 가요.
- 어제 TV를 <u>보지 않았다면</u> 보고서를 끝냈을 거예요.
  = 어제 TV를 <u>보지 않았으면</u> 보고서를 끝냈을 거예요.
  = 어제 TV를 <u>보지 않았더라면</u> 보고서를 끝냈을 거예요.

24장 '가정 상황을 나타낼 때'의 02 '–았/었더라면'을 참조하세요.
24章 仮定状況の表現 02 –았/었더라면を参照してください。

비교해 볼까요?

'–(으)면'과 '–(느)ㄴ다면'은 조건과 가정의 두 의미를 다 가지고 있지만 '–(으)면'은 '–(느)ㄴ다면'보다 가능성이 많은 일에 사용되며 일어날 가능성이 전혀 없을 때는 사용하지 않습니다.
–(으)면と–(느)ㄴ다면は、条件と仮定の二つの意味を持っていますが、–(으)면は–(느)ㄴ다면より可能性が高いことに使用され、起こる可能性が全くないときには使いません。

–(으)면	–(느)ㄴ다면
어떤 일이 일어날 가능성이 많을 때 사용하므로, 가능성이 거의 없을 때는 사용하지 않습니다. あることが起こる可能性が高いときに使うため、可能性がほとんどないときには使いません。	어떤 일이 일어날 가능성이 거의 없는 가정 상황에 많이 사용합니다. あることが起こる可能性がほとんどない仮定状況に多く使います。
• 돈이 많으면 좋을 텐데. → 앞으로 돈이 많아질 가능성이 있습니다. 今後、お金が増える可能性があります。	• 돈이 많다면 좋을 텐데. → 돈이 많아질 가능성이 거의 없습니다. お金が増える可能性がほとんどありません。
• 내가 동수면 그렇게 행동하지 않을 거야. (×) → 말하는 사람이 '동수'가 될 가능성이 전혀 없으므로 사용할 수 없습니다. 話し手が「トンス」になる可能性が全くないため使えません。	• 내가 동수라면 그렇게 행동하지 않을 거야. (○) → 말하는 사람이 '동수'가 될 가능성이 전혀 없으므로 가정 상황을 나타내는 '(이)라면'을 사용해야 자연스럽습니다. 話し手が「トンス」になる可能性が全くないため、仮定状況を表す(이)라면を使わないと不自然になります。

대화를 만들어 볼까요?

Track 171

1 가 그 소식 들었어요? 그 배우가 결혼할지도 모른대요.
나 정말요? 그 배우가 결혼한다면 많은 여자들이 실망하겠어요.

Tip
개교기념일
開校記念日

그 배우가 결혼하다	그 배우가 결혼하다 / 많은 여자들이 실망하다
이번 개교기념일에 안 쉬다	그날 쉬지 않다 / 박물관에 못 가다
준호 씨가 한 얘기가 거짓말이다	준호 씨가 한 얘기가 거짓말이다 / 앞으로 그 사람과 얘기하지 않다

2 가 어렸을 때 꿈이 뭐였어요?
나 가수였어요. 노래를 잘했다면 가수가 되었을 거예요.

가수이다 / 노래를 잘하다 / 가수가 되다
발레리나이다 / 발레에 소질이 있다 / 발레를 그만두지 않다
축구 선수이다 / 중학교 때 다리를 다치지 않다 / 축구를 계속하다

연습해 볼까요?

1 '-(느)ㄴ다면'을 사용해서 다음을 한 문장으로 만드세요.

(1) 내일 시험이 어렵지 않아요. + 합격하는 사람이 많을 거예요.

→ 내일 시험이 어렵지 않다면 합격하는 사람이 많을 거예요.

(2) 우리가 학생이에요. + 할인을 받을 수 있을 텐데요.

→ ______________________

(3) 이번에 장학금을 받아요. + 한턱을 낼 거예요.

→ ______________________

(4) 그때 주식을 샀어요. + 돈을 많이 벌 수 있었을 거예요.

→ ______________________

2 '-(느)ㄴ다면'을 사용해서 다음 대화를 완성하세요.

(1) 가 주현 씨는 정말 목소리가 좋지요? (좋다)
나 네, 저도 주현 씨처럼 목소리가 좋다면 아나운서에 지원했을 거예요.

(2) 가 소풍 가기로 한 날 비가 온다는데요. (비가 오다)
나 그래요? 그날 __________ 다른 날로 연기해야 되겠어요.

(3) 가 어제 글쓰기 대회에서 유코 씨가 상을 받았대요. (참가하다)
나 에이미 씨도 __________ 상을 받았을 텐데 아쉽네요.

(4) 가 돈이 없어서 여행을 못 가겠네요. (날 수 있는 새이다)
나 맞아요. 우리가 __________ 여기저기 마음대로 갈 텐데요.

(5) 가 어제 가수 '비'를 직접 만났어요. (가다)
나 그래요? 저도 어제 공연장에 __________ '비'를 만났을 텐데요.

(6) 가 내일이면 방학이 끝나네요. 시간이 정말 빨리 가요. (시작하는 날이다)
나 맞아요. 오늘이 방학이 __________ 정말 좋을 텐데요.

02 –았/었더라면

Track 172

가 어쩌지요? 표가 모두 매진되었네요.
どうしましょう。チケットがみんな売り切れですね。

나 그러니까 제가 예매하자고 했잖아요. 미리 예매했더라면 공연을 볼 수 있었을 거예요.
だから、私が前もって買おうと言ったじゃないですか。前もって買っておけば、公演を見られたでしょう。

가 아키라 씨, 생일 축하해요!
明さん、誕生日おめでとうございます!

나 아키라 씨 생일이에요? 생일인 줄 알았더라면 선물을 준비했을 텐데요.
明さんの誕生日なんですか。誕生日だと知っていたら、プレゼントを準備したのに。

문법을 알아볼까요?

이 표현은 과거에 있었던 일을 반대로 가정해서 말할 때 사용합니다. 과거 일에 대한 후회나 안타까움을 나타내기도 하고, 그렇게 하지 않아 다행이었다는 것을 나타내기도 합니다. '–았/었더라면' 다음에는 '–았/었을 거예요', '–았/었을 텐데', '–(으)ㄹ 뻔했다'가 자주 옵니다. (24장 '가정 상황을 나타낼 때'의 03 '–(으)ㄹ 뻔하다' 참조)

この表現は、過去にあったことに反する状況を仮定して話すときに使います。過去のことに対する後悔やもどかしさを表したり、そのようにしなくてよかったということを表したりします。–았/었더라면の次には、–았/었을 거예요、–았/었을 텐데、–(으)ㄹ 뻔했다がよく来ます。(24章 仮定状況の表現 03 –(으)ㄹ 뻔하다参照)

–았/었더라면			
A/V	–았/었더라면	크다 먹다	컸더라면 먹었더라면
N이다	였더라면 이었더라면	부자이다 학생이다	부자였더라면 학생이었더라면

- 제가 키가 **컸더라면** 모델이 되었을 거예요.
  私が背が高かったらモデルになったでしょう。
- 아침에 일기 예보를 **들었더라면** 산에 가지 않았을 텐데.
  朝、天気予報を聞いていたら、山に行かなかったのに。
- 빨리 병원에 가지 **않았더라면** 큰일 날 뻔했어요.
  早く病院に行かなかったら、大変なことになるところでした。

더 알아볼까요?

이 표현은 '-았/었다면'이나 '-았/었으면'으로 바꾸어서 쓸 수도 있습니다.
この表現は、-았/었다면や-았/었으면と言い換えることもできます。

- 오늘도 회사에 늦었더라면 부장님한테 크게 혼났을 거예요.
  = 오늘도 회사에 늦었다면 부장님한테 크게 혼났을 거예요.
  = 오늘도 회사에 늦었으면 부장님한테 크게 혼났을 거예요.
  今日も会社に遅れていたら、部長にひどくしかられたでしょう。

비교해 볼까요?

'-(느)ㄴ다면'은 가정 상황과 조건 상황을 둘 다 나타낼 수 있지만 '-았/었더라면'은 가정 상황만 나타낼 수 있습니다. 또한 '-(느)ㄴ다면'은 현재 · 과거 일에 대한 가정이 가능하지만 '-았/었더라면'은 과거 가정만 가능합니다. 그에 비해 '-(으)면'은 모두 가능합니다.
-(느)ㄴ다면は、仮定状況と条件状況のどちらも表すことができますが、-았/었더라면は仮定状況のみを表すことができます。また、-(느)ㄴ다면は現在・過去のことに対する仮定が可能ですが、-았/었더라면は過去のことに対する仮定のみ可能です。それに比べ、-(으)면はすべて可能です。

		-(으)면	-(느)ㄴ다면	-았/었더라면
상황 状況	가정 仮定	○	○	○
	조건 条件	○	○	×
시제 時制	현재 現在	○	○	×
	과거 過去	○	○ (過去の場合は -았/었다면)	○

대화를 만들어 볼까요?

Track 173

1 가 민지 씨가 발표할 때 실수를 많이 했다면서요?

나 네, 민지 씨가 연습을 많이 했더라면 실수하지 않았을 텐데 아쉬워요.

민지 씨가 발표할 때 실수를 많이 하다	민지 씨가 연습을 많이 하다 / 실수하지 않다
음식이 많이 모자라다	음식을 많이 준비하다 / 모자라지 않다
아키라 씨의 공연이 취소되다	어제 비가 오지 않다 / 취소되지 않다

2 가 강이 많이 깨끗해졌다지요?

나 네, 환경 단체들이 노력하지 않았더라면 이렇게 깨끗해지지 않았을 거예요.

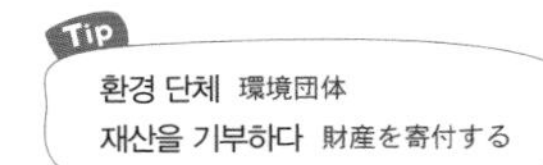

강이 많이 깨끗해지다	환경 단체들이 노력하지 않다 / 이렇게 깨끗해지지 않다
그 환자가 살다	의사들이 포기하다 / 그 환자는 살 수 없다
이번에 가난한 학생들이 장학금을 받다	한 사업가가 재산을 기부하지 않다 / 그 학생들은 학교를 그만두어야 하다

연습해 볼까요?

'-았/었더라면'을 사용해서 다음 대화를 완성하세요.

(1) 가 이번 시험이 정말 어려웠지요?

나 네, 시험이 어렵지 않았더라면 시험을 잘 봤을 텐데요.

(2) 가 어쩌다가 사고가 났대요?

나 과속을 했대요. ______________________ 사고가 나지 않았을 거예요.

(3) 가 한국에 오기 전에 회사에 다니셨다면서요?

나 네, 만일 ______________________ 계속 그 회사에 다니고 있었을 거예요.

(4) 가 지리산이 이렇게 등산하기 힘들 줄 몰랐어요.

나 맞아요, 저도 지리산이 이렇게 등산하기가 ______________________ 오지 않았을 거예요.

(5) 가 일본에서 공부하는 동안 여행을 많이 못 하셨어요?

나 네, 일본에서 공부하는 동안 ______________________ 유학 생활이 더 즐거웠을 거예요.

03 –(으)ㄹ 뻔하다

Track 174

가 오늘 길이 너무 미끄럽지 않아요?
今日、道がかなりすべりやすくないですか。

나 네, 맞아요. 저도 길이 너무 미끄러워서 학교에 오다가 넘어질 **뻔했어요**.
はい。そうですね。道がかなりすべりやすいので、私も学校に来る途中で転ぶところでした。

가 하마터면 기차를 놓칠 **뻔했어요**.
危うく汽車に乗り遅れるところでした。

나 다음부터는 더 일찍 출발해야겠어요.
今度からはもっと早く出発しなくちゃ。

문법을 알아볼까요?

이 표현은 어떤 일이 거의 일어날 것 같았는데 실제로는 일어나지 않았을 때 사용합니다. 보통 그런 일이 일어나지 않아서 다행이라는 느낌으로 이야기를 합니다. 과거의 사건에 대해 이야기하기 때문에 항상 '–(으)ㄹ 뻔했다'로 말하며, 부사 '하마터면'과 같이 쓰는 경우가 많습니다. 동사만 앞에 올 수 있습니다.

この表現は、あることがほぼ起こりそうだったが、実際には起こらなかったときに使います。普通、そのようなことが起こらなくてよかったという感じで話します。過去の出来事について話すため、常に–(으)ㄹ 뻔했다の形で、副詞하마터면と一緒に使う場合が多いです。動詞のみ前に来ることができます。

–(으)ㄹ 뻔하다			
V	–(으)ㄹ 뻔하다	잊어버리다 늦다	잊어버릴 뻔하다 늦을 뻔하다

- 영화가 너무 슬퍼서 하마터면 여자 친구 앞에서 울 **뻔했어요**.
  映画があまりにも悲しくてもう少しでガールフレンドの前で泣くところでした。
- 골목에서 갑자기 차가 나오는 바람에 자동차에 부딪칠 **뻔했어요**.
  路地から急に車が出てきたせいで、自動車にぶつかるところでした。

• 친구와 통화하다가 음식을 다 태울 **뻔했어요**.
友だちと通話していて、料理をすっかり焦がすところでした。

더 알아볼까요?

이 표현은 선행절에 과거를 가정하는 표현인 '-았/었으면', '-았/었더라면'과 쓰이는 경우가 많습니다.
この表現は、先行節に過去を仮定する表現である-았/었으면や-았/었더라면が使われることが多いです。

- 기차표를 미리 사지 않았으면 고향에 못 갈 뻔했어요.
  汽車の切符をあらかじめ買っていなかったら、故郷に帰れないところでした。
- 마크 씨가 전화를 안 해 줬더라면 약속을 잊어버릴 뻔했어요.
  マークさんが電話をくれなかったら、約束を忘れるところでした。

24장 '가정 상황을 나타낼 때'의 02 '-았/었더라면'을 참조하세요.
24章 仮定状況の表現 02 -았/었더라면を参照してください

대화를 만들어 볼까요?

Track 175

1 가 이거 웨이밍 씨 휴대 전화 아니에요?
나 아, 맞아요. 하마터면 휴대 전화를 식당에 두고갈 뻔했네요.

이거 웨이밍 씨 휴대 전화	휴대 전화를 식당에 두고 가다
내일이 양강 씨 생일	양강 씨 생일을 잊어버리다
오늘 회의가 2시부터	회의에 못 가다

2 가 여기까지 찾아오느라고 힘드셨지요?
나 네, 내비게이션이 없었더라면 정말 고생할 뻔했어요.

여기까지 찾아오다	내비게이션이 없다 / 정말 고생하다
보고서를 완성하다	동료가 도와주지 않다 / 보고서를 못 끝내다
비행기 표를 구하다	여행사에 아는 사람이 없다 / 못 구하다

연습해 볼까요?

1 '-(으)ㄹ 뻔하다'를 사용해서 다음을 같은 뜻이 되도록 바꾸세요.

(1) 월요일에 오지 않아서 구경을 할 수 있었어요.

→ 월요일에 왔더라면 구경을 못 할 뻔했어요.

(2) 서둘렀기 때문에 공연을 볼 수 있었어요.

→ ______________________

(3) 돈을 더 가지고 나와서 그 옷을 살 수 있었어요.

→ ______________________

(4) 예습을 해서 교수님의 질문에 대답할 수 있었어요.

→ ______________________

2 '-(으)ㄹ 뻔하다'를 사용해서 다음 대화를 완성하세요.

(1) 가 주영 씨, 이번 역에서 내려야 하는 거 아닌가요? (지나치다)

나 아, 맞네요. 얘기하다가 내려야 할 역을 지나칠 뻔했네요.

(2) 가 카일리 씨의 아이는 딸인데 왜 남자 아이 옷을 사세요? (잘못 사다)

나 그래요? 딸인 줄 몰랐어요. 도현 씨가 말해 주지 않았더라면 옷을 ______________.

(3) 가 그 우유 상한 것 같으니까 드시지 마세요. (배탈이 나다)

나 그래요? 이 우유를 마셨더라면 ______________.

(4) 가 그 가게에서 가방을 안 사기를 잘한 것 같지요? (후회하다)

나 네, 거기서 가방을 샀더라면 ______________.
다른 데보다 2배나 비쌌잖아요.

(5) 가 문을 안 잠근 것 같은데 확인해 보세요. (큰일 나다)

나 아, 안 잠갔네요. 알리 씨가 말해 주지 않았더라면 ______________.

24장 확인해 볼까요?

〔1~2〕 다음 밑줄 친 부분과 바꿔 쓸 수 있는 것을 고르세요.

1

가 요즘 취직하기가 정말 힘들대요.
나 네, 맞아요. 만일 지금 다니고 있는 회사를 <u>그만두었더라면</u> 후회했을 거예요.

① 그만두려면 ② 그만두어도
③ 그만두었다면 ④ 그만둘 수 있으면

2

가 이 미용실은 목요일이 쉬는 날이네요.
나 어제 왔으면 <u>머리를 못 할 뻔했어요</u>.

① 머리를 못 했겠어요 ② 머리를 못 할 거예요
③ 머리를 못 할 만했어요 ④ 머리를 못 하고 말았어요

3 다음 중 밑줄 친 곳에 적당하지 <u>않은</u> 대답을 고르세요.

가 공연장 앞에 사람이 많네요.
나 정말 많네요. 예매를 하지 않았더라면 공연장에 ________________.

① 못 들어갔어요 ② 못 들어갔을 거예요
③ 못 들어갈 뻔했어요 ④ 못 들어갔을지도 몰라요

〔4~5〕 다음 중 밑줄 친 부분이 <u>틀린</u> 것을 찾으세요.

4 ① 내가 <u>너라면</u> 그런 옷은 안 입을 거야.
② 그렇게 뛰어가면 <u>넘어질 뻔할 거예요</u>.
③ 한국에 <u>오지 않았으면</u> 취직을 했을 거예요.
④ 내가 대학에 <u>합격한다면</u> 기분이 정말 좋을 텐데.

5 ① 커피를 <u>안 드신다면</u> 차를 드릴까요?
② 100만 원이 <u>생겼더라면</u> 무엇을 하겠어요?
③ 어제 거기에 가지 <u>않았다면</u> 좋았을 텐데요.
④ 내일 <u>비가 온다면</u> 등산 계획을 연기해야겠어요.

25장

후회를 나타낼 때

後悔の表現

본 장에서는 후회를 나타내는 표현들을 배웁니다. 여기에서 배우는 표현들은 하지 않았으면 더 좋았을 것이나 꼭 해야 하는데 하지 않은 것들에 대해 후회하는 마음을 나타내는 것들입니다. 이 장에서 배우는 표현들을 잘 익혀서 다양한 감정들을 잘 표현하게 되길 바랍니다.

この章では、後悔を表す表現を学びます。ここで学ぶ表現は、しなかったらもっとよかったであろうことや、必ずしなければならないのにしなかったことについて後悔する気持ちを表すものです。この章で学ぶ表現をしっかり身につけて、さまざまな感情をうまく表現できるようになってください。

01 –(으)ㄹ 걸 그랬다
02 –았/었어야 했는데

01 –(으)ㄹ 걸 그랬다

Track 176

가 아키라 씨, 오셨어요?
明さん、いらっしゃったんですか。

나 아, 모두들 정장을 입고 왔네요. 저도 정장을 입고 올 걸 그랬어요.
あ、みんな正装をして来たんですね。私も正装をして来ればよかったです。

가 컴퓨터가 30%나 세일을 하네요.
コンピューター、30%もセールをしてるんですね。

나 진짜요? 이렇게 세일할 줄 알았으면 조금만 기다릴 걸 그랬어요. 지난주에 샀거든요.
ホントですか。こんなにセールするとわかっていたら、少し待てばよかったです。先週買ったんです。

문법을 알아볼까요?

이 표현은 말하는 사람이 과거에 어떤 행동을 했거나 하지 않은 것에 대해 후회 또는 아쉬움을 나타낼 때 사용하는 말입니다. 어떤 일을 하지 않은 것을 후회할 때는 '–(으)ㄹ 걸 그랬다'를 사용하며, 어떤 행동을 한 것을 후회할 때는 '–지 말 걸 그랬다' 혹은 '안 –(으)ㄹ 걸 그랬다'를 사용합니다.

この表現は、話し手が過去にある行動をしたことやしなかったことについて、後悔または残念さを表すときに使うことばです。何かをしなかったことを後悔するときには、–(으)ㄹ걸 그랬다を使い、ある行動をしたことを後悔するときには–지 말걸 그랬다あるいは안 –(으)ㄹ걸 그랬다を使います。

–(으)ㄹ 걸 그랬다				
V	긍정	–(으)ㄹ 걸 그랬다	가다 먹다	갈 걸 그랬다 먹을 걸 그랬다
	부정	–지 말 걸 그랬다	가다 먹다	가지 말 걸 그랬다 먹지 말 걸 그랬다

- 오늘 학교 축제에 안 갔는데 유명한 연예인들이 왔다고 해요. 축제에 갈 걸 그랬어요.
  今日学園祭に行かなかったんですけど、有名な芸能人たちが来たそうです。学園祭に行けばよかったです。
- 시험이 너무 어려워서 시험을 망쳤어요. 이렇게 시험이 어려울 줄 알았으면 공부를 더 많이 할 걸 그랬어요.
  試験が難しすぎて、まったくダメでした。こんなに試験が難しいとわかっていたら、勉強をもっとたくさんすればよかったです。
- 오늘 친구랑 놀러 갔는데 갑자기 비가 왔어요. 오늘 가지 말 걸 그랬어요.
  今日、友だちと遊びに行ったんですが、急に雨が降ってきました。今日、行かなければよかったです。

더 알아볼까요?

이 표현은 '그랬다'를 생략해서 '-(으)ㄹ걸'로도 말할 수 있습니다. '-(으)ㄹ걸'은 친한 사람들 사이에서 반말로 사용하거나 혼잣말로 말할 때 사용합니다.
この表現は、그랬다を省略して-(으)ㄹ걸と言うこともできます。-(으)ㄹ걸は親しい人たちの間でパンマルとして使ったり、独り言を言ったりするときに使います。

가 우리 과 친구들이 여행 간다는데 너도 같이 갈래?
나 나도 가고 싶은데 돈이 없어. 이럴 줄 알았으면 돈을 좀 아껴 쓸걸.

'-(으)ㄹ걸'은 추측을 나타낼 때도 쓸 수 있습니다. 그렇지만 '-(으)ㄹ걸'이 추측을 나타낼 때는 뒤의 억양이 올라가며 반말체로 말하는 것입니다. (1장 '추측과 예상을 나타낼 때'의 05 '-(으)ㄹ 걸요' 참조)
-(으)ㄹ걸は、推測を表すときにも使えます。しかし、-(으)ㄹ걸が推測を表すときには後ろのイントネーションが上がり、パンマル体で言います。(1章 推測と予想の表現 05 -(으)ㄹ 걸요参照)

대화를 만들어 볼까요?

Track 177

1 가 여보, 음식을 너무 많이 시켜서 많이 남았어요.
나 음식을 조금만 시킬 걸 그랬네요.

음식을 너무 많이 시켜서 많이 남았다	음식을 조금만 시키다
이번 달에 카드를 많이 써서 생활비가 부족하다	텔레비전은 다음 달에 사다
요즘 바빠서 쌀이 떨어진 걸 모르다	아까 마트에 갔을 때 쌀을 사 오다

2 가 왜 주스를 사 왔어? 연주 씨가 음료수를 많이 가지고 왔는데.
나 그래? 연주 씨가 음료수를 많이 가지고 올 줄 알았으면 사 오지 말걸.

왜 주스를 사 오다 / 연주 씨가 음료를 많이 가지고 오다	연주 씨가 음료수를 많이 가지고 올 줄 알았으면 사 오다
왜 밥을 먹고 오다 / 정민 씨가 맛있는 음식을 많이 차리다	맛있는 음식을 차릴 줄 알았으면 밥을 먹다
왜 회사를 옮기다 / 예전 회사의 월급이 많이 오르다	월급이 많이 오를 줄 알았으면 회사를 옮기다

연습해 볼까요?

1 '-(으)ㄹ 걸 그랬다'나 '-지 말 걸 그랬다'를 사용해서 다음 문장을 완성하세요.

(1) 어제 외국에서 손님이 왔는데 저만 외국어를 한마디도 못해서 너무 창피했어요.
미리 외국어를 공부할 걸 그랬어요.

(2) 데이트를 하는데 높은 신발을 신고 나가서 발이 너무 아팠어요.
오늘 ______________________________.

(3) 외국에 있는 친구한테 소포를 배로 보냈는데 4주가 지났는데도 아직 도착을 안 했대요.
소포를 배로 ______________________.

(4) 친구 집에 연락 없이 놀러 갔는데 친구 집에 아무도 없었어요.
미리 __________________________.

(5) 파티에 왔는데 아는 사람이 하나도 없어서 너무 재미없네요.
오늘 파티에 ______________________________.

(6) 마크 씨한테 일을 부탁했는데 마크 씨가 계속 잊어버려서 마음이 힘들어요.
다른 사람한테 그 일을 ______________________.

(7) 제니 씨가 오늘 같이 놀러 가자고 했는데 안 갔어요. 그런데 집에 혼자 있으니까 심심하고 지루하네요.
오늘 제니 씨랑 같이 __________________________.

(8) 지난주에 윤주 씨랑 같이 영화를 보러 갔어요. 그런데 여자 친구가 제가 다른 여자랑 영화를 같이 봐서 화가 났어요.
윤주 씨랑 영화를 같이 __________________________.

2 '-(으)ㄹ 걸 그랬다'와 '-지 말 걸 그랬다'를 사용해서 다음 문장을 완성하세요.

(1) 

영화가 너무 재미없어요.
다른 영화를 볼 걸 그랬어요.
이 영화를 보지 말 걸 그랬어요.

(2) 

길이 너무 막혀요.
____________________.
____________________.

(3) 

음식값이 너무 비싸요.
____________________.
____________________.

(4) 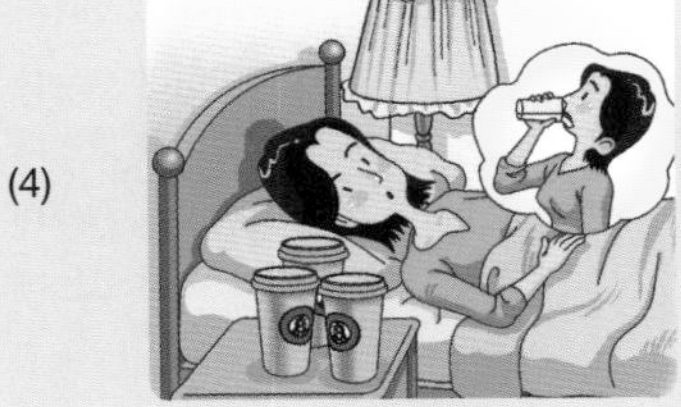

커피를 마셔서 잠이 안 와요.
____________________.
____________________.

02 –았/었어야 했는데

Track 178

가 마크 씨, 책의 내용을 요약해 보세요.
マークさん、本の内容を要約してみてください。

나 잘 모르겠습니다, 교수님. 책을 미리 읽어 **왔어야 했는데** 죄송합니다.
よくわかりません、先生。前もって本を読んで来るべきだったのに、すみません。

가 자야 씨가 왜 그렇게 화가 났어요?
ジャヤさんがどうしてあんなに怒ってるの?

나 제가 자야 씨한테 뚱뚱해 보인다고 했거든요. 그런 말을 하지 **말았어야 했는데** 후회가 돼요.
私がジャヤさんに、太って見えるって言ったんです。そんなことを言わなければよかったのに、悔やまれます。

문법을 알아볼까요?

이 표현은 꼭 해야 하는 행동을 하지 못했거나 어떤 상태가 꼭 되어야 했는데 그렇지 못한 것을 후회하거나 아쉬워할 때 사용합니다.

この表現は、必ずしなければならない行動ができなかった場合や、ある状態に必ずならなくてはならなかったのにそうならなかった場合に、それを後悔したり残念に思ったりするときに使います。

–았/었어야 했는데					
A/V	긍정	A/V	–았/었어야 했는데	작다 먹다	작았어야 했는데 먹었어야 했는데
	부정	A	–지 않았어야 했는데	크다 작다	크지 않았어야 했는데 작지 않았어야 했는데
		V	–지 말았어야 했는데	가다 먹다	가지 말았어야 했는데 먹지 말았어야 했는데

가 어제 발표회는 잘 끝났어요?
昨日の発表会は無事に終わりましたか。

나 아니요, 발표회장이 시원**했어야** 했는데 더워서 그런지 중간에 나가 버리는 사람들이 많더라고요.
いいえ。発表会場が涼しかったらよかったのに、暑かったせいか、途中で出て行ってしまう人たちが多かったんです。

가 이사한 집이 너무 문제가 많다면서요?
引っ越しをした家が、問題がとても多いそうですね。

나 네, 집을 계약하기 전에 꼼꼼하게 살펴**봤어야** 했는데 집이 좋아 보여서 그러지 않았어요.
はい。契約する前に細かく見るべきだったのに、よさそうに見えたのでそうしませんでした。

가 김 대리, 왜 이렇게 보고서에 틀린 게 많지요?
金代理、どうしてこんなに報告書に間違いが多いんですか。

나 죄송합니다. 제가 다시 한번 검토를 **했어야** 했는데 안 했더니 틀린 게 많은 것 같습니다.
すみません。再検討すべきだったのに、しなかったので、間違いが多いようです。

더 알아볼까요?

'-았/었어야 했는데'는 문장 뒤에 쓸 수도 있습니다. 이때는 뒤에 나오는 이야기를 생략해서 말하는 것입니다.
-았/었어야 했는데は、文末に使うこともできます。この場合は、後ろに来る話を省略して述べるものです。

가 아이들에게 줄 크리스마스 선물 샀어요?
子どもたちにあげるクリスマスプレゼント、買いましたか。

나 아니요, 오늘 가니까 선물이 다 팔렸더라고요. 미리 사러 갔어야 했는데…….
いいえ。今日行ったら、プレゼントが売り切れてました。前もって買いに行くべきだったのに……。

: '사러 갔어야 했는데' 다음에 '미리 안 간 것이 후회돼요.' 혹은 '어떡하죠?' 등의 말이 생략되어 있습니다.
사러 갔어야 했는데の次に、미리 안 간 것이 후회돼요.あるいは어떡하죠?等のことばが省略されています。

비교해 볼까요?

'-(으)ㄹ 걸 (그랬다)'와 '-았/었어야 했는데'는 비슷하게 사용되지만 다음과 같은 면에서 차이가 있습니다.
-(으)ㄹ걸 (그랬다)と-았/었어야 했는데は同じように使用されますが、次のような違いがあります。

-(으)ㄹ 걸 그랬다	-았/었어야 했는데
어떤 것을 하는 것이 더 좋았겠다는 아쉬움을 표현합니다. あることをしたほうがよかっただろうという残念さを表現します。	어떤 것을 꼭 해야 했는데 하지 않았다는 데서 오는 후회나 아쉬움을 표현합니다. あることをすべきだったのにしなかったというところから来る後悔や残念さを表現します。

• 어제 컴퓨터를 하느라 늦게 잤더니 하루 종일 피곤해요. 어제 일찍 잘 걸 그랬어요. 昨日コンピューターをしていて遅く寝たら、一日じゅう疲れています。昨日、早く寝ればよかったです。 → 어제 일찍 자는 편이 더 좋았겠다는 아쉬움을 표현합니다. 昨日、早く寝たほうがもっとよかったという残念さを表現します。	• 어제 컴퓨터를 하느라 늦게 잤더니 발표할 때 실수를 많이 했어요. 어제 일찍 잤어야 했는데……. 昨日コンピューターをしていて遅く寝たら、発表するときミスをたくさんしました。昨日、早く寝るべきだったのに……。 → 어제 꼭 일찍 자야 했는데 그렇게 하지 않은 것을 후회합니다. 昨日、必ず早く寝なければならなかったが、そうしなかったことを後悔しています。

대화를 만들어 볼까요?

Track 179

1 가 주말에 여행 잘 다녀오셨어요?

나 아니요, 편한 신발을 신고 갔어야 했는데 높은 구두를 신고 가서 힘들었어요.

주말에 여행 잘 다녀오다	편한 신발을 신고 가다 / 높은 구두를 신고 가서 힘들다
어제 집들이 잘하다	음식을 맵지 않게 만들다 / 너무 매워서 친구들이 못 먹다
어제 면접 볼 회사에 잘 찾아가다	미리 회사 위치를 찾아보고 가다 / 길을 잘 못 찾아서 30분이나 지각하다

2 가 시험공부 많이 했어?

나 아니, 영화를 보다가 못 했어. 어제 영화를 보지 말았어야 했는데…….

Tip
수준에 맞다 レベルに合う

시험공부 많이 하다	영화를 보다가 못 하다 / 어제 영화를 보지 말다
동현 씨에게 연락하다	연락처를 몰라서 못 하다 / 연락처를 휴대 전화에 저장해 두다
지난번에 산 책을 다 읽다	너무 어려워서 못 읽다 / 내 수준에 맞는 책을 고르다

연습해 볼까요?

1 '-았/었어야 했는데'를 사용해서 다음 대화를 완성하세요.

(1) 가 감기에 걸리셨네요 (따뜻하게 입다)
나 네, 어제 옷을 따뜻하게 입었어야 했는데 얇게 입고 나갔더니 감기에 걸렸어요.

(2) 가 세일하는 냉장고를 사러 간다고 하더니 그냥 왔네요. (가다)
나 어제 ____________________ 오늘 갔더니 다 팔렸더라고요.

(3) 가 어제 왜 약속에 안 나왔어요? 1시간이나 기다렸잖아요. (미리 연락하다)
나 미안해요. 못 간다고 ____________________ 깜빡 잊어버렸어요.

(4) 가 여보, 어떻게 하지요? 친구들이 갑자기 집에 온대요. (집을 청소하다)
나 진짜요? 어제 ____________________ 안 했더니 너무 지저분해요.

2 '-았/었어야 했는데'를 사용해서 다음 대화를 완성하세요.

(1) 가 아내가 화가 많이 났다면서요? (달력에 표시하다)
나 네, 제가 결혼기념일을 잊어버렸거든요. 결혼기념일을 달력에 표시했어야 했는데.

(2) 가 마크 씨, 어제 체했었다면서요? (과식을 하지 말다)
나 네, 어제 저녁에 너무 많이 먹었거든요. ____________________.

(3) 가 어제 설명회 때 분위기가 안 좋았다면서요? (영어로 설명을 하다)
나 네, 제가 외국인들에게 한국말로 제품에 대해 설명을 했었거든요.
____________________.

(4) 가 리사 씨가 아까 너 때문에 당황했었다고 하더라. (개인적인 질문을 하지 말다)
나 응, 내가 리사 씨에게 월급이 얼마냐고 물어봤거든. ____________________.

(5) 가 은행에서 돈을 못 찾았어요? (5시 전에 가다)
나 네, 가니까 문이 닫혔더라고요. ____________________.

25장 확인해 볼까요?

1 다음 밑줄 친 부분과 바꿔 쓸 수 있는 것을 고르세요.

가 민서 씨, 음식이 어때요?
나 <u>볶음밥을 먹을 걸 그랬어요.</u>

① 볶음밥보다 더 나아요 ② 볶음밥이 항상 맛있어요
③ 볶음밥만한 음식이 없어요 ④ 볶음밥을 먹는 편이 더 좋았겠어요

2 다음 밑줄 친 곳에 맞는 대답을 고르세요.

가 어제 부산에 내려가다가 자동차가 고장 났었다면서요?
나 네, ________________ 바빠서 못 했더니 이런 일이 생겼네요.

① 자동차가 얼마나 자주 고장이 나는지
② 부산에 갈 뿐만 아니라 포항도 가야 해서
③ 미리미리 자동차를 점검받았어야 했는데
④ 시간 있을 때 자동차를 알아봤어야 했는데

3 다음 중 밑줄 친 곳에 적당하지 <u>않은</u> 대답을 고르세요.

가 여보, 어제 우리 아이 돌잔치에 오신 분들에게 고맙다는 문자 보냈어요?
나 ________________________________.

① 미리 문자를 보낼 걸 그랬어요
② 그렇지 않아도 보내려던 참이에요
③ 잔치 끝나고 보내려고 했는데 깜빡했네요
④ 어젯밤에 보냈어야 했는데 정신이 없어서 잊어버렸네요

4 다음 중 밑줄 친 것 중 맞는 것을 찾으세요.

① 아침에 <u>일찍 출발했어야 했는데</u> 서둘렀다.
② 한자가 많아서 책이 어렵다. <u>책이 쉬울 걸 그랬다</u>.
③ 평소에 하지 않아서 일이 많이 밀렸다. <u>미리 준비했을걸</u>.
④ 친구한테 내일 올 수 있는지 <u>물어봤어야 했는데</u> 잊어버렸다.

5 다음 주어진 말을 사용해서 한 문장을 만드세요.

어제 등산을 가지 말다 / 비가 오다 / 가다 / 사고가 나고 말다
→ ( ).

습관과 태도를 나타낼 때
習慣と態度の表現

본 장에서는 어떤 사람의 습관이나 태도를 나타내는 말을 배웁니다. 여기에서 다루는 것들은 어떤 일을 습관처럼 반복할 때 사용하는 표현과 상대방에 대해 말하는 사람이 취하는 태도를 나타내는 표현들입니다. 본 장에 나오는 표현들은 중급에서 처음 나오는 것들로 잘 사용하면 좀 더 자연스러운 한국말을 구사할 수 있을 겁니다.

この章では、ある人の習慣や態度を表すことばを学びます。ここで扱うのは、何かを習慣のように反復するときに使う表現と、相手に対して話し手が取る態度を表す表現です。この章に出て来る表現は、中級で初めて出て来るもので、うまく使用すれば、より自然な韓国語を駆使することができるでしょう。

01 –곤 하다
02 –기는요
03 –(으)ㄴ/는 척하다

01 –곤 하다

Track 180

가 점심인데 김밥 드세요?
昼ごはんなのに、のり巻きを召し上がってるんですか。

나 네, 시간이 없어서요. 시간이 없을 때는 일하면서 김밥을 먹곤 해요.
はい。時間がなくて。時間がないときは、仕事しながらのり巻きを食べたりします。

가 인터넷이 참 좋아졌지요?
インターネットが本当によくなったでしょう。

나 네, 예전에는 인터넷이 갑자기 끊기곤 했는데 이젠 그런 일이 거의 없어요.
はい。以前はインターネットが急に切れたりしたのに、そんなことはもうほとんどありません。

문법을 알아볼까요?

이 표현은 어떤 일이 반복되어 일어날 때 혹은 어떤 사람이 어떤 행동을 반복적으로 하거나 습관처럼 자주 할 때 사용합니다. '곧잘', '자주', '가끔' 등의 말과 자주 쓰이며 '–고는 하다'로 쓸 수도 있습니다.

この表現は、あることが繰り返し起こるとき、ある人がある行動を繰り返すときや習慣のように頻繁に行うときに使います。곧잘、자주、가끔等のことばとよく使われ、–고는 하다の形で使うこともできます。

–곤 하다				
V	과거	–곤 했다	가다 먹다	가곤 했다 먹곤 했다
	현재	–곤 하다	가다 먹다	가곤 하다 먹곤 하다

가 남편이 집에서 가끔 요리를 하시나요?
ご主人が家でときどき料理をなさいますか。

나 네, 주말에는 남편이 요리를 하곤 해요.
はい。週末には夫が料理をしたりします。

가 복사기에 종이가 또 걸렸네요.
コピー機にまた紙が詰まりました。

나 복사를 한꺼번에 많이 하면 종이가 걸리곤 해요. 조금 이따가 다시 해 보세요.
一度にたくさんコピーをすると、紙が詰まったりします。少ししてから、またしてみてください。

가 어렸을 때는 성격이 어땠어요?
子どものころは、性格はどうでしたか。

나 수줍음을 많이 탔었어요. 그래서 별일 아닌데도 얼굴이 빨개지고는 했어요.
とても恥ずかしがりやでした。それで、大したことじゃないのに、顔が赤くなったりしました。

더 알아볼까요?

1 '–곤 하다' 앞에는 동사만 올 수 있습니다.
–곤 하다の前には、動詞のみ来ることができます。

- 그 여자는 가끔 예쁘곤 했다. (×) → 그 여자는 가끔 예뻐 보이곤 했다. (○)

2 '–곤 하다'는 어떤 일을 습관처럼 자주 한다는 뜻이기 때문에 예외 없이 항상 해야 하는 일에 사용하면 이상합니다.
–곤 하다は、あることを習慣的によくするという意味なので、例外なく常にしなければならないことに使うと不自然です。

- 학교 수업은 매일 9시에 시작하곤 해요. (×) → 학교 수업은 매일 9시에 시작해요. (○)
  : 수업은 항상 9시에 예외 없이 시작하기 때문에 '–곤 하다'를 쓸 수 없습니다.
  授業はいつも9時に例外なく始まるため、–곤 하다を使うことができません。

3 또한 '–곤 하다'는 반복될 수 없는 상황과 어느 정도 지속이 되는 상황에서는 사용할 수 없습니다.
または、–곤 하다は、反復されない状況やある程度持続する状況では使えません。

- 제니는 3년 전에 고등학교를 졸업하곤 했어요. (×) → 제니는 3년 전에 고등학교를 졸업했어요. (○)
  : 고등학교를 졸업한 것은 한 번이고 그 이후로 고등학교를 졸업하는 일이 상식적으로 없으므로 '–곤 하다'를 사용할 수 없습니다.
  高校を卒業したのは1回で、その後に高校を卒業することは常識的にないため、–곤 하다を使えません。
- 고등학교 때 그 가수를 좋아하곤 했어요. (×) → 고등학교 때 그 가수를 좋아했어요. (○)
  : 습관처럼 그 가수를 좋아했다 안 했다가 할 수 없으므로 사용할 수 없습니다.
  習慣的にその歌手が好きだった、好きではなかったと言えないため、使えません。
- 5년 동안 이 회사에서 일하곤 했어요. (×) → 5년 동안 이 회사에서 일했어요. (○)
  : 5년 동안 그 회사를 그만두고 나서 다시 일하는 경우를 반복할 수 없으므로 사용할 수 없습니다.
  5年間その会社をやめて再び働くということを反復することができないため、使えません。

대화를 만들어 볼까요?

Track 181

1 가 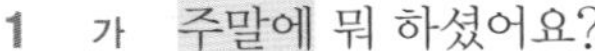
주말에 뭐 하셨어요?

나 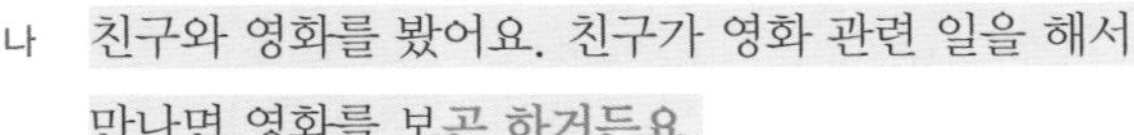
친구와 영화를 봤어요. 친구가 영화 관련 일을 해서 만나면 영화를 보곤 하거든요.

Tip 관련 関連

주말에	친구와 영화를 보다 / 친구가 영화 관련 일을 해서 만나면 영화를 보다
추석 때	가족들과 만두를 만들다 / 가족들이 만두를 좋아해서 모이면 만두를 만들다
지난 연휴 때	미술관에 갔다 오다 / 그림에 관심이 많아서 시간이 있으면 미술관에 가다

2 가 세훈아, 우리 학교 다닐 때 생각이 나?

나 그럼, 학교 잔디밭에 앉아 밤새도록 이야기하곤 했잖아. 그때가 그립다.

Tip 잔디밭 芝生

세훈아 / 학교 다니다	학교 잔디밭에 앉아 밤새도록 이야기하다
여보 / 연애하다	당신이랑 이야기하고 싶어서 새벽까지 통화하다
밀라 씨 / 뉴욕에서 살다	유명한 뮤지컬을 보려고 몇 시간씩 기다리다

연습해 볼까요?

1 '–곤 하다'를 사용해서 같은 뜻이 되도록 다음 문장을 바꾸세요.

(1) 비가 오는 날에는 그 사람이 자주 생각나요.

→ 비가 오는 날에는 그 사람이 생각나곤 해요.

(2) 방학 때는 시골 할아버지 댁에 자주 갔어요.

→

(3) 스트레스를 받으면 나쁜 꿈을 가끔 꿔요.

→

(4) 어릴 때는 친구들과 야구를 많이 했어요.

→

2 다음 그림을 보고 [보기]에서 알맞은 단어를 골라 '-곤 하다'를 사용해서 대화를 완성하세요.

보기 보다 읽다 가다 듣다 밤을 새우다 먹다

(1) 가 고향에 있을 때 어떤 TV 프로그램을 봤어요?
나 저는 마음껏 웃을 수 있는 오락 프로그램을 보곤 했어요.

(2) 가 시간이 있으면 뭐 하세요?
나 패션에 관심이 많아서 패션쇼에 ____________.

(3) 가 고향 친구들을 만나면 뭐 하세요?
나 고향 음식이 그리워서 고향 음식을 만들어 ____________.

(4) 가 요즘 읽으시는 소설책이 있으세요?
나 아니요, 학교 다닐 때는 곧잘 소설책을 ____________ 요즘에는 통 시간에 없네요.

(5) 가 기분이 안 좋을 때는 뭐 하세요?
나 그럴 때는 신나는 음악을 ____________. 듣고 나면 기분이 좀 나아지거든요.

(6) 가 많이 피곤해 보이시는데 어제도 밤을 새우신 거예요?
나 네, 젊었을 때는 일하다가 곧잘 ____________ 요즘은 하룻밤만 새워도 너무 피곤하네요.

02 -기는요

Track 182

가 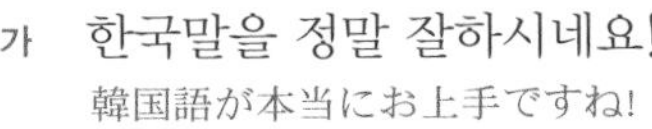
한국말을 정말 잘하시네요!
韓国語が本当にお上手ですね!

나 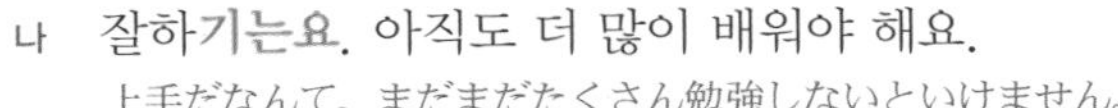
잘하기는요. 아직도 더 많이 배워야 해요.
上手だなんて。まだまだたくさん勉強しないといけません。

가 어제 영화 재미있었어요?
昨日、映画おもしろかったですか。

나 재미있기는요. 보다가 졸았어요.
おもしろいなんて。見ていて眠くなりました。

문법을 알아볼까요?

이 표현은 상대방의 말을 가볍게 반대하거나 반박할 때 사용합니다. 다른 사람이 칭찬을 했을 때 이 표현을 사용해 대답하면 겸손한 태도를 보여주는 것이 됩니다. '-긴요'로도 말할 수 있습니다.

この表現は、相手のことばに軽く反対したり反駁したりするときに使います。ほかの人がほめたときにこの表現を使って答えると、謙遜した態度を見せることになります。-긴요と言うこともできます。

-기는요			
A/V	-기는요	가다 좋다	가기는요 좋기는요
N	(이)기는요	친구이다 학생이다	친구기는요 학생이기는요

가 여러 가지로 도와주셔서 고맙습니다.
いろいろと助けてくださって、ありがとうございます。

나 고맙기는요. 오히려 제가 도움을 받았는데요.
ありがたいだなんて。むしろ私のほうが助けられましたよ。

가 주영 씨는 이제 과장이지요?
チュヨンさんはもう課長でしょう。

나 과장**이기는요**. 아직도 평사원이에요. 승진하려면 멀었어요.
課長だなんて。まだ平社員です。昇進するにはまだまだですよ。

가 주말에 잘 쉬었어요?
週末にゆっくり休みましたか。

나 잘 쉬**긴요**. 조카들이 놀러 와서 정신이 하나도 없었어요.
ゆっくり休むなんて。甥たちが遊びに来て、まったく落ち着けませんでした。

더 알아볼까요?

이 표현은 '−았/었−' 이나 '−겠−'과 같이 시제를 나타내는 말과 쓸 수 없습니다.
この表現は、−았/었−や−겠−のように時制を表すことばとは使うことができません。

가 외국에서 살 때 힘들었어요?
나 힘들었기는요. (×) → 힘들기는요. (○)

가 내일 시험이 어렵겠죠?
나 어렵겠기는요. (×) → 어렵기는요. (○)

대화를 만들어 볼까요?

Track 183

1 가 한국에 오신 지 얼마 안 되었는데 한국 문화를 잘 아시네요.
나 잘 알**기는요**. 몰라서 실수할 때가 많은데요.

한국에 오다 / 한국 문화를 잘 알다	잘 알다 / 몰라서 실수할 때가 많다
중국어를 시작하다 / 중국어가 유창하다	유창하다 / 겨우 알아듣고 대답하는 수준이다
한국 음식을 배우다 / 음식 솜씨가 좋다	좋다 / 요리책을 보고 하면 누구나 할 수 있는 거다

2 가 수현 씨 딸은 공부를 잘하지요?
나 잘하**기는요**. 공부는 안 하고 놀기만 해서 걱정이에요.

가려 먹다 食べ物をえり好みする

딸은 공부를 잘하다	잘하다 / 공부는 안 하고 놀기만 해서 걱정이다
아들은 편식을 안 하다	안 하다 / 음식을 하도 가려 먹어서 속상하다
남편은 집안일을 좀 도와주다	도와주다 / 집에 오면 텔레비전만 봐서 짜증나다

연습해 볼까요?

1 '-기는요'를 사용해서 다음 대화를 완성하세요.

(1) 가 승현 씨는 성실한가요?
나 성실하기는요. 매일 지각하고 근무 시간에도 전화만 하는데요.

(2) 가 마리 씨, 회사 생활이 힘들지요?
나 ________________. 동료들이 잘 도와줘서 하나도 힘들지 않아요.

(3) 가 이제 중요한 발표가 끝나서 좀 한가하지요?
나 ________________. 다음 주에 출장이 있어서 준비하느라고 정신이 없어요.

(4) 가 커피숍에 갔다 올까? 아직 시간이 많이 남았는데.
나 ________________. 10분 후에 영화가 시작하는데.

(5) 가 기다리게 해서 죄송해요.
나 ________________. 저도 방금 왔어요.

2 '-기는요'를 사용해서 아래 '경민'과 '도희'의 대화를 완성하세요.

> 오늘은 경민 씨가 회사 면접을 보는 날이다. 면접 때문에 걱정이 돼서 밤에 잠을 잘 못 잤다. 면접을 보러 회사에 도착하니 100명도 넘는 사람들이 면접을 보러 와 있었다. 많은 사람들을 보니까 긴장이 돼서 면접 때 너무 떨렸다. 말도 더듬거렸다. 면접이 끝나고 소개팅을 하기로 했는데 면접이 늦게 끝나서 소개팅에 1시간이나 늦었다. 소개팅 장소에 도착하니까 여자는 화가 나서 먼저 가고 친구만 남아 있었다.

도희 경민 씨, 오늘 면접 봤지요? 어제 잘 잤어요?
경민 (1)잘 자기는요. 걱정이 돼서 한숨도 못 잤어요.
도희 그랬군요. 면접 보러 온 사람들은 별로 많지 않았지요?
경민 (2)________________. 면접자들이 100명도 넘었어요.
카일리 정말이요? 하지만 그동안 면접 연습을 잘했으니까 면접 때 안 떨렸지요?
경민 (3)________________. 너무 떨려서 말도 더듬거렸어요.
도희 참, 면접 끝나고 소개팅한다고 했지요? 약속에 늦지 않았어요?
경민 (4)________________. 한 시간이나 늦었어요.
도희 그래요? 그럼 여자가 한 시간 동안 경민 씨를 기다렸어요?
경민 (5)________________. 도착하니까 제 친구만 있더라고요.

03 -(으)ㄴ/는 척하다

Track 184

가 아까 넘어졌을 때 아프지 않았어요?
さっき転んだとき、痛くなかったんですか。

나 정말 아팠어요. 하지만 사람들이 보고 있어서 아프지 않은 척했어요.
本当に痛かったです。でも、みんなが見ていたので、痛くないふりをしました。

가 얘기하다가 왜 갑자기 자는 척해요?
話している途中で、どうして急に寝たふりするんですか。

나 쉿, 저기 앞에 할아버지가 걸어오시잖아요. 오늘은 좀 피곤해서 자리를 양보 못 하겠거든요.
シッ、あっちのほうから、おじいさんが歩いて来てるじゃないですか。今日はちょっと疲れていて、席を譲れないんです。

문법을 알아볼까요?

이 표현은 사실과 반대가 되는 거짓의 행동을 하거나 그러한 상태를 말할 때 사용합니다. '-(으)ㄴ/는 척하다' 앞에는 사실과 반대가 되는 내용이 옵니다.

この表現は、事実に反する嘘の行動やそのような状態を言うときに使います。-(으)ㄴ/는 척하다の前には、事実と反対の内容が来ます。

-(으)ㄴ/는 척하다				
A		-(으)ㄴ 척하다	나쁘다 작다	나쁜 척하다 작은 척하다
V	과거	-(으)ㄴ 척하다	가다 먹다	간 척하다 먹은 척하다
	현재	-는 척하다	가다 먹다	가는 척하다 먹는 척하다
N	N이다	인 척하다	의사이다 선생님이다	의사인 척하다 선생님인 척하다

- 마음에 들지 않는 사람들하고 애기하면서 기분이 좋은 척하느라고 정말 힘들었어요.
  気に入らない人たちと話していて気分のいいふりするのは、本当に大変でした。
- 제 친구는 항상 다른 사람들 앞에서 아는 척하기를 좋아해요.
  私の友だちはいつも、ほかの人たちの前で知ったかぶりをするのが好きです。
- 수진 씨는 부자가 아닌데도 친구들 앞에서 항상 부자인 척하면서 돈을 많이 써요.
  スジンさんは金持ちじゃないのに、友人たちの前でいつも、金持ちのふりをしてお金をたくさん使います。

더 알아볼까요?

1 '알다'의 경우 과거형으로 사용하면 어색한 문장이 됩니다.
알다の場合、過去形で使うと不自然な文になります。

- 나는 잘 알지도 못하면서 안 척하는 사람이 제일 싫어요. (×)
  → 나는 잘 알지도 못하면서 아는 척하는 사람이 제일 싫어요. (○)

2 이 표현을 과거 상황에서 사용하는 경우, 실제로 하지 않았는데 한 것처럼 행동했을 때는 '-(으)ㄴ 척했다'를, 실제로는 하지 않으면서 하고 있는 것처럼 행동했을 때는 '-는 척했다'를 사용합니다.
この表現を過去の状況で使う場合、実際はしなかったのにしたふりをしたときは-(으)ㄴ 척했다を、実際はしなかったのにしているふりをしたときは-는 척했다を使います。

- 음식이 부족한 것 같아서 저녁을 먹은 척했어요.
  : 실제로 먹지 않았는데 먹은 것처럼 행동했다는 뜻입니다.
  実際には食べなかったが、食べたふりをしたという意味です。
- 다이어트를 하고 있어서 음식을 먹는 척했어요.
  : 실제로 먹지 않으면서 먹고 있는 것처럼 행동했다는 뜻입니다.
  実際には食べていないが、食べているふりをしたという意味です。

3 이 표현은 아무 제약 없이 '-(으)ㄴ/는 체하다'로 바꿔 쓸 수 있습니다.
この表現は、何の制約もなく-(으)ㄴ/는 체하다と言い換えることができます。

- 이 대리님은 사장님 앞에서만 열심히 일하는 척합니다.
  = 이 대리님은 사장님 앞에서만 열심히 일하는 체합니다.

대화를 만들어 볼까요?

Track 185

1 가 어떤 남자가 싫어요?
나 똑똑하지 않으면서 여자들 앞에서 똑똑한 척하는 남자요.

남자	똑똑하지 않으면서 여자들 앞에서 똑똑하다 / 남자
여자	여자들 앞에서는 안 그러면서 남자들 앞에서만 친절하다 / 여자
동료	별로 바쁘지 않으면서 해야 할 일이 생기면 바쁘다 / 동료

2 가 별로 만나고 싶지 않은 사람을 우연히 만나면 어떻게 해요?

나 그럴 때는 보고도 못 본 척하고 지나가요.

만나고 싶지 않은 사람을 우연히 만나다	보고도 못 봤다 / 지나가다
듣고 싶지 않은 이야기를 하는 친구가 있다	다른 약속이 있다 / 자리를 피하다
마시고 싶지 않은 술을 계속 권하는 상사가 있다	배가 아프다 / 술잔을 안 받다

연습해 볼까요?

1 '-(으)ㄴ/는 척하다'를 사용해서 다음 문장을 바꾸세요.

(1) 친구가 돈을 빌려 달라고 하는데 빌려주기가 싫었다. (돈이 없다)
→ 친구가 돈을 빌려 달라고 해서 돈이 없는 척했어요.

(2) 친구들 모임이 있는데 나가기가 싫었다. (갑자기 급한 일이 생기다)
→ 친구들 모임에 나가기 싫어서 ________________.

(3) 오토바이 사고가 나서 많이 다쳤다. (괜찮다)
→ 많이 다쳤지만 부모님께서 걱정하실까 봐 ________________.

(4) 그 사람이 하는 한국말이 너무 빨라서 못 알아들었어요. (알아듣다)
→ 못 알아들었지만 창피해서 ________________.

2 '-(으)ㄴ/는 척하다'를 사용해서 다음 대화를 완성하세요.

(1) 가 저 사람을 알아요? (알다)
나 아니요, 누군지 잘 모르겠는데 민망해할까 봐 그냥 아는 척했어요.

(2) 가 형, 저녁을 그렇게 먹고 또 먹어? (배가 고프다)
나 엄마가 밥을 차려 놓으셔서 ________________ 어쩔 수 없이 또 먹는 거야.

(3) 가 강의가 지루할 때는 어떻게 해요? (열심히 듣다)
나 ________________ 머릿속으로는 다른 생각을 해요.

(4) 가 학교 다닐 때 부모님께 성적표를 모두 보여 드렸어요? (안 받다)
나 아니요, 시험을 못 봤을 때는 성적표를 받았는데도 ________________.

26장 확인해 볼까요?

〔1~2〕 다음 밑줄 친 부분과 바꿔 쓸 수 있는 것을 고르세요.

1 미국 사람이 영어로 말했는데 그 사람 말을 다 이해하는 척했어요.

① 이해했어요 ② 이해할 뻔했어요
③ 이해할지도 몰라요 ④ 이해하는 것처럼 행동했어요

2
가 동수 씨는 요즘 열심히 공부하나요?
나 열심히 공부하기는요.

① 열심히 공부해요 ② 열심히 공부하고 말고요
③ 열심히 공부하는 편이에요 ④ 전혀 열심히 공부하지 않아요

3 다음 중 밑줄 친 곳에 적당하지 않은 대답을 고르세요.

가 주말에 보통 뭐 하세요?
나 뮤지컬을 좋아해서 주말에는 친구들과 뮤지컬을 ____________.

① 보곤 해요 ② 자주 봐요
③ 볼걸 그랬어요 ④ 볼 때가 많아요

〔4~5〕 다음 밑줄 친 것 중 맞는 것을 찾으세요.

4
① 저는 이 초등학교를 4년 동안 다니곤 했어요.
② 고등학교 때 수진이는 항상 많이 안 척했어요.
③ 친구 말이 너무 지루했지만 열심히 듣는 척했어요.
④ 아침을 먹었기는요. 시간이 없어서 물만 마시고 나왔어요.

5
① 영주 씨는 학교 다닐 때 키가 크곤 했어요.
② 어렸을 때 시골 할머니 댁에 자주 놀러 가곤 해요.
③ 숙제를 안 했지만 혼날까 봐 숙제를 안 한 척했어요.
④ 점심을 안 먹었지만 돈이 없어서 밥을 먹은 척했어요.

付録

- 正解
- 대화를 만들어 볼까요? スクリプト
- 文法索引

正解

1장 추측과 예상을 나타낼 때

연습해 볼까요?

01 –아/어 보이다

(2) 커 보여요　(3) 날씬해 보여요
(4) 많아 보여요　(5) 어려워 보여요
(6) 좋아 보여요

02 –(으)ㄴ/는 모양이다

1 (2) 집 밖에 신문이 쌓여 있는 걸 보니 며칠 여행을 간 모양이에요.
(3) 하늘에 구름이 많이 끼어 있는 걸 보니 눈이 올 모양이에요.
(4) 극장에 사람이 많은 걸 보니 영화가 재미있는 모양이에요.
(5) 태준 씨의 얼굴 표정이 안 좋은 걸 보니 이번에도 승진을 못한 모양이에요.

2 (2) 편한 모양이에요　(3) 구입할 모양이에요
(4) 모은 모양이에요　(5) 고민인 모양이에요

03 –(으)ㄹ 텐데

1 (2) 배가 고플 텐데 이것 좀 드세요.
(3) 손님이 많이 올 텐데 음식을 얼마나 준비해야 하지요?
(4) 사토 씨가 보너스를 받았을 텐데 한턱내라고 해야겠어요.
(5) 인선 씨가 서울에 도착했을 텐데 이따가 연락해 볼까요?

2 (2) 영어를 잘할 텐데　(3) 저 옷은 작을 텐데
(4) 문을 닫았을 텐데　(5) 쉽지 않았을 텐데

04 –(으)ㄹ 테니까

1 (2) ⓐ – 내일은 많이 걸을 테니까 편한 신발을 신는 게 좋겠어요.
(3) ⓓ – 그 길은 복잡할 테니까 다른 길로 가는 게 어때요?
(4) ⓒ – 시험공부하느라 힘들었을 테니까 오늘은 푹 쉬세요.

2 (2) 무거울 테니까　(3) 사람이 많을 테니까
(4) 조금 이따가 점심을 먹을 테니까
(5) 일찍 출발했을 테니까
(6) 참석을 했을 테니까

05 –(으)ㄹ걸요

(2) 좁을걸요　(3) 깨끗하지 않을걸요
(4) 공사가 아직 안 끝났을걸요
(5) 마음에 들걸요

06 –(으)ㄴ/는/(으)ㄹ 줄 몰랐다(알았다)

1 (2) 수진 씨가 학생인 줄 몰랐어요. 학생이 아닌 줄 알았어요.
(3) 두 사람이 헤어진 줄 몰랐어요. 계속 사귀는 줄 알았어요.
(4) 란란 씨가 미국에 간 줄 몰랐어요. 한국에 있는 줄 알았어요.

2 (2) 먹은 줄 알았어요　(3) 자매인 줄 몰랐어요
(4) 막힐 줄 알고

07 –(으)ㄹ지도 모르다

(2) 못 올지도 모르니까
(3) 상할지도 몰라요
(4) 안 나오실지도 모르니까
(5) 놓고 갔을지도 몰라요

확인해 볼까요?

1 ②　2 ④　3 ③　4 ③　5 ①
6 ③ (① → 봤을지도 몰라요 ② → 눈이 올 줄 알았어요 ④ → 재미있는 모양이에요)

2장 대조를 나타낼 때

연습해 볼까요?

01 –기는 하지만, –기는 –지만

1 (2) 연락해 보기는 했지만
(3) 보고 싶기는 하지만
(4) 알기는 하지만

2 (2) 부를 수 있는 한국 노래가 있기는 있지만
(3) 한국에서 텔레비전 드라마를 자주 보기는 보지만
(4) 고향에서도 한국어를 공부하기는 공부했지만

02 -(으)ㄴ/는 반면에

1 (2) 기능이 많은 반면에 (3) 노래는 잘하는 반면에
(4) 물가가 비싼 반면에 (5) 물건이 많은 반면에

2 (2) 채소는 잘 안 먹는 반면에
(3) 농구는 못하는 반면에
(4) 나는 잘 못하는 반면에
(5) 품질은 더 안 좋아진 반면에

03 -(으)ㄴ/는데도

1 (2) ⓒ - 친구가 잘못한 일인데도 사과를 안 해요.
(3) ⓐ - 평일인데도 극장에 사람이 많아요.
(4) ⓔ - 공부를 하지 않았는데도 성적이 좋아요.
(5) ⓓ - 자격증이 많은데도 취직하기가 어려워요.

2 (2) 커피를 마셨는데도 (3) 야근을 하는데도
(4) 추운데도 (5) 맞지 않는데도

확인해 볼까요?

1 ③ 2 ③ 3 ② 4 ④
5 ① (② → 슬프기는 슬펐지만 ③ → 만나기는 했지만
④ → 춥기는 하지만)
6 ② (① → 두꺼운 데 반해 ③ → 좋아하는 반면에
④ → 예쁜 반면에)

3장 서술체와 반말체

연습해 볼까요?

01 서술체

1 (2) 올여름에는 짧은 치마가 유행이었다.
(3) 한국 드라마를 보기 위해 한국어를 열심히
공부했다.
(4) 저 가수의 노래는 인기가 많을 것이다.
(5) 오늘은 휴일이기 때문에 학교에 가지 않는다.

2 (1) ② 내가 ③ 드라마다 ④ 만들어졌다
⑤ 내 ⑥ 같다 ⑦ 대단했다
⑧ 슬펐다 ⑨ 다행이었다 ⑩ 준비해야겠다
(2) ② 모인다 ③ 주신다 ④ 지낸다
(3) ② 한다 ③ 끝냈다 ④ 보였다
⑤ 때문이다 ⑥ 되었다
(4) ② 만든다 ③ 재워 둔다 ④ 굽는다
⑤ 맛있다 ⑥ 있다

02 반말체

1 (2) 가 현중아, 서영이 파티에 올 거니? / 올 거야?
나 아니, 못 갈 거 같아.
(3) 가 유리야, 이 우산 네 거니? / 거야?
나 아니, 내 거 아니야.
(4) 가 오늘은 높은 구두를 신지 마. / 마라.
나 왜? 오늘 많이 걸어야 돼?
(5) 가 오늘 점심에는 냉면을 먹자.
나 날씨가 추우니까 냉면을 먹지 말자.
(6) 가 선희야, 어제 민영이 만났니? / 만났어?
나 응, 만났어. 그런데 왜?

2 (2) 올 거야 (3) 내가 한턱낼게
(4) 먹고 싶어 (5) 먹으러 갈까
(6) 다이어트 중이지 (7) 먹지 말자
(8) 한식을 먹자 (9) 6시인가
(10) 와 (11) 만나 / 만나자

확인해 볼까요?

1 ② 2 ③
3 ④ (① → 되었다 ② → 쉽지 않다 ③ → 서투르기
때문이다)
4 ② (① → 보낸다 ③ → 나도 ④ → 많다)
5 ② (① 언니한테는 '너는' 이라고 하면 안 됨.
③ → 태민아 ④ → 내 지갑)

4장 이유를 나타낼 때

연습해 볼까요?

01 -거든요

(2) 좋아하시거든요 (3) 많거든요
(4) 싸거든요 (5) 못 가 봤거든요
(6) 가 보라고 했거든요

02 -잖아요

(2) 못 먹잖아요 (3) 갔다 왔잖아요
(4) 음악을 좋아하잖아요

03 -느라고

1 (2) 컴퓨터 학원에 다니느라고
(3) 아기를 보느라고
(4) 보고서를 마무리하느라고
(5) 남자 친구랑 통화하느라고

2 (2) 사느라고 (3) 생각하느라고
(4) 자느라고 (5) 치우느라고

04 -는 바람에

(2) 지하철에서 조는 바람에
(3) 이번 시험에서 F를 받는 바람에
(4) 면접 때 긴장하는 바람에
(5) 길에서 넘어지는 바람에
(6) 아버지 사업이 망하는 바람에
(7) 숙제하다가 잠이 드는 사람에
(8) 갑자기 배탈이 나는 바람에

05 -(으)ㄴ/는 탓에

1 (2) 자는 탓에 (3) 일어나는 탓에
(4) 늦는 탓에 (5) 벌지 못하는 탓에

2 (2) 난 탓에 (3) 취소한 탓에
(4) 심심했던 탓에 (5) 슬펐던 탓에
(6) 운 탓에

06 -고 해서

(2) 값이 싸고 해서 / 물건도 다양하고 집에서 가깝고 해서
(3) 값도 싸고 해서 / 먹기도 간편하고 시간도 없고 해서
(4) 날씨가 춥고 해서 / 외출하기도 귀찮고 영화도 보고 싶고 해서
(5) 회사가 멀기도 하고 / 교통이 불편하기도 하고 동네도 시끄러워서
(6) 친절하고 해서 / 직업도 괜찮고 얼굴도 잘생기고 해서

07 -(으)ㄹ까 봐

1 (2) ⓒ – 길이 막힐까 봐 지하철을 탔어요.
(3) ⓐ – 밤에 잠을 못 잘까 봐 공포 영화를 안 봐요.
(4) ⓔ – 다리가 아플까 봐 운동화를 신었어요.
(5) ⓓ – 수업에 방해가 될까 봐 휴대 전화를 꺼 놓았어요.

2 (2) 약속을 잊어버렸을까 봐
(3) 갑자기 비가 올까 봐
(4) 몸이 약해질까 봐
(5) 알람 소리를 못 들을까 봐

확인해 볼까요?

1 ① 2 ① 3 ② 4 ①
5 ③ (① → 늦게 만났어요 ② → 중고인 탓에 ④ → 밥을 못 먹은 것 같아요)
6 ④ (① → 일어나서 ② → 공부한 덕분에 ③ → 추울지도 모르니까/추울 것 같은데)

5장 다른 사람의 말이나 글을 인용할 때

연습해 볼까요?

01 -다고요?

(2) 금요일이라고요 (3) 연락하지 말라고요
(4) 먹고 싶다고요 (5) 추천해 달라고요
(6) 살자고요 (7) 가자고요
(8) 시작하냐고요 / 시작하느냐고요
(9) 피곤해 보인다고요 (10) 소개해 달라고요

02 -다고 하던데

(2) 베트남의 하롱베이가 아주 아름답다고 하던데
(3) 학생회관 3층으로 오라고 하던데
(4) 경주에 같이 놀러 가자고 하던데
(5) 놀이공원에 가고 싶다고 하던데
(6) 월요일에 쉰다고 하던데
(7) 자기 이상형이 은혜 씨라고 하던데

03 -다면서요?

1 (2) 강원도에 갔다 왔다면서요
(3) 군대에 간다면서요 (4) 바뀌었다면서요

2 (2) 가장 많이 내린 거라면서요
(3) 큰 불편을 겪고 있다면서요
(4) 걸렸다면서요 (5) 더 내릴 거라면서요

04 -다니요?

(2) 명동 매장에 가 보라니요
(3) 수경 씨를 사랑하는 것 같다니요
(4) 춤추러 가자니요
(5) 커피 한 잔에 20,000원이라니요

확인해 볼까요?

1 ③　2 ④　3 ①　4 ②
5 ② (① → 환불이 안 된다고요 ③ → 내일 시험이 어렵다고 하던데 ④ → 꼭 해야 되냐니요?)

6장 결심과 의도를 나타낼 때

연습해 볼까요?

01 −(으)ㄹ까 하다

(2) 친구 집에 놀러 갈까 해요
(3) 이사할까 해요
(4) 비행기를 탈까 해요
(5) 인삼을 살까 해요

02 −고자

1 (2) 좋은 서비스를 제공하고자
(3) 궁금한 것이 있어서 좀 여쭤보고자
(4) 더 좋은 물건이 있는지 찾아보고자
(5) 환전을 좀 하고자

2 (2) 한국에 있는 대학교에 진학하고자 합니다
(3) 돕고자 합니다
(4) 외국으로 유학을 가고자 합니다
(5) 고향의 유명한 음식에 대해서 소개하고자 합니다

03 −(으)려던 참이다

1 (2) 운동을 하려던 참이야
(3) 컴퓨터를 끄려던 참이에요
(4) 택시를 타려던 참에
(5) 이사하려던 참에

2 (2) 질문하려던 참이었어요
(3) 다른 친구에게 물어보려던 참이었어요
(4) 공책에 쓰려던 참이었어요
(5) 다음 방학에 가려던 참이었어요

04 −(으)ㄹ 겸 −(으)ㄹ 겸

1 (2) 소화도 시킬 겸 거리 구경도 할 겸
(3) 분위기도 바꿀 겸 청소도 할 겸
(4) 경제 공부도 할 겸 한국어 공부도 할 겸
(5) 긴장도 풀 겸 목도 부드럽게 할 겸

2 (2) 운동도 할 겸 여가 시간도 즐길 겸 해서 수영을 시작했어요
(3) 친구도 만날 겸 쇼핑도 할 겸 해서 백화점에 가려고 해요
(4) 일도 볼 겸 관광도 할 겸 해서 도쿄에 다녀왔어요
(5) 한국말도 배울 겸 한국 친구도 사귈 겸 해서 한국 친구와 언어 교환을 하고 있어요

05 −아/어야지요

1 (2) 한국 신문의 사설을 많이 읽어야지
(3) 운전면허를 따야지
(4) TOPIK 6급 시험에 합격해야지

2 (2) 모범을 보여야지요
(3) 들어 봐야지요
(4) 검토해야지요

확인해 볼까요?

1 ④　2 ①　3 ④　4 ①
5 ④ (① → 할까 합니다 ② → 배워 볼까 해요 ③ → 갈까 하는데)
6 ④ (① → 해 봐야지요 ② → 마시지 말아야지 ③ → 쉬어야지요)

7장 추천과 조언을 나타낼 때

연습해 볼까요?

01 −(으)ㄹ 만하다

1 (2) 가 볼 만해요　(3) 읽어 볼 만해요
(4) 살 만해요　(5) 먹을 만해요
(6) 존경을 받을 만해요　(7) 믿을 만해요
(8) 볼만해요

2 (2) 볼만해요　(3) 살 만한
(4) 먹어 볼 만해요　(5) 걸을 만해요

02 −도록 하다

1 (2) 주차장에 차를 세우도록 하세요
(3) 조심하도록 해
(4) 이번 주말까지 제출하도록 하세요
(5) 이사를 하도록 하세요

2 (2) 사적인 통화를 하지 말도록 하세요
(3) 늦지 말도록 하세요
(4) 먹지 말도록 하세요
(5) 사 가지 말도록 하세요

03 –지 그래요?

1 (2) 코미디 영화를 보지 그래요
(3) 공원에 가서 산책이라도 좀 하지 그래요
(4) 부모님께 말씀을 드리지 그래요
(5) 한국 친구를 좀 사귀지 그래요

2 (2) 창문을 좀 열지 그랬어요
(3) 조금만 먹지 그랬어요
(4) 공부를 열심히 하지 그랬어
(5) 먼저 사과를 하지 그랬어요

확인해 볼까요?

1 ① 2 ③ 3 ② 4 ①
5 ③ (① → 기침이 심하니까 ② → 땀이 많이 나면
④ → 눈이 많이 아프니까)
6 ② (① → 지각하지 말도록 하세요 ③ → 구경할 만한 곳이 많았어요 ④ → 입을 만해요)

8장 회상을 나타낼 때

연습해 볼까요?

01 –던

1 (2) 친구 아이가 가지고 놀던
(3) 어릴 때 자주 듣던

2 (2) 아이가 먹던 밥인데
(3) 아키라 씨가 찾던 열쇠인데

02 –더라고요

(2) 일본 사람인 것 같더라고요
(3) 작더라고요 (4) 매고 있더라고요
(5) 입고 있더라고요 (6) 이야기하더라고요
(7) 어울리더라고요

03 –던데요

1 (2) 12시까지 공부하던데요
(3) 조금 전에 자야 씨랑 같이 오던데요
(4) 아까 친구하고 같이 극장에 가던데요
(5) 분위기가 아주 좋던데요

2 (2) 어렵던데요 (3) 깨끗하던데요
(4) 키가 크던데요 (5) 잘하던데요

확인해 볼까요?

1 ① 2 ① 3 ④ 4 ①
5 ③ (① → 지난주에 가 봤던 공원에 갈까요?
② → 아까 제가 마시던 커피를 버렸어요?
④ → 떡볶이는 한국에 살 때 자주 먹던 음식이에요.)
6 ④ (① → 저는 어제 불고기를 안 먹었어요.
② → 그 이야기를 듣고 어머니께서 속상해하시더라고요. ③ → 제가 어제 아키라 씨 집에 가니까 벌써 고향에 갔더라고요.)

9장 피동을 나타낼 때

연습해 볼까요?

01 단어 피동 (–이/히/리/기–)

1 (2) 들려서 (3) 열려서

2 (2) 풀렸어요 (3) 걸려
(4) 막히지요 (5) 쓰여, 보여요

02 –아/어지다

1 (2) 깨져서 (3) 기다려져요

2 (2) 돈이 없어서 망설여져요
(3) 법이 잘 안 지켜져요

03 –게 되다

1 (2) 만나게 되었어요 (3) 선택하게 되었어요
(4) 하게 되었어요 (5) 알게 되었어요

2 (2) 잃게 되었습니다 (3) 갖게 되었습니다
(4) 사랑하게 되었습니다
(5) 일하게 되었습니다

확인해 볼까요?

1 ② 2 ② 3 ② 4 ①
5 ③ (① → 먹고 있어요 ② → 닫혔어요 ④ → 살게 되었어요)
6 ② (→ 꽂혀 있어요)

10장 사동을 나타낼 때

연습해 볼까요?

01 단어 사동 (-이/히/리/기/우/추-)

(2) 씻겨요　(3) 먹여요
(4) 입히, 씌워요　(5) 태워요
(6) 벗겨요　(7) 읽혀요
(8) 재워요

02 -게 하다

(2) 행복하게 합니다
(3) 술을 못 마시게 하십니다
(4) 혼자 여행을 못 가게 하십니다
(5) 한국말로 이야기하게 하십니다
(6) 자기 옷을 못 입게 합니다
(7) 일찍 일어나게 합니다
(8) 기분 좋게 합니다

확인해 볼까요?

2 익혀야 할 것 같아요　**3** 죽이세요
4 운동하게 하세요　**5** 마시게 하는게 좋겠어요
6 ③ (① → 운전 못 하게 하세요 ② → 게임을 못 하게 해요 ④ → 일하게 했어요)
7 ① (② → 읽혔습니다 ③ → 먹이십니다 ④ → 웃었습니다)

11장 조건을 나타낼 때

연습해 볼까요?

01 -아/어야

1 (2) 이야기를 많이 해야 (3) 조금 더 작아야
(4) 협상을 해야　(5) 이번 달 월급을 타야

2 (2) 지원을 아끼지 말아야
(3) 라면을 먹지 말아야
(4) 맵지 않아야　(5) 춥지 않아야

02 -거든

1 (2) ⓓ – 이 약을 먹어도 낫지 않거든 병원에 꼭 가 보세요
(3) ⓐ – 비가 그치거든 바로 출발하세요
(4) ⓒ – 아직 식사를 안 했거든 같이 식사하러 갑시다

2 (2) 많이 바쁘거든　(3) 심심하거든
(4) 자꾸 기침이 나오거든
(5) 너무 졸리거든

확인해 볼까요?

1 ②　**2** ②　**3** ④　**4** ①　**5** ③　**6** ③

12장 추가를 나타낼 때

연습해 볼까요?

01 -(으)ㄹ 뿐만 아니라

1 (2) 음식이 맛있을 뿐만 아니라 가격도 싸서
(3) 잘 어울릴 뿐만 아니라 날씬해 보여요
(4) 자기 이야기만 할 뿐만 아니라 자랑도 많이 해서
(5) 무선 인터넷을 이용할 수 있을 뿐만 아니라 조용하기도 해서

2 (2) 부모님뿐만 아니라 친구들까지
(3) 노래뿐만 아니라 춤까지
(4) 주말뿐만 아니라 평일에도
(5) 학생일 뿐만 아니라 영어 선생님

02 -(으)ㄴ/는 데다가

1 (2) 글씨가 작은 데다가 한자도 많아서
(3) 젊은 사람들이 많은 데다가 공연도 많이 해서
(4) 날이 건조한 데다가 비도 오랫동안 안 와서
(5) 바지가 긴 데다가 신발도 높아서

2 (2) 일찍 일어난 데다가 할 일도 많아서
(3) 디자인이 세련된 데다가 앉아 보니까 편해서
(4) 10년이 넘은 데다가 엔진 상태도 안 좋아요
(5) 사고 싶은 물건이 있는 데다가 용돈도 필요해서

03 조차

(2) 부모님조차　(3) 옷조차
(4) 숨쉬기조차　(5) 마실 물조차
(6) 인사조차　(7) 인사말조차
(8) 전화번호조차

04 만 해도

1 (2) 우리 회사만 해도　(3) 청소만 해도
(4) 우리 부모님만 해도
(5) 고등학생인 제 조카만 해도

2 (2) 화장실에 가기 전만 해도
(3) 작년까지만 해도
(4) 얼마 전만 해도 (5) 학기 초만 해도

확인해 볼까요?

1 ② 2 ① 3 ③ 4 ③
5 ③ (① → 가수일 뿐만 아니라 ② → 나았을 뿐만 아니라 ④ → 저녁뿐만 아니라)
6 ① (② → 넘은 데다가 ③ → 있는 데다가 ④ → 온 데다가)

13장 도중을 나타낼 때

연습해 볼까요?

01 -는 길에

1 (2) 지나가는 길에 (3) 집에 돌아오는 길에
(4) 회사에 출근하는 길에
(5) 출장 가는 길에

2 (2) 돈을 찾으러 은행에 가는 길이에요
(3) 귀가 아파서 병원에 다녀오는 길이에요
(4) 친구의 연락을 받고 나가는 길이에요
(5) 산책하러 가는 길이에요

02 -다가

1 (2) 잠을 자다가 전화벨 소리가 나서
(3) 보다가 (4) 기다리다가

2 (2) 할까 말까 망설이다가
(3) 요리를 하다가 (4) 일하다가
(5) 세다가

확인해 볼까요?

1 ③ 2 ② 3 ② 4 ①
5 ③ (→ 일하는 도중에)
6 ① (동시에 진행되는 것임.)

14장 정도를 나타낼 때

연습해 볼까요?

01 -(으)ㄹ 정도로

1 (2) 못 알아볼 정도로
(3) 못 들을 정도로

2 (2) 머리가 아플 정도예요
(3) 모든 사람들이 놀랄 정도예요

02 만 하다

(2) 쥐꼬리만 해서 (3) 어른 팔뚝만 한
(4) 형만 한 (5) 트럭만 한

03 -(으)ㄴ/는/(으)ㄹ 만큼

1 (2) 최선을 다한 만큼 (3) 참을 수 없을 만큼
(4) 먹는 만큼 (5) 가지고 싶은 만큼

2 (2) 나이만큼 (3) 서울만큼
(4) 아키라 씨만큼 (5) 그것만큼

확인해 볼까요?

1 ② 2 ③ 3 ① 4 ② 5 ② (→ 낸 만큼)
6 ④ (① → 날아갈 정도로 ② → 풀 정도였어요 ③ → 배가 아플 정도로)

15장 선택을 나타낼 때

연습해 볼까요?

01 아무+(이)나 / 아무+도

1 (2) 아무 색깔이나
(3) 아무 음식이나 / 아무거나
(4) 아무에게나 / 아무한테나
(5) 아무 음식이나 / 아무거나

2 (2) 아무도
(3) 아무에게도 / 아무한테도
(4) 아무 데도 (5) 아무것도

02 (이)나

(2) 떡볶이나 (3) 영화나
(4) 다음 주쯤에나 (5) 친구나

03 (이)라도

1 (2) 흡연석 자리라도 (3) 식사라도
(4) 조금이라도 (5) 가까운 데라도

2 (2) 축구장에라도 갈래요
(3) 서울 시내 구경이라도 할래요
(4) 집에서 컴퓨터게임이라도 할래요

04 -든지 -든지

1 (2) 취소하든지 연기하든지
(3) 아침을 먹든지 늦잠을 자든지
(4) 이번 주에 하든지 다음 주에 하든지
(5) 청소를 하든지 밥상을 차리든지

2 (2) 키가 크든지 작든지
(3) 유학을 가든지 안 가든지
(4) 옆에 사람이 있든지 없든지
(5) 나가든지 조용히 있든지

05 -(으)ㄴ/는 대신에

1 (2) 취직하는 대신에 (3) 월급이 많은 대신에
(4) 월세가 싼 대신에 (5) 병원에 가는 대신에

2 (2) 현수가 컴퓨터게임 시간을 줄이는 대신 아버지는 최신 컴퓨터로 바꿔 주기로 하셨다
(3) 현수가 수학 과목에서 A를 받는 대신 아버지는 가족들과 롯데월드에 같이 가기로 하셨다
(4) 현수가 동생의 공부를 도와주는 대신 아버지는 비싼 운동화를 사 주시기로 하셨다

확인해 볼까요?

1 ① 2 ② 3 ② 4 ①
5 ② (→ 여행이나 할까 해요)
6 ② (→ 도서관에 가든지 영화를 보든지)

16장 시간이나 순차적 행동을 나타낼 때

연습해 볼까요?

01 만에

1 (2) 5년 만에 (3) 100년 만에
(4) 3년 만에 (5) 5일 만에

2 (2) 예약을 시작한 지 9시간 만에
(3) 표를 팔기 시작한 지 30분 만에
(4) 남자 친구와 사귄 지 10년 만에 결혼한대요
(5) 병원에 입원한 지 5일 만에 퇴원했대요

02 -아/어 가지고

(2) 의자에 앉아 가지고 (3) 은혜 씨를 만나 가지고
(4) 삶아 가지고 (5) 돈을 많이 모아 가지고
(6) 갑자기 좋은 생각이 나 가지고

03 -아/어다가

(2) 유럽에서 가방을 수입해다가
(3) 중국집에서 시켜다가
(4) 냉장고에서 야채를 꺼내다가
(5) 부엌에서 씻어다가 (6) 엄마가 만들어다가
(7) 친구에게 DVD를 빌려다가
(8) 큰 물고기를 잡아다가

04 -고서

(2) 아빠가 저를 업고서
(3) 화를 내고서 (4) 항상 손을 씻고서
(5) 다니던 회사를 그만두고서
(6) 무거운 짐을 들고서
(7) 일을 먼저 끝내고서 식사할 거예요
(8) 대학교를 졸업하고서 유럽 배낭여행을 했어요

확인해 볼까요?

1 ③ 2 ② 3 ② 4 ③
5 ① (② → 만들어다가 ③ → 사 가지고 ④ → 2시간 만에)
6 ①

17장 발견과 결과를 나타낼 때

연습해 볼까요?

01 -고 보니

1 (2) 버스에 타고 보니 지갑이 없더라고요
(3) 책을 사고 보니 같은 책이 집에 있더라고요
(4) 가게에서 나오고 보니 거스름돈을 덜 받았더라고요
(5) 편지를 다 쓰고 보니 내용이 너무 유치하더라고요

2 (2) 받고 보니 (3) 넣고 보니
(4) 운전을 시작하고 보니 (5) 졸업하고 보니

02 -다 보니

(2) 중국어로 얘기하다 보니
(3) 운동하다 보니 (4) 술을 많이 마시다 보니

03 -다 보면

1 (2) 컴퓨터게임을 하다 보면
(3) 천천히 걷다 보면 (4) 슬픈 영화를 보다 보면
(5) 일을 열심히 하다 보면

2 (2) 외국 생활을 오래하다 보면
(3) 계속 책을 읽다 보면
(4) 노래방에 가서 노래를 부르다 보면
(5) 한국에서 계속 살다 보면

04 -더니

1 (2) 열심히 노력하더니 (3) 영어 학원에 다니더니
(4) 남자 친구가 생기더니
(5) 몇 시간 놀더니

2 (2) 카일리 씨가 결혼 전에는 요리를 잘 못하더니 결혼하고 나서는 요리를 잘하게 되었어요
(3) 웨이밍 씨가 외국 생활을 하기 전에는 수줍음을 많이 타더니 외국 생활을 하고 나서는 적극적이고 활발한 사람이 되었어요
(4) 아키라 씨가 고등학교 때는 록 음악을 좋아하더니 대학교를 졸업하고 나서는 발라드 음악을 좋아해요

05 -았/었더니

1 (2) ⓐ - 친구를 오래간만에 만났더니 얼굴을 못 알아보겠더라고요
(3) ⓓ - 밤늦게 가게에 갔더니 문이 닫혀 있었어요
(4) ⓒ - 외박을 했더니 아내가 화를 냈어요

2 (2) 등록금을 냈더니 (3) 아침을 늦게 먹었더니
(4) 서점에 갔더니 (5) 어제 늦게 잤더니
(6) 푹 잤더니

06 -다가는

1 (2) 이렇게 라면을 많이 먹다가는
(3) 이렇게 학교에 안 오다가는
(4) 이렇게 매일 술을 마시다가는
(5) 이렇게 회사 일을 대충하다가는

2 (2) 그렇게 음악을 크게 듣다가는
(3) 그렇게 담배를 많이 피우다가는
(4) 그렇게 매일 국제 전화를 하다가는

07 -(으)ㄴ/는 셈이다

1 (2) 명소는 다 가 본 셈이에요
(3) 끝난 셈이에요 (4) 오르지 않은 셈이에요

2 (2) 하는 셈이에요 (3) 잘 본 셈이네요
(4) 거의 안 하는 셈이에요

확인해 볼까요?

1 ① 2 ④ 3 ② 4 ②
5 ③ (① → 갔더니 ② → 먹다 보니(까) ④ → 일하면)
6 외국인을 자주 만나다 보면 자연스럽게 말이 나올 테니까 걱정하지 마세요

18장 상태를 나타낼 때

연습해 볼까요?

01 -아/어 놓다

(2) 타 놓은 (3) 청소해 놓고
(4) 꺼 놓아서 (5) 그려 놓아서

02 -아/어 두다

1 (2) 예약해 두었어요 (3) 연락해 두었으니까
(4) 메모해 두지

2 (2) 사 두어야겠어요 (3) 맡겨 두세요
(4) 물어 두고 (5) 주문해 두었으니까

03 -(으)ㄴ 채로

(2) 외투를 입은 채로 수업을 들어서
(3) 주머니에 손을 넣은 채로 이야기를 들으니까
(4) 과일을 씻지 않은 채로 먹어서
(5) 두 손으로 얼굴을 가린 채 영화를 봤어요

04 -(으)ㄴ/는 대로

1 (2) 친구가 말해 준 대로 (3) 요리책에서 본 대로
(4) 가르쳐 주는 대로 (5) 사람이 명령하는 대로

2 (2) 온 순서대로 (3) 번호대로
(4) 예정대로 (5) 생각대로

확인해 볼까요?

1 ③ 2 ③ 3 ④ 4 ③
5 ④ (① → 가서 ② → 예뻐서 ③ → 놓아 두는)
6 ④ (① → 켜고 ② → 입은 채로 ③ → 계획한 대로)

19장 성질과 속성을 나타낼 때

연습해 볼까요?

01 –(으)ㄴ/는 편이다

1 (2) 말을 잘하는 편이라서 (3) 자주 체하는 편이라서
(4) 클래식 음악을 자주 듣는 편이에요
(5) 남동생이 장난이 심한 편이라서

2 (2) 건강한 편이니까 (3) 한가한 편이기 때문에
(4) 겁이 많은 편이라서
(5) 사무실이 어두운 편이라서

02 스럽다

(2) 당황스러웠는데 (3) 자연스러워졌어요
(4) 사치스러운 (5) 자랑스러운지
(6) 어른스러워서 (7) 변덕스러운지
(8) 조심스러워요 (9) 촌스러워

03 답다

(2) 관광지답게 (3) 군인답게
(4) 남자답게 (5) 회사 제품답게
(6) 신입 사원다운 (7) 출신답게

확인해 볼까요?

1 ② 2 ④ 3 ② 4 ②
5 ③ (① → 80kg이에요 ② → 마시는 편이에요
④ → 일어났어요)
6 ④ (→ 자신 있게)

20장 강조를 나타낼 때

연습해 볼까요?

01 얼마나 –(으)ㄴ/는지 모르다

1 (2) 얼마나 밝고 명랑한지 몰라요
(3) 지하철이 얼마나 편하고 빠른지 몰라요
(4) 여자 주인공이 얼마나 불쌍했는지 몰라요
(5) 한자를 쓰는 것이 얼마나 어려웠는지 몰라요

2 (2) 질서를 얼마나 잘 지키는지 몰라요
(3) 걱정을 얼마나 많이 했는지 몰라
(4) 얼마나 감동을 했는지 몰라요
(5) 얼마나 화가 많이 나셨는지 몰라

02 –(으)ㄹ 수밖에 없다

(2) 남자들이 반할 수밖에 없어요
(3) 내가 먼저 연락을 할 수밖에 없어
(4) 당황할 수밖에 없지요
(5) 거절할 수밖에 없었어요

03 –(으)ㄹ 뿐이다

1 (2) 우유만 있을 뿐이지
(3) 그 사람 말을 믿을 뿐이에요
(4) 산만 보일 뿐이고 (5) 쉬고 싶을 뿐이에요

2 (2) 커튼만 바꿨을 뿐인데
(3) 얼굴만 잘 생겼을 뿐이에요
(4) 들은 것을 전해 드렸을 뿐이에요
(5) 지금까지 생각해 왔던 것을 말씀드렸을 뿐이에요

04 (이)야말로

(2) 반복 연습이야말로 (3) 김치야말로
(4) 걷기야말로
(5) 서로를 믿는 마음이야말로
(6) 한글이야말로 (7) 가을이야말로
(8) 수잔 씨야말로

확인해 볼까요?

1 ① 2 ④ 3 ④ 4 ②
5 ② (① → 얼마나 운동을 열심히 하는지 몰라요
③ → 마크 씨는 친구일 뿐인데 남편인 줄 알아요
④ → 평일에는 바빠서 주말에 만날 수밖에 없어요)
6 ④ (① → 싫었을 뿐이에요 ② → 막혔는지 몰라요
③ → 할 수밖에 없었어요)

21장 목적을 나타낼 때

연습해 볼까요?

01 –게

1 (2) 아이들이 먹을 수 있게
(3) 축구를 보게
(4) 찌개를 덜어 먹게

2 (2) 깨지지 않게 (3) 일을 빨리 끝낼 수 있게
(4) 몸이 따뜻해지게

02 –도록

(2) 선수들이 힘을 낼 수 있도록
(3) 다양한 기능을 잘 사용할 수 있도록
(4) 몸이 빨리 낫도록

확인해 볼까요?

1 ① 2 ③ 3 ④
4 ④ (① → 다하도록 ② → 시끄럽지 않도록 ③ → 방해가 되지 않도록)
5 잘 보이도록
6 눈이 많이 와서 길이 미끄러울 텐데 사람들이 넘어지지 않도록 눈을 치워야겠어요

22장 완료를 나타낼 때

연습해 볼까요?

01 –았/었다가

1 (2) 일어났다가 (3) 열었다가
(4) 갔다가 (5) 탔다가
2 (2) 먹었다가 (3) 탔다가
(4) 입었다가

02 –았/었던

1 (2) 일했던 (3) 읽었던
(4) 신었던 (5) 입으셨던
2 (2) 못했던 (3) 반장이었던
(4) 울었던 (5) 지각했던

03 –아/어 버리다

1 (2) 식어 버렸어요 (3) 화를 내 버렸어요
(4) 말해 버리고 (5) 써 버리면
2 (2) 나가 버릴 (3) 가 버립니다
(4) 써 버립니다 (5) 자 버리기도

04 –고 말다

(2) 밤을 새우고 말았어요 (3) 떨어지고 말았어요
(4) 못 가고 말았어요 (5) 이사하고 말았어요

확인해 볼까요?

1 ② 2 ① 3 ④
4 ① (→ 입었던) 5 ① (→ 하다가)

23장 소용없음을 나타낼 때

연습해 볼까요?

01 –(으)나 마나

1 (2) 기다리나 마나 (3) 전화하나 마나
(4) 깨우나 마나 (5) 보나 마나
2 (2) 먹으나 마나일 (3) 켜나 마나예요
(4) 충고하나 마나니까 (5) 들으나 마나일 거예요

02 –아/어 봤자

1 (2) 고민해 봤자 (3) 읽어 봤자
(4) 이야기해 봤자 (5) 후회해 봤자
2 (2) 맛있어 봤자 (3) 힘들어 봤자
(4) 싸 봤자 (5) 좋아 봤자

확인해 볼까요?

1 ② 2 ④ 3 ④ 4 ②
5 ② (① '잊어버리다'는 사용할 수 없음. ③ '실망하다'는 사용할 수 없음. ④ → 먹으나 마나)
6 ④

24장 가정 상황을 나타낼 때

연습해 볼까요?

01 –(느)ㄴ다면

1 (2) 우리가 학생이라면 할인을 받을 수 있을 텐데요.
(3) 이번에 장학금을 받는다면 한턱을 낼 거예요.
(4) 그때 주식을 샀다면 돈을 많이 벌 수 있었을 거예요.
2 (2) 비가 온다면 (3) 참가했다면
(4) 날 수 있는 새라면 (5) 갔다면
(6) 시작하는 날이라면

02 –았/었더라면

(2) 과속을 하지 않았더라면
(3) 한국에 오지 않았더라면
(4) 힘들 줄 알았더라면
(5) 여행을 많이 했더라면

03 -(으)ㄹ 뻔하다

1 (2) 서두르지 않았더라면 공연을 못 볼 뻔했어요.
(3) 돈을 더 가지고 나오지 않았더라면 그 옷을 못 살 뻔했어요.
(4) 예습을 하지 않았더라면 교수님의 질문에 대답하지 못할 뻔했어요.

2 (2) 잘못 살 뻔했네요
(3) 배탈이 날 뻔했네요
(4) 후회할 뻔했어요
(5) 큰일 날 뻔했어요

확인해 볼까요?

1 ③ 2 ① 3 ①
4 ② (→ 넘어질 거예요/넘어질지도 몰라요)
5 ② (→ 생긴다면/생기면)

25장 후회를 나타낼 때

연습해 볼까요?

01 -(으)ㄹ걸 그랬다

1 (2) 높은 신발을 신지 말 걸 그랬어요
(3) 보내지 말 걸 그랬어요
(4) 연락을 하고 갈 걸 그랬어요
(5) 오지 말 걸 그랬어요 (6) 부탁할 걸 그랬어요
(7) 놀러 갈 걸 그랬어요 (8) 보지 말 걸 그랬어요

2 (2) 택시를 타지 말 걸 그랬어요 / 지하철을 탈 걸 그랬어요
(3) 다른 식당에 갈 걸 그랬어요 / 이 식당에 오지 말 걸 그랬어요
(4) 커피를 마시지 말 걸 그랬어요 / 우유를 마실 걸 그랬어요

02 -았/었어야 했는데

1 (2) 갔어야 했는데
(3) 미리 연락했어야 했는데
(4) 집을 청소했어야 했는데

2 (2) 과식을 하지 말았어야 했는데
(3) 영어로 설명을 했어야 했는데
(4) 개인적인 질문을 하지 말았어야 했는데
(5) 5시 전에 갔어야 했는데

확인해 볼까요?

1 ④ 2 ③ 3 ①
4 ④ (① → 일찍 출발해야 해서 ② → 쉬운 책을 살 걸 그랬다 ③ → 미리 준비할걸)
5 어제 등산을 가지 말았어야 했는데 비가 오는데도 가서 사고가 나고 말았다

26장 습관과 태도를 나타낼 때

연습해 볼까요?

01 -곤 하다

1 (2) 방학 때는 시골 할아버지 댁에 가곤 했어요.
(3) 스트레스를 받으면 나쁜 꿈을 꾸곤 해요.
(4) 어릴 때는 친구들과 야구를 하곤 했어요.

2 (2) 가곤 해요 (3) 먹곤 해요
(4) 읽곤 했는데 (5) 듣곤 해요
(6) 밤을 새우곤 했는데

02 -기는요

1 (2) 힘들기는요 (3) 한가하기는요
(4) 시간이 많이 남기는요
(5) 죄송하기는요

2 (2) 많지 않기는요 (3) 안 떨리기는요
(4) 늦지 않기는요 (5) 기다리기는요

03 -(으)ㄴ/는 척하다

1 (2) 갑자기 급한 일이 생긴 척했어요
(3) 괜찮은 척했어요 (4) 알아듣는 척했어요

2 (2) 배가 고픈 척하고 (3) 열심히 듣는 척하면서
(4) 안 받은 척했어요

확인해 볼까요?

1 ④ 2 ④ 3 ③
4 ③ (① → 다녔어요 ② → 아는 척했어요 ④ → 아침을 먹기는요)
5 ④ (① 키가 컸어요 ② → 놀러 가곤 했어요 ③ → 숙제를 한 척했어요)

대화를 만들어 볼까요? スクリプト

1장 추측과 예상을 나타낼 때

01 –아/어 보이다

1 가 수진 씨가 요즘 행복해 보이는데 무슨 일 있어요?
나 며칠 전에 남자 친구한테서 프러포즈를 받았대요.

가 수진 씨가 요즘 힘들어 보이는데 무슨 일 있어요?
나 어머니가 병원에 입원하셨대요.

가 수진 씨가 오늘 기분이 안 좋아 보이는데 무슨 일 있어요?
나 동생이 말도 없이 수진 씨 옷을 입고 나갔대요.

2 가 가방이 무거워 보이는데 들어 드릴까요?
나 보기보다 가벼우니까 괜찮아요.

가 지도에서는 가까워 보이는데 걸어갈까요?
나 보기보다 머니까 버스를 타는 게 좋겠어요.

가 일이 많아 보이는데 좀 도와드릴까요?
나 보기보다 많지 않으니까 도와주지 않아도 돼요.

02 –(으)ㄴ/는 모양이다

1 가 이 헬스클럽에는 사람이 많네요.
나 사람이 많은 걸 보니 시설이 좋은 모양이에요.

가 소영 씨가 부동산 중개소에 전화를 하고 있네요.
나 부동산 중개소에 전화를 하고 있는 걸 보니 이사할 모양이에요.

가 은혜 씨가 회의 시간 내내 시계를 보네요.
나 회의 시간 내내 시계를 보는 걸 보니 약속이 있는 모양이에요.

2 가 정우 씨가 기다리지 말고 먼저 먹으래요.
나 기다리지 말고 먼저 먹으라는 걸 보니까 늦게 올 모양이네요.

가 정우 씨가 다음 주에 만나재요.
나 다음 주에 만나자는 걸 보니까 이번 주에 일이 많은 모양이네요.

가 정우 씨가 오늘 하루 종일 잘 거래요.
나 하루 종일 잘 거라는 걸 보니까 출장에서 많이 피곤했던 모양이네요.

03 –(으)ㄹ 텐데

1 가 커피 한잔 주실래요?
나 지금 커피를 마시면 잠이 안 올 텐데 우유를 드세요.

가 주말에 백화점에 같이 갈래요?
나 세일 중이라 사람이 많을 텐데 다음에 가요.

가 뮤지컬 '왕과 나'를 보러 갈래요?
나 그 뮤지컬은 벌써 끝났을 텐데 다른 공연을 봐요.

2 가 오후에 같이 테니스 칠까요?
나 오후에는 날씨가 꽤 더울 텐데요.

가 오늘은 커피숍에 가서 공부할까요?
나 커피숍은 시끄러울 텐데요.

가 아키라 씨랑 같이 영화를 볼까요?
나 아키라 씨는 고향에 돌아갔을 텐데요.

04 –(으)ㄹ 테니까

1 가 혹시 제나 씨 연락처 아세요?
나 도영 씨가 알 테니까 도영 씨한테 물어보세요.

가 혹시 민 부장님께서 언제 들어오시는지 아세요?
나 금방 들어오실 테니까 잠깐만 기다리세요.

가 혹시 사토 씨가 어디 있는지 아세요?
나 식당에 있을 테니까 거기로 가 보세요.

2 가 저녁에 친구랑 야구 보러 가기로 했어요.
나 그럼, 카디건을 가지고 가는 게 좋겠어요. 저녁엔 쌀쌀할 테니까요.

가 내일 아침 8시에 출발하기로 했어요.
나 그럼, 지하철을 타는 게 좋겠어요. 출근 시간이라 길이 많이 막힐 테니까요.

가 주말에 파티를 하기로 했어요.
나 그럼, 음식을 충분히 준비하는 게 좋겠어요. 주말이라 사람들이 많이 올 테니까요.

05 –(으)ㄹ걸요

1 가 윤호 씨가 지금 집에 있을까요?
나 이 시간에는 보통 운동을 하니까 집에 없을걸요.

가 저 그림이 비쌀까요?
나 복제품이니까 비싸지 않을걸요.

가 소포가 고향에 도착했을까요?
나 고향까지 일주일 정도 걸리니까 벌써 도착했을걸요.

2 가 우리 내일 사진전 갈 때 영수 씨도 부를까요?
나 영수 씨는 시간이 없을걸요. 방학 내내 아르바이트 한다고 했거든요.

가 우리 내일 사진전 갈 때 영수 씨도 부를까요?
나 영수 씨는 아마 안 갈걸요. 예전에 사진이나 그림에는 관심이 없다고 했거든요.

가 우리 내일 사진전 갈 때 영수 씨도 부를까요?
나 영수 씨는 고향에 돌아갔을걸요. 지난주에 고향에 간다고 했거든요.

06 –(으)ㄴ/는/(으)ㄹ 줄 몰랐다[알았다]

1 가 진수 씨, 음악 소리 좀 줄여 주세요. 아기가 자고 있어요.
나 아, 죄송해요. 아기가 자는 줄 몰랐어요. 소리를 줄일게요.

가 진수 씨, 텔레비전을 꺼 주세요. 시험공부를 하고 있어요.
나 아, 죄송해요. 시험공부 하는 줄 몰랐어요. 텔레비전을 끌게요.

가 진수 씨, 조용히 해 주세요. 친구와 통화 중이에요.
나 아, 죄송해요. 친구와 통화 중인 줄 몰랐어요. 조용히 할게요.

2 가 미영 씨, 날씨가 맑은데 왜 우산을 가지고 왔어요?
나 아침에 날씨가 흐려서 비가 올 줄 알았어요.

가 미영 씨, 일요일에는 학교 식당이 문을 닫는데 왜 갔어요?
나 일요일에도 도서관이 열어서 식당도 문을 여는 줄 알았어요.

가 진수 씨의 생일 파티는 내일인데 왜 케이크를 사 왔어요?
나 아까 라라 씨가 진수 씨에게 선물을 줘서 생일 파티가 오늘인 줄 알았어요.

07 –(으)ㄹ지도 모르다

1 가 드디어 여행 가방을 다 쌌어요.
나 비상약도 넣었어요? 갑자기 아플지도 모르니까 약도 꼭 챙기세요.

가 드디어 여행 가방을 다 쌌어요.
나 두꺼운 옷도 넣었어요? 밤에는 추울지도 모르니까 두꺼운 옷도 꼭 챙기세요.

가 드디어 여행 가방을 다 쌌어요.
나 지도도 넣었어요? 혹시 길을 잃어버릴지도 모르니까 지도도 꼭 챙기세요.

2 가 케빈 씨가 결석을 하는 사람이 아닌데 오늘 왜 학교에 안 왔을까요?
나 비자를 연장해야 한다고 했으니까 출입국관리 사무소에 갔을지도 몰라요.

가 케빈 씨가 약속을 잊어버리는 사람이 아닌데 어제 왜 약속을 잊어버렸을까요?
나 요즘 이사하느라고 정신이 없어서 약속을 잊어버렸을지도 몰라요.

가 케빈 씨가 돈을 많이 쓰는 사람이 아닌데 왜 벌써 용돈이 다 떨어졌을까요?
나 이번 달에 병원에서 치료를 받느라고 돈을 다 썼을지도 몰라요.

2장 대조를 나타낼 때

01 –기는 하지만, –기는 –지만

1 가 어제 본 영화가 어땠어요?
나 재미있기는 했지만 모두 이해하지는 못했어요.

가 저 구두를 사는 게 어때요?
나 마음에 들기는 하지만 너무 커요.

가 오늘 날씨가 어때요?
나 춥기는 하지만 어제보다는 덜 추워요.

2 가 친구가 떠나서 슬프지요?
나 슬프기는 슬프지만 다시 만날 수 있으니까 괜찮아요.

가 이번 여름에도 휴가 갈 시간이 없지요?
나 시간이 없기는 없지만 주말에 짧게 다녀오면 되니까 괜찮아요.

가 요즘 정말 덥지요?
나 덥기는 덥지만 에어컨이 있으니까 괜찮아요.

02 –(으)ㄴ/는 반면에

1 가 영희 씨가 부탁을 많이 하는 것 같아요.
나 부탁을 많이 하는 반면에 도움도 많이 줘요.

가 가르치는 일이 많이 힘들 것 같아요.
나 힘든 반면에 보람도 많아요.

가 노인 인구가 점점 많아지는 것 같아요.
나 노인 인구가 점점 많아지는 반면에 젊은 사람은 점점 줄고 있어요.

2 가 그 책을 다 읽었어요?
나 아니요, 이 책은 얇은 반면에 내용이 어려워서 생각보다 오래 걸려요.

가 그 식당에 자주 가요?
나 아니요, 음식이 맛있는 반면에 서비스가 안 좋아서 안 가요.

가 케이크를 자주 먹어요?
나 아니요, 케이크는 맛있는 반면에 열량이 높아서 자주 안 먹어요.

03 –(으)ㄴ/는데도

1 가 송이 씨, 남편과 무슨 일로 싸웠어요?
나 제가 힘들게 집안일을 하고 있는데도 남편은 텔레비전만 보잖아요.

가 송이 씨, 남편과 무슨 일로 싸웠어요?
나 생활비가 부족한데도 친구들에게 술을 자꾸 사 주잖아요.

가 송이 씨, 남편과 무슨 일로 싸웠어요?
나 밤이 늦었는데도 툭하면 친구들을 집에 데리고 오잖아요.

2 가 직장 생활을 한 지 꽤 되었으니까 돈을 많이 모으셨겠어요.
나 아니에요. 직장 생활을 한 지 꽤 되었는데도 돈을 많이 못 모았어요.

가 공연을 많이 해 봤으니까 이제 별로 떨리지 않겠어요.
나 아니에요. 공연을 많이 해 봤는데도 무대에 설 때마다 많이 떨려요.

가 한국어를 6급까지 공부했으니까 이젠 한국 사람처럼 말하겠어요.
나 아니에요. 한국어를 6급까지 공부했는데도 틀릴 때가 많아요.

3장 서술체와 반말체

02 반말체

1 가 태민아, 오늘 인사동에 가니?
나 응, 동운이 너도 시간 있으면 같이 가자.

가 민호야, 피자 시켰니?
나 응, 동운이 너도 점심 안 먹었으면 같이 먹자.

가 현문아, 주말에 재훈이 만날 거니?
나 응, 동운이 너도 바쁘지 않으면 같이 만나자.

2 가 수정아, 지난번에 산 빨간색 치마 좀 빌려줘.
나 언니, 그건 내가 아끼는 거야. 다른 치마 빌려줄게.

가 윤호야, 지금 슈퍼에 가서 라면 좀 사 와.
나 누나, 지금 나 통화 중이야. 조금 이따가 사 올게.

가 유진아, 오후에 택배가 오면 네가 좀 받아 줘.
나 오빠, 오후에는 나도 집에 없어. 언니에게 부탁해 놓을게.

4장 이유를 나타낼 때

01 –거든요

1 가 공항에 무슨 일로 가세요?
나 오늘 부모님이 한국에 오시거든요.

가 왜 이렇게 음식을 많이 준비하세요?
나 집에 친구들이 많이 오거든요.

가 커피를 왜 안 드세요?
나 커피를 마시면 잠을 못 자거든요.

2 가 주말에 그 드라마를 보셨어요?
나 아니요, 못 봤어요. 친구랑 약속이 있었거든요.
가 어제 도서관에서 공부하셨어요?
나 아니요, 못 했어요. 시험 때라 자리가 없었거든요.
가 어제도 남편과 같이 장을 보셨어요?
나 아니요, 어제는 혼자 장을 봤어요. 남편이 출장을 갔거든요.

02 –잖아요

1 가 게이코 씨가 요즘 우울해해요.
나 그럼 게이코 씨랑 같이 오페라를 보러 가세요. 게이코 씨가 오페라를 좋아하잖아요.

가 감기에 걸려서 힘들어요.
나 그럼 오렌지 주스를 많이 드세요. 비타민 C가 감기에 좋잖아요.

가 비자 신청하는 게 너무 복잡해요.
나 그럼 여행사에 맡기세요. 여행사에서 대신해 주잖아요.

2 가 시험에 떨어졌어요.
나 그래서 제가 뭐라고 했어요? 평소에 열심히 공부하라고 했잖아요.

가 배탈이 났어요.
나 그래서 제가 뭐라고 했어요? 너무 많이 먹는 것 같다고 했잖아요.

가 생활비를 다 써 버렸어요.
나 그래서 제가 뭐라고 했어요? 돈을 좀 아껴 쓰라고 했잖아요.

03 –느라고

1 가 요즘 왜 이렇게 바빠요?
나 아르바이트하느라고 바빠요.

가 요즘 왜 이렇게 정신이 없어요?
나 입학 서류를 준비하느라고 정신이 없어요.

가 요즘 왜 이렇게 시간이 없어요?
나 보고서를 쓰느라고 시간이 없어요.

2 가 아까 전화했는데 왜 안 받았어요?
나 운전하느라고 못 받았어요.

가 아까 전화했는데 왜 전화를 안 받았어요?
나 공부하느라고 전화를 꺼 놓았어요.

가 아까 전화했는데 왜 전화를 안 받았어요?
나 청소하느라고 전화 소리를 못 들었어요.

04 –는 바람에

1 가 오늘 왜 회사에 지각했어요?
나 길이 막히는 바람에 늦었어요.

가 오늘 왜 회사에 지각했어요?
나 알람 시계가 안 울리는 바람에 늦게 일어났어요.

가 오늘 왜 회사에 지각했어요?
나 차가 고장 나는 바람에 수리 센터에 갔다 와야 했어요.

2 가 어제 모임에 왜 안 나오셨어요?
나 친구가 갑자기 찾아오는 바람에 못 갔어요.

가 아침에 운동하러 왜 안 오셨어요?
나 아이가 다치는 바람에 병원에 가야 했어요.

가 지난번 세미나에 왜 참석하지 않으셨어요?
나 급한 일이 생기는 바람에 갈 수 없었어요.

05 –(으)ㄴ/는 탓에

1 가 스트레스를 많이 받는 탓에 건강이 안 좋아졌어요.
나 스트레스를 풀 수 있도록 취미 생활을 해 보세요.

가 어제 눈이 많이 온 탓에 길이 미끄러워요.
나 사고가 나지 않도록 조심해서 운전을 하세요.

가 아이가 편식을 하는 탓에 키가 작아요.
나 키가 클 수 있도록 음식을 골고루 먹이세요.

2 가 요즘 취직하기가 어려운 것 같아요.
나 그건 경제가 안 좋은 탓이겠죠.

가 작년보다 올해 생활비가 더 많이 드는 것 같아요.
나 그건 작년보다 물가가 20%나 오른 탓이겠죠.

가 야채값이 많이 비싸진 것 같아요.
나 그건 몇 달째 가뭄이 계속된 탓이겠죠.

06 –고 해서

1 가 마트에 가시나 봐요.
나 네, 손님이 오고 해서 장을 보러 가요.

가 요즘은 운전을 안 하시나 봐요.
나 네, 기름값이 오르고 해서 요즘 운전을 안 해요.

가 담배를 끊으셨나 봐요.
나 네, 몸에 안 좋고 해서 담배를 끊었어요.

2 가 이번 동아리 MT에 못 간다면서요?
나 아르바이트도 하고 공부도 해야 하고 해서 못 가요.

가 시골로 이사를 간다면서요?
나 조용하고 공기도 좋고 해서 이사를 가요.

가 요즘 헬스클럽에 다닌다면서요?
나 건강도 안 좋고 살도 찌고 해서 다녀요.

07 –(으)ㄹ까 봐

1 가 주말에 여행 가신다면서요?
나 네, 그런데 주말에 날씨가 나쁠까 봐 걱정이에요.

가 레베카 씨가 한국 회사에 취직했다면서요?
나 네, 그런데 한국 회사에 적응을 못 할까 봐 걱정이에요.

가 콘서트 표를 살 거라면서요?
나 네, 그런데 표가 다 팔렸을까 봐 걱정이에요.

2 가 수첩에 항상 메모하시네요.
나 네, 중요한 일을 잊어버릴까 봐 수첩에 항상 메모해요.

가 비행기 표를 일찍 예매하셨네요.
나 네, 휴가철이라 표를 못 구할까 봐 비행기 표를 일찍 예매했어요.

가 기름진 음식을 안 드시네요.
나 네, 살이 찔까 봐 기름진 음식을 안 먹어요.

5장 다른 사람의 말이나 글을 인용할 때

01 –다고요?

1 가 회의가 있으니까 3시까지 세미나실로 오세요.
나 어디로 오라고요?
가 세미나실이요.

가 고장 났으니까 복사기를 사용하지 마세요.
나 무엇을 사용하지 말라고요?
가 복사기요.

가 그동안 수고들 많았으니까 퇴근 후에 회식합시다.
나 언제 회식하자고요?
가 퇴근 후에요.

2 가 매일 아침 5시에 일어나서 운동을 해요.
나 매일 아침 5시에 일어나서 운동을 한다고요? 정말 부지런하시네요.

가 아랍어를 배운 지 3년이 되었어요.
나 아랍어를 배운 지 3년이 되었다고요? 아랍어를 잘하시겠네요.

가 내년에 대학원에서 박사 공부를 할 거예요.
나 내년에 대학원에서 박사 공부를 할 거라고요? 내년에는 바쁘시겠네요.

02 –다고 하던데

1 가 새 학기에는 책값이 많이 들어서 힘들어요.
나 인터넷에서 구입하면 더 싸다고 하던데 인터넷을 이용해 보세요.

가 요즘 잠을 깊이 못 자서 피곤해요.
나 잠을 잘 자려면 자기 전에 우유를 마시라고 하던데 우유를 한번 마셔 보세요.

가 요즘 나이가 들어 보인다는 말을 많이 들어서 속상해요.
나 머리 모양만 바꿔도 어려 보인다고 하던데 머리 모양을 한번 바꿔 보세요.

2 가 여보, 주말에 아이들과 어디 놀러 갈까?
나 주말에 형님네가 우리 집에 온다고 하던데요.

가 여보, 오늘 저녁에 어디에서 외식할까?
나 아이들이 며칠 전부터 불고기 먹으러 가자고 하던데요.

가 여보, 우리 오랜만에 외출했으니까 좀 더 있다가 집에 들어갈까?
나 아이들이 전화해서 언제 집에 들어오냐고 하던데요.

03 -다면서요?

1 가 수현 씨가 결혼한다는 소식 들었어요?
나 네, 들었어요. 신혼여행은 인도네시아 발리로 간다면서요?
가 네, 그렇대요.

가 수현 씨가 유학 간다는 소식 들었어요?
나 네, 들었어요. 4년 장학금을 받게 되었다면서요?
가 네, 그렇대요.

가 수현 씨가 미국 드라마에 출연할 거라는 소식 들었어요?
나 네, 들었어요. 그 드라마가 인기가 아주 많다면서요?
가 네, 그렇대요.

2 가 어제 동현 씨 집들이에 다녀왔어요.
나 리사 씨가 그러는데 동현 씨 집이 그렇게 좋다면서요?
가 네, 그렇더라고요.

가 어제 '과속 스캔들'이라는 영화를 봤어요.
나 리사 씨가 그러는데 그 영화가 그렇게 웃긴다면서요?
가 네, 그렇더라고요.

가 어제 광화문에서 낙지볶음을 먹었어요.
나 리사 씨가 그러는데 낙지볶음이 그렇게 맵다면서요?
가 네, 그렇더라고요.

04 -다니요?

1 가 내일 눈이 온대요.
나 4월에 눈이 온다니요? 요즘 날씨가 정말 이상한데요.

가 그 배우가 결혼을 했대요.
나 결혼을 했다니요? 지난주만 해도 방송에서 여자 친구가 없다고 했는데요.

가 수진 씨가 그 콘서트를 보러 가재요.
나 그 콘서트를 보러 가자니요? 표가 30만 원이 넘는데요.

2 가 주현 씨의 남자 친구가 유명한 연예인이라면서요?
나 연예인이라니요? 그냥 평범한 학생이던데요.

가 케빈 씨가 아주 성실하다면서요?
나 성실하다니요? 지각과 결석을 밥 먹듯 하던데요.

가 태민 씨가 여자 친구와 헤어졌다면서요?
나 여자 친구와 헤어졌다니요? 어제도 만나서 같이 점심을 먹던데요.

6장 결심과 의도를 나타낼 때

01 -(으)ㄹ까 하다

1 가 무슨 책을 읽을 거예요?
나 오랜만에 만화책을 빌려서 읽을까 해요.

가 무슨 영화를 볼 거예요?
나 오랜만에 코미디 영화를 볼까 해요.

가 무슨 운동을 할 거예요?
나 오랜만에 친구하고 같이 테니스를 칠까 해요.

2 가 저녁 식사 후에 뭘 할 거예요?
나 지난 주말에 못 해서 밀린 빨래를 할까 해요.

가 다음 방학에 뭘 할 거예요?
나 지난 방학에도 못 가서 고향에 갈까 해요.

가 일요일에 뭘 할 거예요?
나 이사를 해야 해서 새 하숙집을 찾아볼까 해요.

02 -고자

1 가 회사 다니는 사람들은 술을 많이 마시지요?
나 네, 스트레스를 풀고자 술을 많이 마시는 것 같습니다.

가 영희 씨가 영어를 열심히 공부하지요?
나 네, 통역사가 되고자 열심히 공부하는 것 같습니다.

가 철수 씨는 저녁에 일찍 자지요?
나 네, 아침에 일찍 일어나서 운동을 하고자 일찍 자는 것 같습니다.

2 가 광주에 갈 때 무슨 기차를 타려고 합니까?
나 사장님을 모시고 가기 때문에 KTX를 타고자 합니다.

가 그 반지를 누구에게 주려고 합니까?
나 결혼할 여자 친구에게 주고자 합니다.

가 구입한 쇠고기로 무엇을 하려고 합니까?
나 저녁에 요리를 해서 손님들을 대접하고자 합니다.

03 -(으)려던 참이다

1 가 더우니까 문을 좀 엽시다.
나 그렇지 않아도 문을 열려던 참이에요.

가 심심하니까 텔레비전을 좀 봅시다.
나 그렇지 않아도 텔레비전을 켜려던 참이에요.

가 시간이 없으니까 좀 서두릅시다.
나 그렇지 않아도 지금 나가려던 참이에요.

2 가 약속 시간이 다 됐는데 지금 출발할까요?
나 좋아요. 안 그래도 지금 출발하려던 참이었어요.

가 경수 씨, 커피 한잔 마시러 갈까요?
나 좋아요. 안 그래도 커피 생각이 나서 마시려던 참이었어요.

가 한국 요리를 배우려고 하는데 같이 배울까요?
나 좋아요. 안 그래도 저도 한국 요리를 배워 보려던 참이었어요.

04 -(으)ㄹ 겸 -(으)ㄹ 겸

1 가 수미 씨, 요즘 아르바이트를 해요?
나 네, 용돈도 벌 겸 경험도 쌓을 겸 아르바이트를 하고 있어요.

가 수미 씨, 요즘 춤을 배워요?
나 네, 요즘 유행하는 춤도 배울 겸 스트레스도 풀 겸 춤을 배우고 있어요.

가 수미 씨, 요즘 공원에 자주 가요?
나 네, 바람도 쐴 겸 생각도 정리할 겸 자주 가고 있어요.

2 가 이건 뭐예요?
나 책상 겸 식탁으로 사용하는 거예요.

가 이곳은 어디예요?
나 거실 겸 공부방으로 사용하는 곳이에요.

가 저 사람은 누구예요?
나 의사 겸 기자로 활동하는 사람이에요.

05 -아/어야지요

1 가 올해 꼭 해야겠다고 생각한 일이 있어요?
나 '올해는 꼭 유럽으로 배낭여행을 가야지'라고 생각했어요.

가 올해 꼭 해야겠다고 생각한 일이 있어요?
나 '올해는 꼭 담배를 끊어야지'라고 생각했어요.

가 올해 꼭 해야겠다고 생각한 일이 있어요?
나 '올해는 꼭 텔레비전 보는 시간을 줄여야지'라고 생각했어요.

2 가 부모님이 한국에 오시면 누가 안내를 할 거예요?
나 부모님이 오시는데 당연히 제가 안내를 해야지요.

가 내일 모임에 정장을 입고 갈 거예요?
나 중요한 모임인데 당연히 정장을 입어야지요.

가 오늘 오후에는 쉴 거예요?
나 오늘 시험도 끝났는데 당연히 쉬어야지요.

7장 추천과 조언을 나타낼 때

01 -(으)ㄹ 만하다

1 가 이번 프로젝트에 철수 씨를 참여시키면 어떨까요?
나 철수 씨는 성실해서 추천할 만한 사람이에요.

가 이번 여름에 태국으로 여행을 가면 어떨까요?
나 태국은 경치가 아름다워서 여행을 갈 만한 곳이에요.

가 다음 주말에 동대문시장으로 쇼핑을 가면 어떨까요?
나 동대문시장은 물건이 많아서 쇼핑할 만한 곳이에요.

2 가 새로 개봉한 영화가 재미있다면서요?
나 네, 정말 볼만해요. 한번 보세요.

가 제주도가 아름답다면서요?
나 네, 정말 구경할 만해요. 한번 가 보세요.

가 그 스마트폰이 유용하다면서요?
나 네, 정말 사용해 볼 만해요. 한번 사용해 보세요.

02 -도록 하다

1 가 종이를 자르다가 칼에 손을 베였어요.
나 며칠 동안 약을 드시고 연고를 상처에 자주 바르도록 하세요.

가 위가 가끔씩 쓰리고 아파요.
나 며칠 동안 위장약을 드시고 식사를 제시간에 하도록 하세요.

가 눈이 가렵고 아파요.
나 며칠 동안 안약을 수시로 눈에 넣도록 하세요.

2 가 벌레에 물렸는데 팔이 너무 가려워요.
나 연고를 드릴 테니까 바르고 긁지 말도록 하세요.

가 농구를 하다가 다쳐서 팔이 부러졌어요.
나 깁스를 하고 나서 한 달 동안 팔을 쓰지 말도록 하세요.

가 얼굴에 여드름이 많이 났어요.
나 오늘 치료를 받고 나서 며칠 동안 화장을 하지 말도록 하세요.

03 -지 그래요?

1 가 며칠 동안 밤을 새우면서 일을 해서 너무 피곤해요.
나 그럼, 잠깐이라도 좀 쉬지 그래요?

가 집을 좀 꾸며야 하는데 물건을 사러 갈 시간이 없어요.
나 그럼, 인터넷으로 주문을 하지 그래요?

가 국이 너무 싱거운데 소금이 없어요.
나 그럼, 간장이라도 좀 넣지 그래요?

2 가 정말 안 늦으려고 했는데 오늘도 또 늦어 버렸어요.
나 그러니까 집에서 좀 일찍 출발하지 그랬어요?

가 내일 가지고 가야 할 전공책이 다 팔려 버렸어요.
나 그러니까 좀 서둘러서 책을 사지 그랬어요?

가 어제 몸이 안 좋았는데 회식에 갔더니 더 안 좋아져 버렸어요.
나 그러니까 몸이 안 좋다고 말하고 가지 말지 그랬어요?

8장 회상을 나타낼 때

01 -던

1 가 자동차 새로 샀어요?
나 아니요, 아버지가 타시던 거예요.

가 옷을 새로 샀어요?
나 아니요, 언니가 입던 옷이에요.

가 넷북을 새로 샀어요?
나 아니요, 오빠가 쓰던 거예요.

2 가 여기 있던 신문 못 봤어요?
나 지수 씨가 보던 거였어요? 제가 버렸는데요.
가 이따가 보려고 했는데…….

가 여기 있던 빵 못 봤어요?
나 지수 씨가 먹던 거였어요? 제가 버렸는데요.
가 이따가 먹으려고 했는데…….

가 여기 있던 우유 못 봤어요?
나 지수 씨가 마시던 거였어요? 제가 버렸는데요.
가 이따가 마시려고 했는데…….

02 -더라고요

1 가 어제 본 공연이 어땠어요?
나 아주 재미있더라고요.

가 어제 가 본 올림픽공원이 어땠어요?
나 정말 넓고 사람이 많더라고요.

가 어제 간 친구 아기 돌잔치가 어땠어요?
나 한국에서 처음 가 봐서 신기하더라고요.

2 가 마크 씨 봤어요?
나 네, 아까 도서관에서 공부하더라고요.

가 양강 씨 봤어요?
나 네, 아까 운동장에서 친구들과 축구하더라고요.

가 아키라 씨 봤어요?
나 네, 아까 커피숍에서 친구와 이야기하더라고요.

03 -던데요

1 가 태권도를 배우기가 어렵지요?
나 아니요, 배워 보니까 생각보다 쉽던데요.

가 김치가 맵지요?
나 아니요, 먹어 보니까 생각보다 안 맵던데요.

가 그 배우가 예쁘지요?
나 아니요, 실제로 보니까 텔레비전으로 볼 때보다 예쁘지 않던데요.

2 가 독감 예방주사를 맞으러 병원에 다녀왔어요?
나 네, 저 말고도 예방주사를 맞으러 온 사람들이 많던데요.

가 어제 남산에 올라갔어요?
나 네, 남산에서 본 서울 야경이 아주 아름답던데요.

가 오후에 양강 씨하고 탁구를 쳤어요?
나 네, 양강 씨가 탁구를 정말 잘 치던데요.

9장 피동을 나타낼 때

01 단어 피동 (-이/히/리/기-)

1 가 요즘 무슨 책이 인기가 많아요?
나 이 책이 사람들에게 많이 읽히는 것 같아요.

가 친구가 왜 전화를 끊었어요?
나 지하철 안이라서 전화가 끊긴 것 같아요.

가 동생이 왜 울어요?
나 동생이 형에게 장난감을 빼앗긴 것 같아요.

2 가 지난번에 우리가 같이 찍은 사진이 어디에 있어요?
나 제 방 벽에 걸려 있어요.

가 새로 산 컴퓨터가 어디에 있어요?
나 제 방 책상 위에 놓여 있어요.

가 지난번에 받은 책이 어디에 있어요?
나 제 방 책장에 꽂혀 있어요.

02 -아/어지다

1 가 휴대 전화가 어떻게 고장이 났어요?
나 숫자 버튼이 안 눌러져요.

가 휴대 전화가 어떻게 고장이 났어요?
나 전원이 안 켜져요.

가 휴대 전화가 어떻게 고장이 났어요?
나 떨어뜨려서 액정이 깨졌어요.

2 가 누가 유리창을 깼어요?
나 잘 모르겠어요. 아침에 보니까 깨져 있었어요.

가 누가 냉장고를 고쳤어요?
나 잘 모르겠어요. 집에 돌아와 보니 고쳐져 있었어요.

가 누가 에어컨을 켰어요?
나 잘 모르겠어요. 교실에 들어오니까 켜져 있었어요.

03 -게 되다

1 가 한국에 왜 왔어요?
나 교환 학생으로 뽑혀서 한국에 오게 되었어요.

가 철수 씨가 어느 회사에 취직했어요?
나 다음 달부터 무역 회사에서 일하게 되었어요.

가 지금 살고 있는 하숙집을 어떻게 찾았어요?
나 친구의 소개로 찾게 되었어요.

2 가 부산으로 이사를 갈 거예요?
나 네, 남편 직장 때문에 가게 되었어요.
가 가게 문을 닫을 거예요?
나 네, 장사가 잘 안 돼서 문을 닫게 되었어요.
가 다음 달에 전시회를 열 거예요?
나 네, 친구들이 도와준 덕분에 열게 되었어요.

10장 사동을 나타낼 때

01 단어 사동 (–이/히/리/기/우/추–)

1 가 책에 포스트잇이 많이 붙어 있네요.
나 저는 중요한 부분마다 포스트잇을 붙이거든요.
가 주방에서 물이 끓고 있네요.
나 커피를 마시고 싶어서 물을 끓이고 있거든요.
가 아이들이 방에서 자고 있네요.
나 엄마가 9시면 아이를 재우거든요.

2 가 날씨가 정말 추워요.
나 그래요? 그럼 아이에게 따뜻한 옷을 입혀야겠어요.
가 이 책은 정말 좋은 책이에요.
나 그래요? 그럼 우리 아이에게도 읽혀야겠어요.
가 민영호 씨가 일을 정말 잘해요.
나 그래요? 그럼 이번 일을 그 사람에게 맡겨야겠어요.

02 –게 하다

1 가 왜 요즘 조엘 씨를 안 만나요?
나 항상 약속 시간을 안 지켜서 저를 화나게 하거든요.
가 왜 요즘 조엘 씨를 안 만나요?
나 너무 부탁을 많이 해서 저를 짜증나게 하거든요.
가 왜 요즘 조엘 씨를 안 만나요?
나 개인적인 질문을 많이 해서 저를 당황스럽게 하거든요.

2 가 아이가 몸이 약해서 걱정이에요. 어떻게 하면 좋을까요?
나 음식을 골고루 먹게 하세요. 그럼 건강해질 거예요.
가 아이가 컴퓨터게임을 너무 많이 해서 걱정이에요. 어떻게 하면 좋을까요?
나 밖에 나가서 놀게 하세요. 그럼 컴퓨터게임을 덜 할 거예요.
가 아이가 요즘 눈이 나빠져서 걱정이에요. 어떻게 하면 좋을까요?
나 텔레비전을 가까이서 못 보게 하세요. 그럼 눈이 더 나빠지지 않을 거예요.

11장 조건을 나타낼 때

01 –아/어야

1 가 손님들을 많이 오게 하려면 어떻게 해야 해요?
나 무엇보다도 음식이 맛있어야 손님이 많이 와요.
가 할인을 받으려면 어떻게 해야 해요?
나 회원 가입을 해야 할인을 받아요.
가 다리 부러진 것이 빨리 나으려면 어떻게 해야 해요?
나 움직이지 말고 푹 쉬어야 빨리 나아요.

2 가 그 일은 어떤 사람이 맡을 수 있어요?
나 영어를 잘해야 맡을 수 있어요.
가 마크 씨는 언제 졸업을 해요?
나 논문을 다 써서 제출해야 졸업할 수 있습니다.
가 물건은 언제 보내 줘요?
나 먼저 돈을 송금해야 물건을 보내 줍니다.

02 –거든

1 가 요즘 무리를 해서 피곤한 것 같아요.
나 그래요? 피곤하거든 오늘은 일찍 퇴근하세요.
가 회사에서 문제가 생긴 것 같아요.
나 그래요? 문제를 해결하기가 어렵거든 언제든지 이야기하세요.
가 쉬지 않고 일을 하니까 힘든 것 같아요.
나 그래요? 힘들거든 좀 쉬었다가 다시 하세요.

2 가 다른 사람들이 오늘 모임에 왜 안 왔느냐고 하면 뭐라고 할까요?
나 다른 사람들이 물어보거든 아파서 못 갔다고 전해 주세요.
가 친구가 찾아오면 뭐라고 할까요?
나 친구가 찾아오거든 졸려서 커피를 사러 갔다고 전해 주세요.
가 미선 씨가 안부를 물어보면 뭐라고 할까요?
나 미선 씨가 안부를 묻거든 잘 지내고 있다고 전해 주세요.

12장 추가를 나타낼 때

01 –(으)ㄹ 뿐만 아니라

1 가 올여름은 정말 더운 것 같아요.
나 맞아요. 더울 뿐만 아니라 비도 많이 와요.
가 웨이밍 씨 동생이 키가 정말 큰 것 같아요.
나 맞아요. 키가 클 뿐만 아니라 잘생겼어요.

가 제주도는 경치가 정말 아름다운 것 같아요.
나 맞아요. 경치가 아름다울 뿐만 아니라 바다도 깨끗해요.

2 가 자야 씨는 어때요?
나 똑똑할 뿐만 아니라 성격도 좋아요.

가 새로 옮긴 회사는 어때요?
나 일이 일찍 끝날 뿐만 아니라 월급도 많이 줘요.

가 퀵서비스는 어때요?
나 빠를 뿐만 아니라 정확하게 배달해 줘요.

02 -(으)ㄴ/는 데다가

1 가 가까운 마트도 많이 있는데 왜 먼 대형 할인 매장까지 자주 가세요?
나 대형 할인 매장이 물건이 많은 데다가 가격도 싸서 자주 가게 돼요.

가 가까운 곳에 버스가 있는데 왜 먼 데까지 가서 지하철을 타세요?
나 지하철이 빠른 데다가 깨끗해서 자주 타게 돼요.

가 다른 옷도 많은데 왜 그 옷만 자주 입으세요?
나 이 옷이 편한 데다가 날씬해 보여서 자주 입게 돼요.

2 가 많이 힘들어요?
나 네, 열이 나는 데다가 기침도 많이 나서 힘들어요.

가 소화가 잘 안돼요?
나 네, 점심을 많이 먹은 데다가 계속 앉아 있어서 소화가 안돼요.

가 길이 미끄러워요?
나 네, 눈이 많이 오는 데다가 길까지 얼어서 미끄러워요.

03 조차

1 가 철수 씨가 어디로 여행을 갔어요?
나 글쎄요, 철수 씨가 어디로 여행을 갔는지 아내조차 모른대요.

가 영희 씨가 어느 회사에 다녀요?
나 글쎄요, 영희 씨가 어느 회사에 다니는지 친한 친구조차 모른대요.

가 수연 씨가 다음 학기에 등록한다고 해요?
나 글쎄요, 수연 씨가 다음 학기에 등록하는지 남자 친구조차 모른대요.

2 가 1주일 정도 배우면 한자를 쓸 수 있지요?
나 그 정도 배워서는 쓰기는커녕 읽기조차 어려워요.

가 민주 씨가 결혼했지요?
나 결혼은커녕 애인조차 없어요.

가 이 돈이면 새 차를 살 수 있지요?
나 그 돈으로는 새 차는커녕 중고차조차 사기 힘들어요.

04 만 해도

1 가 요즘 누구나 스마트폰이 있는 것 같아요.
나 맞아요. 내 친구들만 해도 대부분 다 바꿨어요.

가 요즘 물가가 많이 오른 것 같아요.
나 맞아요. 라면값만 해도 10%나 올랐어요.

가 요즘 여자들이 짧은 치마를 많이 입는 것 같아요.
나 맞아요. 제 여동생만 해도 짧은 치마만 입어요.

2 가 요즘 걷기 운동이 유행이죠?
나 맞아요. 몇 년 전만 해도 이렇게 걷기 운동을 하는 사람이 많이 없었는데요.

가 차가 정말 많이 늘어났죠?
나 맞아요. 지난번에 왔을 때만 해도 이렇게 안 막혔었는데요.

가 올해 외식을 많이 했죠?
나 맞아요. 작년만 해도 이렇게 외식비가 많이 들지 않았었는데요.

13장 도중을 나타낼 때

01 -는 길에

1 가 그 꽃을 어디서 샀어요?
나 집에 오는 길에 시장에서 샀어요.

가 그 친구를 어디서 만났어요?
나 거래처를 방문하러 가는 길에 우연히 만났어요.

가 그 가방을 어디서 봤어요?
나 학교에 오는 길에 잠깐 가게에 들러서 봤어요.

2 가 마크 씨, 지금 어디에 가는 길이에요?
나 친구가 입원해서 문병 가는 길이에요.

가 마크 씨, 지금 어디에 가는 길이에요?
나 형이 여행에서 돌아와서 공항에 마중하러 가는 길이에요.

가 마크 씨, 지금 어디에 가는 길이에요?
나 읽고 싶은 책이 있어서 도서관에 빌리러 가는 길이에요.

02 -다가

1 가 숙제를 다 했어요?
나 아니요, 숙제를 하다가 친구에게 전화가 와서 나갔어요.

가 영화를 다 봤어요?
나 아니요, 영화를 보다가 너무 무서워서 중간에 컴퓨터를 껐어요.

가 책을 다 읽었어요?
나 아니요, 책을 읽다가 너무 졸려서 잤어요.

2 가 어떻게 하다가 허리를 다쳤어요?
나 무거운 짐을 들다가 삐끗했어요.

가 어떻게 하다가 다리를 다쳤어요?
나 계단을 내려가다가 미끄러졌어요.

가 어떻게 하다가 손가락을 다쳤어요?
나 과일을 깎다가 손을 베었어요.

14장 정도를 나타낼 때

01 -(으)ㄹ 정도로

1 가 밖에 바람이 많이 불어요?
나 네, 사람이 날아갈 정도로 많이 불어요.

가 배가 많이 고파요?
나 네, 쓰러질 정도로 배가 고파요.

가 그 책을 여러 번 읽었어요?
나 네, 다 외울 정도로 여러 번 읽었어요.

2 가 저 개그 프로그램은 정말 재미있지요?
나 네, 볼 때마다 너무 많이 웃어서 배가 아플 정도예요.

가 저 사람은 말이 정말 빠르지요?
나 네, 너무 빨라서 알아듣기가 힘들 정도예요.

가 저 외국 사람은 한국말을 정말 잘하지요?
나 네, 아주 잘해서 한국 사람이라고 생각될 정도예요.

02 만 하다

1 가 저 사과는 정말 크네요!
나 우와! 사과가 수박만 하네요.

가 저 배우는 얼굴이 정말 작네요!
나 우와! 얼굴이 주먹만 하네요.

가 저 휴대 전화는 크기가 정말 작네요!
나 우와! 휴대 전화가 엄지손가락만 하네요.

2 가 왜 이사를 안 가요?
나 우리 하숙집 아주머니만 한 주인이 없거든요. 그래서 안 가요.

가 왜 밀가루 음식을 안 먹어요?
나 저에게는 밥만 한 음식이 없거든요. 그래서 안 먹어요.

가 왜 외국으로 여행을 안 가요?
나 저에게는 국내만 한 여행지가 없거든요. 그래서 외국 여행은 안 가요.

03 -(으)ㄴ/는/(으)ㄹ 만큼

1 가 그 영화가 많이 슬펐어요?
나 네, 눈물이 날 만큼 슬펐어요.

가 미술에 대해서 많이 알아요?
나 네, 다른 사람에게 조금 설명해 줄 수 있을 만큼 알아요.

가 미영 씨가 마음씨도 고와요?
나 네, 얼굴이 예쁜 만큼 마음씨도 고와요.

2 가 아들이 키가 크지요?
나 네, 아버지만큼 키가 커요.

가 딸이 예쁘지요?
나 네, 엄마만큼 예뻐요.

가 동생이 농구를 잘하지요?
나 네, 형만큼 농구를 잘해요.

15장 선택을 나타낼 때

01 아무+(이)나 / 아무+도

1 가 휴가에 어디로 여행을 가고 싶어요?
나 조용한 곳이면 아무 데나 괜찮아요.

가 누구하고 영화를 보고 싶어요?
나 코미디 영화를 좋아하는 사람이면 아무나 좋아요.

가 무엇을 마시고 싶어요?
나 시원한 것이면 아무거나 상관없어요.

2 가 여기에서 담배를 피울 수 있는 곳이 있어요?
나 이 건물에서는 아무 데서도 담배를 피우면 안 됩니다.

가 내일 수술인데 수술할 때까지 먹을 수 있는 음식이 있어요?
나 수술할 때까지는 아무것도 먹으면 안 됩니다.

가 다리를 다쳤는데 할 수 있는 운동이 있어요?
나 다리가 나을 때까지는 아무 운동도 하면 안 됩니다.

02 (이)나

1 가 휴일인데 뭐 하지?
나 그냥 잠이나 자자.

가 심심한데 뭐 하지?
나 그냥 DVD나 보자.

가 비가 오는데 뭐 하지?
나 그냥 빈대떡이나 만들어 먹자.

2 가 밥이 없는데 어떻게 할까?
나 밥이 없으면 라면이나 먹자.

가 커피가 없는데 어떻게 할까?
나 커피가 없으면 물이나 마시자.

가 제주도에 가는 비행기 표가 없는데 어떻게 할까?
나 제주도에 가는 비행기 표가 없으면 부산에나 가자.

03 (이)라도

1 가 내일 개업식에 사람이 많이 와야 할 텐데 몇 명밖에 연락이 안 돼서 걱정이에요.
나 그럼, 연락된 사람이라도 꼭 오라고 하세요.
가 우리 아들이 매일 늦게 들어와서 걱정이에요.
나 그럼, 집에 늦게 들어올 때는 전화라도 하라고 하세요.
가 친구들 모임에 계속 못 갔는데 내일도 야근을 해야 해서 걱정이에요.
나 그럼, 늦은 시간에라도 간다고 하세요.

2 가 오늘 사무실 사람들과 같이 식사를 못 한다면서요?
나 네, 그래서 미안해서 커피라도 사려고 해요.
가 이번 토요일에 윤아 씨의 결혼식에 못 간다면서요?
나 네, 그래서 축하 카드라도 보내려고 해요.
가 보고서를 아직 못 끝냈다면서요?
나 네, 그래서 교수님께 몇 시간만이라도 시간을 더 달라고 부탁드리려고 해요.

04 -든지 -든지

1 가 남자 친구 부모님께 드릴 선물로 뭐가 좋을까요?
나 홍삼을 사든지 꿀을 사든지 하세요.
가 돈을 모으려면 어떤 방법이 좋을까요?
나 은행에 예금을 하든지 주식 투자를 하든지 하세요.
가 고향에서 친구가 오는데 무엇을 하면 좋을까요?
나 N서울타워에 올라가든지 경복궁을 구경하든지 하세요.

2 가 자야 씨하고 웨이밍 씨가 자꾸 싸우는데 어떻게 하지요?
나 원래 자주 싸우니까 싸우든지 말든지 신경 쓰지 마세요.
가 우리 아이는 모든 일을 스스로 하려고 하지 않는데 어떻게 하지요?
나 나이가 들면 스스로 하게 되니까 지금은 하든지 말든지 가만히 둬 보세요.
가 부장님께서 말씀하신 서류 작성을 아직 다 못 했는데 어떻게 하지요?
나 부장님께서 화를 내실 테니까 다 했든지 못 했든지 시간이 되면 그냥 제출하세요.

05 -(으)ㄴ/는 대신에

1 가 옷을 바꾼다고 하더니 바꾸셨어요?
나 아니요, 맞는 사이즈가 없어서 바꾸는 대신에 환불했어요.
가 MP3 산다고 하더니 사셨어요?
나 아니요, 스마트폰에 MP3 기능이 있어서 MP3를 사는 대신에 스마트폰을 샀어요.
가 가족들과 동물원에 간다고 하더니 갔다 오셨어요?
나 아니요, 비가 와서 동물원에 가는 대신에 박물관에 갔다 왔어요.

2 가 언니, 오늘은 내가 저녁을 준비할게.
나 그럴래? 그럼 네가 저녁을 준비하는 대신 설거지는 내가 할게.
가 언니, 내일 영화 표는 내가 예매할게.
나 그럴래? 그럼 네가 영화 표를 예매하는 대신 점심은 내가 살게.
가 언니, 유럽에 여행갈 때 새로 산 내 카메라를 빌려줄게.
나 그럴래? 그럼 네가 카메라를 빌려주는 대신 내가 유럽에서 예쁜 기념품을 사 올게.

16장 시간이나 순차적 행동을 나타날 때

01 만에

1 가 중학교 때 친구를 얼마 만에 만난 거예요?
나 거의 십 년 만에 다시 만난 것 같아요.
가 해외여행을 얼마 만에 다녀온 거예요?
나 거의 오 년 만에 다녀온 것 같아요.
가 얼마 만에 비가 온 거예요?
나 거의 한 달 만에 비가 온 것 같아요.

2 가 수진 씨가 아기를 낳았다면서요?
나 네, 결혼한 지 2년 만에 아기를 낳았대요.
가 수진 씨가 직장을 그만두었다면서요?
나 네, 직장을 다닌 지 5개월 만에 그만두었대요.
가 수진 씨가 다이어트를 하고 있다면서요?
나 네, 다이어트를 시작한 지 세 달 만에 5kg이 빠졌대요.

02 -아/어 가지고

1 가 친구들에게 다시 연락하려고요?
나 네, 친구들에게 연락해 가지고 약속 시간을 좀 미루려고 해요.
가 음식을 많이 만들려고요?
나 네, 많이 만들어 가지고 친구들에게 좀 주려고 해요.
가 한국어를 공부하려고요?
나 네, 한국어를 열심히 공부해 가지고 한국 회사에 취직하려고 해요.

2 가 보통 날씨가 좋으면 뭘 해요?
나 밖에 나가 가지고 그림을 그려요.

가 보통 기분이 좋으면 뭘 해요?
나 친구를 만나 가지고 같이 영화를 봐요.

가 보통 스트레스를 받으면 뭘 해요?
나 과자를 많이 사 가지고 혼자 막 먹어요.

03 –아/어다가

1 가 친구 생일인데 친구에게 무엇을 선물하려고 해요?
나 친구가 좋아하는 노래를 CD에 녹음해다가 줄까 해요.

가 어버이날인데 부모님께 무엇을 선물하려고 해요?
나 건강식품을 사다가 드릴까 해요.

가 동생 입학식인데 동생에게 무엇을 선물하려고 해요?
나 요즘 유행하는 신발을 사다가 줄까 해요.

2 가 어제 그림을 그리던데 다 그렸어요?
나 네, 그림을 다 그려다 학교에 냈어요.

가 어제 고기를 볶던데 다 먹었어요?
나 네, 고기를 볶아다 소풍 가서 친구들하고 같이 먹었어요.

가 어제 선생님께서 자야 씨의 전화번호를 물어보시던데 다 알아봤어요?
나 네, 자야 씨의 전화번호를 알아다가 선생님께 알려 드렸어요.

04 –고서

1 가 언제 밖에 나갈 거예요?
나 택배를 받고서 나갈 거예요.

가 언제 N서울타워에 올라갈 거예요?
나 미술관을 구경하고서 올라갈 거예요.

가 언제 이사를 할 거예요?
나 이번 학기가 끝나고서 이사를 할 거예요.

2 가 전셋값이 많이 올랐네요.
나 새 학기가 되고서 많이 올랐어요.

가 한국말이 많이 늘었네요.
나 한국 남자 친구를 사귀고서 많이 늘었어요.

가 여자 친구와 사이가 더 좋아졌네요.
나 몇 번 싸우고서 더 좋아졌어요.

17장 발견과 결과를 나타낼 때

01 –고 보니

1 가 왜 여행 가방을 쌌다가 다시 풀어요?
나 가방을 싸고 보니 여행안내책을 안 넣었더라고요.

가 왜 스웨터를 입었다가 다시 벗어요?
나 스웨터를 입고 보니 거꾸로 입었더라고요.

가 왜 약속을 했다가 바꿨어요?
나 약속을 하고 보니 그날 다른 약속이 있더라고요.

2 가 학교를 휴학하니까 좋아요?
나 좋기는요. 막상 휴학하고 보니까 심심하고 학교 생활이 그리워요.

가 사업을 시작하니까 좋아요?
나 좋기는요. 막상 사업을 시작하고 보니까 골치 아픈 일이 너무 많아요.

가 도시로 이사하니까 좋아요?
나 좋기는요. 막상 도시로 이사하고 보니까 시끄럽고 정신이 없어요.

02 –다 보니

1 가 예전에는 커피를 잘 못 마시지 않았어요?
나 네, 하지만 졸릴 때마다 커피를 마시다 보니 이제는 습관이 됐어요.

가 예전에는 혜인 씨와 별로 안 친하지 않았어요?
나 네, 하지만 발표 준비를 같이 하다 보니 친해졌어요.

가 예전에는 축구 보는 것을 싫어하지 않았어요?
나 네, 하지만 남자 친구와 자주 경기를 보러 다니다 보니 좋아하게 됐어요.

2 가 상식이 정말 풍부하시네요.
나 매일 신문을 읽다 보니까 상식이 많아진 것 같아요.

가 길을 정말 잘 찾으시네요.
나 매일 운전을 하다 보니까 길을 잘 찾게 된 것 같아요.

가 요즘 건강이 좋아 보이시네요.
나 요즘 담배를 안 피우다 보니까 건강이 좋아진 것 같아요.

03 –다 보면

1 가 어떻게 하면 한국말을 자연스럽게 할 수 있을까요?
나 한국 사람들과 이야기를 많이 하다 보면 자연스럽게 할 수 있을 거예요.

가 어떻게 하면 유학 생활을 더 즐겁게 할 수 있을까요?
나 한국 친구를 많이 사귀어서 어울리다 보면 즐거워질 거예요.

가 어떻게 하면 테니스를 잘 칠 수 있을까요?
나 계속 연습하다 보면 잘 칠 수 있을 거예요.

2 가 양강 씨가 담배를 너무 많이 피우는 것 같아요.
나 그렇게 담배를 많이 피우다 보면 건강이 나빠질 텐데 걱정이네요.

가 양강 씨가 계속 밤에 늦게 자는 것 같아요.
나 그렇게 계속 늦게 자다 보면 아침에 일찍 일어나기가 힘들 텐데 걱정이네요.

가 양강 씨가 요즘 계속 인스턴트식품만 먹는 것 같아요.
나 그렇게 계속 인스턴트식품만 먹다 보면 살이 많이 찔 텐데 걱정이네요.

04 -더니

1 가 선우 씨가 의상 디자이너가 되었대요.
나 어릴 때부터 패션에 관심이 많더니 디자이너가 되었군요.

가 선우 씨가 집을 샀대요.
나 평소에 돈을 아끼고 저축하더니 집을 샀군요.

가 선우 씨가 한 달 만에 10kg이나 쪘대요.
나 계속 패스트푸드만 먹더니 갑자기 살이 많이 쪘군요.

2 가 지금도 길이 많이 막히나요?
나 아니요, 오전에는 많이 막히더니 오후가 되면서 괜찮아졌어요.

가 요즘도 아이가 김치를 잘 안 먹나요?
나 아니요, 어렸을 땐 잘 안 먹더니 중학교에 들어가면서부터 잘 먹어요.

가 아직도 그 가수가 인기가 많은가요?
나 아니요, 처음에는 인기가 많더니 결혼한 다음부터 인기가 많이 떨어졌어요.

05 -았/었더니

1 가 고향에 갔다 오셨다면서요?
나 네, 오래간만에 갔더니 고향이 많이 달라졌더라고요.

가 주말에 부산에서 서울까지 운전을 하고 가셨다면서요?
나 네, 5시간 동안 운전을 했더니 허리가 너무 아프더라고요.

가 주현 씨에게 목걸이를 선물하셨다면서요?
나 네, 목걸이를 선물했더니 주현 씨가 정말 좋아하더라고요.

2 가 지연 씨도 오후에 같이 영화 보러 가나요?
나 아니요, 지연 씨한테 같이 영화 보자고 했더니 약속이 있대요.

가 지연 씨도 내일 세미나에 참석하나요?
나 아니요, 지연 씨한테 세미나에 참석하냐고 했더니 힘들겠대요.

가 지연 씨도 오늘 수영장에 오나요?
나 아니요, 같이 가자고 했더니 자기는 가기 싫대요.

06 -다가는

1 가 흐엉 씨가 요즘 짜증을 많이 내는 것 같아요.
나 그렇게 짜증을 많이 내다가는 친구들이 다 떠나버릴 텐데요.

가 흐엉 씨가 요즘 수업 시간에 자꾸 조는 것 같아요.
나 그렇게 수업 시간에 자꾸 졸다가는 좋은 성적을 받을 수 없을 텐데요.

가 흐엉 씨가 요즘 다이어트하느라 거의 안 먹는 것 같아요.
나 그렇게 안 먹다가는 힘들어서 쓰러질 텐데요.

2 가 요즘 경제가 너무 안 좋네요.
나 이렇게 계속 경제가 안 좋다가는 취직하기가 더 힘들어질지도 몰라요.

가 이 식당은 너무 불친절하네요.
나 이렇게 계속 불친절하다가는 손님들이 다 떨어져 나갈지도 몰라요.

가 요즘 일이 너무 많네요.
나 이렇게 계속 일이 많다가는 모두들 회사를 그만둘지도 몰라요.

07 -(으)ㄴ/는 셈이다

1 가 이 옷이 원래 30만 원인데 세일해서 5만 원에 샀어요.
나 그럼 옷을 거의 공짜로 산 셈이네요.

가 월급은 10%밖에 안 올랐는데 물가는 20%나 올랐어요.
나 그럼 월급이 오르지 않은 셈이네요.

가 중고 컴퓨터를 10만 원에 샀는데 수리비가 더 많이 들었어요.
나 그럼 중고 컴퓨터가 새 컴퓨터보다 더 비싼 셈이네요.

2 가 가족끼리 여행을 자주 가세요?
나 일 년에 한 번 정도 가니까 거의 안 가는 셈이에요.

가 커피를 많이 드세요?
나 일주일에 한 잔 정도 마시니까 거의 안 마시는 셈이에요.

가 가족과 외식을 자주 하세요?
나 지난달은 다섯 번, 이번 달은 세 번 했으니까 일주일에 한 번 하는 셈이에요.

18장 상태를 나타낼 때

01 -아/어 놓다

1 가 어떻게 해요? 수돗물을 잠그는 걸 깜빡했어요.
나 수돗물을 틀어 놓고 나왔다고요? 빨리 집에 가 보세요.

가 어떻게 해요? 가스 불을 끄는 걸 깜빡했어요.
나 가스 불을 켜 놓고 나왔다고요? 빨리 집에 가 보세요.

가 어떻게 해요? 고기를 냉장고에 넣는 걸 깜빡했어요.
나 고기를 냉장고에 안 넣어 놓고 나왔다고요? 빨리 집에 가 보세요.

2 가 엄마, 나가서 놀아도 돼요?
나 네 방을 정리했니? 방을 정리해 놓고 놀아야지.
가 엄마, 텔레비전 봐도 돼요?
나 숙제를 다 했니? 숙제를 다 해 놓고 텔레비전을 봐야지.
가 엄마, 다른 책을 꺼내 봐도 돼요?
나 보던 책을 책장에 꽂았니? 보던 책을 책장에 꽂아 놓고 다른 책을 꺼내 봐야지.

02 -아/어 두다

1 가 내일 발표 준비 다 했어요?
나 네, 발표 내용을 미리 외워 두었으니까 걱정하지 마세요.
가 내일 회의 준비 다 했어요?
나 네, 필요한 서류들을 미리 찾아 두었으니까 걱정하지 마세요.
가 내일 세미나 준비 다 했어요?
나 네, 좋은 자료들을 미리 모아 두었으니까 걱정하지 마세요.

2 가 일본에 가면 아사코 집에서 며칠 묵을 거라면서요?
나 네, 그래서 아사코 씨 부모님께 인사라도 할 수 있게 인사말을 미리 공부해 두려고요.
가 일본에 가면 아사코 집에서 며칠 묵을 거라면서요?
나 네, 그래서 아사코 씨 부모님께 실수하지 않게 일본 문화를 미리 알아 두려고요.
가 일본에 가면 아사코 집에서 며칠 묵을 거라면서요?
나 네, 그래서 아사코 씨 부모님께 드리게 한국 전통 물건을 미리 준비해 두려고요.

03 -(으)ㄴ 채로

1 가 기침이 심하네요.
나 어젯밤에 창문을 열어 놓은 채로 잤더니 감기에 걸린 것 같아요.
가 눈이 빨가네요.
나 어제 콘택트렌즈를 낀 채로 수영을 했더니 눈이 충혈된 것 같아요.
가 얼굴에 뭐가 많이 났네요.
나 며칠 동안 피곤해서 화장을 지우지 않은 채로 잤더니 뾰루지가 난 것 같아요.

2 가 한국에서 어른들과 술을 마실 때 지켜야 될 예절이 있어요?
나 고개를 한쪽으로 돌린 채 술을 마셔야 돼요.
가 한국에서 다른 사람 집에 갈 때 지켜야 될 예절이 있어요?
나 신발을 신은 채 실내에 들어가면 안 돼요.
가 한국에서 식사를 할 때 지켜야 될 예절이 있어요?
나 음식을 입에 넣은 채 이야기를 하면 안 돼요.

04 -(으)ㄴ/는 대로

1 가 이 단어 발음 좀 가르쳐 주세요.
나 조금 어려우니까 내가 발음하는 대로 따라해 보세요.
가 이 수학 문제 좀 풀어 주세요.
나 내가 문제를 푸는 대로 따라 풀어 보세요.
가 뜨개질 하는 방법 좀 알려 주세요.
나 나도 잘 못하지만 내가 하는 대로 해 보세요.

2 가 지난달에 시작한 프로젝트를 잘 끝낼 수 있어요?
나 네, 계획대로 잘 진행되고 있습니다.
가 오늘 날씨가 별로 안 좋은데 비행기가 제시간에 도착할 수 있어요?
나 네, 예정대로 10시에 도착할 겁니다.
가 이 기계의 사용 방법을 알려 줄 수 있어요?
나 설명서에 있는 설명대로 사용하면 됩니다.

19장 성질과 속성을 나타낼 때

01 -(으)ㄴ/는 편이다

1 가 한국 사람들은 커피를 많이 마시지요?
나 네, 녹차에 비해서 커피를 많이 마시는 편이에요.
가 올해는 작년보다 조금 덜 추운 것 같지요?
나 네, 올해 날씨는 작년보다 덜 추운 편이에요.
가 동생이 운동을 잘하지요?
나 네, 다른 가족들에 비해서 운동을 잘하는 편이에요.

2 가 지난달까지 추진하던 일은 잘 되었어요?
나 아니요, 노력한 것에 비해서 결과가 그렇게 좋지는 않은 편입니다.
가 요즘도 많이 바빠요?
나 아니요, 요즘에는 손님이 별로 없어서 지난달에 비해서 그렇게 바쁘지 않은 편입니다.
가 가족들하고 외식을 자주 해요?
나 아니요, 우리 가족은 집에서 먹는 것을 좋아해서 외식은 자주 하지 않는 편입니다.

02 스럽다

1 가 내일 면접을 보러 간다면서요?
나 네, 항상 면접을 보러 가면 긴장이 많이 돼서 내일도 잘할 수 있을지 걱정스러워요.
가 이번에 여우주연상을 받았다면서요?
나 네, 받기 힘든 상을 받게 되어서 정말 감격스러워요.
가 진수 씨가 생일 파티를 호텔에서 한다면서요?
나 네, 호텔에서 하니까 정말 부담스러워요.

2 가 철수 씨 부모님은 며느릿감으로 어떤 여자를 좋아하세요?
나 얼굴이 복스러운 여자를 좋아하세요.
가 영희 씨는 어떤 남자를 싫어하세요?
나 성격이 변덕스러운 남자는 싫어요.
가 어떤 옷을 사고 싶으세요?
나 조금 어른스러워 보이는 옷을 사고 싶어요.

03 답다

1 가 그 남자가 그렇게 좋아요?
나 네, 정말 신사답게 행동하거든요.
가 저 변호사가 그렇게 유능해요?
나 네, 모든 일을 전문가답게 잘 처리하거든요.
가 큰아들이 그렇게 믿음직스러워요?
나 네, 큰아들답게 믿음직스럽게 행동하거든요.

2 가 저 선수가 하는 다른 경기도 봤어요?
나 네, 저 선수는 경기도 잘하고 소속 팀 리더답게 팀을 잘 이끌더라고요.
가 저 배우가 나오는 다른 드라마도 봤어요?
나 네, 저 배우는 악역 전문 연기자답게 주인공을 괴롭히는 연기를 잘하더라고요.
가 저 커피숍에서 커피를 마셔 봤어요?
나 네, 유명한 커피숍답게 모든 커피가 맛있더라고요.

20장 강조를 나타낼 때

01 얼마나 -(으)ㄴ/는지 모르다

1 가 진수 씨가 요즘에 공부를 열심히 하는 것 같지요?
나 네, 요즘에 얼마나 열심히 공부하는지 몰라요.
가 나오코 씨는 외국 사람인데 매운 음식을 잘 먹는 것 같지요?
나 네, 매운 음식을 얼마나 잘 먹는지 몰라요.
가 지금 길이 많이 막히는 것 같지요?
나 네, 요즘에 공사를 해서 길이 얼마나 많이 막히는지 몰라요.

2 가 여행을 갈까 하는데 설악산이 어때요?
나 설악산은 경치가 얼마나 아름다운지 몰라요. 꼭 가 보도록 하세요.
가 쇼핑을 할까 하는데 동대문시장이 어때요?
나 동대문시장은 물건이 얼마나 싸고 많은지 몰라요. 꼭 가 보도록 하세요.
가 심리학과 수업을 들을까 하는데 김 교수님의 수업이 어때요?
나 김 교수님의 수업이 얼마나 재미있는지 몰라요. 꼭 들어 보도록 하세요.

02 -(으)ㄹ 수밖에 없다

1 가 오늘따라 저녁 식사가 맛이 없네요.
나 점심에 그렇게 많이 먹었으니 맛이 없을 수밖에 없지요.
가 오늘따라 일이 정말 힘드네요.
나 일을 미뤘다가 한꺼번에 하니까 힘들 수밖에 없지요.
가 오늘따라 정말 초조하네요.
나 면접을 본 회사에서 연락을 주기로 한 날이니까 초조할 수밖에 없지요.

2 가 수연 씨가 왜 저렇게 결혼을 서두르지요?
나 갑자기 올해 말에 유학을 가게 돼서 서두를 수밖에 없을 거예요.
가 채소값이 왜 이렇게 많이 올랐지요?
나 요즘 계속 비가 오는 바람에 수확량이 적어져서 오를 수밖에 없을 거예요.
가 김 과장님이 왜 집을 팔려고 하지요?
나 갑자기 아이가 아파서 돈이 많이 필요하니까 집을 팔 수밖에 없을 거예요.

03 -(으)ㄹ 뿐이다

1 가 나오코 씨를 알면 소개 좀 해 주세요.
나 저도 잘 몰라요. 그냥 이름만 알 뿐입니다.
가 많이 아프면 좀 쉬세요.
나 괜찮아요. 그냥 기운만 조금 없을 뿐입니다.
가 진수 씨처럼 빨리 승진할 수 있는 비결을 알려 주세요.
나 글쎄요. 저는 그냥 일만 열심히 할 뿐입니다.

2 가 정말 날씬해지셨네요. 다이어트했어요?
나 아니요, 아침마다 걷기 운동만 30분씩 했을 뿐이에요.
가 집이 정말 깨끗해졌네요. 대청소했어요?
나 아니요, 그냥 정리만 했을 뿐이에요.
가 한국 역사에 대해서 잘 아시네요. 공부했어요?
나 아니요, 역사책만 한 권 읽었을 뿐이에요.

04 (이)야말로

1 가 건강을 지키는 데 가장 중요한 것이 뭐라고 생각해요?
나 운동이야말로 가장 중요한 것이라고 생각해요.

가 외국 생활에 잘 적응하는 데 가장 중요한 것이 뭐라고 생각해요?
나 그 나라 언어를 빨리 배우는 것이야말로 가장 중요한 것이라고 생각해요.

가 회사에서 인정받는 데 가장 필요한 것이 뭐라고 생각해요?
나 성실함이야말로 회사에서 인정받는 데 가장 필요한 것이라고 생각해요.

2 가 지금까지 봤던 영화 중에서 가장 감명 깊었던 영화는 뭐예요?
나 '로마의 휴일'이야말로 가장 감동적인 영화였어요. 이루어질 수 없는 사랑에 가슴 아팠거든요.

가 지금까지 여행했던 곳 중에서 가장 기억에 남는 곳은 어디예요?
나 '뉴욕'이야말로 가장 기억에 남는 곳이에요. 다양한 사람들과 문화를 볼 수 있었거든요.

가 지금까지 먹어 본 음식 중에서 가장 맛있는 음식은 뭐예요?
나 '불고기'야말로 가장 맛있는 음식이에요. 맛도 있고 건강에도 좋거든요.

21장 목적을 나타낼 때

01 –게

1 가 양강 씨 생일에 무슨 선물을 하면 좋을까요?
나 양강 씨가 종이 사전을 가지고 다니더라고요.
가 그래요? 그럼 단어를 빨리 찾을 수 있게 전자사전을 사 줄까요?

가 양강 씨 생일에 무슨 선물을 하면 좋을까요?
나 양강 씨가 커피를 자주 마시더라고요.
가 그래요? 그럼 집에서도 커피를 마실 수 있게 커피메이커를 사 줄까요?

가 양강 씨 생일에 무슨 선물을 하면 좋을까요?
나 양강 씨가 '소녀시대'를 좋아하더라고요.
가 그래요? 그럼 '소녀시대' 공연을 직접 볼 수 있게 콘서트 표를 사 줄까요?

2 가 수진 씨, 그렇게 떠들면 아이가 잠을 잘 수 없잖아요.
나 미안해요. 아이가 잠을 잘 수 있게 조용히 할게요.

가 수진 씨, 그렇게 음악을 크게 들으면 다른 사람에게 방해가 되잖아요.
나 미안해요. 방해되지 않게 이어폰을 낄게요.

가 수진 씨, 그렇게 빨리 말하면 외국 친구들이 이해할 수 없잖아요.
나 미안해요. 외국 친구들도 이해할 수 있게 천천히 말할게요.

02 –도록

1 가 여보, 어떤 집으로 이사하면 좋을까요?
나 아이가 마음껏 뛰어놀 수 있도록 마당이 있는 집으로 이사하는 게 좋겠어요.

가 여보, 이번 주말에 어디로 여행을 가면 좋을까요?
나 아이가 자연을 체험할 수 있도록 시골 농장에 가는 게 좋겠어요.

가 여보, 아이에게 어떤 선물을 사 주면 좋을까요?
나 아이가 상상력을 키울 수 있도록 동화책을 사 주는 게 좋겠어요.

2 가 요즘 시간 활용을 잘 못 하는 것 같아서 속상해요.
나 시간을 낭비하지 않도록 계획을 잘 세워 보세요.

가 그동안 저축한 돈이 하나도 없어서 속상해요.
나 돈을 어디에 쓰는지 알 수 있도록 가계부를 써 보세요.

가 가게에 손님들이 줄어들어서 속상해요.
나 손님들이 다시 올 수 있도록 가게 분위기를 바꿔 보세요.

22장 완료를 나타낼 때

01 –았/었다가

1 가 왜 약속을 취소하셨어요?
나 그날 회식이 있더라고요. 그래서 약속을 했다가 취소했어요.

가 왜 치마로 갈아입으셨어요?
나 바지가 잘 안 어울리더라고요. 그래서 바지를 입었다가 치마로 갈아입었어요.

가 왜 다시 집에 들어오셨어요?
나 지갑을 안 가져갔더라고요. 그래서 나갔다가 집에 다시 들어왔어요.

2 가 어제 연예인을 봤다면서요?
나 네, 명동에 나갔다가 영화배우 '현빈'을 봤어요.

가 남자 친구를 한국에서 만났다면서요?
나 네, 작년에 한국에 여행하러 왔다가 남자 친구를 만났어요.

가 여행 가서 고생을 많이 했다면서요?
나 네, 섬에 들어갔다가 비가 많이 오는 바람에 고생을 했어요.

02 -았/었던

1 가 이번 여름휴가는 어디로 갈까요?
나 작년 여름에 갔던 장소로 다시 가면 어때요?

가 오늘 저녁에 어디에서 만날까요?
나 우리가 처음 만났던 공원에서 만나면 어때요?

가 오늘 동창회에서 무슨 노래를 부를까요?
나 지난 회식 때 불렀던 노래를 다시 부르면 어때요?

2 가 오늘 저녁에는 삼계탕을 먹으면 어때요?
나 점심에 먹었던 거라서 다른 걸 먹고 싶어요.

가 오늘 파티에 갈 때 이 원피스를 입으면 어때요?
나 지난번에 입었던 거라서 다른 걸 입고 싶어요.

가 이 DVD를 빌리면 어때요?
나 작년에 봤던 거라서 다른 영화를 보고 싶어요.

03 -아/어 버리다

1 가 빨래가 많이 쌓였네요.
나 네, 그래서 오늘 그동안 못 했던 빨래를 다 해 버리려고요.

가 이 음식이 며칠째 냉장고에 있네요.
나 네, 그래서 저녁 때 그 음식을 다 먹어 버리려고요.

가 아직 이삿짐 정리가 안 되었네요.
나 네, 그래서 이번 주말에 이삿짐 정리를 다 해 버리려고요.

2 가 남자 친구랑 헤어졌다면서요?
나 네, 그래서 그 사람이 준 물건들을 친구들에게 다 줘 버렸어요.

가 남자 친구랑 헤어졌다면서요?
나 네, 그래서 그 사람이 보낸 문자들을 다 지워 버렸어요.

가 남자 친구랑 헤어졌다면서요?
나 네, 그래서 그 사람과 같이 찍은 사진들을 다 찢어 버렸어요.

04 -고 말다

1 가 오늘 또 쇼핑하셨어요?
나 네, 구경만 하려고 했는데 예뻐서 사고 말았어요.

가 오늘 또 지각하셨어요?
나 네, 늦지 않으려고 택시를 탔는데 길이 막혀서 지각하고 말았어요.

가 오늘 또 술을 드셨어요?
나 네, 안 마시려고 했는데 사람들이 하도 권해서 마시고 말았어요.

2 가 어제 그 드라마 보셨죠? 어떻게 됐어요?
나 부모님이 반대해서 주인공이 사랑하는 여자랑 헤어지고 말았어요.

가 어제 그 드라마 보셨죠? 어떻게 됐어요?
나 나쁜 사람들 때문에 주인공의 회사가 망하고 말았어요.

가 어제 그 드라마 보셨죠? 어떻게 됐어요?
나 의사들이 최선을 다했지만 주인공이 죽고 말았어요.

23장 소용없음을 나타낼 때

01 -(으)나 마나

1 가 아키라 씨에게 그 자료를 찾았는지 전화해 볼까요?
나 아키라 씨도 어제 늦게 들어갔으니까 전화해 보나 마나 못 찾았을 거예요.

가 오늘 축구 경기에서 어느 팀이 이겼는지 인터넷으로 찾아볼까요?
나 지금까지 서울 팀이 우승을 했으니까 찾아보나 마나 서울 팀이 이겼을 거예요.

가 지수 씨에게 남자 친구가 있는지 물어볼까요?
나 지수 씨는 남자들에게 인기가 많으니까 물어보나 마나 틀림없이 있을 거예요.

2 가 자동차가 고장이 났는데 고치러 안 가요?
나 자동차가 오래돼서 고치나 마나예요. 새 차를 사야겠어요.

가 걸레가 너무 더러운데 안 빨아요?
나 너무 더러워서 빠나 마나예요. 그냥 버려야겠어요.

가 토픽 시험을 안 봐요?
나 공부를 안 해서 보나 마나예요. 그냥 다음번에 봐야겠어요.

02 -아/어 봤자

1 가 철민 씨에게 이사할 때 좀 도와 달라고 부탁할까요?
나 부탁해 봤자 소용없을 거예요. 철민 씨가 요즘 바쁘거든요.

가 사장님께 월급을 올려 달라고 말씀드려 볼까요?
나 말씀드려 봤자 소용없을 거예요. 요즘 회사 사정이 안 좋거든요.

가 지수 씨에게 마음을 바꾸라고 얘기해 볼까요?
나 얘기해 봤자 소용없을 거예요. 고집이 너무 세거든요.

2 가 이번 여름에 부산으로 여행을 가고 싶은데 많이 더울까 봐 못 가겠어요.
나 부산의 날씨가 더워 봤자 얼마나 덥겠어요? 그냥 가세요.

가 저 옷이 마음에 드는데 비쌀까 봐 못 사겠어요.
나 동대문시장에서 옷이 비싸 봤자 얼마나 비싸겠어요? 그냥 사세요.

가 저 영화를 보고 싶은데 무서울까 봐 못 보겠어요.
나 어린이 영화가 무서워 봤자 얼마나 무섭겠어요? 그냥 보세요.

24장 가정을 나타낼 때

01 -(느)ㄴ다면

1 가 그 소식 들었어요? 그 배우가 결혼할지도 모른대요.
나 정말요? 그 배우가 결혼한다면 많은 여자들이 실망하겠어요.

가 그 소식 들었어요? 이번 개교기념일에 안 쉴지도 모른대요.
나 정말요? 그날 쉬지 않는다면 박물관에 못 가겠어요.

가 그 소식 들었어요? 준호 씨가 한 얘기가 거짓말일지도 모른대요.
나 정말요? 준호 씨가 한 얘기가 거짓말이라면 앞으로 그 사람과 얘기하지 않겠어요.

2 가 어렸을 때 꿈이 뭐였어요?
나 가수였어요. 노래를 잘했다면 가수가 되었을 거예요.

가 어렸을 때 꿈이 뭐였어요?
나 발레리나였어요. 발레에 소질이 있었다면 발레를 그만두지 않았을 거예요.

가 어렸을 때 꿈이 뭐였어요?
나 축구 선수였어요. 중학교 때 다리를 다치지 않았다면 축구를 계속했을 거예요.

02 -았/었더라면

1 가 민지 씨가 발표할 때 실수를 많이 했다면서요?
나 네, 민지 씨가 연습을 많이 했더라면 실수하지 않았을 텐데 아쉬워요.

가 음식이 많이 모자랐다면서요?
나 네, 음식을 많이 준비했더라면 모자라지 않았을 텐데 아쉬워요.

가 아키라 씨의 공연이 취소되었다면서요?
나 네, 어제 비가 오지 않았더라면 취소되지 않았을 텐데 아쉬워요.

2 가 강이 많이 깨끗해졌다지요?
나 네, 환경 단체들이 노력하지 않았더라면 이렇게 깨끗해지지 않았을 거예요.

가 그 환자가 살았다지요?
나 네, 의사들이 포기했더라면 그 환자는 살 수 없었을 거예요.

가 이번에 가난한 학생들이 장학금을 받았다지요?
나 네, 한 사업가가 재산을 기부하지 않았더라면 그 학생들은 학교를 그만두어야 했을 거예요.

03 -(으)ㄹ 뻔하다

1 가 이거 웨이밍 씨 휴대 전화 아니에요?
나 아, 맞아요. 하마터면 휴대 전화를 식당에 두고 갈 뻔했네요.

가 내일이 양강 씨 생일 아니에요?
나 아, 맞아요. 하마터면 양강 씨 생일을 잊어버릴 뻔했네요.

가 오늘 회의가 2시부터 아니에요?
나 아, 맞아요. 하마터면 회의에 못 갈 뻔했네요.

2 가 여기까지 찾아오느라고 힘드셨지요?
나 네, 내비게이션이 없었더라면 정말 고생할 뻔했어요.

가 보고서를 완성하느라고 힘드셨지요?
나 네, 동료가 도와주지 않았더라면 보고서를 못 끝낼 뻔했어요.

가 비행기 표를 구하느라고 힘드셨지요?
나 네, 여행사에 아는 사람이 없었더라면 못 구할 뻔했어요.

25장 후회를 나타낼 때

01 -(으)ㄹ 걸 그랬다

1 가 여보, 음식을 너무 많이 시켜서 많이 남았어요.
나 음식을 조금만 시킬 걸 그랬네요.

가 여보, 이번 달에 카드를 많이 써서 생활비가 부족해요.
나 텔레비전은 다음 달에 살 걸 그랬네요.

가 여보, 요즘 바빠서 쌀이 떨어진 걸 몰랐어요.
나 아까 마트에 갔을 때 쌀을 사 올 걸 그랬네요.

2 가 왜 주스를 사 왔어? 연주 씨가 음료수를 많이 가지고 왔는데.
나 그래? 연주 씨가 음료수를 많이 가지고 올 줄 알았으면 사 오지 말걸.

가 왜 밥을 먹고 왔어? 정민 씨가 맛있는 음식을 많이 차렸는데.
나 그래? 맛있는 음식을 많이 차릴 줄 알았으면 밥을 먹지 말걸.

가 왜 회사를 옮겼어? 예전 회사의 월급이 많이 올랐는데.
나 그래? 월급이 많이 오를 줄 알았으면 회사를 옮기지 말걸.

02 -았/었어야 했는데

1 가 주말에 여행 잘 다녀오셨어요?
나 아니요, 편한 신발을 신고 갔어야 했는데 높은 구두를 신고 가서 힘들었어요.

가 어제 집들이 잘하셨어요?
나 아니요, 음식을 맵지 않게 만들었어야 했는데 너무 매워서 친구들이 못 먹었어요.

가 어제 면접 볼 회사에 잘 찾아가셨어요?
나 아니요, 미리 회사 위치를 찾아보고 갔어야 했는데 길을 잘 못 찾아서 30분이나 지각했어요.

2 가 시험공부 많이 했어?
나 아니, 영화를 보다가 못 했어. 어제 영화를 보지 말았어야 했는데.

가 동현 씨에게 연락했어?
나 아니, 연락처를 몰라서 못 했어. 연락처를 휴대전화에 저장해 두었어야 했는데.

가 지난번에 산 책을 다 읽었어?
나 아니, 너무 어려워서 못 읽었어. 내 수준에 맞는 책을 골랐어야 했는데.

26장 습관과 태도를 나타낼 때

01 -곤 하다

1 가 주말에 뭐 하셨어요?
나 친구와 영화를 봤어요. 친구가 영화 관련 일을 해서 만나면 영화를 보곤 하거든요.

가 추석 때 뭐 하셨어요?
나 가족들과 만두를 만들었어요. 가족들이 만두를 좋아해서 모이면 만두를 만들곤 하거든요.

가 지난 연휴 때 뭐 하셨어요?
나 미술관에 갔다 왔어요. 그림에 관심이 많아서 시간이 있으면 미술관에 가곤 하거든요.

2 가 세훈아, 우리 학교 다닐 때 생각이 나?
나 그럼, 학교 잔디밭에 앉아 밤새도록 이야기하곤 했잖아. 그때가 그립다.

가 여보, 우리 연애할 때 생각이 나?
나 그럼, 당신이랑 이야기하고 싶어서 새벽까지 통화하곤 했잖아. 그때가 그립다.

가 밀라 씨, 우리 뉴욕에서 살 때 생각이 나?
나 그럼, 유명한 뮤지컬을 보려고 몇 시간씩 기다리곤 했잖아. 그때가 그립다.

02 -기는요

1 가 한국에 오신 지 얼마 안 되었는데 한국 문화를 잘 아시네요.
나 잘 알기는요. 몰라서 실수할 때가 많은데요.

가 중국어를 시작하신 지 얼마 안 되었는데 중국어가 유창하시네요.
나 유창하기는요. 겨우 알아듣고 대답하는 수준인데요.

가 한국 음식을 배운 지 얼마 안 되었는데 음식 솜씨가 좋으시네요.
나 좋기는요. 요리책을 보고 하면 누구나 할 수 있는 건데요.

2 가 수현 씨 딸은 공부를 잘하지요?
나 잘하기는요. 공부는 안 하고 놀기만 해서 걱정이에요.

가 수현 씨 아들은 편식을 안 하지요?
나 안 하기는요. 음식을 하도 가려 먹어서 속상해요.

가 수현 씨 남편은 집안일을 좀 도와주지요?
나 도와주기는요. 집에 오면 텔레비전만 봐서 짜증나요.

03 -(으)ㄴ/는 척하다

1 가 어떤 남자가 싫어요?
나 똑똑하지 않으면서 여자들 앞에서 똑똑한 척하는 남자요.

가 어떤 여자가 싫어요?
나 여자들 앞에서는 안 그러면서 남자들 앞에서만 친절한 척하는 여자요.

가 어떤 동료가 싫어요?
나 별로 바쁘지 않으면서 해야 할 일이 생기면 바쁜 척하는 동료요.

2 가 별로 만나고 싶지 않은 사람을 우연히 만나면 어떻게 해요?
나 그럴 때는 보고도 못 본 척하고 지나가요.

가 별로 듣고 싶지 않은 이야기를 하는 친구가 있으면 어떻게 해요?
나 그럴 때는 다른 약속이 있는 척하고 자리를 피해요.

가 별로 마시고 싶지 않은 술을 계속 권하는 상사가 있으면 어떻게 해요?
나 그럴 때는 배가 아픈 척하고 술잔을 안 받아요.

文法索引

-(느)ㄴ다면 …… 366
-(으)ㄴ 채로 …… 294
-(으)ㄴ/는 대로 …… 298
-(으)ㄴ/는 대신에 …… 239
-(으)ㄴ/는 데다가 …… 196
-(으)ㄴ/는 모양이다 …… 17
-(으)ㄴ/는 반면에 …… 46
-(으)ㄴ/는 셈이다 …… 283
-(으)ㄴ/는 척하다 …… 395
-(으)ㄴ/는 탓에 …… 81
-(으)ㄴ/는 편이다 …… 304
-(으)ㄴ/는/(으)ㄹ 만큼 …… 221
-(으)ㄴ/는/(으)ㄹ 줄 몰랐다〔알았다〕 …… 34
-(으)ㄴ/는데도 …… 49
-(으)나 마나 …… 356
-(으)ㄹ 걸 그랬다 …… 378
-(으)ㄹ 겸 -(으)ㄹ 겸 …… 124
-(으)ㄹ 만하다 …… 132
-(으)ㄹ 뻔하다 …… 373
-(으)ㄹ 뿐만 아니라 …… 192
-(으)ㄹ 뿐이다 …… 322
-(으)ㄹ 수밖에 없다 …… 320
-(으)ㄹ 정도로 …… 216
-(으)ㄹ 테니까 …… 25
-(으)ㄹ 텐데 …… 21
-(으)ㄹ걸요 …… 29
-(으)ㄹ까 봐 …… 88
-(으)ㄹ까 하다 …… 114
-(으)ㄹ지도 모르다 …… 37
-(으)려던 참이다 …… 120
(이)나 …… 229
(이)라도 …… 232
(이)야말로 …… 325
-거든 …… 186
-거든요 …… 66
-게 …… 330
-게 되다 …… 165
-게 하다 …… 175
-고 말다 …… 350
-고 보니 …… 258
-고 해서 …… 85
-고서 …… 253
-고자 …… 117
-곤 하다 …… 388
-기는 하지만, -기는 -지만 …… 42
-기는요 …… 392
-느라고 …… 73
-는 길에 …… 208
-는 바람에 …… 77
-다 보니 …… 261
-다 보면 …… 265
-다가 …… 211
-다가는 …… 278
-다고 하던데 …… 98
-다고요? …… 94
-다니요? …… 107
-다면서요? …… 103
단어 사동 (-이/히/리/기/우/추-) …… 170
단어 피동 (-이/히/리/기-) …… 158
답다 …… 311
-더니 …… 268
-더라고요 …… 148
-던 …… 144
-던데요 …… 152

-도록 ········· 333
-도록 하다 ········· 136
-든지 -든지 ········· 236
만 하다 ········· 218
만 해도 ········· 203
만에 ········· 244
반말체 ········· 58
서술체 ········· 54
스럽다 ········· 308
-아/어 가지고 ········· 247
-아/어 놓다 ········· 288
-아/어 두다 ········· 291
-아/어 버리다 ········· 347
-아/어 보이다 ········· 14
-아/어 봤자 ········· 360
-아/어다가 ········· 250
-아/어야 ········· 182
-아/어야지요 ········· 127
-아/어지다 ········· 162
아무+(이)나 / 아무+도 ········· 226
-았/었다가 ········· 338
-았/었더니 ········· 273
-았/었더라면 ········· 370
-았/었던 ········· 342
-았/었어야 했는데 ········· 382
얼마나 -(으)ㄴ/는지 모르다 ········· 316
-잖아요 ········· 70
조차 ········· 200
-지 그래요? ········· 139